Diccionario de mitología clásica, 1

Biblioteca temática

Constantino Falcón Martínez,
Emilio Fernández-Galiano
y Raquel López Melero

Diccionario de mitología clásica, 1

Prólogo de
Manuel Fernández-Galiano

El libro de bolsillo
Biblioteca de consulta
Alianza Editorial

Primera edición en «El libro de bolsillo»: 1980
Undécima reimpresión: 1996
Primera edición en «Biblioteca temática»: 1997
Tercera reimpresión: 2001

Diseño de cubierta: Alianza Editorial
Ilustración: Sandro Botticelli, *La Primavera* (detalle)

Calle Juan Ignacio Luca de Tena, 15; 28027 Madrid; teléfono 91 393 88 88
ISBN: 84-206-3630-4 (tomo I)
ISBN: 84-206-9850-4 (O. C.)
Depósito Legal: M.40.509-2001
Compuesto en Fernández Ciudad, S.L.
Impreso en Artes Gráficas Palermo, s.l.
Avda. de la Técnica, 7. Pol. Ind. Santa Ana. 28529 Rivas (Madrid)
Printed in Spain

Prólogo

Pocas ocasiones darán más pie que ésta a la afirmación de que la bibliografía sobre la materia es infinita. Y ello por varias razones. En primer lugar, el mito, y no sólo el mito clásico, es uno de los fenómenos culturales que más directamente influyen sobre el pensamiento del hombre y su conciencia como tal. Una de las definiciones del mito que mayor éxito ha obtenido entre las muchísimas formuladas a lo largo de los tiempos es la de H. J. Rose[1]: el mito es *el resultado de la operación de la imaginación ingenua sobre los hechos de la experiencia,* la puesta en movimiento de la imaginación del hombre primitivo o no ante un objeto que aparece como maravilloso o intrigante. Si esto es así, y pues las maravillas no se agotaron ni mucho menos con la Antigüedad en ninguna cultura, el hombre está siempre envuelto en la elaboración de sus propios mitos y se verá forzosamente abocado a reflexionar sobre sus mitificaciones o desmitificaciones. No nos chocará, pues, que el nazismo, Kennedy, los «comics» o la vibrante publicidad de hoy aparezcan en las ágiles páginas del reciente libro de Luis Alberto de Cuenca[2] junto a Gilgamesh, Di-

1. H. J. Rose, A *Handbook of Greek Mythology,* Londres, Methuen, 1928; *Mitología griega,* Barcelona, 1970; la cita está en pág. 22.
2. L. A. de Cuenca, *Necesidad del mito,* Barcelona, Planeta, 1976.

yenís Akritas o el *Venus y Adonis* de Tiziano formando con ellos un todo coherente dentro de la incoherencia.

Porque, como anota justamente mi antiguo alumno y ahora admirado compañero Luis Cencillo, cuyo libro[3] es probablemente el más serio tratamiento del tema hecho a lo largo de los últimos años en cualquier idioma, los mitos se caracterizan por ser respuestas a las cuestiones más profundas y más graves que un grupo humano pueda plantearse: las de sus propios orígenes, su destino, el origen de las estructuras fundamentales de la existencia, el mundo, la realidad, el más allá de los poderes trascendentes y transhumanos. El hombre del pueblo ha llegado así a intuiciones privilegiadas que descubren conexiones insospechadas entre realidades transempíricas, intuiciones que los grandes pensadores, con la envoltura de una expresión abstractiva y lógicamente articulada, no ya mítica, volverán a obtener, de modo que todo sistema filosófico verdaderamente creador (¡Platón!) contiene en sus entrañas un mito fósil para el investigador atento. Pero además pocos conceptos tendrán una naturaleza más escurridiza, más reluctante a la clasificación concreta, tan cara a los humanos, que el propio mito. El inteligentísimo Robert Graves se empeña en su libro[4] con éxito relativo en una delimitación de las fronteras del mito que lo aísle y distinga de la alegoría filosófica (Hesíodo), etiología, sátira o parodia, fábula sentimental (Eco y Narciso), historia «adornada» (Arión), romance juglaresco (Céfalo y Procris), propaganda política (Teseo), leyenda moral (Erifile), anécdota humorística (Heracles, Pan), melodrama teatral, saga heroica y ficción realista. Lo cual no quiere decir que, a lo largo de su ameno *totum revolutum* no exento de errores inevitables en un no especialista y al que se asoman sana e instructivamente elementos de la Mitología nórdica, respete el autor siempre su minuciosa casuística.

Y, aunque pudiéramos llegar al mito-mito, purificado respecto a esta compleja gama de «mitoides» más literarios que filosó-

3. L. Cencillo, *Mito, semántica y realidad*, Madrid, B.A.C., 1970.
4. R. Graves, *The Greek Myths*, Marmondsworth, Penguin, 1955.

fico-religiosos, nos quedaría aún –volvamos a otra luminosa página de Cencillo[5]– una triple clasificación de los mitos que los distribuiría en signitivos u orientadores del hombre sobre su propio sentido o el del cosmos por lo que toca a la tipología general de lo sacro o a concepciones escatológicas, soteriológicas o catárticas; participativos de tipo místico o totémico; y etiológicos –aquí el esquema roza con el de Graves– de carácter cosmogónico, antropológico o cultural.

Sobre esta pauta u otras parecidas se ha desarrollado la apasionante aventura de las interpretaciones mitológicas que desde la intuición genial de Juan Bautista Vico hasta hoy no han dejado de sucederse tomando la materia en calidad de objeto de estudio en sí o en función de presupuestos religiosos, filosóficos, psicológicos o sociológicos conducentes a una toma de posición ante la naturaleza y la conducta del hombre antiguo o actual, primitivo o civilizado. Antonio Ruiz de Elvira, en un excelente manual[6] que no ha hallado la debida difusión, se entretiene en clasificar tales interpretaciones bajo las etiquetas un poco simplificadoras de simbolismo o alegorismo, pseudorracionalización, evemerismo, astralismo, ritualismo, psicologismo y estructuralismo; y algo similar aparece en la mayoría de los no pocos tratados de Mitología[7] que andan por ahí. Y en algunos de los cuales se matiza más: así lo hacen, desde niveles no demasia-

5. L. Cencillo, o.c. 52.
6. A. Ruiz de Elvira, *Mitología clásica*, Madrid, Gredos, 1975, 14-20.
7. Por ejemplo, además de los citados, los escritos en nuestra lengua o traducidos a ella de H. Steuding, *Mitología griega y romana*, trad. de J. Camón Aznar, Barcelona, Labor, 1927²; J. Humbert, *Mitología griega y romana*, Barcelona, Gili, 1928; J. Rof Carballo, *Mito e realidade*, Vigo, Galaxia, 1957; L. Díez del Corral, *La función del mito clásico en la Literatura contemporánea*, Madrid, Gredos, 1957; J. Alsina, *La Mitología*, Barcelona, Sayma, 1962; I. Asimov, *Las palabras y los mitos*, Barcelona, Laia, 1974; E. Molist, *Mitología*, Barcelona, De Gasso, 1974; P. Bourdieu, *Mitosociología*, Barcelona, Fontanella, 1975; L. Kolakowski, *La presencia del mito*, Buenos Aires, Amorrortu, 1975; M. González Haba, *Mito y realidad*, Madrid, Editora Nacional, 1975; A. M. Hocart, *Mito, ritual y costumbre. Ensayos heterodoxos*, Madrid, Siglo XXI, 1975; E. Hamilton, *La Mitología: Grecia, Roma y norte de Europa*, Madrid, Daimon, 1976; J. A. Onieva, *Mitología*, Madrid, Paraninfo, 1976; J. Sar-

do distintos y entre otros muchos que podríamos mencionar, dos libros publicados en nuestra lengua recientemente, los de Furio Jesi[8] y José Bermejo[9].

Por las páginas de uno y otro vemos desfilar, si ello no es metaforizar demasiado, dos cabalgatas paralelas, una de las cuales representa al grupo de los hermeneutas alegórico-simbólicos, de que ya la Antigüedad ofrecía ejemplos en la interpretación homérica. Es difícil, en efecto, no pensar en una función primaria del mito como símbolo. En el prólogo del útil diccionario[10] de José Antonio Pérez Rioja hallamos una aguda cita de Luis Rosales *(el mito es la antesala del símbolo, como el símbolo es la antesala de la abstracción o el concepto)* que nos lleva de la mano a los inmortales versos de Baudelaire:

> *La nature est un temple où de vivants piliers*
> *laissent parfois sortir de confuses paroles;*
> *l'homme s'y passe à travers des forêts de symboles*
> *qui l'observent avec des regards familiers.*

No falta, empero, quien se extravíe en este frondoso bosque de símbolos. Luego veremos un ejemplo: digamos ahora que ya los principios de esta interpretación, desde Charles-François Dupuis hasta Creuzer, a los que seguiría más tarde Bachofen, hubieron de sufrir las arremetidas filológicas de gentes tan bien enteradas de los hechos como Voss y Lobeck. Y por otra parte, el símbolo-alegorismo fue perdiendo terreno ante aportaciones como las de Buttmann (mitologema como forma de expresión de una fase cultural), K. O. Müller (pensar mitológico expresado en un lenguaje mitológico sin alegorías ni símbolos), Sche-

sanedas Vives, *Mites*, Barcelona, Edicions 62, 1976; F. Díaz-Plaja, *Mitología para mayores*, Barcelona, Plaza Janés, 1978. De los muchísimos no traducidos, uno de lo más populares es C. Kerényi, *The Gods of the Greeks*, Londres, Thames and Hudson, 1951.

8. F. Jesi, *Mito*, Barcelona, Labor, 1976.
9. J. Bermejo, *Introducción a la sociología del mito griego*, Madrid, Akal, 1979.
10. J. A. Pérez Rioja, *Diccionario de símbolos y mitos*, Madrid, Tecnos, 1962.

lling (mitología que se interpreta a sí misma), mientras la tesis en su tiempo sensacional de Max Müller[11], que desde los campos del positivismo y la lingüística comparada hacía de los mitos el producto del lenguaje como forma exterior deficiente del pensamiento, todo ello con elucubraciones astrales y psicoetnológicas, iba a encontrar una refutación algo tardía en Cassirer, con su equiparación del mito a una especie de reflejo de la luz de la actividad espiritual.

Con esto entramos en el siglo XX al son de la pisada rotunda y firme del filologismo wilamowitziano mientras, en campos muy distintos, Mircea Eliade[12], seguido en cierta medida por Kerényi, aprovecha elementos viquianos y nietzscheanos para su enfoque del mito como eterno retorno, repetición de gestos arquetípicos y teofanía como producto de una sacralización del tiempo y el espacio. Vienen luego la irrupción etnológica con Malinowski y Lévy-Bruhl[13], la «teológica» con W. Fr. Otto, la folclórica con el ruso Propp[14] y, en fecha tan relativamente reciente como 1941, la *Einführung* de Jung y Kerényi encuadrada en las teorías del primero sobre los arquetipos y la oposición entre el subconsciente personal y el inconsciente colectivo, de que el mito sería reflejo.

Estamos, pues, plenamente en nuestros días y no era de esperar que el enfoque y la comprensión del mito, hallándose tan cerca de la esencia del hombre mismo, se pudieran sustraer al contraste de pareceres que tan vivamente ilumina hoy la vida intelectual. El estudio actual de los mitos, llegado a complejidades

11. Al español se tradujo M. Müller, *La Mitología comparada. Los cuentos y tradiciones populares. Los usos y costumbres,* Madrid, La España Moderna, s. a. (el tomo, de cerca de 400 págs., se vendía a siete pesetas).

12. Al español están traducidas muchas obras, de las que entresacamos, con la c. en n. 41, M. Eliade, *El mito del eterno retorno,* Madrid, Alianza, 1972; *Imágenes y símbolos,* Madrid, Taurus, 1974; *Mito y realidad,* Barcelona, Labor, 1978.

13. Cf., traducido al catalán, L. Lévy-Bruhl, *La mitología primitiva,* Barcelona, Edicions 62, 1978.

14. En nuestra lengua, V. Propp, *Raíces históricas del cuento,* Madrid, Fundamentos, 1974; *Morfología del cuento,* Madrid, Fundamentos, 1977.

casi inescrutables para los profanos, no puede limitarse a una visión simple de lo que la fuente antigua, erudita o poética, sepa o quiera comunicar e incide en una multiplicidad de aspectos a veces apasionantes. Y entonces para el filólogo a secas se impone el sobrio enjuiciamiento de las aportaciones con que nos bombardean espectacularmente los distintos sectores.

Veamos, por ejemplo[15], un libro moderno sobre el mito en función sobre todo del singular acierto con que está enfocada la distribución de su material. Es la obra colectiva publicada gracias al cuidado de Bruno Gentili y Giuseppe Paione[16] y que comprende las actas del coloquio internacional celebrado en Urbino durante los días 7 a 12 de mayo de 1973.

El coloquio se celebró por iniciativa de dos departamentos de la vivaz universidad urbinate, el Centro Internazionale di Semiotica e Linguistica, presidido, al menos entonces, por el rector Carlo Bo, y el Istituto di Filologia Classica, activo editor de los *Quaderni Urbinati di Cultura Classica,* en que tanto amor ha puesto su director Gentili; y el escueto, pero enjundioso prólogo, nos hace saber que, muy acertadamente a nuestro juicio, las brillantes intervenciones en el coloquio fueron separadas en cinco jornadas dedicadas respectivamente a los análisis diacrónico, estructural, semántico, psicoanalítico y semiótico del mito. He aquí un buen programa para ser contemplado por filólogos.

La protagonista del primer día fue la escuela de Roma, todavía hoy heredera del gran especialista de la historia de las religiones que fue Raffaello Pettazzoni, de quien por cierto pudo haber sido seguidor competentísimo nuestro nunca suficientemente llorado compatriota Ángel Álvarez de Miranda[17]. En aquellos momentos dirigía lo que en forma laxa podría denomi-

15. Una seria orientación nos dio no hace mucho C. García Gual, «Interpretaciones actuales de la Mitología antigua», en *Cuad. Hispanoam.* CV 1976, 123-140.

16. *Il mito greco,* Roma, Ediz. At., 1977.

17. Cf., p. ej., A. Álvarez de Miranda, *Las religiones mistéricas,* Madrid, Rev. Occ., 1961; *Ritos y juegos del toro,* Madrid, Taurus, 1962; y *Obras* I-II, publicadas (Madrid, Cultura Hispánica, 1959) gracias a la devoción de sus amigos.

narse grupo romano el hoy fallecido Angelo Brelich, inclinado en los últimos tiempos, si no me equivoco, a presupuestos más o menos marxistas de que hay huellas en esta parte de las actas; por ejemplo, la oposición radical, descubierta en ciertos mitos por estos investigadores, entre la primitiva cultura venatoria y la posterior de asentamiento agrario. Una de las versiones del castigo de Orión, o incluso la ira de Ártemis hacia Agamenón por la muerte de la cierva, tendrían base en el sano principio ecológico –no matar más animales de los necesarios– que subyace en el mundo cinegético; el poco glorioso fin de Adonis entre las hortalizas representaría un desquite del campesinado frente al cazador destructor del entorno; más aún, los famosos jardines colgantes de las Adonias, con sus artificiales y estériles macetas, serían símbolo vindictivo de una sociedad vuelta hacia la agricultura sistemática[18]. Pero recuérdese, en cambio, la otra cara de la leyenda, estudiada en mi *Safo*[19]: Faón o Adonis, probablemente otro doblete, son ocultados entre las lechugas, eminentemente antiafrodisíacas según desde siempre se ha creído, como genios de la frialdad e impotencia eróticas, pero esto podría responder solamente a una faceta de estos héroes, el ciclo bajo de la vegetación frente a un posterior período de fertilidad y exaltación del amor.

El segundo día correspondió a la luminosa escuela estructuralista, que solamente de modo muy indirecto puede ser considerada como continuadora de los renovadores puntos de vista de Georges Dumézil[20] y que está, casi diríamos, bajo el santo patronazgo del genial Claude Lévi-Strauss[21], cuyo influjo, aun con la lentitud que caracteriza siempre a estos movimientos, avanza cada día: recordemos que las mencionadas

18. Cf. G. Piccaluga, «Adonis, i cacciatori falliti e l'avvento dell'agricoltura», IMG 33-48.
19. M. F. Galiano, *Safo*, Madrid, Fund. Pastor, 1958, 85, n. 314.
20. Cf., p. ej., en nuestra lengua G. Dumézil, *Mito y epopeya I*, Barcelona, Seix-Barral, 1977.
21. En español, por lo menos, C. Lévi-Strauss, *Antropología estructural*, Buenos Aires, Eudeba, 1968 y *Mitológicas. Lo crudo y lo cocido*, México, Fondo de Cultura Económica, 1968.

obras de Álvarez de Miranda[22], procedentes, es cierto, en parte incluso de los años cuarenta, no ofrecen tal nombre en el índice correspondiente; y, sin embargo, hoy todos le hemos leído y hemos disfrutado mucho con él. Max Müller tuvo una premonición extraordinaria, entre tanto error, cuando dijo que los Griegos atribuían a sus dioses acciones tan monstruosas, que harían ruborizarse al más salvaje de los pieles rojas: pues bien, es que los Griegos eran en cierto modo pieles rojas y, como los indios americanos, tan magníficamente explotados ahora en su mitología y «folclore», se hallaban muy sometidos a la presión del elemento irracional –nostálgicos manes de Dodds[23]– que, en eso sí nos mostramos de acuerdo, subyace en cualquier mito de cualquier país. Y si, además, la difusión de la escuela ha tenido la suerte de correr a cargo de finísimos espíritus franceses, el éxito está asegurado mientras no venga otra novedad más sutil y llamativa a suplantar a ésta.

Las palabras previas del inteligentísimo Marcel Detienne[24] resultan realmente seductoras, por ejemplo, en su resistencia al neoevemerismo que pretendería explicar todo el mito de las Danaides por la inscripción de la época de Amenofis III, hallada en 1964 y correspondiente al 1380 a. J.C., en que están los Dánaos y Nauplia asociados a una aventura egipcia en Grecia. ¿Qué aportación –dice con acierto Detienne– trae este hecho a la mejor comprensión de un misterioso mito en que las mujeres huyen de los hombres? Y cuando, en las páginas finales, establece un bello modelo estructural que agrupa de dos en dos las ideologías de protesta contra la ciudad que rechazan (pitagorismo, orfismo) o ensalzan el canibalismo (dionisismo, cinismo), de momento nos quedamos pensativos, pero pronto empezamos a reflexionar en que no sólo esta idea en Diógenes corresponde probablemente, como poco más que una «boutade», a su período de exageración juvenil, sino tampoco hay en el fondo tanta diferencia entre la so-

22. Cf. n. 17.
23. E. R. Dodds, *Los griegos y lo irracional,* Madrid, Rev. Occ., 1960.
24. Cf. M. Detienne, «Mythes grecs et analyse structurale: controverses et problèmes», IMG 68-69.

briedad alimentaria de los pitagóricos (porque lo de que las habas son cabezas de hombres tampoco es hecho filológico que quede perfectamente claro) y la de los cínicos, rechazos ambos, si cabe el anacronismo, de dos sociedades de consumo, la de la pentecontecia (pues otra cuestión abierta es la de qué rasgos pitagóricos proceden o no del fundador) y la de la época de Alejandro.

Por lo demás, las aportaciones a esta jornada no son muy lucidas. Hay, sí, un trabajo de Vernant[25] sobre el mito prometeico en Hesíodo, tema que él conoce bien y en que sus ideas sobre la μῆτις o «fourberie» han obtenido un gran éxito (García Gual, como era de esperar, elogia debidamente en su último libro[26] el sugestivo de Detienne y el propio Vernant[27]), una aportación culinaria de Durand[28] sobre las, βουφόνια y otra de Laurence Kahn-Lyotard[29], poco convincente, sobre el robo de los bueyes de Apolo a cargo de Hermes.

Pasemos ahora a otra obra interesante y bien conocida, la introducción a los métodos mitológicos[30] preparada por Marcel Detienne mismo. Son artículos traducidos al italiano en forma de útil «digest»; y, aunque el editor ha introducido honestamente estudios de otras escuelas como los de Burkert, Brelich y Sabbatucci sobre las Arreforias[31], Aristófanes[32] y Eleusis[33] respectivamente, los estructuralistas se han llevado la parte del león. Aquí está Vidal-Naquet, con su positivo estudio[34] sobre el demo Μελαιναί, el

25. J.-P. Vernant, «Le mythe "prométhéen", chez Hésiode», IMG 91-106.
26. C. García Gual, *Prometeo: mito y tragedia*, Pamplona, Hiperión (cf. págs. 31-43).
27. M. Detienne-J.-P. Vernant, *Les ruses de l'intelligence. La «métis» chez les Grecs*, París, Flammarion, 1974.
28. J.-L. Durand, «Le rituel du meurtre du bœuf laboureur et les mythes du premier sacrifice animal en Attique», IMG 121-134.
29. L. Kahn-Lyotard, «Le récit d'un passage et ses points nodaux», IMG 107-117.
30. M. Detienne, *Il mito. Guida storica e critica*, Bari, Laterza, 1975.
31. W. Burgert, «La saga delle Cecropidi e le Arreforie: dal rito di iniziazione alla festa delle Panatenee», en *Il mito* 23-49.
32. A. Brelich, «Aristofane: commedia e religione», *ibid.* 103-118.
33. D. Sabbatucci, «Il misticismo eleusino», *ibid.* 119-161.
34. P. Vidal-Naquet, «Il cacciatore nero e l'origine dell'efebia ateniese», *ibid* 51-72.

Dioniso Μελάναιγις; Melanto (cuyo nombre Μέλανθος suele interpretarse como una haplología de *Μελάνανθος), que combate con Janto, el Negro contra el Rubio, casi las blancas y las negras del ajedrez; Melantieo y otros personajes como el Melanión del coro de la *Lisístrata*[35] en que tendríamos un prototipo del cazador misógino semejante al citado Orión o a Hipólito (Atalanta, en cambio, sería la perfecta pareja como cazadora «misandra»). Este hombre esquivo (recuérdese al Adonis de los historicistas, con lo que las escuelas se acercan) sería (otro tentáculo dirigido esta vez hacia el freudismo) un caso extremo de efebo fallido; pero la misma efebía, curiosa institución premilitar, representaría un estadio tan antihoplítico como prehoplítico, cuyo héroe Melanto, el rey negro, sería el prototipo de la lucha de guerrilla, si podemos llamarla así, en que por fuerza tenían que adiestrarse los mozos antes de incorporarse, pasados los años de aprendizaje y superados los exámenes, a la vida organizada del hoplita. La efebía, como la criptia espartana, con el aislamiento del iniciando, representaría la reliquia de un primitivo estadio de inmadurez no sólo fisiológica en cada mozo, sino también social. Y aquí se me ocurre a mí –esto es lo malo de meterse en los carriles estructuralistas, que siempre se termina concluyendo que todo es todo– el ahondar más sobre algo en que ya se fija Vidal-Naquet siguiendo las huellas de un viejo artículo de Jeanmaire[36], el paralelismo con los ritos de iniciación del África negra, y lo que está ya escondido en una de las largas notas de mi *Safo*[37], los inciertos datos sobre las harimáguadas de la Gran Canaria prehispánica, de las que dicen los cronistas que eran *doncellas que... estaban recogidas en monasterios* cumpliendo un rito de iniciación prematrimonial y de cuyo grupo no hay más que un paso al tíaso sáfico; las agrupaciones musicales de los partenios de Alcmán que ha estudiado Calame[38]; las cerradas comunidades lésbicas que pudo ver Simo-

35. Aristóf. *Lis.* 785-807.
36. H. Jeanmaire, «La cryptie lacédémonienne», en *Rev. Ét. Gr.* XXVI 1913, 121-150.
37. M. F. Galiano, o. c. 51 n. 186.
38. C. Calame, *Les chœurs de jeunes filles en Grèce archaïque*, I-II Roma, Ediz. At., 1977.

ne de Beauvoir[39] en la China maoísta de los años cincuenta o esa no menos asfixiante comuna burguesa del Vassar College que nos presenta Mary McCarthy en *The Group.* Ahora bien, con una curiosa diferencia dietética: el padre Abreu Galindo nos cuenta que las harimáguadas estaban sometidas a un régimen de engorde que... *hacía a las jóvenes casaderas más aptas para concebir;* los criptas, en cambio, no participantes en los sitios colectivos, tenían que vivir sobre el terreno constituyendo perfectos representantes del estilo crudo frente al cocido.

Pero terminemos con *Il mito* para citar, como aportación de Laurence Demoule-Lyotard[40], un árido trabajo, lleno de cuadros, esquemas y flechas, sobre el tipo de ofrendas que se dirigen a los diversos dioses en los epigramas votivos de la *Antología Palatina:* la conclusión, por otra parte, tampoco es sensacional. Hermes, Príapo y Deméter constituyen un triángulo de tipo «social»; el mismo Hermes, Pan y Dioniso, otro de tipo «salvaje».

Yo no estoy nada seguro de creer en estas cosas, pero lo indudable es que me divierte e interesa, por ejemplo, el artículo jugosísimo de Jean-Pierre Vernant[41], a quien hace poco tuvimos la

39. S. de Beauvoir, *La force des choses,* París, Gallimard, 1963, 472 (cf. B. Gentili, «La veneranda Saffo», en *Quad. Urb.* II 1966, 37-62).

40. L. Demoule-Lyotard, «L'analisi formale dei testi antichi. Studio preliminare», en *Il mito* 201-226.

41. Es bien conocido en España J.-P. Vernant, *Mito y pensamiento en la Grecia antigua,* Barcelona, Ariel, 1974. Su brillante tratamiento, en la citada conferencia y antes en el artículo recogido por *Il mito* («Ambiquità e rovesciamento. Sulla struttura enigmatica dell' "Edipo re"», páginas 73-102) del tema edípico, que debe ser leído a la luz de C. Lévi-Strauss, *Antr.;. estr.* 193-210 (cf. n. 21), está obteniendo mucha aceptación: M. S. Ruipérez prepara, creemos, un trabajo sobre ello, y resulta casi sensacional la observación de M. Papathomopoulos, *Nouveaux fragments d'auteurs anciens,* Ioannina, 1980, que ha ampliado según Tzetzes el contexto del fr. 194 M.-W. de Hesíodo de modo que ahora se lee en él que Plístenes, padre, hermano o hijo de Atreo según las distintas fuentes, era cojo, hermafrodita y transvestista. Lo primero le relacionaría con Edipo y otros personajes «anómalos», como el Meribaal de *II Sam.* IV 4; lo segundo, con el Tiresias inolvidablemente cantado por Eliot *(and I Tiresias have presuffered all / enacted on this same divan or bed) y* con el fenómeno inquietante de la misoginia (cf., p. ej., M. Eliade, *Mefistófeles y el andrógino,* Madrid, Guadarrama, 1969).

deliciosa experiencia de escuchar en Madrid, fue además perfecto en la forma hasta hacernos olvidar ciertas esporádicas debilidades del fondo. Su estudio de la matanza de las vacas del Sol a la luz de la ley de reparto entre lo crudo y lo cocido[42] fue estupenda; su versión del mito de Edipo nos deslumbró, aunque todos viéramos difícil que encajara en la indispensable fase «micénica», en que sitúa Ruipérez su identificación lingüística del nombre de Yo-casta con *i-jo* «hijo», ese Λάβδακος «asimétrico como las patas de una labda» que introduce en la fábula una letra tardíamente aportada por el alfabeto fenicio.

Pasé, en fin, un buen rato oyendo a Vernant y luego le comenté conversacionalmente un pormenor del mito. Edipo, según esta escuela, representa lo oscuro, bastardo, frustrado, izquierdo en cierto modo: es el cojo, el de los pies hinchados, el hijo de Layo el zurdo, etc. Pues bien, incluso en el trance decisivo de la encrucijada se comporta como un rebelde asocial al no respetar lo que pudiéramos llamar un primitivo código de la circulación.

Hoy día los caminantes deben circular por su izquierda para ver bien los coches frente a ellos y no ser atropellados; pero en un tipo de tráfico primitivo, en que los carros son pocos, los caminos estrechos y hay muchos viandantes intermedios entre el vehículo y el peatón, como el hombre cargado con un saco o el que tira del ronzal del mulo, lo mejor es atenerse rígidamente a la marcha por la derecha (o por la izquierda, con un sistema predecesor del inglés actual, pero aquí supondremos con petición de principio que ocurría como hoy). La reconstrucción de los hechos sería la siguiente. Como dice Yocasta[43], la expedición se componía de cinco hombres: Layo; el heraldo (que iría siempre a su lado como «public relations man» del viaje); el auriga, sentado en el pescante y con las riendas en la mano; un palafrenero, τροχηάτης, que marcha, como su nombre indica, algo avanzado respecto a los caballos y ruedas delanteras; y otro que camina detrás, para prever traidoras emboscadas y para ayudar al carro si una subida lo hace preciso, y que es precisamente el único que se salva.

42. Cf. n. 21.
43. Sóf. *Ed. R.* 752-753.

Edipo[44] es lo suficientemente arrogante y soberbio para circular a su izquierda del camino, frente a la carreta, o por en medio; el rey y el auriga, desde el carro, le dan voces para que se aparte; él no hace caso; el vehículo tiene que pararse[45], lo cual explica la buena puntería de los dos golpes posteriores de Layo y Edipo; el primero manda al palafrenero que empuje al último; éste le derriba de un golpe y continúa su camino, dejando otra vez la carreta a su derecha, con renovada y triunfante infracción; Layo toma la aguijada que está sobre el pescante para casos necesarios y espera a que pase a su lado para golpear al agresor; éste le hace caer al suelo de un bastonazo, etc.

Todo ello muy entretenido; y también yo, que probablemente pequé de freudismo excesivo, como luego diré, en mi *Safo*, tengo en prensa mi «rapport» sobre la poetisa del Congreso de Budapest que recoge material de una conferencia inédita todavía hoy que di hace bastantes años y en que hay un esbozo de interpretación lévistraussiana del famoso suicidio de Léucade.

Permítanme para ello volver al libro colectivo de Bari donde está cómodamente traducido un interesante trabajo de Detienne[46] que ha publicado en varias versiones desde 1968. En él hallamos un precioso paralelismo Atenea / Posidón (recuérdese la querella por el Ática) relacionado con una poco conocida diosa naviera que haría «pendant» con el dios de los caballos y carros: ambos presiden la construcción de vehículos, dan fuerza motriz, guían al piloto o auriga. Atenea planifica naves para Telémaco y los Argonautas, inspira a los timoneles, ejerce una directa función hegemónica y protectora similar a la de los Dioscuros y en que también hay una especie de farp o linterna, en este caso no los fuegos de san Telmo, sino el resplandor (αἴθω) propio de una αἴθυια. Porque Atenea se metamorfosea en ave marina, una gaviota (que es como tradicionalmente vertemos el término griego, pero Detienne hace notar con justeza algo que a mí me ha perturbado mucho en mi labor sobre Licofrón, las

44. *Ibid.* 800-813.

45. No así en la versión paralela y más sucinta de Eurípides, *Fen.* 32-45, donde los caballos atropellan a Edipo.

46. M. Detienne, «La nave di Atena», en *Il mito* 163-200.

confusiones en que caen los Griegos acerca de este tipo de animales) que, por ejemplo, podría zambullirse en el mar para indicar peligro: tal hallamos en el episodio de la otra divinidad salvadora de Odiseo, Ino Leucótea, y en uno de los sueños premonitorios de Artemidoro.

Zambullida francamente importante. En Lévi-Strauss[47] encontré un mito bellísimo de la tribu de los Yana: la joven Hakalasi ama a su hermano, pero éste, asustado, huye, dejándola acostada con un pedazo de leño podrido, maravilloso símbolo de la inanidad infecunda del amor imposible; y entonces la muchacha se venga dando muerte a los suyos, se transforma en el ave llamada en francés «plongeon», una especie de somormujo, se sumerge en las aguas de un lago y perece a manos de unos pescadores.

He aquí un suicidio por inmersión. La historia está llena de este tipo de muertes, incluidas, para un estudioso de la Literatura, las de dos mujeres sexualmente anómalas, Alfonsina Storni y Virginia Woolf. Pero quedaba reservado al optimismo y la sensibilidad helénicos el mejorar este mito siniestro con el sublime instrumento del agua, madre de todo según Tales y Píndaro. Hakalasi no se regeneró, pero sí cabe una posibilidad de zambullida acompañada no sólo de limpieza material, sino también del renacimiento a una nueva vida superior: los infinitos tipos de lustración y lo que el Cristianismo ha elevado a sacramento con el bautismo.

Pero más interesante aún es lo que pudiéramos llamar fase intermedia: aunque el saltador no muera, se siente morir; sufre durante unos ansiosos segundos un trauma psíquico con la proyección del entero «film» de su angustiada vida; y sale del baño regenerado y purificado, dispuesto a verlo todo más limpio y mejor. Con esto se relacionaría la leyenda del salto de Léucade[48] a la luz del escasísimo material que en realidad se tiene sobre Safo y

47. C. Lévi-Strauss, *Mythologiques. L'homme nu*, París, Plon, 1971, 79-81.

48. Que, según R. Hennig, «Die Λευκὰς πέτρη der Odyssee und der Weg in die hellenische Unterwelt», en *Klio* XVII 1942, 331-340, no tendría nada que ver con el lugar en que la *Odisea* (ω 11) sitúa la entrada al mundo de los muertos, que habría que localizar en regiones atlánticas.

su supuesta persecución del desdeñoso barquero (aunque parece seguro que la mención de la isla y de Faón, juntos o separados, por la poetisa en contextos simbólicos o psíquicos fue causa de torpe invención) y en relación con los textos paralelos de Anacreonte[49] y el *Ciclope* de Eurípides[50]. Sobre este mito en sí se ha discutido mucho: no creo que, como opina Nagy[51], la caída de Safo en pos de su amante represente la puesta del lucero vespertino hundiéndose en el mar tras el sol. Pero más provecho he sacado de los datos antiguos acerca de la propia peña, todavía hoy impresionantemente visible en el cabo Leukatas. Es posible que, como apunta Janssens[52], se trate de un rito de mera y previa purificación por parte de los que iban a consultar el oráculo necromántico de Tesprotia, donde se situaba el Aqueronte (mis compañeros del Departamento de Latín de la Universidad Autónoma me han llamado la atención sobre el hermoso saltarín de la «tomba del tuffatore» de Paestum), pero Servio[53] nos dice que *apud Leucaten soliti erant se praecipitare qui aut suos parentes inuenire cupiebant aut amari ab his desiderabant, quos amabant.* Existe, en efecto, una denominación ya antigua y técnica para este rito del καταποντισμός, que podía ser *a)* el salto involuntario y mortal de un condenado; *b)* el también involuntario de un animal que hace de φαρμακός para una comunidad; *c)* el voluntario de un hombre, quizá un sacerdote, que se ofrece para lograr la purificación de este modo; *d)* el igualmente voluntario de quien se somete a una ordalía; *e)* es de suponer que el de una persona desesperada que deseaba sufrir el «shock» salvador. En los tres casos últimos se procuraba que el acróbata saliera indemne del terrible salto de 72 metros, y ello, obsérvese, no sólo[54] preparando barcas de pesca prestas al salvamento, sino también atando a la cintura del que saltaba plumas y aun pájaros vivos, no tanto, creo

49. Anacr. fr. 31, 1 P.
50. Eurip. *Cicl.* 166.
51. G. Nagy, «Phaethon, Sappho's Phaon and the White Rock of Leukas», en *Harv. St. Cl. Philol.* LXXVII 1973, 137-178.
52. E. Janssens, «Leucade et le pays des morts», en *Ant. Cl.* XXX 1961, 281-294.
53. Serv. *ad Virg. Buc.* VIII 59.
54. Cf. Estrab. X 2, 9.

yo, en calidad de no muy eficaces paracaídas como en concepto de *omina* favorables y -«coup de chapeau» a Detienne- símbolos de regeneración. Más aún, en Budapest habló Handley[55] de un novísimo papiro, al parecer de *La leucadia* de Menandro, en que se habla de τὴν μεγάλην πέτραν y de τοῦτο τοὐπιχώριον αὐτοὺς παθεῖν, es decir, del uso local a que seguramente se acomodaban los amantes, pues una mujer, al oír la narración, comenta ὡς ἐρωτικόν, τάλαν. Pero no terminan ahí las cosas: Detienne[56] dedicó ya hace años un buen artículo a los estucos de la basílica pitagórica de la Porta Maggiore de Roma en que se hallan frente a frente una Safo suicida, que se dispone a liberar su alma atormentada en busca de otra existencia, y Odiseo, que sueña con la vuelta a la normalidad del hogar desde la dorada prisión de la gruta de Calipso. Léucade pudo haber sido según algunos la antigua Ítaca; Estrabón considera como epónimo de la isla a Leucadio, hermano de Penélope; Eustacio[57] cuenta que ésta pasó a llamarse así porque, habiendo sido lanzada al mar por Nauplio, quizá desde el peñón famoso, como venganza por la muerte de Palamedes, fue salvada por una πηνέλοψ o cerceta -nuevamente las aves marinas- que amortiguó su caída; esta etimología parece preferible a la seductora, pero lingüísticamente objetable de Kretschmer[58], que interpreta el onomástico a partir de πήνη «trama» y ὀλόπτω «tirar», nombre parlante por lo demás adecuadísimo a la heroína que cada noche deshacía su propio tejido; y ciertas leyendas atribuyen a la esposa de Odiseo una activa vida erótica a la que podría seguir un intento de autopurificación. El cuadro acaba de componerse, algo marginalmente, con mi hallazgo de anécdotas paralelas en la vida de dos grandes poetas,

55. Publicado ahora en E. W. Handley, en págs. 84-87 de «Recent Papyrus Finds: Menander», en *Bull. Inst. Cl. St.* XXVI 1979, 81-87.
56. M. Detienne «Ulysse sur le stuc central de la basilique de la Porta Maggiore», en *Latomus* XVII 1958, 270-286. El hallazgo había sido ampliamente tratado por J. Carcopino, *La basilique pythagoricienne de la Porte Majeure,* París, L'artisan du livre, 1927; *De Pythagore aux Apôtres,* París, Flammarion, 1956.
57. Eust. *Od.* pág. 1422, 7-9.
58. P. Kretschmer, «Penelope», en *Anz. Ak. Wiss. Wien,* LXXX 1943. 80-93.

Leopardi[59] y Shelley[60], que coincidieron en la idea, sólo pensada en el primer caso, realizada en el otro, de una inmersión productora de paz espiritual tras la inminencia de la muerte; y también encajarían aquí Max Estrella, el protagonista de *Luces de bohemia,* de Valle Inclán, y sus exhortaciones a su lazarillo, después de una noche de juerga, para que le acompañe por el Viaducto abajo en pos de esperanzadora regeneración si toleraran los duros adoquines de la calle de Segovia benéficos amortiguamientos. Es más, cabe una situación psíquica intermedia: la escritora judeoamericana Laura Riding, hoy muy anciana, en cuya azarosa vida sentimental se encuentran unas relaciones con el citado Robert Graves y el salto voluntario desde una ventana que la puso al borde de la muerte, dice[61] haber considerado siempre este percance como *un acto de voluntad que me permitió desprenderme de mi identidad personal y unirme al ser universal.*

El tercer día del coloquio de Urbino se reservó a la interpretación psicoanalítica de los mitos, hay que decir que sin grandes aportaciones: André Green[62] aplica el bien conocido método a la figura de Teseo, comparándola no muy fructuosamente con la de Edipo, y entre otros trabajos menores, la señora Chirassi Colombo[63] estudia el caso de Aquiles. Todo ello no hace más que añadir algo de agua al enorme río freudiano, que hoy corre un tanto seco. Este capítulo se halla ahora al alcance de todos mediante buenas bibliografías, en parte preparadas por españoles, como la que nos dio Sanz Franco[64] con ocasión del II Congreso de Estu-

59. Cf. M. F. Galiano, «Safo y unos cuantos poetas», en *Cuad. Hispanoam.* XXXI 1957, 133-148; o. c. 42 n. 160.
60. Cf. E. J. Trelawny, *Records of Shelley, Byron and the Author,* Londres, Routledge, 1878, 51-53; E. Blunden, *Shelley,* Londres, Collins, 1946, 263. Puede haber más de lo que parece en esta especie de triángulo Safo-Shelley-Leopardi: cf. N. Brown, *Sexuality and Feminism in Shelley,* Harvard Univ. Pr., 1979.
61. Cf. J. P. Wexler, *Laura Riding's Pursuit of Truth,* Ohio Univ. Pr., 1980.
62. A. Green, «Thésée et Oedipe. Une interprétation psychanalytique de la "Théséide"», IMG 137-189.
63. I. Chirassi-Colombo, «Heros Achilleus - Theós Apollon», IMG 231-269.
64. F. Sanz Franco «Bibliografía elemental de Literatura psicoanalítica sobre temas clásicos», en *Actas del II Congreso Español de Estudios Clásicos,* Madrid, S.E.E.C., 1964, 655-657.

dios Clásicos o el trabajo que ha publicado Alsina[65] en el anuario de su universidad. Y también la revista *Arethusa*, como es bien sabido, consagró a tales temas en 1974 un fascículo que contiene la entonces útil, actualmente ya atrasada, bibliografía de Caldwell[66]. Y, si nos pusiéramos a enumerar libros, no terminaríamos nunca: baste la mención, por ser moneda corriente, de la *Psychanalyse de la Grèce antique*, dada a las prensas en fecha tan temprana como 1960 por la señora Aigrisse[67], o de las dos obras bastante arbitrarias dedicadas respectivamente a las figuras de Aristófanes y Platón por Dracoulidès[68] en 1967 e Yvon Brès[69] en 1968.

Porque era inevitable que el interés psicoanalítico hacia los mitos en sí, surgido ya en Freud respecto a Edipo, se transfiriera hacia las figuras literarias o históricas, de las cuales siempre hay más datos. Fácil me sería combinar ahora un ramillete de interpretaciones de este tipo: prefiero citarlas a salto de mata en un breve resumen.

En efecto, a fuerza de pensar sobre estos temas he llegado a una posición bastante más escéptica de lo que permitirían suponer los escarceos freudianos de mi *Safo* elucubrados en un tiempo en que, dado el retraso con que a España suelen llegar las cosas, me las tuve que componer yo solo para encajar mal o bien su caso clínico en los protocolos psicoanalíticos. Y baso mi escepticismo, voy a ver si me expreso con claridad, en el siguiente esquema, elaborado después de leer u hojear decenas de trabajos, con el que, quizá descubriendo el Mediterráneo, llego a la conclusión ambivalente de que, como decía antes en relación con lo lévistraussiano, todo es todo.

65. J. Alsina, «Literatura griega y psicología», en *An. Filol.* IV 1978, 9-30.
66. R. S. Caldwell, «Selected Bibliography on Psychoanalysis and Classical Studies», en *Arethusa* VII 1974, 115-134; cf. también J. Glenn, «Psychoanalytical Writings on Greek and Latin Authors, 1911-1960», en *Cl. W.* LXVI 1972, 129-145.
67. G. Aigrisse, *Psychanalyse de la Grèce antique,* París, Belles Lettres, 1960.
68. N. N. Dracoulidès, *Psychanalyse d'Aristophane,* París, Éd. Univ., 1967.
69. I. Brès, *La psychologie de Platon,* París, Pr. Univ. Fr., 1973; cf. también, p. ej., D. Wender, «Plato, Misogynist, Paedophile and Feminist», en *Arethusa* VI 1973, 75-90.

El modelo típico es el que podríamos llamar BAB: odio al padre, amor a la madre y aversión a las demás mujeres o porque cualquier contacto sexual sería imagen del incesto o porque todo el sexo femenino se ha envilecido en la figura materna entregada al rival. Esto lleva consigo una situación clásica: niños enmadrados, demasiado mimados por la madre; padres que consiguientemente tienen que ser duros con ellos agravando así la tensión. Como es lógico, los datos de este tipo serán más abundantes en los prototipos modernos, ricos en documentación: famosos odiadores de sus padres son Kafka (su carta célebre), Proust[70], Darwin, Tennessee Williams según sus memorias; de Wilamowitz nos dice Calder[71] que era azotado con una fusta por su severo progenitor; Teseo odia subconscientemente a Egeo porque le engendró ebrio y causa sin querer su muerte; Hipólito[72] aborrece a quien le dio bastardía y es víctima de la intemperancia paterna; el joven Licofrón detesta a Periandro porque ha matado a su madre; incluso Prometeo roba el fuego y se lo entrega a los mortales como rebelión contra un Zeus que luego le castigará.

Un caso mixto. Resulta ya tópico decir que Edipo no tenía el menor complejo de Edipo: esto es cierto en cuanto a Pólibo y Mérope, y tampoco pudo odiar a Layo si no le conocía, aunque en la escena de que antes hablé late ya una antipatía innata, pero a continuación haré un distingo. Ahora bien, por lo que toca a sus hijos, la oposición polar en ambas direcciones es evidente.

Situación ahora respecto a las madres: mimo excesivo por parte de las de Proust, Somerset Maugham[73] o el propio Wi-

70. Cf., p. ej., J. Rof Carballo, «La madre», en *Rev. Occ.* núm. 116, nov. 1972, 121-148.

71. En págs. 1-8 de U. von Wilamowitz-Moellendorff, *Inwieweit befriedigen die Schlüsse der erhaltenen griechischen Trauerspiele? Ein ästhetischer Versuch,* Leiden, Brill, 1974.

72. Cf. A. V. Rankin, «Euripides' Hippolytus: a Psychopathological Hero», en *Arethusa* VII 1974, 71-94.

73. Sobre el *exclusivo amor maternal* de que gozó hasta los ocho años y su homosexualismo posterior, cf. T. Morgan, *Somerset Maugham,* Londres, Jonathan Cape, 1979.

lliams; Penteo[74] se viste de mujer, sueña utópicamente con volver al seno materno, mata a su madre por celos subconscientes del fálico Dioniso (recuérdense el árbol y el toro); Perseo[75] convive, casi cohabita con la suya en el arca; Aquiles acude sin cesar a Tetis; Hipólito invoca siempre a la Amazona, a quien se parece en su genio montaraz, y, esto es importante, se llama igual que ella (como Ulrich von Wilamowitz es hijo de Ulrika). Y también actúa con frecuencia el mecanismo de la transposición: madres más o menos simbólicas son la vieja Hécale para Teseo, Diotima para Platón, la varonil Medea para Jasón, su vieja amante para Rousseau, Alemania para Hitler, Andalucía para Lorca[76] y la maternal esposa, dominadora y protectora, para Edipo.

Corolario misogínico: Penteo y las Ménades, Perseo matando a la femenina Medusa, Hipólito y su virginidad, Eteocles y sus invectivas, Kafka y sus relaciones fallidas con varias novias; el homosexualismo de Platón, Proust, Lorca, Williams; el insatisfactorio palmarés sexual de Hitler.

Naturalmente, los sexos se invierten cuando la psicoanalizada es una mujer, pero el esquema sigue siendo BAB: odio a la madre, amor al padre, aversión a los demás hombres por las mismas razones puestas al revés. A Freud no le gustaba el nombre «complejo de Electra», aunque lo identificó en una señorita vienesa[77]; la hermana de Orestes venera la memoria del padre y maldice a su madre, pero, hay que confesarlo, no hace ascos al matrimonio con Pílades o con el auturgo; las Danaides, en cambio, con su fijación paternal y su rechazo de los Egipcios, son un caso claro[78], y a él podrían sumarse infinidad de mujeres míticas en quienes Afrodita castiga la resistencia a la ley natural del himeneo. En este sentido más o menos interpretaba yo los datos

74. Cf. W. Sale, «The Psychoanalysis of Pentheus in the "Bacchae" of Euripides», en *Yale Cl. St.* XXII 1972, 63-82.
75. Cf. P. E. Slater, en págs. 37-40 de «The Greek Family in History and Myth», en *Arethusa* VII 1974, 9-44.
76. Cf., p. ej., C. Feal Deibe, *Eros y Lorca*, Barcelona, Edhasa, 1973.
77. Cf. M. F. Galiano, o. c. (en n. 19) 69 n. 254 y 71 n. 265.
78. Cf. R. S. Caldwell, «The Psychology of Aeschylus' "Supplices"», en *Arethusa* VII 1974, 45-70.

sáficos: marido dudoso o inexistente, madre quizá mandona y dominante, orfandad precoz que la convierte en jefe de familia (*mascula Sappho*[79]), disgustos con su hermano que se va con una mujer (recordemos a Hakalasi), repugnancia hacia los hombres que le roban a sus amigos, etc.

Pero ahora viene, como una especie de red de seguridad de las cabriolas psicoanalíticas, el modelo inverso, ABB, no tan bien atestiguado, pero existente. Sus prototipos son Orestes y Hamlet[80], admiradores de sus padres y odiadores de sus madres; y el último de ellos, además, aborrecedor por extensión del sexo femenino, como lo demuestra su comportamiento cruel para con Ofelia *(frailty, thy name is woman)*. A ellos podría contraponerse, como reverso de la medalla, Rosalía de Castro, que aborrece a su padre por haberla hecho hija sacrílega y cuyo matrimonio es desgraciado[81]; y supongo que habrá muchos casos semejantes. La solución se busca generalmente en la transferencia: Egisto y Claudio han asumido vicariamente el papel del tradicional padre odiado. Pero es que así no hay combinación que falle.

Volvamos por última vez a las actas de Urbino. Parece que el cuarto día se dedicó a interpretaciones semánticas y el quinto a las semióticas. Poco diré de esta última jornada, puesta bajo la beata advocación de la *Sémantique structurale,* de Greimas[82]: probablemente estaba demasiado fatigado, a la hora de redactar estos renglones, para adentrarme en la selva de signos en que, por ejemplo, Calame[83] estudia el tema de los Ciclopes o Paolo Fabbri[84] se inclina atento sobre la mejor obra de Detienne[85].

79. Hor. *Ep.* I 19, 28.
80. Cf. algo de la inmensa bibliografia al respecto en M. F. Galiano, «Hamletiana», en *An. Soc. Esp. Lit. Gen. Comp.* I 1978, 84-101.
81. Cf., p. ej., J. Rof Carballo, en págs. 113-149 de *Siete ensayos sobre Rosalía,* Vigo, Galaxia, 1952; M. Mayoral, *La poesía de Rosalía de Castro,* Madrid, Gredos, 1974, 130-132, 298-307, 313-315.
82. A. J. Greimas, *Semántica estructural,* Madrid, Gredos, 1976.
83. C. Calame, «Mythe grec et structures narratives: le mythe des Cyclopes dans l'Odyssée», IMG 369-391.
84. P. Fabbri, «L'invisibile pantera profumata», IMG 393-394.
85. M. Detienne, *Les jardins d'Adonis. La mythologie des aromates en Grèce,* París, Gallimard, 1972.

En cuanto al cuarto día, no sé qué significa aquí una interpretación «semántica»: ojalá sea la nacida de la verdadera comprensión de lo que los datos como están quieren decir y nada más. Pienso, pues, si no podríamos llamar a esto el enfoque filológico, aunque tampoco los textos, muchas veces tardíos y confusos, lo digan todo, aparte de que los problemas críticos deben ser abordados con infinita precaución si no se quiere fracasar como George Devereux[86] cuando diagnostica una depresión en Menelao a través de unos versos prácticamente ilegibles del manuscrito F de Esquilo[87].

En esta sección del coloquio hallamos un excelente estudio de Burkert[88] sobre el mito de Geríones en que quizá se insista demasiado en el tema chamánico; otro utilísimo de Gentili[89] sobre Heracles, puesto de moda, si así cabe decirlo, por el nuevo papiro que completa el fr. 169 Sn.; y unas objetivas consideraciones de Kirk, el autor de ese imprescindible libro que, traducido al español[90], nadie debe dejar de leer. Veamos algunas de sus observaciones. El caso de Heracles, con su mezcla de elementos culturales (bienhechor de la humanidad) y naturales (loco, glotón, brutal, esclavo) es muy bello; pero esto no prueba que todos los mitos puedan ser sometidos a análisis del tipo lévistraussiano. Cualquier mito com-

86. Quien por lo demás viene realizando una obra muy sugestiva (G. Devereux, «Greek Pseudo-Homosexuality and the "Greek Miracle"», en *Symb. Osl.* XLII 1968, 69-92; «Stesichoros' Palinodies: two further Testimonia and some Comments», en *Rh. Mus.* CXVI 1973, 206-209, y, sobre todo, *Dreams in Greek Tragedy. An Ethno-psycho-analytical Study,* Oxford, Blackwell, 1976), aparte de haber influido mucho sobre la muy competente labor de K. J. Dover («Eros and Nomos», en *Bull. Inst. Cl. St.* X 1964, 31-42 «Classical Greek Attitudes to Sexual Behaviour», en *Arethusa* VI 1973, 59-73; *Greek Homosexuality,* Londres, Duckworth, 1978).

87. G. Devereux, «L'état dépressif et le rêve de Ménélas», en *Rev. Ét. Gr.* LXXXI 1968, XII-XV; pág. 18 de «The Nature of Sappho's Seizure in fr. 31 LP as Evidence of her Inversion», en *Cl. Quart.* XX 1970, 17-31; *Dreams* (cf. n. 86) 57-146.

88. W. Burkert, «Le mythe de Gérion: perspectives préhistoriques et tradition rituelle», IMG 273- 283.

89. B. Gentili, «Eracle "omicida giutissimo"», IMG 299-305.

90. G. S. Kirk, *El mito. Su significado y funciones en las distintas culturas,* Barcelona, Barral, 1973.

plejo de cualquier parte del mundo equipado con variantes y elaboraciones más o menos tardías o literarias puede ser reducido a una impresionante serie de polaridades. El propio Burkert ha elaborado páginas más atrás un hermoso rombo (hombre-monstruo-normal-animal) sin tomarlo él mismo demasiado en serio. Lo mismo podría aplicarse al mito de Heracles: basta con un poco de imaginación. Fuego que mata al héroe / agua del río en que encuentra al centauro / agua que limpia los establos de Augías / sangre de Neso con que se unge la túnica, etc. Todas las teorías universales sobre el mito son por su propia universalidad automáticamente falsas. Y estos magníficos franceses, incluso cuando aciertan más, en el mito de Prometeo y en los contextos culinario y aromático, cuando diluyen más la leche pura del estructuralismo, lo que están haciendo no es más que sacar conejos o palomas de un sombrero ante los espectadores extasiados.

Supongo que los oyentes aguardarían con expectación las palabras finales de Vernant: no les decepcionó ciertamente[91]. En 1972, una reseña del suplemento literario del *Times*[92] catalogó a Vidal-Naquet y al propio orador como personas *extremely French:* ahora Kirk se ha mostrado, con su empirismo, su positivismo y su prudencia, *extrêmement anglais.* Nosotros –dice ahora– somos, sí, prestidigitadores, pero al decir al público «nada en las manos, nada en los bolsillos» no llevamos preparada la paloma en la doble copa de la chistera, sino que nos disponemos a buscarla de modo honesto en los textos con la esperanza de verla volar alegre y brillantemente.

¿Quién tiene razón? Sencillamente, las fuentes. Como filólogo clásico a lo largo de toda mi vida no he hecho otra cosa que leer a los autores griegos y latinos, interpretarlos y traducirlos. Me he debatido, además, de siempre entre autores muy «mitológicos»; comencé muy joven por Píndaro y Safo; he comentado en clase decenas de tragedias; estoy ahora muy dedicado a consumados mitógrafos helenísticos como son los epigramatistas, Licofrón y Arato.

91. J.-P. Vernant, «Intervento conclusivo», IMG 397-400.
92. *Tim. Lit. Suppl.* 11-VIII-1972.

Un tan prolongado contacto con los textos permite apreciar determinados fenómenos sencillos, por ejemplo, que, en la VI *Olímpica* de Píndaro, ante la existencia de dos genealogías distintas de Yamo, el autor opta por «normalizar» el árbol con el doblete de Pítane y Evadne, amadas ambas por dos respectivos dioses, Posidón y Apolo. O bien extrañarnos frente a la ambivalencia de un mito: la aparición ante los muros de Troya, en la VIII *Olímpica*, de tres serpientes, de las que dos caen y una penetra, encaja bien con uno de los posibles significados del augurio (la muralla será tomada por el lugar en que ha trabajado el mortal Éaco y no por el tajo de los dioses Posidón y Apolo), pero no con la profecía apolínea textualmente recogida (si lo que el portento pretende mostrar es que Troya será tomada por dos generaciones, la de Peleo y la de Neoptólemo, pero no por la intermedia de Aquiles, solamente debía haber fracasado una serpiente). O bien estimar de modo negativo la consideración, por parte del autor, de elementos míticos de la «estructura profunda» que él probablemente no llega a captar: así, en la I *Olímpica*, la piedad pindárica rechaza el pormenor de la antropofagia de Deméter sustituyéndola por un amor homosexual hacia Pélope por parte de Posidón (lo cual, dicho sea de paso, se opondría al usual mito de la cólera del propio Pélope contra Layo por la seducción de Crisipo), pero sin que hallemos en el poeta restos ni de una concepción socioetnológica en que intervenga el uso o comercio del marfil ni de un aprovechamiento lingüístico de la discutible etimología que considera Πέλοψ como afín a πελιός o πελιδνός (con referencia quizá a una tez morena como rasgo no indoeuropeo en un oriental) ni de una visión histórica que, por otra parte, sería insólita en la edad pindárica. Parece, en efecto, que tanto en la leyenda del omóplato de Pélope, marfileño o no, con el fantástico relato, debido a Pausanias[93], de que el hueso hubo de ser rescatado del mar por haberse hundido el barco que lo conducía, como en la manifestación del propio periegeta[94], según el cual la osamenta de Pélope se exhibía en

93. Paus. V 13, 4-6.
94. Paus. VI 22, 1.

Olimpia, como en la historia[95] de que los Espartanos se llevaron de Tegea el esqueleto gigantesco de Orestes, como en el hallazgo marino de la inmensa escolopendra de que habla el epigramatista Teodóridas[96] hay rastros notables de descubrimientos paleontológicos mitificados.

En fin, y perdóneseme la machacona insistencia, la última palabra la tienen que decir los hechos mismos, lo que los ingleses, con término insustituible, llaman la «evidence». Esto es lo que este equipo de antiguos colaboradores míos, que comenzaron a trabajar conmigo en la Universidad Autónoma y luego se han dispersado al ritmo de sus carreras brillantes, han querido hacer y han hecho con cuidado y exigiéndose el máximo a sí mismos. No ha sido sencillo resistir a la tentación de seguir a cualquiera de los diccionarios mitológicos españoles existentes, el desigual que dirigió finalmente el P. Errandonea[97] o el magnífico de Pierre Grimal[98], tan meticulosamente revisado por Pedro Pericay y que tales servicios nos viene prestando a todos; o a los varios extranjeros que con mayor o menor fortuna pululan por ahí y en la base de todos los cuales se trasluce inevitablemente el gran Roscher[99]. Ni filtrar, interpretar y resumir los datos ya conocidos desde la Antigüedad a través de mitógrafos como Eratóstenes, Apolodoro, Antonino Liberal, Partenio de Nicea, Higino y escritores como Homero, los líricos y trágicos, los eruditos helenísticos del cuño de Licofrón o Calímaco y los poetas latinos con el colosal Ovidio a la cabeza. No son tan fáciles de digerir como parece.

Y así se producen ciertos fallos. Hace pocos años[100] tuve que reseñar con algunas reservas la obra de Paul Diel[101], psicólogo

95. Heród. I 67-68; Paus. III 3, 6-7.
96. *Anth. Pal.* VI 222.
97. I. Errandonea, *Diccionario del mundo clásico,* Madrid, Labor, 1954.
98. P. Grimal, *Diccionario de la Mitología griega y romana,* Barcelona, Labor, 1966.
99. W. H. Roscher, *Ausführliches Lexikon der griechischen und römischen Mythologie,* Munich, 1884-1937.
100. *El País,* 18-VII-1976.
101. P. Diel, *El simbolismo en la Mitología griega,* Barcelona, Labor, 1976.

notable, autor de un libro clásico sobre motivaciones y de *La peur et l'angoisse*, profunda meditación intrapsíquica, como la denomina él mismo. Para Diel, cuya obra aparece prologada por Gaston Bachelard, la simbolización mítica (recuérdese lo que antes decíamos) es un cálculo psicológico, realizado oscuramente en cualquier subconsciente humano (y al fondo de ello, Jung y Adler, pero no Freud), que se expresa en un lenguaje imaginario. Los mitos pueden ser traducidos a conceptos «pampsicológicos» de modo que mejoren al hombre presente y futuro en su avatar evolutivo. Concepción optimista si las hay. Hasta aquí, perfectamente. Pero cuando el filólogo, materialista y pedante como todos los de su casta, lee que a Crono y el Tiempo se les considera un mismo personaje, que las Euménides son divinidades benéficas, que Edipo anduvo a gatas durante su niñez, tiende instintivamente a hacerse eco de la sobria afirmación puesta por Pierre Grimal al frente de su magistral obra: *Los sistemas envejecen, a veces con extrema rapidez: sólo los datos de los textos son inmutables.*

Manuel FERNÁNDEZ-GALIANO
Madrid, octubre de 1980.

Condicionados como estábamos por la obligada brevedad de una obra de bolsillo, hemos creído conveniente -aun a costa de restar continuidad y elegancia al relato- ahorrar espacio evitando la repetición de todos aquellos mitos en los que están implicados varios personajes, utilizando en esos casos las versalitas para remitir al lector al artículo donde se completa la historia que se está tratando. De ahí el hecho frecuente de que algunos personajes no estén tratados en su artículo con la extensión que les correspondería por su importancia.

Es la nuestra una obra dirigida a un lector no especializado y no tiene otra pretensión que la de poner a su alcance el caudal mitográfico de la tradición grecorromana con el menor número posible de errores y con la información necesaria -confiamos- para ilustrar la lectura de los principales autores griegos y latinos.

Aunque, por las características de la obra, no citamos expresamente las fuentes a pie de página, hemos procurado, sin embargo, consultar las más importantes. En aquellos casos no infrecuentes en que la tradición presenta versiones contradictorias y confusas, nos ha resultado muy penoso el tener que simplificar y armonizar las divergencias en aras de una mayor coherencia y claridad.

Hemos incluido en el cuerpo del diccionario artículos de mínima extensión, por entender que ello lo hace más manejable que si fuera provisto de un índice.

LOS AUTORES

A

Abante ("Αβας). 1) Hijo de Hipermestra y Linceo, guerrero valentísimo (después de su muerte los enemigos huían a la vista de su escudo) y fundador de la ciudad de Abas. Casado con Aglaye, tuvo dos hijos, Preto y Acrisio, los gemelos enemigos que continuaron las luchas de sus antepasados Dánaeo y Egipto.

2) Hijo de Posidón; epónimo de los Abántidas, pueblo de Eubea. *Véase* ELEFENOR.

3) Hijo de Melampo y padre de Lisímaca, la esposa, en algunas versiones, de Tálao.

Abdero ("Αβδηρος). Hijo de Hermes que fue devorado por las yeguas del rey tracio Diomedes cuando las estaba vigilando por encargo de Heracles. En su honor el héroe fundó la ciudad de Abdera, en Tracia.

Abeona. Diosa romana que enseña a los niños a andar y conduce sus primeros pasos fuera de la casa. Es una de las llamadas diosas INDIGETES.

Aborígenes. Los aborígenes, nombre que se suele interpretar como «pueblo originario», son los antiguos habitantes de la Italia central. Pueblo nómada, se alimentaban de frutos, por lo que eran considerados como hijos de los árboles. Con su rey LATINO se unieron a los Troyanos cuando ENEAS desembarcó en Italia.

Aca Larencia. Esposa del pastor FÁUSTULO y nodriza de RÓMULO. Tenía doce hijos, con los que realizaba sacrificios para la fertilidad de los campos. Muerto uno de ellos, Rómulo tomó su puesto, fundando el Colegio de los doce hermanos Arvales.

En otra versión distinta, Aca Larencia era una cortesana que legó todos sus bienes al pueblo de Roma. Enterrada en el Velabro, los Pontífices celebraban en su honor anualmente unos sacrificios en la fiesta de los *Larentalia*. En esta última versión se la pone en relación con Hércules, quien habría sido el que le proporcionó la ocasión de casarse con un rico etrusco cuyas posesiones heredaría ella.

Acacálide (᾿Ακακαλλίς). Una de las hijas de Minos y amada por Apolo, con el que tuvo cuatro hijos: Naxo, que dio su nombre a la isla; MILETO, a quien tuvo que exponer por temor a su padre; Garamante, héroe que dio origen al pueblo de los Garamantes, en Libia, donde fue desterrada Acacálide; y Oaxo, el fundador de la ciudad cretense del mismo nombre. Además, había tenido con el dios Hermes un hijo llamado Cidón.

Acatemo (᾿Ακάδημος). Héroe ateniense que reveló a los Dioscuros el lugar donde Teseo había escondido a Helena después de raptarla. Su tumba, respetada siempre por los Espartanos cuando invadían el Ática, estaba junto al río Cefiso, rodeada por un bosque sagrado. Allí fue donde Platón instaló su escuela, la Academia.

Acamante (᾿Ακάμας). 1) Hijo de Teseo y Fedra, hermano de DEMOFONTE y epónimo de la tribu ática de los Acamántidas. Cuando Teseo tuvo que exilarse de Atenas por haber dado muerte a Palante y a los Palántidas, envió a sus dos hijos, Acamante y Demofonte, a la corte del rey Elefenor de Eubea para que se criaran allí a salvo de posibles represalias. Aunque no se le menciona en los poemas homéricos, relatos posteriores cuentan que fue a Troya junto con su hermano Demofonte y con Elefenor con el propósito de liberar a su abuela Etra, quien se encontraba en la ciudad como esclava de Helena. Se dice también que acompañó a Diomedes cuando éste fue a reclamar la devolución de Helena, y que, durante la embajada, se enamoró de él LAÓDICE, una de las hijas de Príamo, dándole un hijo, Múnito. Intervino en los juegos fúnebres celebrados en honor de Aquiles, luchando contra Epeo. Participó asimismo en la toma de la ciudad, siendo uno de los Aqueos que iban en el caballo. De acuerdo con algunas fuentes, habría recuperado su antiguo reino. Hay otras, sin embargo, que le hacen protagonista de dos leyendas que de ordinario corresponden a su hermano Demofonte: la de sus amores con FÍLIDE y la de su muerte en Chipre atravesado por su propia espada al caer del caballo.

2) Troyano, hijo de Antenor y Téano. Combate contra los Aqueos junto con su hermano

Arquéloco en el grupo de Eneas, hasta que es muerto por Meríones. Figuran también como hermanos suyos Ifidamante, muerto por Agamenón; Laodamante, muerto por Ayante; Glauco, que ayudó a Paris a raptar a Helena; Helicaón, Eurímaco, Polidamante y quizá también el sacerdote Laocoonte.

3) Tracio, hijo de Eusoro. Interviene en la guerra de Troya al frente de un grupo de Tracios que acuden en auxilio de los Troyanos. Es muerto por Ayante Telamonio.

Acarnán (Ἀκαρνάν). Héroe epónimo de Acarnania –región de la costa occidental griega, situada frente a las islas de Léucade, Ítaca y Cefalenia–, hijo de ALCMEÓN y de la ninfa CALÍRROE. Tras haber vengado la muerte de su padre *(véase* ANFÓTERO), Acarnán y su hermano Anfótero llevaron a Delfos el collar de Harmonía, y de allí partieron hacia el Epiro, donde reclutaron colonos para asentarse en Acarnania.

Según una tradición, Acarnán fue muerto por ENÓMAO cuando acudió a Pisa como pretendiente a la mano de Hipodamía.

Acaste (Ἀκάστη). Una de las OCEÁNIDES.

Acasto (Ἄκαστος). Es un hijo de Anaxibia y de Pelias, rey de Yolco, que participa en la expedición de los ARGONAUTAS a pesar de la oposición de su padre. Tras la muerte de Pelias a manos de Medea, accede al trono, después de expulsar a ésta. Son célebres los juegos fúnebres en honor de Pelias, presididos por Acasto, en los que participaron Meleagro, los Dioscuros y otros héroes. Tomó parte en la cacería del jabalí de Calidón, acogiendo y purificando a Peleo, quien, durante ella, había dado muerte de forma accidental a Euritión. La esposa de Acasto, Astidamía (en otras versiones Hipólita, hija de Creteo), enamorada de Peleo, intentó seducirle. Despechada por la negativa de éste, ideó una venganza: envió un mensaje a Antígona, esposa de Peleo, diciéndole que éste proyectaba abandonarla para casarse con Estérope, hija de Acasto. Antígona, desesperada ante la noticia, se ahorcó. Pero no contenta Astidamía con esto, acusó a Peleo ante su marido Acasto, pretendiendo que había querido violentarla. Sobre este episodio y la posterior muerte de Acasto a manos de Peleo y sobre su intervención en el mito de su hija Laodamía, *véanse* PELEO y LAODAMÍA.

Acates (Ἀχάτης). Héroe troyano que aparece en la *Eneida* de Virgilio como amigo fiel y compañero inseparable de ENEAS.

Aceo (Ἀζεύς). Rey de Orcómeno descendiente de Frixo.

Aceso (᾽Ακεσώ). Una de las hijas de Asclepio y Epíone.
Acestes (᾽Ακέστης). Hijo de EGESTA. También llamado Egestes.
Acetes (᾽Ακοίτης). El único de los marineros tirrenos que intentó salvar a Dioniso cuando sus compañeros lo quisieron raptar, por lo que el dios, en reconocimiento, no lo convirtió en delfín como a los demás. Llegó a ser uno de los seguidores de Dioniso y, a veces, el conductor de sus Ménades.
Acis (᾽Ακις). Pastor siciliano a quien se hacía hijo del dios latino Fauno. Fue amado por la nereida Galatea y hubo de sufrir los celos de Polifemo. El gigante trató de aplastarlo con una enorme roca, pero, según la tradición, Acis pudo salvarse transformándose en un río, que tomó su nombre.
Acmón (῎Ακμων). 1) Uno de los CURETES.
2) Hijo de Clitio y nieto de Laomedonte, fue compañero de Eneas.
Aconcio (᾽Ακόντιος). La leyenda de Aconcio es, en gran manera, fruto de elaboración literaria. Es una ejemplificación del triunfo de la astucia sobre las discriminaciones sociales características de la época. Nos habla de un apuesto joven, oriundo de Ceos, que, con motivo de unas fiestas, acude a Delos, donde ve a una joven ateniense, también de extraordinaria belleza, de nombre Cidipe. Tan fuerte es el impacto amoroso despertado en él, que no puede menos que seguirla hasta el templo de Ártemis, donde ha entrado Cidipe acompañada de su nodriza. Aconcio, entonces, le arroja una manzana, presente amoroso usual en la época, en la que había grabado previamente con la punta de un cuchillo la siguiente inscripción: *Juro a Ártemis que no me casaré más que con Aconcio*. La manzana, recogida por la nodriza, llega a manos de Cidipe que, con la mayor ingenuidad, lee en voz alta, como era costumbre entre los antiguos, la inscripción. Al darse cuenta de lo que ha leído, arroja lejos de sí el fruto, pero el juramento quedaba formulado, y Ártemis se encargará de que se cumpla.
De regreso a Atenas, el padre de Cidipe concierta para ésta, con un acaudalado joven de familia también noble, una boda que no llegará a celebrarse por caer enferma la novia. En tres ocasiones prepara el padre la boda para su hija y otras tantas habrá de romperse el compromiso por enfermedad de Cidipe. Lo sorprendente del suceso hace que la noticia circule de boca en boca hasta llegar a oídos de Aconcio, que se presenta en Atenas. Entre tanto la familia de Cidipe

averigua, mediante consulta al oráculo de Delfos, la causa de las repentinas enfermedades de la joven. Tras enterarse de que la familia de Aconcio, aunque no rica, es honorable, se realiza la boda de ambos jóvenes, dando cumplimiento así al juramento formulado en el templo de Ártemis.

Acrisio (Ἀκρίσιος). Hijo de Abante, rey de Argos, y de Aglaye; padre de Dánae. Según la tradición, Acrisio y su hermano gemelo Preto luchaban entre sí cuando aún estaban en el vientre de su madre. Ya adultos, se disputaron el trono y, habiendo vencido Acrisio, Preto fue expulsado del reino, pero volvió con un ejército y obligó a su hermano a dividir la Argólide: Argos y sus alrededores serían para Acrisio, mientras Preto se quedaba con Tirinte, Midea y la zona costera. Casó con Eurídice, hija de Lacedemón, y tuvo una hija, DÁNAE. Habiendo sabido por un oráculo que el hijo de Dánae causaría su muerte y como quiera que las precauciones tomadas para impedir la maternidad de la muchacha resultaron infructuosas, ya que ésta fue fecundada por Zeus (*véase* PERSEO), la arrojó al mar en un arca junto con el recién nacido Perseo, pero ambos se salvaron. Años después, Perseo quiso ver a su abuelo, quien, al saberlo, huyó a Larisa, ciudad de Tesalia muy alejada de Argos; sin embargo, el rey de Larisa, Teutámides, organizó por entonces unos juegos a los que acudió Perseo. Acrisio estaba allí como espectador, y el disco lanzado por su nieto, desviado fatalmente por el viento, le dio en la cabeza y lo hirió de muerte, cumpliéndose así el oráculo. Según una variante de esta leyenda recogida por Higinio, Acrisio no había huido de Perseo, sino que lo habría perseguido hasta la isla de Sérifos, reconciliándose, sin embargo, al final con él. Pero también aquí Perseo da muerte involuntariamente a su abuelo.

La fábula de Preto y Acrisio corresponde al conocido tema mitológico de los mellizos rivales (*véanse,* por ejemplo, RÓMULO y REMO), y en el detalle de la disputa dentro del útero materno coincide con la historia de Esaú y Jacob referida en el *Génesis*.

Reinando Acrisio en Argos llegó Dioniso a la ciudad con el propósito de introducir en ella su culto, a lo que se negó el rey, lo mismo que hiciera Penteo en Tebas. Acrisio, sin embargo, no fue castigado por este hecho.

Acrón. Rey de la ciudad sabina de Cecina. Después del rapto de las Sabinas llevado a cabo por los Romanos, Acrón luchó con Rómulo en combate singular y fue muerto.

Actea ('Ακταία). 1) Una de las NEREIDAS.
2) Una de las DANAIDES.

Acteo ('Ακταῖος). 1) Héroe ateniense que, en algunas leyendas, aparece como primer rey de la ciudad. Es el padre de Aglauro, la esposa de Cécrope.
2) Hijo de Istro que combatió contra Aquiles al lado de Télefo.
3) En algunas versiones, padre de TELAMÓN.

Acteón ('Ακταίων). 1) Hijo de Aristeo y de Autónoe, hija de Cadmo; nieto de Apolo. Aprendió el arte de la caza junto al centauro Quirón, pero, transformado en ciervo por Ártemis, fue despedazado por sus propios perros. La tradición no es unánime acerca de la falta cometida por Acteón: se habría jactado de ser mejor cazador que la diosa, o bien habría intentado violarla en su templo, o la habría sorprendido cuando se bañaba desnuda con sus compañeras en el monte Citerón; se dice también que Acteón había intentado casarse con Sémele, la amante de Zeus, y que fue el dios quien pidió a su hija que castigara al rival. Después de haber dado muerte a su dueño, los perros lo buscaron por todo el bosque de manera desconsolada, llegando hasta la gruta de Quirón, quien, para calmarlos, hubo de modelar una imagen que reproducía fielmente la figura del cazador.
2) Joven ateniense, hijo de MELISO.

Actis ('Ακτίς). Uno de los HELÍADAS.

Áctor ("Ακτωρ). Son varios los héroes –a veces es difícil distinguirlos– que llevan este nombre:
1) Hijo de Forbante e Hirmine que tuvo con Molíone dos gemelos, Ctéato y Éurito (*véanse* MOLIÓNIDAS y AUGÍAS).
2) Padre, con Egina, de Iro, Polimele y del argonauta Menecio, y abuelo, por tanto, del famoso Patroclo. Era hijo de Deyón y Diomede.
3) Hijo de MIRMIDÓN y Pisídice, la hija de Éolo, que reinó en Ftía, en Tesalia. Según unas versiones, fue él quien acogió a Peleo cuando éste fue desterrado por su padre y quien le cedió su reino al morir sin hijos. Pero más frecuente es atribuir estos hechos a un hijo suyo, EURITIÓN, uno de los héroes que participó en la cacería del jabalí de Calidón.
4) Rey de Orcómeno, hijo de Aceo, que fue padre de Astíoque.
5) Hijo de Acasto y padre de Esténelo.
6) Hijo de Hípaso. Participó en la expedición de los ARGONAUTAS.

Adeona. Adeona es una de las diosas INDIGETES, que cumplía la misión de guiar a los niños cuando regresaban al hogar.

Adiante ('Αδιάντη). Una de las DANAIDES.

Adite (’Αδύτη). Una de las DANAIDES.

Admete (’Αδμήτη). 1) Hija de Océano y de Tetis.

2) Protagonista de una leyenda de Samos y a la vez relacionada, según algunas versiones, con el noveno trabajo de HERACLES, ya que éste habría ido a buscar para ella el cinturón de la reina de las Amazonas.

Hija de Euristeo, fue sacerdotisa de Hera en Argos. Bien ella misma, bien los Argonautas, trasladaron la imagen de Hera a Samos, donde le dedicaron un templo. Un día intentaron robar la estatua unos piratas tirrenos, pero, aunque lograron sacarla del templo, no consiguieron hacerse a la mar, aun teniendo las velas desplegadas. Achacando este prodigio a la diosa la depositaron en la playa y celebraron sacrificios en su honor. Como los de Samos no se enteraron de la llegada de los piratas y creyeron que la estatua había ido sola a la playa, celebraron grandes sacrificios dirigidos por Admete. Anualmente tenía lugar una procesión conmemorando el hecho.

Admeto (῎Αδμητος). Hijo de Feres y Periclímene, reinó en Feras de Tesalia. En su juventud participó en la cacería del jabalí de Calidón y en la expedición de los ARGONAUTAS.

Las restantes noticias que sobre él conservamos corresponden, en su casi totalidad, al año en que APOLO le sirvió como esclavo en expiación de la muerte de los Ciclopes.

Admeto demostró ser justo y bondadoso en el trato con tan especial servidor, a lo que le correspondió Apolo aumentando enormemente el ganado que estaba a su cargo e intentando prestarle mayores servicios. Admeto solicitó en matrimonio, junto con otros muchos reyes y príncipes, a Alcestis, la más bella de las hijas de Pelias. Éste, para evitar que corriese peligro su reinado en Yolco al rechazar a cualquiera de los pretendientes, anunció que conseguiría a Alcestis aquél que fuese capaz de uncir a su carro un león y un jabalí y conducirlos alrededor del estadio, lo que constituía una prueba de realeza. Al informarse de las condiciones, Admeto suplicó a Apolo que le ayudase a conseguir a Alcestis. Apolo, con la ayuda de Heracles, amansó a las fieras y consiguió que Admeto superase la prueba.

Con ocasión de sus bodas, Admeto olvidó hacer sacrificios en honor de Ártemis. Como castigo, al entrar en la cámara nupcial en lugar de encontrar a la novia topó con un manojo de serpientes, lo cual era claro indicio de una muerte inminente. Apolo intercedió ante su hermana Ártemis y consiguió de las

Moiras, tras haberlas emborrachado, la gracia de que aquél no muriese el día señalado por la suerte si había algún miembro de su familia dispuesto a sacrificarse por él. Este día no tardó en llegar, y Admeto buscó un sustituto entre los suyos, pero todos se negaron, incluidos sus padres, ya ancianos. Todos, menos Alcestis. En una primera versión, la diosa Perséfone no acepta el sacrificio y devuelve a Alcestis. En la otra, de la que nos dan noticias Frínico y Eurípides, es Heracles quien, acogido en hospitalidad por Admeto cuando se dirigía a conseguir las yeguas del tracio Diomedes, lucha a brazo partido con la muerte, venciéndola y consiguiendo recuperar y devolver a Alcestis a su marido. Es esta una leyenda primitiva, fruto de la imaginación popular, con Moiras que se emborrachan, divinidad de la muerte tan física que puede ser vencida por un hombre valiente.

De la unión entre Admeto y Alcestis nacieron tres hijos: Eumelo, Perimele e Hípaso.

Adonis (Ἄδωνις). Adonis es el protagonista de un mito muy difundido por el Mediterráneo oriental. Era hijo de Mirra, también llamada Esmirna, y del rey de Asiria, Tías, o bien de Cíniras, el rey de Chipre. Por haberse jactado Mirra de ser más bella que Afrodita, o por no haberle rendido culto, la diosa le infundió una pasión incestuosa por su padre. Un día en que éste había bebido mucho, ayudada por su nodriza, Mirra se unió a él. Una versión contaba que esta unión, amparada en la oscuridad, se repitió durante doce noches, en la última de las cuales por fin Tías descubrió quién era la mujer que con él yacía. Indignado, intentó matar a su hija, pero la salvaron los dioses convirtiéndola en el árbol de la mirra. A los diez meses, al cornear un jabalí -animal también relacionado con su muerte- el árbol de la mirra, nació un niño llamado Adonis. Afrodita lo confió a Perséfone, pero, cuando se lo reclamó, se negó la diosa de los infiernos a devolverlo por haberse enamorado de él. Ante la disputa de las dos diosas intervino Zeus, o bien la musa Calíope, que en un juicio decidió que permaneciese Adonis cuatro meses con Perséfone, cuatro con Afrodita y los otros cuatro solo, aunque Adonis prefirió también pasarlos con Afrodita. Apasionado por la caza, murió corneado por un jabalí, que algunos pretenden que era Ares, celoso de Adonis, o bien Apolo, que quiso vengar a su hijo Erimanto, muerto por Afrodita cuando fue sorprendida mientras se bañaba, o incluso Ártemis en venganza por la muerte de Hipólito.

Hijos de Adonis eran Golgo, Istaspe, Zariadre y una hembra, Beroe. También algunos le atribuyen la paternidad de Príapo. Simboliza Adonis el espíritu de la vegetación anual. El mito que le relaciona con Perséfone y Afrodita representa la semilla que permanece oculta en la tierra durante un tercio del año. A Adonis están ligadas varias flores, además de la mirra; las anémonas procedían de la sangre de Adonis; en cuanto a las rosas, que eran blancas al principio, fueron teñidas de rojo por la sangre de Afrodita, que se hirió al intentar socorrer a Adonis. A él consagró Afrodita sus famosos jardines de Adonis, formados por plantas que las mujeres sirias regaban con agua caliente, por lo que nacían rápidamente y morían en seguida, simbolizando la muerte de Adonis.

Su nombre parece derivar de la palabra Adón, «señor» en hebreo. Por otra parte, en Biblo se ven huellas de Adonis, ya que había un río de este nombre que anualmente adquiría un color rojo, cuando se conmemoraba la muerte del joven. Se le identifica, por otra parte, con el dios mesopotámico Tammuz.

Adramis (῎Αδραμυς). Pelasgo padre de TEBA.

Adrastea (᾿Αδράστεια). Ninfa cretense que, con su hermana Ida, recibió de Rea a Zeus niño, a quien crió. Compañera de los Curetes, era hija de MELISEO.

Adrasto (῎Αδραστος). 1) Hijo de Tálao. Según unos, su madre habría sido Lisímaca, hija del rey Abante y sobrina-nieta suya, y, según otros, Lisianasa, hija de Pólibo, rey de Sición, o Eurínome. Es nieto de Biante, el hermano de Melampo, que había obtenido un tercio del reino de Argos en la división del mismo hecha por PRETO. Cuando Anfiarao, biznieto de Melampo, dio muerte al padre de Adrasto (o bien a Prónax, hermano de Adrasto), éste huyó a Sición. Allí casó con una hija del rey Pólibo, que no había tenido ningún heredero varón, y le sucedió en el trono. Poco después consiguió también el trono de Argos y se reconcilió con Anfiarao, a quien dio como esposa a su hermana Erifile; al mismo tiempo, los reyes juraron que si en lo sucesivo surgían diferencias entre ellos, las someterían al arbitrio de la muchacha y aceptarían su decisión. Una noche llegaron al palacio de Adrasto Polinices y Tideo, fugitivos de sus respectivas ciudades, y el rey los casó con sus hijas Argía y Deípile (habidas con Anfítea, que le habría dado también a Egialeo, a Cianipo y a Egialea, a no ser que el primero sea hijo de Demonasa y los dos últimos lo sean del propio Egialeo; como hijas de Adrasto se cita también a Eurídice e Hipodamía, casadas, respectivamente, con Ilo, el hijo de Tros, y con Pirítoo), porque en una ocasión el oráculo le había aconsejado que las uniera a un león y a un jabalí, y precisamente eran estos los distintivos que llevaban pintados en sus escudos los dos príncipes. Seguidamente, Adrasto se dispuso a restablecer a sus yernos en los tronos perdidos y empezó por organizar una expedición contra Tebas, la patria de Polinices. Adrasto mandaba el ejército y a sus órdenes iban otros seis jefes: Polinices, Tideo (rey de Calidón), Anfiarao, Capaneo (descendiente de Preto), Hipomedonte (sobrino de Adrasto) y Partenopeo (hermano de Adrasto, según unos, o bien hijo de Meleagro y Atalanta, y por lo tanto Arcadio, según otros). Participaban, pues, en esta expedición las tres familias con derechos sobre el trono de Argos (ramas de Preto, Melampo y Tálao) y, de acuerdo con algunas tradiciones posteriores, otros aliados del resto del Peloponeso, excepto de Micenas, que no habría querido intervenir por desconfiar los Atridas del éxito de la empresa. El propio Anfiarao, que era adivino, había previsto el desastroso final, oponiéndose desde el principio a la expedición, pero Polinices sobornó a Erifile regalándole el collar de Harmonía, y Anfiarao, obligado por el juramento que había hecho a Adrasto, tuvo que someterse a la voluntad de su esposa.

De camino hacia Tebas, el ejército argivo se detuvo en Nemea, y los jefes rogaron a Hipsípile –la esclava que cuidaba al pequeño Ofeltes, hijo del rey de la ciudad, Licurgo– que les condujera hasta una fuente; el niño quedó solo unos instantes y fue mordido por una serpiente, muriendo en el acto. Anfiarao vio de nuevo un mal presagio en este suceso, pero no fue escuchado por sus compañeros, que decidieron seguir adelante después de haber celebrado unos juegos fúnebres en honor de Ofeltes (los primeros juegos Nemeos, cuyos jueces vistieron siempre túnicas oscuras en señal de duelo). Al llegar junto al río Ismeno, se encontraron con los Tebanos, haciéndoles huir hasta sus propios muros, pero, iniciado el asalto de la ciudad, Capaneo, que había sido el primero en escalar la muralla, fue fulminado por el rayo de Zeus. Tampoco esta vez cedió Adrasto a la advertencia divina, y el ejército argivo fue aniquilado, pereciendo todos sus jefes salvo Adrasto, que consiguió huir gracias a su magnífico caballo Arión. Según la leyenda ateniense desarrollada en las *Suplicantes* de Esquilo, Adrasto habría acudido a Atenas para pedir a Teseo que le ayudase a rescatar los cadáveres de los Argivos muertos en Tebas; Teseo le habría recibido fríamente, pero su madre Etra, conmovida por las súplicas de las madres argivas, habría intercedido en su favor, y los cadáveres habrían sido recuperados por la fuerza y enterrados después en Eleusis. Otra versión pretende que fue el propio Adrasto quien consiguió convencer a los Tebanos para que le entregaran los cuerpos insepultos.

Diez años después, el incansable rey de Argos organizó una segunda expedición contra Tebas, la de los Epígonos, integrada por los hijos de los caídos en la primera. Esta vez la ciudad fue tomada, y el hijo de Polinices, Tersandro, ocupó al fin el trono. En el relato de Pausanias, Adrasto pierde a su hijo Egialeo en la operación y, de regreso a Argos, muere de dolor en Mégara. Una versión posterior pretende que ambos se arrojaron a una hoguera, obedeciendo un oráculo de Apolo.

Las dos guerras de Tebas, como las dos guerras de Troya, figuraban en la temática de la épica griega antigua e inspiraron numerosos poemas hoy perdidos; así, en Homero se encuentran alusiones a la caída de Tebas, y, por su parte, Hesíodo se refiere a ella en sus *Trabajos y Días*, cuando afirma que Zeus aniquiló a dos generaciones de héroes, la primera en Tebas y la segunda en Troya. Ahora bien, si hasta hace poco el hecho histórico de la destrucción de Tebas no pasaba de ser una hipótesis, hoy, sin embargo, aparece confirmado por los restos arqueológicos del llamado palacio de Cadmo, que revelan una destrucción violenta de la ciudad, ocurrida en la fecha que le atribuye la epopeya, es decir, poco antes de la guerra de Troya.

2) Hijo de Polinices y Argía. Según Pausanias, habría sido uno de los EPÍGONOS.

Adrias (Ἀδρίας). Rey de Iliria, de quien recibió su nombre el mar Adriático.

Aecio (Ἀέτιος). *Véase* PITEO.

Aede (Ἀοιδή). Una de las tres antiguas MUSAS.

Aedón (Ἀηδών). Hija de PANDÁREO y de Harmótoe. Casó con Zeto –hermano gemelo de Anfión y reyes ambos de Tebas– y tuvo de él un solo hijo, Ítilo, mientras que Níobe, la esposa de Anfión, contaba con una descendencia numerosa. Aedón tuvo celos y quiso matar al primogénito de Níobe mientras dormía, pero, por error, mató al propio Ítilo. Desesperada, pidió a los dioses que le quitaran la forma humana y fue convertida en ruiseñor.

En otro conocido mito que parece haber interferido en la leyenda tebana, Aedón (el *ruiseñor)* es hermana de Quelidón (la *golondrina);* ambas son hijas de Pandáreo, rey de Mileto. Aedón está casada con Politecno, rey de Colofón, y tiene un hijo, Itis. Un día los dos esposos se jactan de ser más felices que Zeus y Hera, y entonces la diosa decide castigarlos enviándoles a la Discordia. Enseguida discuten sobre cuál de los dos es el más hábil, y deciden probarlo: Politecno construirá un carro y Aedón tejerá un tapiz; el primero que termine dará al otro una esclava. Asistida por Hera, vence Aedón, y Politecno discurre una venganza terrible. Va en busca de Quelidón y consigue que el padre la deje ir con él, diciéndole que Aedón la reclama. Por el camino abusa de la muchacha, le corta el cabello y la viste de esclava; luego se la entrega a su esposa como criada, amenazándola con matarla si revela la verdad. Aedón no reconoce a su hermana hasta que le oye un día cantar sus penas junto a una fuente, y entonces las dos hermanas deciden vengarse de Politecno. Matan al pequeño Itis y se lo sirven a la mesa; luego, huyen a Mileto y refieren al padre lo ocurrido. Cuando Politecno, enterado de la verdad, sale en su persecución, los criados de su suegro lo detienen, lo untan con miel y lo abandonan atado en una pradera, pero Aedón se conmueve y corre a espantar las moscas que lo atormentan, haciendo con ello recaer sobre sí la cólera del padre y de los hermanos. Al fin, Zeus decide acabar con las desgracias de la familia y los convierte a todos en aves: a Aedón en ruiseñor, a Quelidón en golondrina, a Politecno en águila marina, al hermano de Aedón en abubilla y a su madre Harmótoe en alción. Sobre una tercera versión de este mito, *véase* FILOMELA.

Aelo (᾿Αελλώ). Hija de Taumante y de la oceánide Electra que, con sus hermanas, es conocida por el nombre de HARPÍA.

Aeria (᾿Αερία). En algunas versiones, esposa de Belo y madre de Egipto. También llamada Potamitis.

Aérope (᾿Αερόπη). 1) Aérope era una princesa cretense hija del rey Catreo. Un día su padre la sorprendió cuando se entregaba a un esclavo y la expulsó de Creta. La versión más frecuente de su expulsión es, sin embargo, que un oráculo informó a Catreo que uno de sus hijos lo mataría. Dos de ellos, Altémenes y Apemósine, se enteraron y huyeron. A dos de las hermanas, Aérope y Clímene, las entregó Catreo a Nauplio para que las vendiese en el extranjero. Nauplio las condujo a Argos, y allí la primera se casó con Plístenes, con el que tuvo tres hijos, Agamenón, Menelao y Anaxibia. Según otra versión, su marido sería Atreo, el hijo de Pélope. Para conciliar ambas versiones, se ha pensado que se casaría sucesivamente con cada uno de ellos y que Plístenes era el hermano o el hijo de Atreo. En este caso los niños, aun siendo del primero, serían educados por este último. De todos modos Aérope se dejó seducir por Tiestes, hermano de Atreo, y le entregó el vellocino de oro con el que su marido pensaba llegar a reinar sobre Micenas. Se cuenta que Atreo, después de vengarse de los hijos de Tiestes, arrojó a Aérope al mar.

2) Aérope es también una amada de Ares, que siguió amamantando a su hijo, por especial intervención del dios, después de morir al dar a luz. Era hija de Cefeo.

Aéropo (’Αέροπος). *Véase* PERDICAS.

Afareo (’Αφαρεύς). Afareo es un hijo de Gorgófone y Perieres, de quien heredó el reino de Mesenia. Era hermano de Leucipo y hermanastro (o hermano también) de Icario y Tindáreo, pues, según algunas versiones, su madre, viuda de Perieres, volvió a casarse con Ébalo. Reinó en Mesenia acogiendo hospitalariamente a personajes como Lico, el hijo de Pandión expulsado de Atenas por Egeo, y Neleo, que llegó a reinar en Mesenia por cederle el trono Afareo a su muerte, pues sus hijos Piso, Linceo e Idas habían muerto antes que él. Aparece normalmente unido a Arene.

Afea (’Αφαία). *Véase* BRITOMARTIS.

Afidante (’Αφείδας). 1) Hijo de ÁRCADE.

2) Hijo de OXINTES.

Afrodita (’Αφροδίτη). Un mito de clara procedencia oriental nos presenta a Gea incitando a sus hijos contra el terrible Úrano. Crono afronta la empresa y, con una guadaña que su madre le había dado, castra a su propio padre, cuando intentaba unirse a Gea, y arroja los órganos sexuales cortados al mar. En derredor del miembro se amontona la espuma (ἀφρός) y Afrodita nace de él. El viento Céfiro la conduce a la isla de Chipre donde es recibida por las Horas. El epíteto Cipris, que se aplica a la diosa, parece estar en relación con el nombre de la isla.

Parece, pues, claro el origen extranjero, oriental, de esta diosa que entre los griegos simboliza el atractivo sexual, al que están sometidos mortales e inmortales casi sin excepción. Es la diosa de la belleza, del amor y del matrimonio. En algunos lugares de Grecia es considerada también la diosa de los marineros, lo que posiblemente esté motivado por la tradición que atribuye a Nereo la crianza de Afrodita (*véase* NERITES).

Pero Afrodita, que, según la presenta Hesíodo en este mito, es una divinidad antigua, aparece siempre como una diosa muy joven, lo que motiva que se le asignen como padres a Zeus y a Dione. Esta genealogía es, evidentemente, secundaria y tiende a asegurarle un linaje genuinamente helénico.

En ocasiones fue considerada Afrodita como un principio disolvente, pero más arraigado está el sentimiento, manifiesto en Esquilo, de que ella es el principio de la vida en el Universo. Y a esta luz habrá que interpretar su actuación en el *Hipólito* de Eurípides o en las *Danaides* de Esquilo. En la primera de estas obras Afrodita castiga el desprecio de un mortal. HIPÓLITO no sólo rinde culto a Ártemis, sino que ultraja lo que Afrodita simboliza. En las *Danaides,* Afrodita defiende a Hipermestra frente a sus hermanas, porque ella ha cedido a los imperativos del amor, de la vida, negándose al antinatural crimen planeado en común contra sus maridos.

Afrodita está íntimamente ligada al episodio que conocemos con el nombre de *juicio de Paris* y, como consecuencia, a la motivación mítica de la guerra de Troya. Con ocasión de las bodas de Tetis y Peleo todos los dioses fueron invitados al banquete, a excepción de la diosa de la Discordia. En venganza, ésta arrojó una manzana sobre la mesa con la siguiente inscripción: «para la más hermosa». Al punto Afrodita, Atenea y Hera pretendieron ser las destinatarias. Para decidir la querella acudieron ante Zeus, pero éste, previendo que su decisión motivaría un enfrentamiento con las dos que no fueran elegidas, delegó en el más hermoso de los mortales, Paris, que estaba apacentando los rebaños en la ladera del monte Ida.

Ante él expusieron las tres diosas sus sugestivos argumentos: Atenea le ofreció el hacerlo invencible en la batalla; Hera, señor del Universo; Afrodita, en fin, a la más bella mujer como esposa.

Paris, influenciado por los encantos de Afrodita, que le expuso sus razones desde una proximidad excesiva, y haciendo gala de no mucha inteligencia, eligió a esta última y se atrajo automáticamente el odio de las otras dos diosas, que, en lo sucesivo, serán enemigas encarnizadas de los Troyanos. Con la ayuda de Afrodita, Paris conseguirá raptar a Helena, la esposa de Menelao, y con ello motivará la guerra de Troya. En ella Afrodita toma partido por los Troyanos, a quienes a veces ayuda incluso en el campo de batalla (*véase* DIOMEDES).

Esta diosa, a cuyos imperativos sólo se resisten entre los inmortales Atenea, Ártemis y Hestia, sufrirá, por influencia de Zeus, la humillación de ceder al deseo de unirse a un mortal, Anquises, de quien engendrará a ENEAS. Después de haberse unido a Anquises, le hizo prometer que jamás lo revelaría y que aseguraría que Eneas había nacido de una ninfa. Según algunas versiones, Anquises, inintencionadamente, habría violado su secreto, y Zeus, en castigo, le habría alcanzado con el rayo, que, de no ser por la intervención de Afrodita, lo habría aniquilado.

En el plano divino, Afrodita, cuya belleza había provocado discordias entre los dioses, fue asignada por Zeus a Hefesto. Sin embargo, no siempre se mantuvo fiel a este dios cojo y feo, sino que, según nos cuenta el aedo Demódoco en el canto VIII de la *Odisea*, fue amante de Ares. Este gracioso episodio nos presenta a Ares y Afrodita cogidos en el lecho bajo una invisible red metálica que Hefesto había fabricado al enterarse por el Sol de que era traicionado. Las diosas, pudorosas, no quieren contemplar el espectáculo; Hefesto, irritado, reclama airadamente de Zeus la devolución de los presentes matrimoniales entregados por él con ocasión de sus desposorios con Afrodita; Posidón, admirado ante la desnuda belleza de la diosa, se compromete a pagar él, en caso de que no lo haga Zeus; los demás dioses, divertidos, se ríen con esa inextinguible risa típicamente homérica. Todo termina con la liberación de la apasionada pareja. Uno marcha a Tracia; la otra, a Chipre. Hefesto deja de insistir en sus reclamaciones, porque tampoco desea romper su matrimonio con tan hermosa diosa. De la unión de Ares y Afrodita nacieron Eros, Anteros, Deimo, Fobo y Harmonía. (Además, con Hermes tuvo a Hermafrodito; con Butes o Posidón, a Érice; también son considerados hijos de Afrodita Príapo y Rodo.)

Son frecuentes las leyendas en las que la diosa infunde amor a un mortal *(véanse* p. ej. DAFNIS y RÓDOPE), ayuda en sus pretensiones amorosas a otros *(véanse* MELANIÓN y PIGMALIÓN), o castiga a quien se le opone *(véanse* CLÍO, EOS y PSIQUE).

Se representa a veces a Afrodita rodeada de un cortejo en el que figuran, entre otros, Harmonía, Hímero y Poto.

En Roma tuvo Afrodita su equivalente en Venus.

Sobre las relaciones de Afrodita con Adonis, donde, al parecer, tenemos una adaptación del conocido mito oriental de la Gran Madre y su divinal amante, *véase* ADONIS; *véase* también ORFEO.

Agamedes (’Αγαμήδης). Arquitecto hijo de Estínfalo y biznieto de Árcade. Según otras versiones, hijo de Apolo, Zeus, Posidón o el argonauta Ergino. Su esposa –o bien su madre– era Epicaste, quien le dio a Trofonio y Cerción; el primero concebido, al parecer, de Apolo. Cerción, Trofonio y Agamedes fueron los tres afamados arquitectos a quienes se atribuía gran número de obras famosas de la época arcaica. Son de destacar la cámara nupcial de Alcmena, el templo de Apolo en Delfos, el templo de Posidón en Arcadia y un tesoro para Hirieo en Beocia. Con respecto a esta última obra se nos cuenta que Agamedes y Trofonio, arquitectos de la misma, habían dispuesto con tal habilidad una de sus piedras que podían moverla con facilidad. Por allí entraban todas las noches a robar. Al notarlo el rey de Hiria, encargó a Dédalo que construyese una trampa para coger a los ladrones, trampa en la que cayó Agamedes. Trofonio, para evitar ser delatado como cómplice, le cortó la cabeza. Una vez hecho esto se abrió la tierra bajo sus pies y se lo tragó. Heródoto nos relata, referida al faraón Rampsinito (¿Ramsés III?), una historia muy semejante.
Según otra versión, el rey no era Hirieo, sino Augías, rey de la Élide. En este robo participaba también Cerción. Cogido Agamedes, Cerción se refugiaba en Atenas, mientras que Trofonio lo hacía en Lebadea. Todavía existe otra leyenda según la cual, al pedir el salario a Apolo por la edificación de un templo en su honor, éste les dijo que les pagaría al octavo día y que, entretanto, disfrutasen de la vida lo más posible. La noche del séptimo día murieron dulcemente.
En el bosque de Lebadea se conserva el oráculo de Trotonio, al que había que acudir con ofrendas en las manos y extrañas vestiduras y donde se invocaba también el nombre de Agamedes. *Véase*, al respecto, HÉRCINA.

Agamenón (’Αγαμέμνων). Agamenón, al igual que Menelao, es hijo de ATREO y de Aérope, y nieto, por tanto, de Pélope. A ello aluden las denominaciones de Atridas y Pelópidas con que son conocidos ambos hermanos. Otra versión menos conocida de la leyenda atribuye a PLÍSTENES la paternidad de Agamenón, Menelao y Anaxibia. Asesinado Atreo por su sobrino Egisto a instancias de Tiestes, y asentados éstos en el trono, Agamenón y Menelao tuvieron que huir a Esparta, donde encontraron acogida en la corte de Tindáreo, de quien recibieron un ejército con el que pudieron expulsar a los usurpadores. Agamenón, entonces, fue nombrado rey de Argos.

Dos acontecimientos, que se entrelazan, resultaron especialmente funestos para Agamenón: la guerra de Troya y su matrimonio con Clitemestra, hija de Tindáreo. Con ella se casó tras matar a su anterior marido, Tántalo, hijo de Tiestes, y a los hijos nacidos de ambos. De la unión de Agamenón con Clitemestra nació un varón, Orestes, y varias hembras. Originariamente la leyenda conocía tres: Crisótemis, Ifianasa y Laódice; Homero habla también de Ifigenia; los trágicos griegos, por último, nos presentan a Electra.

Helena, también hija de Tindáreo, eligió por esposo a Menelao. Tal era el número de pretendientes que aquélla, por su singular belleza, tenía, que Tindáreo, temiendo ser muerto por alguno de los rechazados, les obligó a jurar a todos que aceptarían la decisión de Helena y que defenderían al elegido en caso de que fuese atacado. Este pacto fue el que hizo que la mayor parte de los príncipes y reyes de Grecia uniesen sus fuerzas con el fin de castigar al raptor de Helena, a Paris, hijo de Príamo. De esta expedición aparece como jefe supremo Agamenón, a quien Homero atribuye una majestuosa presencia física. Se reúne en Áulide la flota que ha de transportarlos hasta las costas de Troya, pero una prolongada calma chicha imposibilita la navegación. Se consulta al adivino Calcante. Éste explica que la causante de tal fenómeno es la diosa Ártemis, quien, enojada por haberse jactado Agamenón de haber dado muerte a una cierva con un tiro de lanza tan preciso como la misma diosa cazadora no hubiese podido realizar, exige le sea sacrificada IFIGENIA. Se ve obligado a acceder Agamenón, ganándose con ello el odio de Clitemestra. Parte, por fin, la expedición hacia Troya acompañada de los mejores presagios. En el décimo año de la guerra se inicia la narración de la *Ilíada*. Agamenón recibe en el campamento griego la visita de Crises, sacerdote del dios Apolo y padre de su cautiva preferida, Criseida, a la que pretende recuperar previo pago de rescate. Agamenón, irritado, desestima, contra la opinión del ejército, la propuesta del anciano sacerdote y lo despide de mala manera, sin respetar los atributos sacerdotales con los que va revestido. Humillado, el sacerdote pide a su dios que vengue tal ultraje. Apolo envía una peste que diezma al ejército griego. Se consulta a Calcante, quien anuncia que la peste cesará cuando se entregue, sin rescate, a la hija del sacerdote. Aquiles toma la iniciativa y reúne la asamblea obligando a Agamenón a hacer lo que el adivino ha anunciado. Consiente de mala gana Agamenón, pero, despechado, decide despojar a Aquiles de su cautiva Briseida. Herido en su orgullo por tal acción, Aquiles resuelve retirarse del combate, lo que motiva que los griegos pasen de sitiadores a sitiados, aunque algunos de sus héroes, incluido Agamenón, tengan momentos de gloria antes de caer heridos. Ante el cariz que toman los acontecimientos, envía Agamenón una embajada a Aquiles con la intención de hacerle desistir de su postura, prometiéndole todo tipo de satisfacciones. Todo inútil. Sólo la muerte de su amigo Patroclo hará retornar al héroe al combate. Aquiles vengará a Patroclo dando muerte a Héctor y a gran parte del ejército troyano. Terminada la guerra, a Agamenón se le entrega como parte de su botín a Casandra, la hija de Príamo, con quien engendrará dos gemelos: Pélope y Teledamo.

Retorna Agamenón a su patria haciendo caso omiso de los funestos presagios de su concubina. Clitemestra, que se había convertido en la amante de Egisto, espera a Agamenón cargada de odio; le odia por el sacrificio de su hija, por la muerte de su primer marido y, sobre todo, por traer consigo una concubina. Lo recibe fingiendo una alegría que está muy lejos de sentir. A sus pies, como si de un dios se tratara, le tiende una alfombra purpúrea. Se va a celebrar un gran banquete para celebrar el fausto regreso. En el baño, inerme, es asesinado Agamenón por Egisto y Clitemestra. Poco más tarde sufrirán idéntica suerte Casandra y sus dos hijos. Otras versiones, sin embargo, sitúan la muerte de Agamenón durante la comida y sin intervención de Clitemestra. No pasará mucho tiempo sin que Orestes vengue este asesinato, matando a Egisto y a su propia madre.

Agapenor (᾿Αγαπήωρ). Hijo de Anceo, aparece Agapenor como rey de Tegea, en Arcadia. Al frente de sus tropas concurre a la guerra de Troya por su condición de antiguo pretendiente de Helena. Al regresar de la campaña una tempestad hizo zozobrar su nave ante la isla de Chipre, donde fundó la ciudad de Pafos y construyó un templo en honor de Afrodita. *Véase* también LAÓDICE.

Agaptólemo (᾿Αγαπτόλεμος). Uno de los hijos de EGIPTO.

Agástenes (᾿Αγασθένης). Rey de la Élide, hijo de Augías y padre de Políxeno.

Agatirso (᾿Αγάθυρσος). Hermano de ESCITES.

Ágave (᾿Αγαύη). 1) Al igual que Autónoe, Ino y Sémele, Ágave es hija de Cadmo, rey de Tebas, y de Harmonía. De su matrimonio con Equión nace Penteo, sucesor de Cadmo en el trono de Tebas. Ágave y sus hermanas difundieron el rumor de que Zeus había dado muerte a Sémele, su amante, por haber tenido una aventura con un mortal, cuando lo cierto era que ésta había muerto por haber visto al padre de los dioses manifestándose en todo su poder. Pronto, sin embargo, iba a ser castigada tal calumnia por el hijo de Sémele y de Zeus, Dioniso. Cuando éste intentaba introducir su culto en Tebas, se encontró con la oposición de Penteo, quien, disfrazado de mujer, espiaba los ritos de las Bacantes. Descubierto y tomado por un animal, fue destrozado por su propia madre, presa del delirio báquico. Cuando Ágave comprendió lo que había hecho, huyó a Iliria, donde casó con Licoterses, rey del país, al que, según algunas versiones de la leyenda, asesinó más tarde para ceder el trono a su padre, Cadmo.

2) Una de las NEREIDAS.

3) Una de las DANAIDES.

Agdistis (Ἄγδιστις). Dos son los relatos que refieren el mito de la diosa Agdistis. El primero de ellos, debido a Pausanias, cuenta que Zeus, durante su sueño, dejó caer unas gotas de semen sobre la tierra, y que, poco después, surgió de ellas un extraño ser andrógino, al que llamaron Agdistis. Los dioses tuvieron miedo de él y le cortaron los órganos masculinos, pero en el lugar donde habían caído nació un almendro, del cual cogió un fruto una hija del río Sangario, guardándolo en el regazo; el fruto desapareció y ella quedó fecunda. Al nacer el niño, que se llamó Atis, la madre lo abandonó, siendo criado por un macho cabrío. Cuando hubo crecido, era tal su belleza que Agdistis se enamoró de él, y aunque el joven iba a casarse en Pesinunte con la hija del rey, Agdistis, mientras estaban cantando el himeneo, apareció e hizo enloquecer a Atis y al padre de la muchacha, que se emascularon. Arrepentida después la diosa de lo que había hecho, consiguió de Zeus que el cuerpo de Atis se mantuviera siempre incorrupto.

Una segunda versión del mito, transmitida por Arnobio, difiere en algunos detalles de la de Pausanias. En un acantilado de Frigia, llamado Agdo, era adorada una piedra que representaba a la diosa Cíbele. Sobre ella había depositado Zeus un día unas gotas de semen, ya que no conseguía unirse a la diosa de otra forma. Cíbele dio a luz un ser andrógino, Agdistis, a quien Dioniso castró, después de haberle emborrachado, y de cuya sangre brotó un granado. Nana, hija de Sangario, cogió de su fruto, lo puso en su regazo y concibió un hijo, Atis, que fue expuesto y luego recogido y criado con miel y leche de macho cabrío. El joven era muy bello y se lo disputaron Cíbele y Agdistis. Cuando Midas, rey de Pesinunte, se disponía a casarlo con su hija, Agdistis lo enloqueció, a él y a los que estaban con él. Atis se castró y murió bajo un pino; entonces la hija de Midas se suicidó, y de la sangre de ambos nacieron violetas. En seguida, Cíbele enterró a Atis junto al pino y, muy cerca, a la muchacha, sobre cuya tumba brotó un almendro. Después de haber conseguido Agdistis de Zeus que el cuerpo de Atis no se corrompiera, lo llevó a enterrar a Pesinunte y fundó allí una cofradía en su honor.

A pesar de la relación genealógica que establece el segundo de los mitos entre Cíbele y Agdistis, de hecho esta diosa no es sino una advocación de la primera. Se trata en todo caso de la diosa-madre frigia, a la que acompaña el amante joven, que es un dios de la fertilidad. Los dos mitos se refieren, al parecer, a un misterio presidido por la diosa que comportaba un ritual de autocastración ejecutado en medio de una escena orgiástica. El culto de Agdistis se extendió primero por Anatolia, pasando después al Ática junto con el de Atis, y luego a Samos y Egipto.

Agelao (᾿Αγέλαος). Uno de los hijos del Heraclida TÉMENO.

Agenor (᾿Αγήνωρ). 1) Agenor y su hermano gemelo Belo eran hijos de Posidón y de la ninfa Libia. Mientras su hermano quedó con el trono de Egipto, Agenor emigró a Fenicia, donde fue rey de Tiro o Sidón. Allí casó con Telefasa (en algunas versiones Argíope), teniendo varios hijos: Europa, Fénix, Cílix, Cadmo, Fineo y Taso, aunque no todos los mitógrafos coinciden. Tras el rapto por Zeus de Europa, Agenor mandó a sus hijos a buscarla, indicándoles que no debían volver sin haberla encontrado.

2) Uno de los hijos de EGIPTO casado con la danaide Cleopatra.

3) Hijo de FEGEO que, con su hermano Prónoo, mató a ALCMEÓN.

4) Un troyano, hijo de Antenor, que descolló por su valentía en la guerra de Troya, matando, entre otros héroes, a Elefenor.

5) Héroe argivo, hijo de Tríopas, padre de Crotopo, el rey de Argos, y hermano de YASO.

6) Hijo de Pleurón que, en algunas versiones, es, con Epicaste, el padre de TESTIO.

7) Uno de los NIÓBIDAS.

Áglao (῎Αγλαος). Uno de los hijos de Tiestes asesinados por su tío ATREO.

Aglaofeme (᾿Αγλαοφήμη). Nombre, en algunas versiones, de una de las SIRENAS.

Aglauro (Ἄγλαυρος). Llevan el nombre de Aglauro o Agraulo:
1) Hija del rey ateniense Acteo y esposa de CÉCROPE.
2) Hija de la anterior y de Cécrope y hermana de HERSE. Con Hermes es madre del héroe Cérice y con Ares, de Alcipe, la madre de Dédalo.

Aglaye (Ἀγλαΐη). 1) Esposa de ABANTE.
2) Una de las CÁRITES.
3) Esposa de Cáropo y madre de Nireo de Sime, uno de los pretendientes de Helena.

Agraulo (Ἄγραυλος). *Véase* AGLAURO.

Agreo (Ἀγραῖος). Uno de los hijos del Heraclida TÉMENO.

Agrio (Ἄγριος). 1) *Véanse* ENEO Y ONQUESTO.
2) Hijo de Odiseo y de Circe.

Alalcomeneo (Ἀλαλκομενεύς). Con ocasión de un enfado entre Zeus y Hera, Alalcomeneo, a quien se atribuye la fundación de la ciudad de Alalcómenas, en Beocia, hace las funciones de consejero del padre de los dioses, al igual que CITERÓN. El ardid de la figura de mujer hecha de un árbol y llevada en cortejo nupcial, consigue que los divinos consortes se reconcilien. A partir de esta leyenda se le atribuye a Alalcomeneo la fundación de las ceremonias religiosas llamadas «hierogamias» o nupcias divinas.

Alalcomenia (Ἀλαλκομενία). Hija de ÓGIGO.

Alastor (Ἀλάστωρ). Licio que fue muerto ante Troya por Odiseo.

Albunea. Diosa romana, de oscuro origen, adorada en la ciudad de Tibur, la actual Tivoli. Se cita también a Albunea como una de las SIBILAS.

Alcandra (Ἀλκάνδρη). Esposa de Pólibo, el rey de la Tebas egipcia.

Alcandro (Ἄλκανδρος). Licio muerto ante Troya por Odiseo.

Alcátoe (Ἀλκαθόη). *Véase* ALCÍTOE.

Alcátoo (Ἀλκάθοος). 1) Alcátoo es un héroe peloponesio, hijo de Pélope e Hipodamía, hermano, por tanto, de Piteo, Trecén, Tiestes y Atreo, entre otros. Cuentan algunas versiones que tuvo que exilarse por haber matado accidentalmente a su hermanastro Crisipo, llegando a la ciudad de Mégara. Allí reinaba MEGAREO, que, desesperado porque el león de Citerón había matado a su hijo Evipo, ofreció la mano de otra de sus hijas, Evecme, al que lograra acabar con la fiera. Alguna versión nos transmite que el autor de la muerte del león no fue Heracles, sino Alcátoo, que, abandonando a Pirgo, su primera esposa, casó con Evecme y reinó sobre Mégara, después de reconstruir, con la ayuda de Apolo, las murallas destruidas por los Cretenses.

Tuvo varios hijos, el mayor de los cuales, Isquépolis, pereció en la cacería del jabalí de Calidón. Su hermano Calípolis, cuando se enteró de la triste noticia, corrió hacia Mégara, encontrando a su padre cuando hacía una ofrenda a Apolo. Como Calípolis arrojó los haces de leña al fuego en señal de duelo, Alcátoo, creyendo que era una impiedad de su hijo, lo mató con un tizón (de esta muerte fue purificado por Poliido). Hijos suyos también eran Automedusa, la esposa de Ificles y madre de Yolao; Peribea, esposa de Telamón; e Ifínoe, que murió virgen y en cuya tumba las novias de Mégara vertían libaciones.

Tenía Alcátoo un templo a él dedicado (que posteriormente alojó los archivos de la ciudad) y en su honor se celebraban unas fiestas.

2) Hijo de Portaón y hermano de Agrio y Eneo. Era uno de los pretendientes de Hipodamía, muerto por ENÓMAO. Otras veces se dice que fue muerto por Tideo.

3) Pariente de Anquises, que, al parecer, educó a Eneas.

Alceo (Ἀλκαῖος). 1) Hijo de Perseo y ANDRÓMEDA, que reinó en Tirinto. Era el padre de Anaxo y Anfitrión, con Astidamía, la hija de Pélope, o con Hipónome, hija de Meneceo, o con Laónome, hija de Guneo.

2) Habitante de Paros, que, con su hermano ESTÉNELO, fue tomado como rehén por Heracles. Reinó más tarde este hijo de Androgeo sobre la isla de Tasos, por cesión del héroe.

3) Alceo es también el nombre que recibió HERACLES al nacer en recuerdo de su abuelo.

Alcestis (Ἄλκηστις). Alcestis, hija de Pelias y Anaxibia y hermana de Acasto, Hipótoe, Pelopia y Pisídice, es la protagonista de varias conocidas leyendas. Pelias, indeciso entre el gran número de importantes pretendientes que tenía su hija, decidió que se casaría con Alcestis quien lograse uncir un león y un jabalí a su carro y dar una vuelta alrededor del estadio. Uno de los pretendientes, Admeto, rey de Feras, convenció a Apolo, que entonces le servía castigado por Zeus, para que le amansase las fieras, por lo que llevó a cabo con éxito la condición impuesta. Se dice de ella que fue la única de las hijas de PELIAS que, pese a las instigaciones de la hechicera Medea, no colaboró en la muerte de aquél.

Era muy amante de su marido ADMETO, hasta el punto de que, cuando a éste le ofrecieron la posibilidad de que alguien de su familia muriese en su lugar, Alcestis se ofreció y se envenenó, descendiendo al Tártaro. Fue, sin embargo, rescatada de allí por HERACLES, que estaba accidentalmente en Feras, o, según versión menos conocida, por la propia Perséfone que, impresionada por el amor y el heroísmo de Alcestis, y considerando que estaba mal que muriese ella en vez de su marido, la devolvió a la tierra más bella que antes.

Eran hijos de Alcestis Hípaso, Eumelo, que fue a la guerra de Troya, y Perimele, que casó con Argo, el hijo de Frixo.

Alcidamía (Ἀλκιδάμεια). Madre, con Hermes, del héroe corintio Buno.

Álcide (Ἄλκις). Uno de los hijos de EGIPTO.

Alcides (Ἀλκείδης). Otro nombre de HERACLES.

Alcídice (Ἀλκιδίκη). Hija de Áleo y esposa de Salmoneo, con quien engendró a Tiro. Murió en el parto.

Alcídoco (Ἀλκιδόκος). *Véase* ÓXILO.

Alcímeda (Ἀλκιμέδη). 1) Hija de Clímene, una hija de Minia, y de Fílaco. Casada con ESÓN, según algunas versiones, fue madre del famoso Jasón y de Prómaco. Cuando este último fue asesinado por Pelias, Alcímeda se suicidó con una espada.

2) También es llamada así, en algunas versiones, la esposa de AMINTOR.

Álcimo (Ἄλκιμος). Padre del itacense Mentor, el compañero de Odiseo.

Alcínoe (Ἀλκινόη). Hija de Esténelo.

Alcínoo (Ἀλκίνοος). Cuando los Argonautas, que huían de Eetes, llegaron con Jasón a la isla de Corcira, en Homero llamada Esqueria, reino de Alcínoo, unos enviados del rey de la Cólquida reclamaron a Medea. Alcínoo fue elegido árbitro y, a instancias de su esposa Arete, decidió que, si Medea era virgen todavía, regresara con los emisarios; si ya no lo era, podía quedarse con Jasón. Arete anticipó el veredicto a Jasón y aquella misma noche celebraron las bodas, muy festejadas por los Argonautas.

Descendiente Alcínoo de Posidón, por ser hijo de Nausítoo, tuvo varios hijos y una hija, Nausícaa, que fue la que encontró a Odiseo dormido en la playa después del naufragio sufrido cuando regresaba de la isla de Calipso. Alcínoo agasajó a Ulises y, después de oír sus aventuras en un banquete, le ofreció una de sus maravillosas naves para regresar a la cercana Ítaca (Corcira es la actual Corfú). Reinaba sobre los Feacios pacíficamente y era famosa, sobre todo, su hospitalidad.

Alcíone (Ἀλκυόνη). 1) Hija de ÉOLO y Enáreta, Alcíone constituía con Ceice, hijo de Eósforo, una feliz pareja. Osaron, sin embargo, comparar su felicidad conyugal con la de Zeus y Hera, por lo que fueron transformados en pájaros, somormujo él, alción ella.

2) Una de las PLÉYADES que, con Posidón, tuvo a Hiperenor y a Hirieo, y con Antedón, en algunas versiones, al dios marino Glauco.

Alcioneo (Ἀλκυονεύς). 1) Ser de estatura y fuerza descomunales que, en la lucha contra los dioses, fue el caudillo de los Gigantes, hijos de la tierra (Gea) y el cielo (Úrano). Heracles, aliado humano que los dioses necesitaban para poder vencer en la contienda, lucha contra Alcioneo en Flegras (no es segura la ubicación de este lugar: desde Macedonia, Ática, Tracia, pasando por España, multitud de lugares se han supuesto), y consigue atravesarlo con una flecha, pero éste se levanta más fuerte todavía. Advertido Heracles por Atenea de la imposibilidad de derrotar al gigante en su tierra, lo lleva a hombros hasta Beocia, donde lo mata con su maza. Sus hijas, al enterarse de su muerte, se arrojan al mar y se convierten en alciones.

2) Otro gigante que había robado en dos ocasiones el ganado sagrado de Helio, se apoderó del istmo de Corinto y trató de impedir el paso de Heracles, que traía consigo los bueyes de Geríones. Alcioneo arroja una inmensa roca que destruye doce carros y da muerte a veinticinco compañeros de Heracles. Otra segunda roca la dirige contra éste mismo, pero Heracles la golpea con tal fuerza con su maza que mata de rebote al propio Alcioneo. Sobre sus hijas, *véase* PALENE.

3) Todavía tenemos noticias de un tercer Alcioneo. Se trata en este caso de un hermoso joven, oriundo de Delfos, al que correspondió en suerte ser sacrificado a un monstruo llamado Lamia, que, por aquel tiempo, vivía en la ladera del monte Cirfis y asolaba los campos circundantes. Cuando era conducido a la cueva del monstruo, apareció Euríbato, hijo de Eufemo, que, enterado de la motivación de la ceremonia y enamorado del joven, pidió ocupar el puesto de Alcioneo. Llegado ante la cueva, arrojó al monstruo contra las rocas, fracturándole el cráneo. En este lugar surgió una fuente llamada Síbaris, que luego daría nombre a la famosa ciudad que los Locros fundaron en Italia.

Alciónides (Ἀλκυονίδες). *Véase* PALENE.

Alcipe (Ἀλκίππη). Hija de Ares y de Aglauro, la hija de Cécrope; madre, con Eupálamo, de Dédalo. Fue violada por HALIRROTIO.

Alcítoe (Ἀλκιθόη). También conocida por Alcátoe, es una de las llamadas MINÍADES.

Alcmena (Ἀλκμήνη). Hija de Electrión, rey de Micenas, y de Anaxo o de Lisídice; nieta de Perseo. Fue prometida a su primo ANFITRIÓN, pero no consintió en unirse a él hasta que hubieran sido vengados sus hermanos. La noche en que el esposo regresaba, al fin, con la tarea cumplida, se le adelantó Zeus, quien, habiendo adoptado la figura de Anfitrión, hizo que Alcmena concibiera a Heracles. Inmediatamente después llegó el verdadero Anfitrión, que, al enterarse del engaño, quiso matar a Alcmena, pero Zeus se lo impidió enviando una lluvia que apagó la hoguera donde iba a ser quemada, o bien, como refieren otros, por medio del adivino Tiresias, que le reveló su inocencia. Anfitrión se unió entonces, a su vez, a Alcmena, engendrando así a Ificles. En el momento del parto tuvo que sufrir Alcmena los celos de Hera (*véase* GALANTIS), quien retrasó el alumbramiento para que su hijo naciera después de su primo Euristeo y quedara sometido a él (*véase* HERACLES, I). Cuando Heracles quiso volver a Tirinte, después de terminados sus trabajos, Alcmena, ya viuda, lo acompañó, pero, muerto el hijo, fue expulsada de la ciudad y luego perseguida por Euristeo, teniendo que huir con sus nietos a Atenas. Euristeo llevó la guerra contra la ciudad que había acogido a los Heraclidas, pero murió en ella, y Alcmena tuvo la satisfacción de arrancarle los ojos con un huso cuando le llevaron su cabeza. Finalmente, Alcmena se estableció en Tebas. La tradición habla de un segundo matrimonio celebrado con Radamantis, el mítico héroe cretense, matrimonio que unos sitúan en Beocia, a donde habría huido Radamantis al ser desterrado por su hermano Minos, y otros en las Islas de los Bienaventurados, suponiendo que Alcmena había sido llevada allí después de su muerte por orden de Zeus. También se menciona una hija de Anfitrión y Alcmena llamada Laónome, que casó con el argonauta Eufemo.

Alcmenor (Ἀλκμήνωρ). Uno de los hijos de EGIPTO.

Alcmeón (Ἀλκμαίων). 1) Alcmeón es hijo del adivino Anfiarao y de Erifile. Muerto su padre en la guerra contra Tebas, tomó parte en la segunda expedición con los EPÍGONOS, los hijos de los compañeros de aquél. Alcmeón se negaba al principio a marchar contra Tebas, pero, por haber profetizado un oráculo que la ciudad sólo sería tomada si él mandaba la expedición, Tersandro, el hijo de Polinices, volvió a sobornar a Erifile regalándole el velo de Harmonía. Erifile convenció a Alcmeón y éste dirigió la expedición, dando muerte a Laodamante, rey tebano, hijo de Eteocles. Los Tebanos huyeron por consejo de Tiresias y los Epígonos se adueñaron de la ciudad. Pero, al jactarse Tersandro de haber sido el mayor causante de la victoria, por haber logrado que Alcmeón fuese a la guerra mediante el soborno de su madre, Alcmeón, conocida la verdad, decidió vengarse, cumpliendo la recomendación de su padre. Tras consultar a un oráculo, que anunció que Erifile debía morir, mató a su madre con ayuda de su hermano Anfíloco. Fue, en consecuencia, perseguido por las Erinias, trasladándose a Arcadia y luego a la Psófide con el rey Fegeo, que lo purificó. Allí casó con su hija Arsínoe, a quien regaló el collar de Harmonía y su velo. Siguieron, sin embargo, persiguiéndole las Erinias y, tras un período de esterilidad, que asoló el territorio, tuvo otra vez que exilarse. Después de varios viajes, en uno de los cuales fue expulsado por los Tesprotos, llegó hasta el río Aqueloo, que lo volvió a purificar. Casó entonces con Calírroe, hija de Aqueloo, y, cuando ésta pidió a Alcmeón que le regalase el famoso collar y el velo, Alcmeón los pidió a Fegeo, su primer suegro, sirviéndose de una excusa. Se enteró, sin embargo, Fegeo del verdadero motivo e, indignado, ordenó a sus hijos que matasen a Alcmeón, acción que no tardaron en cumplir, aunque a los dos muchachos, Témeno y Axión (en otras versiones llamados Prónoo y Agenor), les salió cara su hazaña, pues fueron después muertos por Anfótero y Acarnán, los hijos de Calírroe y Alcmeón.

Según otra leyenda, había tenido con Manto, la hija de Tiresias, dos hijos, Anfíloco y Tisífone. Confiados a Creonte, rey de Corinto, éste vendió a Tisífone como esclava precisamente a Alcmeón, que no logró reconocerla. Más tarde, sin embargo, tiene lugar el reconocimiento y el feliz regreso de Anfíloco.

2) Hijo de Silo que pasaba por ser fundador de la familia ateniense de los Alcmeónidas.

Alcón (Ἄλκων). Hijo de Erecteo. Padre del argonauta Falero.

Alecto (Ἀληκτώ). Es, con sus hermanas Megera y Tisífone, una de las ERINIAS.

Alector (Ἀλέκτωρ). 1) Rey de la Élide que luchó contra Pélope ayudado por FORBANTE.

2) Rey de Argos, padre de Ifis.

Alectrión (Ἀλεκτρυών). Padre del argonauta Leito.

Alejandro (Ἀλέξανδρος) 1) *Véase* PARIS.

2) Hijo de Euristeo muerto en la lucha contra los Heraclidas.

Áleo (Ἄλεως, Ἄλεος). Rey de Tegea, conocido, sobre todo, por ser el padre de Alcídice, AUGE, Anfidamante, Cefeo y Licurgo.

Aletes (Ἀλήτης). 1) Hijo de Egisto y de Clitemestra. Según

una tradición recogida por Higinio, Aletes se habría apoderado por la fuerza del trono de Micenas, tras haber recibido la falsa noticia de que Orestes había muerto en la Táuride. A su regreso, Orestes habría matado al usurpador.
2) Hijo del heraclida Hípotes. Habiéndose propuesto expulsar de Corinto a los descendientes de Sísifo, acudió al oráculo de Dodona para recibir instrucciones, y allí se le dijo, al parecer, que conseguiría su propósito si alguien le daba una gleba de tierra corintia. En una ocasión en que el héroe pidió algo de comer a un campesino corintio éste le dio, en efecto, un poco de tierra; luego, Aleles sedujo a la hija del rey de Corinto y con su ayuda conquistó la ciudad.
Más tarde, Aletes decidió apoderarse de Atenas. Esta vez el oráculo de Delfos le aseguraba la victoria siempre que el rey ateniense, Codro, no sufriera daño alguno, pero, habiendo conocido éste dicho oráculo, quiso sacrificarse voluntariamente por su ciudad y, una vez muerto Codro, Aletes tuvo que desistir de la empresa.
3) Hijo de Icario y de la náyade Peribea; hermano, por tanto, de Penélope.
Alexiares (᾿Αλεξιάρης). Hijo de Heracles y de Hebe.
Alexírroe (᾿Αλεξιρρόη). Hija del dios-río Gránico. En algunos autores aparece como madre de Ésaco.
Alfeo (᾿Αλφειός). Hijo de Océano y de Tetis, es Alfeo un dios-río que discurre por el Peloponeso, entre la Arcadia y Élide. Sus intentos de seducir a la diosa Ártemis fracasan constantemente. Mejor suerte le cupo, sin embargo, con la ninfa Aretusa, a quien consiguió unirse en amor en Sicilia tras haberla seguido desde Élide, fluyendo bajo el mar.
Son considerados hijos de Alfeo el arcadio Fegeo y el mesenio Orsíloco.
Alfesibea (᾿Αλφεσίβοια). 1) Según algunas versiones, madre, con Fénix, de Adonis.
2) Hija de Fegeo que, en ocasiones, aparece, en lugar de Arsínoe, como esposa de Alcmeón.
3) Ninfa asiática que fue seducida por Dioniso, de quien tuvo un hijo, Medo, epónimo del pueblo de este nombre. Cuentan que Dioniso tuvo que vencer grandes resistencias de la ninfa hasta que ésta accedió, junto al río más tarde llamado Tigris, al quedarse aterrorizada por haberse transformado el dios en un tigre.
4) Hija de Pero y Biante, que casó con Pelias.
Álgea (῎Αλγεα). Personificación del Dolor. Era considerada como hija de Éride.
Aliceo (᾿Αλυζεύς). Uno de los hijos que Ícaro tuvo con Poli-

caste. Era hermanastro de Penélope.

Alistra (᾿Αλίστρα). Madre, con Posidón, de Ógigo.

Álmope (῎Αλμωψ). Héroe epónimo de Almopia, región de Macedonia. La leyenda le hacía hijo de Posidón y Hele.

Alóadas (᾿Αλωάδαι). Se llama Alóadas a Oto y Efialtes, hijos de Posidón y de Ifimedia. Su madre, enamorada del dios, se paseaba por la orilla del mar cogiendo olas y echándose agua por su seno. Posidón accedió por fin, dándole dos hijos, que llevaban el nombre del marido de Ifimedia, Aloeo. Tenían dos hermanas, Páncratis, a la que rescataron en Naxos cuando fue raptada con su madre, y Plátano.

Estos dos gigantes, que a los nueve años medían diecisiete metros de altura y cuatro de ancho, pronto atacaron a los dioses. Primero a Ares –quizá porque había provocado la muerte de Adonis– metiéndole en una vasija de bronce y teniéndole encadenado allí durante trece meses, hasta que Hermes lo liberó.

Quisieron asaltar el cielo poniendo el monte Osa sobre el Olimpo y el Pelión sobre el Osa. Además Efialtes quiso violar a Hera y Oto a Ártemis. Todos estos excesos provocaron su muerte, fulminados por un rayo de Zeus. Otras versiones contaban que su matador fue Apolo, o bien Ártemis, que provocó su muerte transformándose en cierva. Los dos hermanos intentaron cazarla y, al disparar sus flechas cada uno de un lado, se mataron mutuamente.

Los dioses les castigaron después de su muerte a ser atormentados por una lechuza y una serpiente.

Aloeo (᾿Αλωεύς). Hijo de Cánace y de Posidón; es el padre humano de los llamados ALÓADAS.

Álope (᾿Αλόπη). Álope es una muchacha de Eleusis, hija de Cerción, el rey de la ciudad. Fue amada por Posidón, que le dio un hijo, Hipotoonte, el que más tarde sería el epónimo de una tribu de Atenas. Álope, a escondidas de su padre, expuso al niño, que fue amamantado por una yegua, pero, pese a sus precauciones, Cerción se enteró del hecho por unos pastores y mató a la joven, que fue convertida por Posidón en una fuente.

Altea (᾿Αλθαία). Hija de Testio y de Eurítemis. Casó con ENEO, rey de Calidón, y tuvo de él cuatro hijas, Eurímede, Melanipa, Gorge y Deyanira, y varios hijos, entre los cuales están Toxeo y el famoso Meleagro. A veces, sin embargo, se hacía a Meleagro hijo de Ares y a Deyanira de Dioniso, y se decía que Altea se había unido también a Posidón. Llevada por un acceso de cólera,

Altea causó la muerte de su hijo MELEAGRO, pero, cuando comprendió lo que había hecho, no pudo soportar el remordimiento y se ahorcó.

Altémenes (᾿Αλθαιμένης). Altémenes es uno de los hijos de Catreo, rey de Creta, y hermano de Clímene, Aérope y Apemósine. A pesar de que su padre intentó mantener secreto el oráculo que le había vaticinado que uno de sus hijos le daría muerte, Altémenes logró enterarse y con su hermana Apemósine, a la que más tarde mataría cuando descubrió que estaba embarazada. Llegó a Rodas, donde fundó la ciudad de Cretinia y el templo de Zeus Atabirio. Pero tampoco así logró evitar el oráculo, pues cuando Catreo, que ya anciano quería que su hijo heredase el trono, fue a Rodas a buscarle, unos boyeros, confundiendo a Catreo y sus acompañantes con unos piratas, le atacaron, rematando Altémenes a su padre con una jabalina. Cuando se dio cuenta el joven de su acción, pidió a los dioses que lo tragara la tierra, a lo que éstos accedieron.

Amaltea (᾿Αμάλθεια). Amaltea se llama la nodriza que amamantó a Zeus niño y lo crió a escondidas de Crono. Le alimentaba con leche de una cabra. Ella, y su hermana Melisa, eran hijas del cretense Melisco (*véase*, sin embargo, MELISEO). Hay, no obstante, autores que sostienen que Amaltea era precisamente el nombre de la cabra que dio su leche a Zeus. Esta cabra era descendiente del Sol y vivía en una cueva del monte Ida de Creta. Con su piel fue con la que más tarde se hizo Zeus la égida. Tiene también relación con Amaltea la famosa cornucopia –el cuerno de la abundancia o de Amaltea– que está siempre llena de los alimentos o bebidas que su dueño puede desear, cuerno que un día, sin querer, quebró Zeus jugando (*véase*, sin embargo, HERACLES, VI, 1).

Cuando Amaltea murió, fue convertida por Zeus en la constelación de Capricornio.

Amata. Amata es la esposa del rey Latino y madre de Lavinia. A la hora de concertar el matrimonio de ésta, Amata se opuso infructuosamente a que fuese entregada a Eneas, por preferir a Turno, rey de los Rútulos. Al saber Amata que Turno había perecido a manos de Eneas, puso fin a su vida ahorcándose.

Amatea (᾿Αμάθεια). Una de las NEREIDAS.

Amazonas (᾿Αμαζόνες). Las Amazonas son un legendario pueblo de mujeres guerreras hijas de Ares, dios de la guerra, y, muchas de ellas, de la ninfa Harmonía. Su nombre, según la opinión más extendida, parece tener su origen en la costumbre de cortarles o quemarles un pecho para que pudiesen manejar el arco y la lanza mejor (su nombre en griego significaría *sin senos)*. Sin embargo, dado que esta suposición no encuentra corroboración alguna en las representaciones plásticas que de ellas conservamos, otros han pensado que se trata de una palabra armenia que significa *mujeres-luna*. Su reino estaba situado a las orillas del Termodonte y se gobernaban sin la intervención de hombres, con una reina a su frente. Se unían una vez al año con extranjeros para perpetuar la especie, pero solamente conservaban los hijos de sexo femenino, dando muerte a los varones. Adoraban sobre todo a la diosa Ártemis, por considerarla afín a ellas.

Su carácter belicoso aparece reflejado en diversas leyendas en las que participaban héroes griegos. Así, por ejemplo, Belerofontes combate contra ellas por orden del rey Yóbates. HERACLES también debe luchar contra ellas para llevar a cumplimiento el noveno trabajo ordenado por Euristeo: conseguir el cinturón que Ares había dado a su hija HIPÓLITA, por entonces reina de las Amazonas. Acompañan a Heracles en esta empresa Peleo, Telamón y TESEO. Este último raptó a una de ellas, llamada Antíope, de quien tuvo a Hipólito. El rapto motivó la invasión del Ática por las Amazonas, quienes terminaron siendo derrotadas por Teseo. Finalmente, durante la guerra de Troya, las encontramos, con Pentesilea al frente, como aliadas del rey Príamo. Pentesilea, tras grandes victorias, fue muerta por Aquiles.

Ambrosia (᾿Αμβροσία). Una de las HÍADES.

Amiclas (᾿Αμύκλας). 1) Hijo de Lacedemón y de Esparta. Hermana suya era Eurídice, la madre de Dánae. Se le atribuía la paternidad de Hiacinto.
2) *Véase* CLORIS.

Ámico (῎Αμυκος). 1) Ámico es un hijo de Posidón y de la ninfa Melia. Era hombre de extraordinaria fuerza y de carácter salvaje, que no respetaba las leyes de hospitalidad y luchaba –y mataba– boxeando con los extranjeros que llegaban a su país, Bitinia, donde era rey de los Bébrices. Participó en diversas luchas con los Mariandinos, por cuyo rey, Dáscilo, fue derrotado. No murió entonces, sino más tarde, a manos de Pólux, cuando los Argonautas arribaron a su tierra, pues el héroe lo derrotó en un duelo a puñetazos que ambos habían concertado. Hay, sin embargo, alguna versión que cuenta que Pólux, pese a que habían estipulado que el duelo sería a vida o muerte, le perdonó la vida, comprometiéndole a res-

petar a los extranjeros. Hermano suyo era Migdón.
2) Hijo de Príamo que fue compañero de Eneas.

Amimone (᾿Αμυμώνη). Hija de Dánao y de Europa, una hija del dios-río Nilo. Cuando Dánao emigró desde Libia a la Argólide y consiguió ocupar el trono de Argos, ordenó a todas sus hijas que fueran en busca de agua, y, por el camino, Amimone fue sorprendida por un sátiro, que intentó unirse a ella por la fuerza. Acudió entonces el dios Posidón en su ayuda, rechazando al sátiro con el tridente. Amimone se entregó luego a su libertador y tuvo de él un hijo, Nauplio. Como recompensa, el dios libró a la muchacha de la tarea que le había sido encomendada, haciendo brotar allí mismo una fuente que se llamó entonces Amimone, y más tarde Lerna.

Aminias (᾿Αμεινίας). Joven que se enamoró de NARCISO.

Amintor (᾿Αμύντωρ). Es un héroe beocio, hijo de Órmeno, y rey de Orminio, que participó en su juventud en la cacería del jabalí de Calidón. Sostuvo también una guerra contra Peleo, siendo derrotado y teniendo que entregarle como rehén al joven Crantor.
La leyenda más conocida sobre él es la que cuenta que tenía como concubina a Clitia. Celosa su esposa, algunas veces llamada Hipodamía y otras Alcímeda o Cleobule, convenció a su hijo Fénix para que sedujera a la concubina de su padre. Así lo hizo el muchacho, sufriendo el castigo de la pérdida de sus ojos cuando se enteró Amintor. Según otra versión, en realidad fue la concubina la que trató de seducir a Fénix, pero en vano, por lo que, despechada, lo calumnió ante su padre.
Su otra hija, Astidamía, fue la causa de su muerte, pues, cuando Heracles solicitó casarse con ella, Amintor se negó, alegando que el héroe estaba ya casado. Irritado, el hijo de Zeus tomó la ciudad y mató a Amintor. Según otros, sin embargo, los motivos de la muerte fueron muy distintos: Heracles, al frente de su ejército, solicitó pasar por el territorio de Amintor y, ante la negativa de éste, asoló la ciudad y mató a su rey. *Véase* también AUTÓLICO.

Amisodaro (᾿Αμισώδαρος). Rey de Caria que crió a la Quimera, el animal monstruoso.

Amitaón (᾿Αμυθάων). Héroe tesalio hijo de Creteo y Tiro, hermano por tanto de Esón Feres, Hipólita y Mirina. Casado con Idómene, hija de Feres, tuvo tres hijos: Biante, Melampo y Eolia, que casó con Calidón. Emigró a Mesenia, donde fue acogido por el rey Neleo. Cuenta Pausanias que presidió los juegos Olímpicos, después de que desempeñaran esta función los hijos de Pélope.

Amor. Nombre latino del dios griego EROS.
Ámpelo (Ἄμπελος). Hijo de un sátiro y una ninfa que murió al intentar coger las uvas de una vid, regalo de Dioniso, que colgaban de un olmo. Tras su caída mortal, el dios lo transformó en constelación.
Ámpico (Ἄμπυκος). Padre del adivino Mopso. Estaba casado con Cloris.
Amulio. Hijo de Procas o de Aventino y hermano de Numitor, accedió al trono de Alba tras haber derrocado a su hermano. Con el fin de evitar que la descendencia de Numitor pudiese vengarlo, Amulio mató a sus sobrinos varones y convirtió a su sobrina Rea Silvia en virgen vestal. Sin embargo, el dios Marte la amó y de esta unión nacieron los gemelos Rómulo y Remo, que más tarde devolverían el trono a su abuelo Numitor, tras dar muerte a Amulio.
Ana Perena. Divinidad romana antiquísima. Primero fue venerada en Laurento, y de allí pasó su culto a Roma, donde tenía un bosque sagrado junto al Tíber, en la *Via Flaminia.* Esta proximidad del río dio lugar, al parecer, a una falsa etimología que deriva el nombre de la diosa de *amnis perennis (caudal eterno).* Más interesante resulta la relación que establece Macrobio con los verbos latinos *annare (pasar el año)* y *perennare (durar eternamente),* sobre todo teniendo en cuenta que su fiesta se celebraba en los *idus* de marzo (día 15), es decir, en el primer mes del año antiguo, y que tenía un carácter alegre y licencioso, típico de las conmemoraciones del año nuevo. Sería, pues, la diosa del Año, considerado en su duración y en su eterna renovación. Así, Ovidio la identifica con la luna *porque llena el año con sus meses.* Es posible también que *Anna* sea un hipocorístico de *anus (anciana),* ya que la diosa era representada comúnmente como una anciana. Más discutible es, en cambio, la interpretación propuesta de *nodriza de la inmortalidad,* pues no hay paralelos de la equivalencia *anna = nodriza.*
Según una tradición, cuando los plebeyos se retiraron al monte Aventino, Ana Perena les preparaba tortas todos los días para que no murieran de hambre; se trata de las tortas rituales características de ciertas fiestas de primavera extendidas por toda Europa, pero la leyenda parece indicar que la plebe romana adoptó como suya esta divinidad no genuina –su lugar sagrado estaba fuera de los muros de la ciudad– precisamente al enfrentarse con los patricios, que estaban protegidos por los dioses romanos tradicionales. Des-

pués del triunfo de la plebe, el culto de Ana Perena se habría hecho oficial.
Posteriormente, el mito identificó a esta diosa con la hermana de DIDO de igual nombre y desarrolló una nueva leyenda en torno a ella. Después de la muerte de Dido, Ana habría huido a Cartago *(véase* YARBAS) y, tras muchas peripecias, habría ido a parar a las costas del Lacio, donde la habría encontrado Eneas, llevándosela a su casa. Pero los celos de Lavinia, esposa del héroe, le habrían hecho huir de nuevo, hasta que, al fin, el río Numicio, enamorado de ella, la convirtió en ninfa. Esta transformación explicaría el sobrenombre de *Perenna (inmortal)* que lleva la diosa, y las fiestas celebradas anualmente en su honor conmemorarían su divinización. Por otro lado, el carácter obsceno y jocoso de estas fiestas ha dado lugar a un segundo mito. Enamorado Marte de Minerva y no correspondido, habría elegido como mediadora a Ana cuando era ya muy vieja; ésta se habría burlado de él, haciéndose pasar por Minerva y llamando a su lecho al amante para descubrirle su ancianidad detrás del velo que la envolvía.

Anacte (Ἄναξ). Padre del gigante Asterio, el rey de Anactoria.

Anaxáreta (Ἀναξαρέτη). *Véase* IFIS.

Anaxibia (Ἀναξιβία). 1) Hija de Atreo o de Plístenes y hermana de Agamenón y Menelao. Casó con Estrofio, rey de la Fócide, de quien engendró a Pílades.
2) Esposa de PELIAS.
3) Esposa de NÉSTOR.

Anaxo (Ἀναξώ). Hija de ALCEO y esposa de Electrión.

Anceo (Ἀγκαῖος). 1) Hijo de Licurgo y padre de Agapenor. Fue uno de los ARGONAUTAS.
2) Hijo de Zeus o Posidón que concurre a la guerra de Troya al frente de las tropas arcadias. En la expedición de los ARGONAUTAS desempeña, a la muerte de Tifis, el papel de timonel.

Andremón (Ἀνδραίμων). 1) Padre, en algunas versiones, de Óxilo.
2) Hijo de Óxilo y esposo de DRÍOPE.
3) Esposo de Gorge. *Véase* ENEO.

Andreo (Ἀνδρεύς). Hijo del dios-río Peneo y héroe fundador y epónimo de la ciudad de Andréis, posteriormente llamada Orcómeno. Casó con Evipe, la nieta de Atamante, con la que engendró a Eteocles.

Androclo (Ἄνδροκλος). Hijo del rey ateniense Codro. Al frente de un grupo de colonos jonios conquistó la isla de Samos y ocupó la Caria, en la costa de Asia Menor, fundando allí la ciudad de Éfeso.

Androgeo (Ἀνδρόγεως). Hijo de Minos y de Pasífae. Era un atleta destacado que, en cierta ocasión en que había acudido a Atenas para participar en las Panateneas, venció en todos los certámenes. Allí trabó amistad con los hijos de Palante, que se mostraban rebeldes a la autoridad del rey ateniense Egeo, y, temiendo éste que Minos pudiera apoyar la secesión, decidió acabar con la vida de Androgeo. Según unos, le hizo luchar con el toro de Maratón; según otros, le tendió una emboscada en Énoe, cuando iba hacia Tebas para intervenir en unos juegos fúnebres en honor de Layo.

Cuenta la tradición que Minos conoció la muerte de su hijo mientras hacía un sacrificio a las Cárites en la isla de Paros y que tiró al suelo las guirnaldas que adornaban su cabeza, ordenando a los flautistas que dejaran de tocar; ésta habría sido la causa de que dicho sacrificio se hiciera habitualmente sin coronas y sin flautas. Minos acudió luego a Atenas para pedir explicaciones acerca de la muerte de Androgeo y, como nadie se confesaba culpable, declaró la guerra a la ciudad, implorando a Zeus para ella la sequía y el hambre. Conquistó Mégara, llave del Ática, y se acercó a las murallas de Atenas, que ya sufría la maldición del dios. Los Atenienses consultaron al oráculo, y la divinidad les respondió que sus cosechas se perderían en tanto no dieran satisfacción a Minos; éste exigió un tributo anual de siete jóvenes y siete muchachas, para que fueran pasto del Minotauro, y los Atenienses se vieron obligados a pagarlo hasta que les liberó de él su héroe Teseo.

La tradición atribuye a Androgeo dos hijos: Alceo y Esténelo.

Andrómaca (Ἀνδρομάχη). Andrómaca es la esposa de Héctor. Era hija de Eetión, el rey de Tebas –ciudad de la Tróade– que pereció, junto con sus siete hijos varones, cuando Aquiles asaltó la ciudad. Cuando Troya fue conquistada, sufrió el horror de ver morir a su marido y a su pequeño hijo Astianacte, también llamado Escamandrio, que fue despeñado desde lo alto de una torre. Hecho el reparto de los cautivos de Troya, tocó Andrómaca como botín a Neoptólemo, que la llevó a Grecia. Tuvo con él tres hijos, Pérgamo, Píelo y MOLOSO, este último antepasado de los reyes del Epiro, cuyas diversas aventuras cuenta Eurípides (exposición del niño, reconocimiento posterior, huida al Epiro, etc.).

Después de la muerte de Neoptólemo casó Andrómaca con su cuñado Héleno, el hermano de Héctor, de quien tuvo un hijo, Cestrino, y con el que, según Virgilio, reinaba felizmente en el Epiro.

Es Andrómaca en Homero el prototipo del amor conyugal y maternal.

Andrómeda (᾿Ανδρομέδη). Es hija de Cefeo, rey de Etiopía, y de Casiopea o Casíope. Su madre se jactó un día de ser más hermosa que todas las Nereidas, por lo que Posidón, ofendido, inundó el país y envió un monstruo. Consultado el oráculo de Ammón, anunció que la única solución era exponer a Andrómeda al monstruo, por lo que fue atada a una roca en la costa. En este punto llegó Perseo, que regresaba de matar a la Gorgona, y al momento se enamoró de ella. Acordó con Cefeo que, si mataba al monstruo, le concedería la mano de Andrómeda, y ambos realizaron su parte en el pacto. Se opuso sin embargo Fineo, tío y prometido de Andrómeda, y atacó con sus hombres a Perseo, pero el héroe les rechazó fácilmente, pues, dejando ver a sus enemigos la cabeza de la Gorgona, los convirtió en piedras.

Vivió con Perseo en Tirinto dándole varios hijos: Alceo, Méstor, Heleo, Electrión, Esténelo, Perses, de quien decían descender los Persas, y una hija, Gorgófone. Cuenta Eurípides en su *Andrómeda* que, a su muerte, la heroína fue convertida en constelación.

Andropompo (᾿Ανδρόπομπος). Padre de Melanto.

Anexibie (᾿Ανεξιβίη). Una de las DANAIDES.

Anfiarao (᾿Αμφιάραος). Anfiarao, hijo de Oícles y de Hipermestra, es padre de Alcmeón, de Anfíloco, de Demonasa y de Eurídice. En los escritores latinos aparecen como hijos suyos Catilo, Coras y Tiburno o Tiburto. En ocasiones se considera a Anfiarao uno de los ARGONAUTAS.

Cuando comenzó su reinado en Argos, Anfiarao se vio obligado a matar a Tálao, padre de Adrasto, y a desterrar a éste. Más tarde se produjo la reconciliación entre ambos, reforzada por el matrimonio de Anfiarao con Erifile, hermana de Adrasto. Para evitar futuras querellas acordaron que en caso de disensión someterían sus criterios a la decisión de Erifile. El funesto resultado de este acuerdo no se hizo esperar. Cuando Eteocles no quiso entregar el poder a su hermano Polinices, Adrasto prometió a éste ayudarle a apoderarse del trono de Tebas (*véanse* ETEOCLES, POLINICES y ADRASTO). En consecuencia solicitó de su cuñado que le acompañase en la proyectada expedición contra la ciudad. Anfiarao se negó a concurrir a tal empresa, porque sabía, gracias a las dotes proféticas heredadas de su famoso antepasado Melampo, que no regresaría vivo ningún caudillo, excepto Adrasto. Temeroso de que hubiese de decidir el desacuerdo su esposa, le hizo jurar que no aceptaría regalo alguno. Ésta, no obstante, aceptó el collar de Harmonía de manos de Polinices, y decidió, por tanto, a favor de su hermano Adrasto. Partió Anfiarao con la expedición, pero hizo jurar a sus dos hijos que le vengarían dando muerte a su madre y llevando a cabo en su día otra expedición contra Tebas.

La empresa fracasó, como había previsto Anfiarao. Él mismo tuvo que emprender la huida, y, cuando estaba a punto de ser herido por un perseguidor, Zeus abrió con su rayo una grieta en la tierra por donde desapareció nuestro personaje con su carro. Posteriormente se le veneró en este lugar como un espíritu emisor de oráculos.

Anfictión (Ἀμφικτύων). Hijo de Deucalión y de PIRRA, Anfictión reinó en el Ática por espacio de diez años, tras haber derrocado a su propio suegro, Cránao, siendo depuesto a su vez él por Erictonio. Algunas tradiciones aseguran que la asociación religiosa panhelénica que llevaba el nombre de Anfictionía había sido fundada por él. Relacionada con éstas, existe otra leyenda que asegura que primeramente fue rey de las Termópilas, por creerse que éste era el lugar en que empezó a reunirse la citada asociación. Es considerado hijo suyo Itono.

Anfidamante (Ἀμφιδάμας). Hijo de LICURGO, un rey de Arcadia. Padre de Melanión. *Véanse* también CEFEO y ÁLEO.

Anfídico (Ἀμφίδικος). Hijo del tebano Ástaco y defensor de Tebas durante el ataque de los Siete. En las leyendas tebanas se contaba que él fue quien mató a Partenopeo.

Anfíloco (Ἀμφίλοχος). 1) Hijo de Anfiarao y Erifile y hermano, por tanto, de ALCMEÓN. Participó en la expedición de los EPÍGONOS contra Tebas y posteriormente concurrió a la guerra de Troya. Poseía, como su padre, el don de la profecía.

2) Hijo de Alcmeón y Manto. Era igualmente adivino como sus abuelos Anfiarao y Tiresias. En colaboración con otro vate, Mopso, fundó la ciudad de Malo, en Cilicia. En la disputa que se produjo entre Anfíloco y Mopso por la supremacía de la ciudad ambos hallaron la muerte.

Anfímaco (Ἀμφίμαχος). Pretendiente de Helena que participó en la guerra de Troya al mando de los Epeos de la Élide. Fue, junto con su hermano Talpio, uno de los héroes que entró en la ciudad dentro del caballo de madera. Era hijo del Moliónida Ctéato y de Teronice.

Anfímaro (Ἀμφίμαρος). Hijo de Posidón que, con Urania, fue padre de Lino.

Anfimedonte (Ἀμφιμέδων). Pretendiente de Penélope muerto por Telémaco.

Anfínome (Ἀμφινόμη). 1) En algunas versiones, esposa de ESÓN y madre de Jasón.
2) Una de las NEREIDAS.

Anfínomo (Ἀμφίνομος). Padre de Tiria, la madre de Cicno.

Anfión (Ἀμφίων). 1) Anfión y su hermano gemelo Zeto son hijos de Antíope y de Zeus (sobre el nacimiento de los niños y el castigo de Lico, *véase* ANTÍOPE). A diferencia de otros gemelos, Anfión y Zeto fueron un modelo de amistad y buen entendimiento. Zeto gustaba sobre todo de las labores rudas y prácticas como la cría de ganados, mientras que Anfión era muy aficionado a la música; el propio dios Hermes le había regalado una lira y enseñado a tocarla. Anfión casó con Níobe, hija del rey de Lidia, Tántalo, y Zeto con Tebe, quien, según algunos, dio su nombre a la ciudad tebana, antes llamada Cadmea. Los dos hermanos fueron correyes de Tebas y construyeron una gran muralla en torno a la ciudad; según cuenta la leyenda, mientras Zeto transportaba con gran trabajo los bloques de la construcción, Anfión se limitaba a tocar la lira, pero de tal manera que las piedras le seguían espontáneamente hasta quedar colocadas en el lugar preciso. La suerte no acompañó, sin embargo, a Anfión hasta el fin de sus días, ya que su numerosa descendencia murió trágicamente *(véanse* NÍOBE, NIÓBIDAS) y él mismo acabó por volverse loco; fue muerto por Apolo cuando intentaba destruir el templo del dios. Por su parte Zeto tuvo un solo hijo, Ítilo, el cual, según una variante de esta leyenda, que hace a AEDÓN y no a Tebe la esposa de Zeto, fue muerto por su propia madre en edad temprana.
Una vez desaparecidos los dos hermanos, el trono de Tebas pasó al hijo de Lábdaco, Layo, a quien antes habían desterrado.
2) Hijo de Hiperasio que participó, con su hermano Asterio, en la expedición de los ARGONAUTAS.

Anfiro (Ἀμφιρώ). Una de las OCEÁNIDES.

Anfiso (Ἄμφισσος). Hijo de Apolo y de DRÍOPE.

Anfítea (Ἀμφιθέα). 1) Esposa, en algunas versiones, de AUTÓLICO.
2) Esposa de Adrasto.

Anfítoe (Ἀμφιθόη). Una de las NEREIDAS.

Anfitrión (Ἀμφιτρύων). Hijo de ALCEO, rey de Tirinto, y de Astidamía, hija de Pélope. Su tío Electrión ocupaba el trono de Micenas, que era reclamado a su vez por Pterelao, descendiente de uno de los hermanos de Electrión. Pterelao, con los Tafios, entró en el territorio de Micenas; en el encuentro murieron todos los hijos de Electrión, excepto Licimnio, y los Tafios huyeron, llevándose los rebaños. El rey de Micenas organizó entonces una expedición de castigo y dejó como regente a su sobrino Anfitrión, confiándole también a su hija Alcmena y haciéndole prometer que la respetaría hasta que él volviese. Pero, inmediatamente después de salir Electrión, se enteró Anfitrión de que los rebaños robados estaban bajo la custodia de Políxeno, rey de la Élide, y se los trajo a Micenas pagando por ellos un rescate. Avisado Electrión por su sobrino, volvió a Micenas para reconocer el ganado. Mientras lo hacía, una vaca se espantó y Anfitrión, para dominarla, le arrojó una vara, que rebotó en los cuernos del animal y alcanzó al propio Electrión, matándolo en el acto. A consecuencia de este accidente Anfitrión tuvo que huir de Micenas, llevándose a Alcmena y a Licimnio y refugiándose en Tebas, donde fue purificado por Creonte. Por su parte, Alcmena no consintió en ser su esposa en tanto no fuera vengada la muerte de sus hermanos. Con ayuda de Céfalo, Anfitrión saqueó la isla de Tafos, pero no podía tomarla porque para ello tenía que morir antes su rey Pterelao, y la vida de éste estaba protegida por un cabello de oro que tenía en la cabeza (para el sentido de este mito, semejante al de Escila y Niso, *véase* ESCILA, 2); la ciudad cayó en manos de Anfitrión cuando éste consiguió enamorar a COMETO, la hija del rey, y ella cortó a su padre el cabello fatal. Luego, el héroe regresó a Tebas para unirse, al fin, a Alcmena, pero Zeus se le había adelantado tomando su propia figura, lo cual irritó a Anfitrión, que se dispuso a castigar a su esposa, creyéndola culpable. Sin embargo, gracias al adivino Tiresias, que le reveló lo sucedido, acabó reconciliándose con ella y criando a Heracles, el nacido de Zeus, como hijo suyo. Tuvo de Alcmena un hijo, Ificles, y una hija, Laónome, que casó con el argonauta Eufemo. Murió luchando contra los de Orcómeno. *Véase* también CALCODONTE.

Anfitrite (᾽Αμφιτρίτη). Anfitrite es la esposa legítima del dios Posidón. Éste se enamoró primero de Tetis, también hija de Nereo y Dóride, pero, una vez avisado por Temis de que este matrimonio sería funesto, decidió casarse con la hermana de Tetis, la nereida Anfitrite. Ésta se opuso al principio, escondiéndose con Océano o bien con Atlante, pero, tras haber sido encontrada por un delfín (a quien Posidón, en agradecimiento, convirtió en una constelación), accedió a casarse. Tuvo tres hijos de Posidón, Tritón, Rode y Bentesicime.

Muy celosa, aunque con motivos, no tuvo leyenda importante propia. Interviene en el mito de Escila, mujer cortejada por Posidón a quien, para darle un castigo ejemplar, convirtió en un ser monstruoso con seis cabezas echando una hierba mágica en el estanque en el que se bañaba. Sin embargo, otros autores cuentan que, en realidad, la encargada de la ejecución fue la maga Circe. También interviene en el mito de TESEO.

Era frecuentemente representada con su esposo en el carro arrastrado por monstruos marinos, y ciertas pinturas de vasos hacían alusiones concretas a sus leyendas: la ninfa perseguida por Posidón o las bodas de ambos.

Anfótero (᾿Αμφότερος). Hijo de Alcmeón y de Calírroe. Por una gracia que Zeus concedió a Calírroe, tanto Anfótero como su hermano Acarnán alcanzaron la plenitud de su fuerza física súbitamente. No les fue difícil, de este modo, tomar venganza de Fegeo y de sus hijos, quienes habían asesinado a su padre Alcmeón.

Angerona. Antiquísima divinidad benéfica de los romanos. Su fiesta se celebraba el 21 de diciembre, día del solsticio de invierno. Posiblemente por esto estaba relacionada con el sol. Era considerada diosa del silencio y, como tal, representada con un dedo en los labios.

Anguitia. Deidad latina venerada por los Marsos. Su más importante santuario se elevaba a orillas del lago Fucino. Como conocedora de pócimas y hechizos, estaba relacionada de alguna manera con la medicina.

Aniceto (᾿Ανίκητος). Hijo de Heracles y de Hebe.

Anio (῎Ανιος). La leyenda de Anio es un producto típico de la imaginación popular. A través de su madre Reo (*granada*) y de su abuelo Estáfilo (*racimo*) se remontaba su genealogía hasta Dioniso.

Reo fue seducida por Apolo. Al enterarse Estáfilo de que su hija estaba embarazada, la arrojó al mar en una caja de madera, como ocurre en otras tantas leyendas. Al llegar a Eubea o a la propia Delos, Reo dio a luz a Anio, quien obtuvo de su padre Apolo la soberanía sobre la isla y el arte de la adivinación. Tuvo Anio tres hijas: Elais *(olivo)*, Eno *(vino)* y Espermo *(semilla)*, quienes obtuvieron de Dioniso la gracia de poder producir cuanto aceite, cereales y vino quisieran. Por esta cualidad jugaron un papel importante en el abastecimiento del ejército griego sitiador de Troya.

Anquíalo (Ἀγχίαλος). Rey de los Tafios, amigo de Odiseo.

Anquínoe (Ἀγχινόη). Anquínoe o Anquírroe es una hija del dios-río Nilo que casó con Belo, engendrando a los gemelos Dánao y Egipto.

Anquírroe (Ἀγχιρρόη). *Véase* ANQUÍNOE.

Anquises (Ἀγχισης). Afrodita se enamoró de Anquises cuando vio a éste apacentando unas vacas en el monte Ida y, tomando la forma de una princesa frigia, se unió a él, unión de la que nació Eneas. Pero a pesar de la recomendación de la diosa -que al final le descubrió su identidad- de que no contase a nadie su aventura, Anquises, estando un día borracho con unos amigos, dio a conocer quién era la madre de su hijo. Zeus, indignado, le lanzó un rayo que le hubiera matado de no interponer Afrodita su cinturón. Sin embargo, no pudo evitar que se quedase ciego, o bien cojo, como cuentan otros.

Era nieto de Asáraco e hijo de Capis y Temiste. Por ser descendiente de Dárdano, reinaba sobre los Dárdanos. Al final de la guerra de Troya fue salvado por ENEAS, que lo sacó a hombros de la ciudad en llamas. Las versiones sobre el lugar de su muerte son dispares: o en el propio Ida, o en Arcadia, al pie del monte que lleva su nombre, donde se consagró un templo a Venus, o en Macedonia, o en el cabo Drépano, en Sicilia, amén de otros lugares donde se enseñaba su sepultura.

Se citan otros hijos suyos, como Lirno o Liro e Hipodamía, tenida de una mujer mortal llamada Eriopis.

Eneas instituyó unos juegos fúnebres en su honor, llamados Juegos Troyanos, que se celebraron en Roma hasta el Imperio.

El mito de Anquises es uno de los pocos en los que se une una diosa a un mortal.

Antas (Ἄνθας). Hijo de Posidón y de la pléyade Alcíone. Se le atribuye, con su hermano Híperes, la fundación de la ciudad de Trecén.

Antea (Ἄντεια). Nombre con que Homero conoce a la esposa de Preto. Los trágicos griegos le atribuyen el nombre de ESTENEBEA.

Antedón (Ἀνθηδών). Padre, con Alcíone, del dios marino Glauco. En otras versiones se hace a Glauco hijo de Posidón.

Antéis (Ἀνθηίς). Nombre de una de las muchachas llamadas HIACÍNTIDES.

Antelea (Ἀνθήλεια). Una de las DANAIDES.

Antenor (Ἀντήνωρ). Uno de los ancianos de Troya, consejero de Príamo. Recibió en su casa, con su esposa Téano, a Odiseo y Menelao cuando fueron como embajadores para tratar de la devolución pacífica de Helena; durante la guerra siguió aconsejando dicha devolución, oponiéndose con todas sus fuerzas a la voluntad de Príamo y de Paris; procuró, en fin, el combate singular entre Paris y Menelao como un medio de resolver el conflicto. Todo ello le valió que las vidas de sus hijos GLAUCO y Helicaón fueran respetadas en el momento de la toma de la ciudad por los jefes aqueos, los cuales colocaron, además, en la puerta de su casa una piel de leopardo para impedir que los soldados entraran en ella. Las tradiciones más tardías presentan a Antenor como un traidor a su ciudad. Se le atribuye por unos la fundación de Cirene, y por otros la de Patavi (Padua). (Sobre su descendencia, *véase* ACAMANTE, 2.)

Anteo (Ἀνταῖος). Gigante muerto por Heracles (*Véase* HERACLES, V 14). Era hijo de Posidón y de la Tierra.

Anteros (Ἀντέρως). Se le tenía por hermano y complemento de Eros y, por tanto, hijo de Ares y Afrodita. Simbolizaba el amor correspondido. *Véase*, por ejemplo, MELES.

Antianira (Ἀντιάνειρα). Madre, con Hermes, de los argonautas Equión y Éurito.

Antias (Ἀντείας, Ἀντίας). *Véase* CIRCE.

Anticlea (Ἀντίκλεια). 1) Hija de Autólico, un astuto ladrón. En las versiones más antiguas está casada con el argivo Laertes, con el que tuvo a Odiseo y Ctímene. Más tarde se considera, sin embargo, al héroe como hijo de Sísifo, bien porque éste se uniese a Anticlea seduciéndola, bien porque Autólico decidiese entregársela la noche antes de las bodas.

Antes del regreso de su hijo a Ítaca, Anticlea, desesperada, se suicidó, siendo una de las almas que se encontró Odiseo en su bajada a los infiernos.

2) Madre, con Hefesto o Posidón, de Perifetes, el bandido de Epidauro. No es infrecuente identificarla con la anterior.

3) Hija de Diocles, el rey de Feras. Casó con Macaón.

Antífates (Ἀντιφάτης). 1) Hijo de Melampo y de Ifianasa, la hija de Preto.

2) Hijo de LAOCOONTE.

Ántifo (Ἄντιφος). 1) Hijo de Príamo y de Hécabe que mató a Leuco, un compañero de Odiseo.

2) Uno de los hijos de Mirmidón y de Pisídice.

3) Hijo de Tésalo, que participó en la guerra de Troya.

Antígona (Ἀντιγόνη). 1) Antígona es hermana de Eteocles, Ismena y Polinices y, como ellos, fruto del incesto de Edipo con su madre Yocasta. Existen versiones, sin embargo, en las que los cuatro hijos habrían nacido de la unión de EDIPO con Eurigania. Cuando se enteraron del tipo de relaciones que estaban manteniendo, Yocasta se suicidó, mientras que Edipo, tras arrancarse los ojos, partió al destierro con su hija Antígona, quien le acompañó hasta su muerte en Colono. Al morir su padre, Antígona regresó a Tebas, donde Eteocles y Polinices se disputaban el trono por la fuerza. Por terminar la lucha con la muerte mutua de ambos hermanos, asumió el poder su tío Creonte, quien ordenó que se tributasen honras fúnebres a Eteocles, defensor de la ciudad, pero prohibió, bajo pena de muerte, enterrar a Polinices, que había osado aliarse con caudillos argivos para destruir su propia patria.

Antígona no respetó la prohibición del nuevo tirano, por considerar más importante observar las leyes no escritas de los dioses, que ordenan dar sepultura a los muertos. Por tanto, intentó enterrarlo, pero descubierta mientras lo realizaba, fue conducida ante Creonte, quien confirmó con su sentencia la ley dada, a pesar de la intercesión de su hijo Hemón, prometido de Antígona. (Según una tradición referida por Eurípides, de la unión de Hemón y Antígona habría nacido Meón, uno de los caudillos tebanos que se enfrentaron a los Siete.) En consecuencia, Antígona fue encerrada viva en la tumba de sus antepasados, donde se ahorcó. Al encontrarse Hemón, que venía a salvarla, con su cadáver, se mató también él, y todavía la noticia de su muerte arrastraría al suicidio a su madre, Eurídice.

2) Esposa de Peleo, conocida más frecuentemente con el nombre de Polimela.

Antíloco (Ἀντίλοχος). Antíloco, que según una noticia fue expuesto nada más nacer y amamantado por una perra, acude en compañía de su padre, Néstor, a la guerra de Troya, y allí, cubriéndole la retirada a su propio padre, halló la muerte a manos de Memnón, hijo de la Aurora. El hecho de que sus cenizas fueran colocadas junto a las de Patroclo –también se pusieron al lado las de Aquiles– testimonia el afecto que había unido en vida a estos tres héroes.

Antímaco (Ἀντίμαχος). Hijo del heraclida Trasianor. Era el padre de Deifontes.

Antínoo (Ἀντίνοος). El más insolente de los pretendientes al trono de Ítaca. Trató de asesinar a Telémaco y no dejó de conspirar contra Odiseo. Cayó, el primero de todos, bajo las flechas del héroe.

Antíoco (Ἀντίοχος). Hijo de Heracles y de Meda, la hija de Filante, el rey de los Dríopes. Es epónimo de una tribu ática.

Antión (Ἀντίων). Lapita que, en algunas versiones, aparece como padre, con Perimele, de IXIÓN.

Antíope (Ἀντιόπη). 1) Aunque, según algún autor, es hija del dios-río Asopo, la mayoría hacen de Antíope hija del rey de Tebas, Nicteo. Zeus logró unirse a ella en forma de sátiro, y la muchacha, temiendo la ira de su padre, se refugió en Sición, donde se casó con el rey Epopeo. Desesperado Nicteo se suicidó, no sin antes haber encargado a su hermano Lico que vengase su honor. Tras una feroz batalla en la que murió Epopeo, los Tebanos vencieron sobre los Sicionios, llevándose Lico a Antíope otra vez a Tebas. En el camino de vuelta, en la localidad de Eléuteras, Antíope dio a luz dos gemelos, Zeto y Anfión, a los que abandonó Lico en el monte Citerón. La esposa de Lico, Dirce, maltrató cruelmente a la muchacha, quizá celosa de ella, hasta que un día logró escaparse Antíope por fin y llegar a la cabaña donde vivían sus hijos, recogidos por un pastor. Cuando Dirce, llena de furia, intentó reclamarla, Zeto y Anfión, enterados por el pastor de que la fugitiva era su madre, defendieron a Antíope y se vengaron de Dirce, atándola a los cuernos de un toro salvaje que la mató desgarrándola, en el lugar en que más tarde brotó la fuente Dircea. (Para otra variante de esta leyenda, *véase* LICO.)

Mas no acabaron entonces las desdichas de Antíope, pues Dioniso, que protegía a Dirce por rendirle asiduo culto, volvió loca a la muchacha, que vagó por toda Grecia hasta que la curó Foco, un nieto de Sísifo, que casó con ella en la Fócide.

Se rendía culto a Antíope en Titorea, al pie del Parnaso, donde fue enterrada junto a Foco.

2) Antíope, también llamada MELANIPA, es la amazona que casó con Teseo. *Véase* MOLPADIA.

3) Esposa de Éurito, rey de Ecalia. Hijos suyos eran Clitio, Deyón, Ífito y Toxeo.

4) Esposa de Laocoonte.

Antíoque (Ἀντιόχη). *Véase* CLITIO.

Ápate (Ἀπάτη). *Véase* NIX.

Apemósine (Ἀπημοσύνη). Hija de Catreo y hermana de ALTÉMENES.

Apis (Ἆπις). 1) Héroe arcadio que fue muerto involuntariamente por Etolo cuando éste, en los juegos fúnebres en honor de Azán, hizo volcar su carro.

2) *Véanse* TELQUIS y TELXIÓN.

Apolo (Ἀπόλλων). Uno de los grandes dioses helénicos, el más importante de todos después de Zeus.

1. *El mito.* Apolo pertenece a la segunda generación de los llamados dioses Olímpicos y es, como su hermana Ártemis, hijo

de Zeus y de LETO. Nació en la isla Ortigia o Asteria, que tomó entonces el nombre de Delos *(Brillante)* porque, según la leyenda, se había cubierto de una capa de oro al producirse el nacimiento divino; era el día séptimo del primer mes de primavera (2.ª mitad de marzo y 1.ª de abril) y siete fueron las vueltas que dieron entonces los cisnes sagrados en torno a la isla, como siete también las cuerdas que puso luego el dios en su lira. Alimentado por la diosa Temis con néctar y ambrosía, el recién nacido se convirtió pronto en un hermoso joven que, montado en un carro de cisnes, regalo de su padre, salió de Delos hacia el país de los Hiperbóreos. Después de vivir allí un año, partió de nuevo, esta vez en busca de un lugar donde establecer su oráculo, y parece que le gustó una fuente de Beocia, situada junto a un acantilado entre Haliarto y Alalcómenas, pero habitada a la sazón por la ninfa Telfusa, quien, temiendo que el recién llegado acabara por desplazarla, le convenció para que se dirigiera a Delfos. Allí, Apolo hubo de dar muerte a Pitón, la serpiente que custodiaba una antiquísima gruta oracular de Gea. Unas veces se dice que el monstruo asolaba el país destruyendo las cosechas, devorando a hombres y animales y contaminando las aguas; otras, que la serpiente Pitón, sabiendo que moriría a manos del dios, había perseguido a Leto para impedir su alumbramiento. Ambas tradiciones tratan de justificar la conducta de Apolo, y la primera explica, además, la favorable acogida de los habitantes de Delfos, que se repetía ritualmente cada año, al parecer, en ciertas fiestas conmemorativas de la llegada del dios. Pero otra versión de los hechos presenta a Apolo como un simple usurpador del oráculo que hasta entonces había presidido Gea (o Gea y Posidón conjuntamente), si bien existe una variante de la misma que habla de una ocupación pacífica del lugar por parte de Apolo, suponiendo que el oráculo de Delfos había pertenecido sucesivamente a Gea, Temis y Febe, y que esta última, abuela y madrina del dios –de donde se hacía venir el epíteto de Febo que le es característico– se lo habría cedido gustosamente. Se decía que, tras haber dado muerte a la serpiente, Apolo había dejado pudrir su cuerpo insepulto (el verbo griego πύθω, *pudrir,* explicaba así el nombre Πύθων, dado al animal, y el de Πυθώ –Pito–, que llevaba antiguamente la ciudad de Delfos y toda la región donde estaba el oráculo, aunque dichos nombres fueron relacionados también con πυνθάνομαι, *averiguar, inquirir*) y luego se había dirigido al valle de Tempe, en Tesalia, para purificarse –él mismo y su hermana Ártemis en la tradición que suponía a ésta complice de la muerte de la serpiente–; en este episodio y en el continuo peregrinar del dios, que pasaba un tercio del año fuera de Delfos para dirigirse al país de los Hiperbóreos –tradición délfica–, o bien a Licia –tradición delia–, veían los antiguos la institución por parte de Apolo del rito purificatorio y del prolongado exilio a que habían de someterse los homicidas. De nuevo en Delfos, Apolo se dispuso a establecer allí definitivamente su oráculo, para lo cual salió al mar y, tomando la forma de un enorme delfín, abordó una nave cretense y la obligó a dirigirse hacia el puerto más próximo a Delfos; al llegar, reveló su identidad a la tripulación y la consagró por entero al servicio del oráculo. Una mujer de esta nave habría sido la primera Pitia.

Aunque no se desposó Apolo, en cambio son muchos los episodios amorosos de los que se le hace protagonista, en la mayoría de los casos con el único fin de atribuirle la paternidad de determinados personajes. Así se explica, por ejemplo, su unión con la ninfa Cirene (madre del héroe tesalio Aristeo), con Acacálide, con Deyone o con Aria (madre de Mileto, epónimo de la famosa ciudad minorasiática), con Ftía (madre de los héroes tesalios Doro, Laódoco y Polipetes), con Reo (madre del rey de Delos Anio) o con Creúsa (madre de Ión, el supuesto epónimo de los jonios); lo mismo puede decirse de sus amores con Manto, la adivina de Colofón que concibió del dios al también adivino MOPSO, o con Evadne, de la que nació YAMO (epónimo de los Yámidas, familia sacerdotal de Olimpia). Además, con Estilbe tuvo a Centauro y Lapites; con Pafo, a Cíniras; con Crisorte, a Corono; con Asteria, a Idmón; con Quíone, a Filamón; con Sinope, a Siro; con Tero, a Querón; con Laótoe, a Téstor; con Tía, a Delfo. Son también considerados como hijos suyos Cariclo, Cicno, Erimanto, Piso y Ténero. El héroe-dios ASCLEPIO habría sido hijo de Apolo y de Corónide y, según ciertas tradiciones, los célebres músicos LINO y Orfeo, así como los Coribantes, habrían nacido también del dios, teniendo por madres a Psámate y a las musas Urania y Talía, respectivamente. Así pues, la descendencia de Apolo está constituida por héroes que tuvieron una vinculación especial con su culto o con sus santuarios, o bien por personajes que destacaron en algunas de las artes presididas por él. Hay otros mitos, sin embargo, en los que la manía seductora del dios choca con resistencia obstinada por parte de su oponente; así las leyendas de DAFNE –la ninfa que pidió ser transformada en laurel para que Apolo no pudiera unirse a ella– y de Castalia –la muchacha de Delfos que por idénticas razones se arrojó a la fuente luego llamada Castalia–; o, también, la historia de MARPESA, que prefirió el amor del mortal Idas al de Apolo; o la de CASANDRA, a quien el dios otorgó el don de la adivinación, creyendo que de este modo cedería a sus pretensiones, (*Véanse* también DRÍOPE y OCÍRROE.) Por último, cabe citar los amores de Apolo con los jóvenes JACINTO y CIPARISO.

Aparte de los ya mencionados, Apolo interviene en muchos episodios mitológicos. Citaremos los más importantes. En compañía de su hermana Ártemis asaeteó a los gigantes Oto y Efialtes, que habían tratrado de violar a Hera o a la propia Ártemis, e hizo otro tanto con el también gigante Ticio, que había tenido el mismo comportamiento respecto a Leto; Apolo y Ártemis mataron asimismo a flechazos a todos los hijos e hijas de NÍOBE. De igual manera dio muerte también a Aristodemo, Forbante, Leimón y los Telquines. En otra ocasión el dios aceptó el desafío del sátiro Marsias, a quien despellejó vivo después de haberle vencido, y colocó unas orejas de asno al rey MIDAS por haber dicho éste que prefería la flauta de Pan a la lira de Apolo. Por su parte, ÉURITO, rey de Ecalia, invitó al dios a competir con él en el manejo del arco y fue castigado con una muerte prematura. Cuando Zeus fulminó con su rayo a Asclepio por haberse atrevido a resucitar a los muertos, Apolo, furioso, mató a los Ciclopes, que eran quienes fabricaban los rayos de Zeus; a punto estuvo entonces el dios de ser precipitado en el Tártaro por su padre, pero, gracias a las súplicas de Leto, éste se contentó con humillar al culpable, ordenándole que trabajara durante un año al servicio de un mortal. Apolo sirvió entonces a Admeto, rey de la ciudad tesalia de Feras, y quedó tan contento del trato recibido allí que recompensó a su patrón haciendo que las vacas de sus rebaños tuvieran siempre partos dobles. Esta leyenda que presenta al dios como pastor se relaciona con otra que explica su consagración a la música y a las artes poéticas. Se decía que el pequeño Hermes había robado a Apolo sus vacas sin que éste se diera cuenta, pero que, descubierto al fin y obligado a devolvérselas, consiguió cambiárselas por un curioso instrumento –la lira– que acababa de fabricar con un caparazón de tortuga y tripas de buey; poco después, el mismo dios construyó la primera siringe –flauta de varias cañas de distintas longitudes, característica del dios Pan– y se la ofreció también a Apolo, obteniendo a cambio de ella el famoso caduceo, que era la vara con la que Apolo guiaba sus vacas *(véase,* sin embargo, SIRINGE). Otro episodio mitológico enfrenta a Apolo con otro de los hijos de Zeus, el héroe Heracles, quien, habiendo acudido a Delfos para interrogar al oráculo y no obteniendo de él respuesta, se apoderó del trípode sobre el que profetizaba la Pitia y quiso llevárselo para instalar él mismo un oráculo en otro sitio; Apolo hizo frente al ladrón y luchó con él hasta que Zeus envió uno de sus rayos para separarlos, y ellos, al fin, se reconciliaron, dando el uno la respuesta que se le pedía y renunciando el otro a llevarse el trípode. Es de destacar, por último, el papel de Apolo en las leyendas relativas a Troya. Se decía, por ejemplo, que en tiempo de LAOMEDONTE el dios había enviado una terrible peste contra la ciudad porque, después de haber trabajado en la construcción de sus murallas, no se le había querido pagar el salario correspondiente *(véase* también ALCÁTOO, a quien Apolo ayudó a amurallar Mégara). Algunas tradiciones atribuían a Apolo la paternidad de Troilo, uno de los supuestos hijos del rey troyano Príamo, y la de Tenes, el héroe epónimo de la isla de Ténedos y nieto de Laomedonte. En la *Ilíada,* Apolo es el dios que sostiene la causa troyana, unas veces directamente y otras indirectamente, como cuando lleva la peste al campamento aqueo para vengar la afrenta hecha a su sacerdote CRISES por Agamenón; se decía también que Apolo había guiado la mano de Paris cuando éste dio muerte con su arco al héroe Aquiles. Sin embargo, la leyenda de LAOCOONTE hace al dios responsable de la caída de Troya, puesto que el castigo infligido por él a este sacerdote es la causa de que los Troyanos decidan introducir el caballo fatal en la ciudad. Finalmente, cuando Agamenón es asesinado por su esposa y por Egisto, el oráculo de Delfos ordena a ORESTES que dé muerte a los culpables y es Apolo quien más tarde defiende al héroe en el tribunal del Areópago.

2. *Los orígenes.* A pesar de que Apolo acabó por convertirse en el dios helénico por antonomasia, incorporando los aspectos y atributos más característicos del espíritu griego, ni figuraba entre las divinidades adoradas por los helenos cuando éstos llegaron a Grecia ni fue tampoco un dios prehelénico encontrado *in situ*

por los invasores. Son argumentos favorables a estas hipótesis el silencio de las *tablillas micénicas* con respecto a su nombre, la ausencia de su culto o escasa antigüedad del mismo en los que fueron centros más importantes de la cultura micénica y el hecho de que en Delfos, su principal santuario, se le recordara como un intruso que había sustituido en aquel oráculo a otras divinidades más antiguas, así como la evidencia arqueológica y lingüística, que refuerzan este último testimonio, indicando la primera que el establecimiento del dios en Delfos fue muy posterior a la ocupación del lugar por los Griegos y sugiriendo la segunda que Apolo desplazó allí a divinidades helénicas, puesto que, si bien Gea y Temis parecen haber sido en su origen diosas mediterráneas, lo cierto es que llevaban nombres griegos, de donde se deduce que fueron aceptadas por los Helenos y recibieron su culto durante algún tiempo.

El nombre de Apolo no puede explicarse, desde luego, a partir del léxico indoeuropeo conocido, y dentro de los dialectos griegos sólo hay una palabra que podría estar relacionada con él: ἀπέλλα, término dorio que el glosista Hesiquio tradujo por σηκός (*redil*) y ἐκκλησία *(asamblea, reunión pública)*. Es verdad que la forma 'Απέλλων es una variante doria del nombre del dios; es verdad que alguno de los episodios mitológicos relativos a Apolo lo presenta como una especie de pastor divino o de dios-pastor; es verdad, por último, que una divinidad protectora de las asambleas podría corresponder muy bien a un pueblo como el griego. Ahora bien, ¿cómo explicar el nombre de un dios panhelénico a partir de un término que sólo está documentado en una inscripción laconia del siglo I a. J.C. y en la referida glosa de Hesiquio, y cómo admitir que la faceta menos característica del dios, la de pastor, sea precisamente la que le haya dado el nombre, o bien que ese nombre proceda de un aspecto de Apolo, el de dios de las asambleas, absolutamente silenciado por la tradición? ¿Qué decir asimismo de la importancia del culto de este supuesto Apolo dorio en el Asia Menor?

Aparte de esta explicación del origen de Apolo, a todas luces insuficiente, existen tres teorías sobre la historia del culto apolíneo: la de un Apolo *nórdico,* la de un Apolo *minorasiático* y la de un Apolo *nórdico-minorasiático.* La primera de ellas supone que el culto de Apolo llegó a la Hélade desde algún lugar situado al norte de los Balcanes y fue introducido en el Asia Menor por los propios griegos durante la llamada Edad Oscura, es decir, después de la caída de la civilización micénica. Los testimonios invocados por la misma son: a) la fiesta délfica llamada Στεπτήριον, y b) el papel que juega el país de los Hiperbóreos en el mito y en el ritual de Apolo. Ahora bien, el itinerario que seguían los jóvenes de Delfos en el Στεπτήριον no pretendía ser el que había recorrido el dios cuando llegó por primera vez al oráculo, sino el de su marcha al valle de Tempe y subsiguiente regreso a Delfos cuando hubo de purificarse por la muerte de Pitón; y, en cualquier caso, no nos lleva más allá de Tesalia. En cuanto al país de los Hiperbóreos, es considerado por los defensores de esta teoría como un lugar situado en alguna de las rutas antiguas que conducían desde Grecia al norte de Europa –o bien se identifica con la costa frisia del mar del Norte, o con la isla de Helgoland, que era famosa por sus cisnes y su ámbar, sustancia relacionada a menudo con Apolo–; sus habitantes, de raza desconocida, habrían sido los primeros adoradores de Apolo y, cuando más tarde el culto del dios hubo pasado a Grecia, estos Hiperbóreos habrían enviado ofrendas al nuevo santuario de su señor en Delos. La primera objeción a este argumento es que, si Apolo hubiera entrado en efecto en la Hélade desde el norte, su establecimiento en Delos tendría que haber sido posterior a su llegada a Delfos y, en este caso, no se comprende que los Hiperbóreos enviaran ofrendas a Delos y, en cambio, no a Delfos. Pero es que, además, el análisis detallado de los testimonios de los antiguos acerca del país de los Hiperbóreos parece indicar que se trata de un lugar mítico, descrito unas veces con características casi idénticas a las Islas de los Bienaventurados, ubicado otras de manera imprecisa «más allá del viento del Norte» y más allá de unos cuantos pueblos cuya localización resulta de por sí bastante difícil. En resumen, si la leyenda de los Hiperbóreos corresponde, en efecto, a un desplazamiento del culto de Apolo en dirección norte-sur, tal circunstancia debió producirse mucho antes de la llegada del dios a la Hélade, puesto que unos Hiperbóreos que hubieran tenido contacto con los Griegos en época postmicénica difícilmente habrían podido quedar tan desfigurados por el mito.

Por su parte, la teoría del Apolo *minorasiático* se basa en los siguientes argumentos: a) La tradición épica relaciona frecuentemente a Apolo con la Tróade: así, en la *Ilíada* el dios aparece siempre de parte de los Troyanos, hasta el punto de que el poema comienza con la peste enviada por él contra el campamento aqueo para vengar a su sacerdote Crises y se cierra con una alusión de Héctor moribundo a la futura colaboración del dios en la muerte de Aquiles; Homero menciona asimismo un templo troyano dedicado a Apolo y a Ártemis, y cita otras ciudades de la Tróade consagradas al dios; por último, los mitos de Héleno, Casandra y Laocoonte, así como la paternidad de Troilo y de Tenes atribuida a Apolo y la supuesta intervención de éste en la construcción de las murallas troyanas son todos ellos detalles que abogan por la antigüedad del culto apolíneo en aquella región. b) Son numerosos los testimonios que vinculan a Apolo con otra zona del Asia Menor, a saber la Licia: Λύκιος o Λύκειος *-Licio-* es uno de los epítetos más frecuentes del dios; en la *Ilíada* Atenea llama a Apolo Λυκηγενής, es decir, *nacido en Licia;* Leto, madre de Apolo en el mito, podría identificarse con la diosa licia Lada; Apolo lleva un patronímico, Λητοΐδης *-Letoida-*, que no ha sido formado a partir del nombre del padre, como era la costumbre griega, sino del de la madre, lo cual, según Heródoto, era característico de los Licios; el santuario apolíneo de Patara, en la Licia, fue uno de los más importantes que tuvo el dios y, a juzgar por el extraño ritual que allí se practicaba, también uno de los más antiguos; finalmente, la tradición delia relativa a las misteriosas ofrendas procedentes de los Hiperbóreos tenía una variante local que hablaba de otras dos muchachas hiperbóreas -distintas, al parecer, de Hipéroque y Laódice- enterradas también en Delos, a quienes invocaban las mujeres con un himno compuesto por el mítico poeta Olén, quien, según Heródoto y Pausanias, procedía de la Licia. Los que suponen que el culto de Apolo fue llevado al Asia Menor por los Griegos consideran que Λύκιος y Λύκειος no significan *de Licia* sino *lobuno* (λύκος, en griego *lobo*), entendiendo que este epíteto le era aplicado al dios en tanto que protector de los rebaños, y que el arco y las flechas que lleva Apolo a veces como atributo eran el instrumento con que daba muerte a los lobos. Sin embargo, el sentido de *lobuno* parece corresponder más bien al epíteto Λύκαιος o Λυκαῖος *-Liceo-*, llevado por Zeus y por Pan en relación con el monte Λυκαῖον o *Monte de los Lobos* de la Arcadia; se llama Λύκιος y Λύκειος precisamente al Apolo adorado en el Asia Menor, mientras que la faceta de pastor o protector de los rebaños parece pertenecer en exclusiva al Apolo dorio; por último, las leyendas relativas al Apolo arquero tienen como escenario las regiones minorasiáticas, donde podría ser otra, según veremos más adelante, la interpretación sugerida por este atributo del dios. c) Leto aparece en Grecia como una divinidad extraña, que no pertenecía a la familia olímpica ni tampoco había sido una antigua diosa local adorada en época prehelénica, como, por ejemplo, Maya, la madre de Hermes. d) Las fiestas en honor de Apolo son relativamente raras en Grecia, pero están, en cambio, muy extendidas por las islas y por toda la costa minorasiática. e) Delfos fue, al menos en la época arcaica, el único oráculo de Apolo en tierra griega que tuvo como portavoz del dios a una mujer, y aún en este caso había un sacerdote, el προφήτης, que actuaba como intermediario entre el consultante y la Pitia; no ocurría así en el Asia Menor, y la indiscutible semejanza entre la *medium* délfica y las sibilas minorasiáticas (*véase* SIBILA), así como la leyenda de Casandra, que debe entenderse en relación con el ritual de Patara, indican claramente que la revelación a través de una sacerdotisa era un rasgo característico de la religión apolínea en el Asia Menor, pero extraño, en cambio, a las costumbres de los Helenos y, en consecuencia, rechazado o modificado por ellos, todo lo cual resultaría inexplicable si la difusión del culto de Apolo hubiera seguido una dirección oeste-este. f) Una serie de inscripciones encontrada en la Anatolia interior, es decir, en zonas que no fueron nunca colonizadas por los Griegos y que no sufrieron prácticamente influencia helénica alguna, atestiguan que el culto de Apolo estuvo extendido por todo aquel territorio y que Apolo y Leto fueron divinidades adoradas por los indígenas. g) En cuatro altares hititas del Asia Menor ha podido leerse el nombre de un dios Apulunas, posiblemente antepasado de Apolo y protector, al parecer, de las puertas; si esta identificación fuera correcta, el Apolo hitita prefiguraría al Apolo Ἀγυιεύς *(Callejero)* de los griegos, a quien dedicaban estelas o altares en las puertas de las casas. h) Ciertos detalles de la figura de Apolo y de su religión parecen relacionarlo con Babilonia: por un lado, su carácter de protector de las puertas; por otro, la peculiar unión del dios con su sacerdotisa de Patara, que Heródoto, a falta de otros paralelos, hubo de asimilar a cierto ritual relativo al dios babilonio Bel; finalmente, Apolo es el único dios griego relacionado en especial con el séptimo día del mes y con el número siete, lo cual nos remite a la semana oriental de siete días, frente al calendario lunar griego, que estaba basado en el número diez, y, por otra parte, el hecho de que las fiestas délficas más importantes se celebraran cada ocho o cada cuatro años indica que el santuario había adoptado el año de noventa y nueve lunaciones –es decir, ocho años solares–, creado por los astrónomos babilonios como una aproximación mayor entre el tiempo lunar y el solar. Probablemente ninguno de estos testimonios resulta en sí mismo decisivo o incontestable, pero la suma de todos ellos inclina a pensar que el culto de Apolo pasó del Asia Menor a Grecia a través de las islas, y no viceversa. Los partidarios de la tercera teoría –la del Apolo *nórdicominorasiático*– aceptan, desde luego, esta conclusión, pero consideran que Apolo no fue un dios nacido en la Anatolia ni en ninguna otra región del llamado Oriente Próximo, fijándose en que el tipo de éxtasis practicado por sus sacerdotisas es extraordinariamente semejante al de los chamanes siberianos, tanto en las técnicas y manifestaciones externas como en la idea de que el sacerdote puede ser *poseído* temporalmente por el dios, actuando entonces como un simple portavoz suyo; por otra parte, las características atribuidas por Píndaro al país de los Hiperbóreos (*véase Pítica* X), esa posibilidad de llegar a él en vida «por un camino que no es terrestre ni marítimo» y el mismo viaje de Apolo hacia allí montado en un carro de cisnes parecen aludir al *transporte chamánico,* la experiencia mística que consiste en un vuelo del alma o doble espiritual del hombre a un lugar ideal, el mundo de los dioses, que es un mero trasunto del universo conocido, aunque dotado de una intemporalidad que lo libra de la destrucción y de la muerte. De este modo, la interpretación chamanística del culto de Apolo explicaría la versión mítica del país de los Hiperbóreos conocida por los Griegos, mientras que la tradición que llevó a los geógrafos antiguos a situarlo en algún lugar concreto al nordeste de Grecia –y no al norte, como pretenden algunos especialistas modernos– nos llevaría al lugar de origen del chamanismo (el Asia septentrional y central), que habría sido, en efecto, para los anatolios «un país situado más allá del Viento del Norte», en tanto que para los griegos quedaba ya al nordeste. Así, pues, el culto de Apolo se habría introducido en el Asia Menor mucho antes de que los griegos llegaran allí por primera vez y durante ese tiempo habría sufrido influencias diversas, conservando unas características generales, pero adquiriendo ciertos rasgos peculiares en los distintos puntos de su establecimiento. Más tarde, su adopción por parte de los Griegos y consiguiente trasplante a la Grecia continental habría dado lugar a identificaciones con otras divinidades y a la asimilación de elementos nuevos o transformación de los antiguos, alcanzando, en todo caso, entre las comunidades helénicas su forma más desarrollada y la definitiva.

3. *Aspectos y atributos.* Una faceta característica de Apolo, considerada por algunos como la más antigua y la principal, es la de *dios de las plagas y de la enfermedad* en sus distintas formas. En este sentido, ejerce su protección sobre hombres, animales y cosechas, siendo invocado con epítetos tan significativos como 'Αλεξίκακος *(el que aparta el mal)*, 'Αποτρόπαιος *(el que desvía el mal)*, Σμινθεύς *(Ratonero)*, Παρνόπιος *(Langostero, Apolo de la langosta)* 'Ερυθίβιος *(Royero, Apolo de la roya)* y Σιτάλκας *(protector del trigo);* en cuanto al Apolo 'Αγυιεύς *(Callejero)*, tenía una estela o un altar en la puerta de las casas, desde donde debía impedir la entrada de la enfermedad a las mismas. Esta relación de Apolo con las cosechas dio lugar a que se le identificara en el Peloponeso con Hiacinto –cuyo nombre y mito indican claramente que fue un dios prehelénico de la fertilidad de tal manera que el Apolo Hiacintio ('Υακίνθιος) en honor del cual se celebraban las fiestas llamadas Hiacintias, aparece secundariamente como un *dios de la fertilidad*–. Del mismo modo cabe pensar que el aspecto de *dios de los rebaños* o *pastor divino* correspondiente al Apolo Carneo (Καπνεῖος) laconio, obedece a una identificación del señor de las epidemias con alguna divinidad local, llamada Carno o Carneo, que presidiera la fecundidad del ganado, pues no hay que olvidar que aun en el mito las actividades de Apolo como pastor son meramente anecdóticas, mientras que, por otro lado, no existe un solo epíteto que se refiera de modo expreso a esta faceta del dios. Pero Apolo no es solamente el dios que hace cesar la enfermedad o que evita que se produzca, sino que es también el que la envía *(véanse* CRISES, LAOMEDONTE y EDIPO). Ahora bien, dentro de la mentalidad primitiva, las epidemias y ciertas enfermedades individuales son simples manifestaciones externas del estado de impureza espiritual en que se encuentra el individuo o la comunidad a consecuencia de una conducta sacrílega, pudiendo

ser conjuradas por medio de ciertos ritos considerados como purificatorios, y, como era de esperar, el dios de las enfermedades es también el *dios purificador* (Καθάρσιος). En este sentido, cabe citar el καταποντισμός *(precipitación al mar)* del templo de Apolo en Léucade, y las fiestas jonias llamadas Targelias, así como las Carneas laconias: en todos estos casos se realizaba la expulsión del φαρμακός, el individuo que libraba del mal a la comunidad asumiendo simbólicamente todos sus pecados e impurezas. El poder sobre las enfermedades que era reconocido a Apolo fue la causa de que se le considerara a veces como *médico* –así, por ejemplo, el Apolo Maleatas (Μαλεάτης), identificado en Epidauro con el héroe local Malo–, si bien esta faceta suya parece haberse eclipsado por completo en el momento en que la enfermedad dejó de entenderse como consecuencia necesaria de una conducta criminal, siendo Asclepio y no Apolo el verdadero dios griego de la medicina. Así, pues, las facetas de dios de las plagas, dios de la fertilidad, dios de los rebaños o pastor, dios de las puertas, dios purificador y dios médico pueden corresponder en su totalidad a un Apolo imaginado como *señor del mal,* precisamente por las características peculiares que tiene este concepto en el hombre primitivo. Consideremos ahora dentro de esta primera imagen de Apolo los epítetos Τοξοφόρος *(portador del arco),* Ἑκατηβόλος *(flechador)* y Ἀργυρότοξος *(el del arco de plata),* que, aplicados precisamente al señor del mal, lo presentan como un *arquero,* sin que debamos pensar por ello en un dios de la guerra o de la caza. En el pasaje de la *Ilíada* que describe la irrupción de la peste en el campamento aqueo las flechas del dios son el agente simbólico de la enfermedad, disparadas primero contra los mulos y los perros, y luego ya contra los hombres; pero, ¿explica este pasaje homérico la relación entre el poder de Apolo y su atributo, o es tan sólo una imagen literaria creada por el poeta? Los restantes episodios mitológicos en que el dios castiga a alguien dándole muerte con sus flechas no nos aclaran nada a este respecto, ya que, por un lado, no se habla entonces de peste o enfermedad alguna y, por otro, Apolo aparece allí acompañado de su hermana Ártemis, que es una diosa cazadora.

El segundo gran aspecto de Apolo es el de *profeta,* el de *dios oracular* (Χρηστήριος). Es tan antiguo en él, o quizá más, que el que acabamos de ver y se encuentra documentado de una manera o de otra en todos sus santuarios del Asia Menor, aunque fue en el délfico donde alcanzó su mayor importancia y, desde luego, su máximo grado de helenización. Este oráculo famoso era consultado tanto por los particulares como por los legisladores o los generales. De él emanan constituciones de ciudades, consejos de tipo político o militar, normas prácticas de carácter moral y toda una doctrina sobre el homicidio.

Otra faceta muy característica de Apolo es la de *músico*. No sólo se le representa frecuentemente tocando la lira, sino que se hace de él patrono de las Bellas Artes y presidente del coro de las Musas (Μουσαγέτης). Ahora bien, es difícil integrar este nuevo rasgo del dios en su ya compleja figura. De hecho, la asociación de Apolo con la lira parece ser muy antigua –a juzgar por los mitos de Marsias y de Midas, así como por la paternidad de los músicos Orfeo, Lino y Filamón atribuida a Apolo– y, desde luego, era conocida en los distintos lugares en que el dios recibió culto, tanto del Asia Menor como del continente griego. Se ha apuntado que el carácter de músico debió de ser solidario del de pastor, teniendo en cuenta que la música aparece en el mito como ocupación favorita de los pastores; sin embargo, es curioso que la leyenda relativa al Apolo pastor presente a éste recibiendo de Hermes la lira a cambio de sus rebaños, como si Apolo dejara de ser pastor cuando empieza a tocar la lira, y también el hecho de que los instrumentos considerados como pastoriles sean la flauta y la siringe, pero no la lira, que es característica, en cambio, de los poetas. Y cabe recordar también, a este respecto, que la relación de Apolo con el pastoreo queda circunscrita a unas cuantas zonas del continente griego. Por consiguiente, parece más lógico pensar que la lira es un atributo de Apolo en la medida en que éste preside la adivinación y precisamente ese tipo de adivinación que se produce por contacto directo del vidente con la divinidad, teniendo presente sobre todo hasta qué punto en la Grecia arcaica la inspiración poética estaba relacionada con el fenómeno de la mántica, y el papel que jugaba la lira en esta experiencia.

Por último, Apolo fue adorado como *dios del sol*, pero, a pesar de la importancia que tuvo este aspecto en las épocas helenísticas y romana del culto del dios, no parece remontarse a la época más antigua, ya que por entonces era Helio el único y verdadero dios griego del sol.

4. *Oráculos y culto.* El santuario más importante de Apolo fue el oráculo de Delfos, donde se en-

contraba el famoso ónfalo u *ombligo del mundo,* que identificaba aquel lugar con el centro de la tierra. Los consultantes eran reyes, embajadores o particulares, y accedían al oráculo en un orden determinado por la suerte, excepto en el caso de que alguno de ellos tuviera derecho de prioridad. Antes de entrar en el templo, el consultante debía purificarse con agua sagrada y depositar en el altar exterior una cantidad en metálico que correspondía a cierta ofrenda en especies requerida por el ritual; un sacrificio de ovejas o cabras, ofrecido en el hogar de la *cella,* cerraba este conjunto de ceremonias preparatorias. En seguida, el cliente era introducido en el *adyton,* donde la Pitia se encontraba ya en trance, pero no visible, de donde se supone que debía de haber una especie de cortinilla que dividiera la pieza en dos compartimentos; una vez allí, un sacerdote especial, el προφήτης, se encargaba de recoger la pregunta y trasmitírsela a la Pitia, que contestaba con una serie de gritos ininteligibles y palabras incoherentes, a partir de los cuales confeccionaba el προφήτης la respuesta, normalmente en verso y con una forma más o menos enigmática. La interpretación del oráculo corría a cargo del consultante, pudiendo confiarla éste a algún experto en la materia; en ningún caso le era proporcionada por el personal de Delfos. Las consultas tenían lugar solamente una vez al mes –el día 7, fecha del nacimiento de Apolo–, y era tal la afluencia al oráculo en la época clásica, que hubo necesidad de aprovechar la jornada completa, con lo cual parece que había dos Pitias que se turnaban y una tercera de reserva para el caso de que fallara alguna de ellas. Según la tradición, la Pitia había sido en un principio una muchacha joven y virgen, pero en los tiempos históricos se trataba de una anciana que entraba en una especie de delirio extático por un procedimiento cuyos detalles desconocemos. De todas formas, la comparación con otros fenómenos similares permite suponer que lo más importante era la capacidad de sugestión de la persona y su fe en el éxito de la experiencia. Se ha hablado de cierto baño ritual con agua sagrada, cuya temperatura o eventuales características producirían un efecto psico-somático especial, y se ha hablado también de una masticación de hojas de laurel –el árbol dedicado a Apolo–, ritos ambos que habrían sido previos al trance, pero los testimonios a este respecto son todos ellos tardíos y no podemos saber si recogen técnicas extáticas tradicionales o bien una forma evolucionada de las mismas, pudiendo tratarse asimismo de una interpretación errónea de ciertas ceremonias dotadas de un simbolismo especial, pero sin una relación de causa a efecto con el fenómeno en cuestión. El hecho es prácticamente indemostrable, pero existe una explicación racionalista del delirio délfico transmitida por Diodoro de Sicilia que debe ponernos en guardia sobre el particular. Cuenta, en efecto, Diodoro que el oráculo había sido descubierto casualmente por un pastor que observó cómo sus cabras se comportaban de un modo extraño al acercarse a una grieta profunda del suelo que habría quedado incluida después en el *adyton* del santuario. Colocóse allí el pastor y pronto fue presa del mismo frenesí que sus animales, comprobando, además, que en este estado era capaz de revelar el futuro. Extendido el rumor del prodigio y considerado el lugar como un oráculo de la Madre Tierra, comenzaron a multiplicarse los consultantes, actuando como *medium* el uno del otro; pero ocurría que muchos de ellos caían en el abismo mientras estaban enloquecidos por la experiencia, por lo cual decidieron colocar sobre la grieta un trípode que permitiera permanecer sobre ella sin grave peligro, confiando, además, el papel de portavoz divino a una de las mujeres del lugar. Desde luego, una tradición como ésta invitaba a suponer que el trance de la Pitia era provocado por ciertas emanaciones mefíticas del santuario y, sin embargo, la evidencia arqueológica y geológica invalida por completo esta explicación, ya que no existe huella alguna de abismos ni de grietas en la roca que sirvió de solar al templo délfico. Volvemos, pues, a la tradición clásica, que estimaba suficiente para el éxito de aquella práctica la purificación ritual de la Pitia y el hecho de que ésta se sentara en el trípode en uno de los días establecidos por el calendario délfico y cuyo carácter favorable había que comprobar, además, en cada caso por medio de un rito especial. En cuanto al famoso trípode, reproducido muchas veces en la cerámica griega, era simplemente un soporte metálico de tres pies, que sustentaba un caldero de cocina. Ignoramos cuál fue en el origen el empleo ritual de este trebejo. El caso es que la literatura y el arte griegos presentan a Apolo o a la Pitia utilizando el trípode a manera de asiento, lo cual explica su importancia en el fenómeno profético de Delfos y los rasgos más característicos del mismo: se creía, en efecto, que en determinadas fechas el dios ocupaba aquel trono, de tal manera que, al sentarse allí a su vez la Pitia, quedaba identificada con él, confundida con la esencia divina, que se manifestaba entonces a través de su boca. El oráculo se pronunciaba sobre cuestiones de moralidad individual, materia de religión y cultos oficiales, y asuntos de carácter político. Ciertas máximas famosas, como γνῶθι σαυτόν *(conócete a ti mismo)* o μηδὲν ἄγαν *(nada en demasía)* –grabadas éstas a la entrada del santuario– eran atribuidas a la revelación de Apolo, y se consideraban como recetas infalibles para la salud espiritual del hombre. En época remota el dios había recomendado la venganza familiar como castigo de los delitos de sangre, pero, según cuenta la leyenda, fue él mismo quien desautorizó este procedimiento, sustituyéndolo por el de la sentencia de un tribunal *(véase* ORESTES). En general, el oráculo se ocupaba de la purificación de los homicidas, indicándoles lo que debían hacer para que su espíritu atormentado por el remordimiento recobrara la paz. Con respecto a los cultos, Delfos solía mantener una actitud conservadora, si bien fue favorable a la religión dionisiaca –quizá por la afinidad de sus ritos con el éxtasis de la Pitia– y contribuyó a la introducción y propagación de la misma. Pero, sin duda alguna, las revelaciones más trascendentales del oráculo délfico fueron las de carácter político y, en este sentido, las prescripciones de Delfos, lo mismo que sus predicciones, solían ser acertadas, unas veces porque el grado de información con que se contaba allí permitía hacer pronósticos seguros; otras, porque el prestigio del oráculo era tan grande que su dictamen influía de manera decisiva en el desarrollo de los acontecimientos; y otras, en fin, porque la ambigüedad formal del texto recibido permitía interpretaciones alternativas, en cuyo caso el eventual error no era imputable al oráculo, sino a sus exégetas. Así, se cuenta que Delfos inspiró a Licurgo la constitución espartana, apoyó, en general, a los tiranos, contribuyó a la victoria de Salamina, se puso del lado de Esparta en la guerra del Peloponeso y acogió favorablemente a Filipo de Macedonia; su papel fue muy importante también en lo que se refiere a la fundación de las colonias, cuyo lugar exacto y divinidad tutelar eran elegidos siguiendo sus instrucciones, así como en la resolución de las diferencias surgidas entre ciudades, pues no era infrecuente el someter estos casos al arbitraje de Apolo. Las fiestas que se celebraban en Delfos no son demasiado bien conocidas. Las llamadas Χαρίλα *(Cari-*

la),'Ηρωίς *(Heroide)* y Στεπτήριον *(Estepterio)* se sucedían a intervalos de ocho años mientras que los *Juegos Píticos* tenían lugar cada cuatro. De la primera de ellas no sabemos casi nada; el nombre de la segunda conmemoraba a cierta antigua heroína o diosa local anónima, identificada más tarde con Sémele, es decir, que pertenecía en realidad al ritual de Dioniso, pues es bien sabido que este dios llegó a compartir el santuario délfico con su hermanastro Apolo, reinando allí durante los tres meses de invierno en que era entonado el ditirambo dionisiaco en lugar del peán apolineo; en cuanto al Estepterio, sabemos que se mimaban en él los principales episodios de la historia del establecimiento de Apolo en el oráculo, a saber, la muerte de la serpiente Pitón y la obligada purificación en el valle de Tempe: los jóvenes de Delfos, uno de los cuales representaba al dios, iban en procesión hasta aquel lugar y regresaban luego, trayéndose de allí, al parecer, unas ramas de laurel que tenían un cierto valor ritual; finalmente, los *Juegos Píticos* pasaban por haber sido fundados por Apolo en recuerdo de su victoria sobre la serpiente, y tenían una importancia comparable a la de los Olímpicos, contribuyendo junto con éstos a la cohesión espiritual entre las distintas comunidades helénicas. Según la tradición, llegaron a construirse en Delfos hasta seis santuarios de Apolo, tres de los cuales –el tabernáculo de laurel de Tempe, el templo hecho con alas y con cera y el edificio de bronce atribuido al dios Hefesto– pueden considerarse como legendarios; el cuarto se suponía construido por Trofonio y Agamedes, pero ardió en tiempos de Pisístrato, siendo sustituido por otro cuya terraza se conserva todavía y que fue costeado a base de colectas hechas en las ciudades griegas, y acabado a finales del siglo VI a. J.C.; destruido éste por un terremoto, se procedió a su reconstrucción, quedando definitivamente restaurado a comienzos de la época helenística. Casi todos los santuarios de Apolo parecen haber sido centros oraculares, si bien hay excepciones en ese sentido, como los atenienses de *Apolo Delfinio y Apolo Pitio,* el de *Apolo Carneo* en Esparta, o el templo de Léucade. En cuanto a los oráculos, se hallaban repartidos a lo largo de toda la costa minorasiática, desde el de *Apolo Timbreo* en la Tróade al de Patara en la Licia, pasando por los célebres de Claro cerca de Efeso, y Dídimo cerca de Mileto; de las islas, los había en Delos, Lesbos y Quíos, y en la Grecia continental, además de los de Delfos y Abas, en la Fócide, había uno en Tesalia, varios en Beocia y el de *Apolo Piteo* en Argos. En el oráculo de Patara se practicó, según cuenta Heródoto, un curioso ritual, particularmente interesante por cuanto aquel santuario quedaba ya fuera del territorio colonizado por los Griegos y su helenización debió de ser mínima. En Patara, como en Delfos, había una sacerdotisa que en determinados días del año servía de portavoz de Apolo identificándose místicamente con él, pero allí esta experiencia tenía la forma de una unión sexual. Semejante práctica no resulta demasiado extraña tratándose del Asia Menor, donde las divinidades solían tener sacerdotes de sexo contrario, pero éste no era en absoluto el caso entre los Griegos y es muy posible que ellos modificaran hasta cierto punto el primitivo ritual de los oráculos apolíneos; la leyenda de la profetisa Casandra, a quien Apolo concede el don de la adivinación y que luego se niega a las pretensiones amorosas del dios, siendo castigada por ello, parece el reflejo de un conflicto entre estas dos concepciones del sacerdocio. Por otra parte, en el oráculo jonio de Claro y en el beocio de *Apolo Ptoo* las revelaciones se producían a través de un sacerdote y hemos visto cómo en Delfos había un προφήτης que recibía las preguntas y daba las respuestas, en tanto que la Pitia no se dejaba ver jamás. Nos falta una información completa sobre los demás oráculos, pero es posible que en la época arcaica los situados en territorio griego funcionaran a base de sacerdotes, introduciéndose más tarde en Delfos el tipo de la sibila minorasiática y pasando luego de ahí a otros santuarios como el de Argos. Si el oráculo de Delfos consiguió eclipsar casi por completo a todos los demás durante la época clásica, el período helenístico, en cambio, determinó su decadencia, puesto que, al desplazarse hacia oriente el centro de gravedad de la civilización griega, fueron los santuarios situados en aquel territorio los que gozaron de mayor prestigio.

5. *El Apolo itálico.* Apolo se introdujo en Roma y la Italia central en fecha relativamente temprana. A raíz de la epidemia del 433 a. J.C. los Romanos le dedicaron un templo *extra-muros,* como correspondía a un dios extranjero, en un lugar próximo al Capitolio –el *Apollinare*– que estaba ya consagrado al dios. Durante las campañas contra Aníbal se recabó la ayuda de Apolo, creándose en honor suyo unos juegos, los *Ludi Apollinares,* y, más tarde, Augusto, que le tuvo una especial devoción, mandó construir para él un magnífico

templo en el Palatino, esta vez dentro de la ciudad. En la época del Imperio, Apolo fue uno de los dioses romanos más importantes, casi tanto como Júpiter. (*Véase* también SORANO.)

Apseudes (Ἀψευδής). Una de las NEREIDAS.

Apsirto (Ἄψυρτος). Hijo de Eetes, rey de la Cólquide, y hermano, por tanto, de Medea. Sobre su leyenda existen dos versiones: en una, niño todavía, es llevado por su hermana en la nave *Argo*, una vez que Jasón se hubo apoderado del vellocino de oro. Al ver Medea que Eetes los perseguía de cerca, descuartizó a Apsirto y fue arrojando sus miembros al mar, con el fin de que Eetes, al ir recogiéndolos, perdiese el tiempo suficiente para que los ARGONAUTAS huyeran. En la otra versión Apsirto, al frente de las tropas de Eetes, persigue a Jasón, por quien es muerto al caer en una emboscada preparada por su hermana.

Aqueloo (Ἀχελῷος). Es la personificación del río más largo de Grecia. Nace en el Pindo (cadena montañosa situada entre la Tesalia y el Epiro), separa Etolia de Acarnania y muere en el mar Jónico, junto al golfo de Patras; actualmente se le llama Aspropótamo. El nombre de Aqueloo fue aplicado en la antigüedad a otros cinco ríos helénicos, y ello ha hecho suponer que en un principio la palabra significaba *corriente de agua.* En todo caso, el culto de Aqueloo se encuentra por toda Grecia, y en toda Grecia se juraba en su nombre, mientras que las personificaciones de los demás ríos no pasan de ser divinidades locales. En la desembocadura del Aqueloo existen cinco pequeñas islas –las Equínades– que han inspirado una leyenda local: cuatro de ellas serían ninfas que el dios-río convirtió en rocas por haberle olvidado alguna vez en sus sacrificios; la quinta es Perimele, hija de Hipodamante, arrojada por su padre al río cuando iba a dar a luz un hijo de Aqueloo.

En la *Teogonía,* el dios-río Aqueloo aparece como hijo de Océano y Tetis; otras veces se dice que ha nacido de Helio y de Gea. Es el padre de las Sirenas –resultado de sus amores con Melpómene, o bien con alguna otra de las Musas– y lo es también de Calírroe. Por otra parte, habría engendrado a Castalia y a Pirene, personificaciones de dos fuentes famosas de Delfos y Corinto, respectivamente.

El mito de Aqueloo más conocido es el que trata de su disputa con Heracles por la mano de Deyanira (*véase* HERACLES VI, 1), y el tema de la lucha del héroe con el río metamorfoseado en serpiente y luego en toro aparece más de una vez en las decoraciones de los vasos griegos; dicho mito puede simbolizar el esfuerzo continuo de los habitantes de la región por dominar y poner a su propio servicio a un río que en la temporada de lluvias inundaba toda la llanura, pudiendo fertilizarla o destruir por completo sus cosechas. Las epifanías del dios en forma de toro o de serpiente, así como el delfín y el rosal con que aparece asociado en monedas etolias y acarnanias, revelan el carácter prehelénico de su culto, muy relacionado, por otra parte, con el oráculo de Dodona que, según cuenta Éforo, ordenaba siempre hacer sacrificios a esta divinidad. Además, en el templo de Anfiarao en Oropo, Aqueloo compartía desde antiguo un altar con Pan y Cefiso.

Aqueo (Ἀχαιός). 1) Héroe, hijo de Juto y Creúsa, hermanastro de IÓN, y biznieto de Deucalión, que dio su nombre al pueblo aqueo.

En alguna versión de la leyenda aparece como hijo de Posidón y Larisa, en cuyo caso sería hermano de Ftío y Pelasgo.

2) Hijo de Lápato, hermano de LACÓN y epónimo de la Acaya. *Véase* también *el anterior.*

Aqueronte (Ἀχέρων). Río del mundo subterráneo que se consideraba como límite entre el mundo de los vivos y el reino de los muertos. Las almas de los difuntos se acercaban a la orilla y eran recogidas allí por el barquero Caronte, que las pasaba al otro lado. Como personificación del río infernal, Aqueronte pasaba por hijo de Helio y de Gea; se decía que Zeus lo había precipitado en el Hades por haber dado de beber a los Gigantes cuando luchaban contra él. Con la ninfa Éstige, con Orfne o con Gorgira, Aqueronte es el padre de Ascálafo.

Aquiles (Ἀχιλλεύς). Aquiles es, quizá, el héroe más famoso de la mitología griega. A este hecho contribuyó el que la *Ilíada,* el poema épico por todos conocido en la Antigüedad, desarrollara precisamente, en su tema central la cólera de este personaje. A la *Ilíada* se unieron otros relatos y leyendas populares que completaron y enriquecieron su figura, formando un enorme *corpus* de narraciones que abarcan desde el nacimiento hasta la muerte, así como la descripción de cultos posteriores fundados en su honor.

A) Aquiles era hijo de la diosa Tetis y de Peleo, el rey de Ftía, en Tesalia. Era el séptimo hijo del matrimonio y el que había de ser motivo indirecto de la separación de sus padres. Tetis, que quería que sus hijos fuesen inmortales como ella, les aplicaba un tratamiento para eliminar su parte mortal, ungiéndolos con ambrosía durante el día y purificándolos con fuego durante la noche. Todos murieron durante la prueba; cuando la diosa intentaba hacer lo mismo con el séptimo, Aquiles, Peleo, que, intranquilo ya, había decidido espiar a su mujer, logró arrancar al niño de los brazos de su madre cuando aún no estaba consumado el experimento. Según la leyenda mas conocida, el niño quedó con el hueso del pie derecho quemado, por lo que Quirón, el centauro experto en medicina, le sustituyó el hueso por el de un gigante, Damiso, en vida excelente corredor, lo que explicaba la proverbial rapidez de Aquiles en la carrera. Otra leyenda tardía intentaba explicar la invulnerabilidad del héroe contando que Tetis lo sumergió de niño en las aguas del río Éstige, que tenía la propiedad de conceder esta virtud a los que en él se bañaban. Tuvo, sin embargo, Tetis que sujetarlo por el talón derecho, que no se mojó, por lo que Aquiles era sólo vulnerable en esta parte del cuerpo.

El educador de Aquiles fue el centauro Quirón, pues Tetis, irritada por la intromisión de Peleo, se retiró al fondo del mar para vivir con su padre. El centauro lo crió en el monte Pelión, dándole un nuevo nombre (antes era conocido por el de Ligirón). Le enseñó variadas artes, entre otras la medicina, pero, sobre todo, le inspiró un enorme valor y le hizo adquirir una portentosa fuerza, obligándole a no comer otra cosa que entrañas de animales salvajes. Vuelto, ya muchacho, a la corte de Ftía, tuvo un tutelaje beneficioso, el de Fénix, el hijo de Amintor, además de gozar de la compañía de otro personaje de gran influencia en su vida, Patroclo, el hijo de Meneceo.

B) Cuando se organizó la expedición contra Troya, Tetis, sabiendo que su hijo moriría en la guerra, lo envió a la corte de Licomedes, el rey de la isla de Esciros. Allí vivió Aquiles durante nueve años hasta que los Aqueos supieron que Troya no sería capturada mientras que el joven no participase en la toma. Odiseo se enteró del escondite del muchacho y se presentó allí vestido de mercader. Pese a que, por orden de Tetis, Aquiles estaba disfrazado de mujer conviviendo con las hijas de Licomedes, Odiseo logró descubrirlo, bien porque mezcló entre sus mercancías joyas y armas y sólo Aquiles prestó atención a estas últimas, bien porque el astuto Odiseo hizo resonar una trompeta de guerra y Aquiles empuñó las armas mientras que las muchachas huían.

Tetis accedió entonces a que su hijo abandonara la isla, donde quedó el niño que Aquiles había tenido con Deidamía, una de las hijas de Licomedes. Este niño, llamado Pirro *(el rubio)* en recuerdo del nombre que a su padre le habían dado en la isla –Pirra–, es el más tarde llamado Neoptólemo.

Otra versión, más favorecedora para el héroe, contaba que éste en realidad nunca se negó a ir a Troya, venciendo incluso la resistencia de sus padres, que le comunicaron que moriría en la guerra, prefiriendo morir con honor a no combatir *(véase* PEMANDRO). En cualquier caso, marchó hacia Troya al frente de sus Mirmidones, con la armadura y los caballos divinos que, en tiempos, obsequiaron Hefesto y Posidón a Peleo como regalo de boda.

C) La expedición griega se concentró en Áulide, donde fue inmovilizada por una calma chicha. Entonces Agamenón, obligado por un vaticinio de Calcante, accedió a sacrificar a su hija, haciéndola venir con la promesa de casarla con Aquiles. Éste, cuando se enteró del pretexto en el que lo habían mezclado, se enfrentó a todo el ejército intentando salvar a la doncella, pero demasiado tarde, porque, llegada ya IFIGENIA a Áulide, fue ella misma la que se ofreció para el sacrificio.

De allí partieron los Griegos hacia Troya, pero se equivocaron de rumbo y desembarcaron por error en Misia, donde lucharon con Télefo, un hijo de Heracles. Aquiles fue el que logró herirlo con la lanza. Derrotados los Misios, los Aqueos se dirigieron a Troya, pero, dispersados por una tormenta, arribaron a Grecia, donde se volvió a formar la expedición (según algunas versiones, esta expedición a Misia fue anterior a la parada en Áulide y al sacrificio de Ifigenia).

En su segundo intento los Griegos abordaron la isla de Ténedos, junto a Troya, guiados por el propio TÉLEFO, agradecido porque Aquiles le había curado de sus heridas. En Ténedos se produjo el hecho que aceleró el cumplimiento de su destino, ya que, al desembarcar, pese a que Tetis le había suplicado que no matase a ningún hijo de Apolo, pues le sería fatal, mató a Tenes, rey de la isla de Ténedos e hijo del dios. Al darse cuenta de su trágico error (véase MNEMÓN), Aquiles organizó unos espléndidos funerales en honor de Tenes *(véase* también TRAMBELO).

D) Al fin, desembarcaron en Troya, donde transcurrieron nueve años de continuas escaramuzas, en las que Aquiles siempre desempeñó un papel victorioso. Mató a CICNO, un hijo de Posidón; conquistó doce ciudades por mar y once por tierra –entre ellas Lirneso, donde mató a Mines y Epístrofo, hijos del rey Eveno, se llevó como concubina a Briseida y persiguió a ENEAS, y Teba, en Misia, donde mató a Eetión, el padre de Andrómaca, y a sus siete hijos. En la misma Troya, entre otras hazañas, mató a TROILO, un hijo de Príamo, y capturó a LICAÓN, otro de los hijos del rey.

E) En el décimo año de la guerra comienza la narración de la *Ilíada*. Desesperados los Griegos ante una peste que producía grandes estragos en sus filas, recurren a Calcante, quien asegura que el causante es Apolo, irritado porque Agamenón se había negado a privarse de su concubina Criseida y a entregársela a su padre Crises, sacerdote del dios. Los Aqueos, encabezados por Aquiles, obligan al rey a devolverla, por lo que éste, en venganza, decide quedarse a cambio con Briseida, la concubina de Aquiles. El héroe entonces, despechado por la injusticia, intenta primero matar a Agamenón, pero, contenido por Atenea, se retira a su tienda y, después de entregar a la muchacha, se niega a combatir hasta que le sea devuelta y se dé satisfacción a su honor. Tetis suplica a Zeus que conceda la victoria a los Troyanos para que el honor de su hijo sea reparado tras la demostración de que sólo Aquiles es capaz de contener a los enemigos. Zeus accede, y los Griegos son derrotados día tras día. Héctor se acerca a las naves, y Agamenón, al fin, dominando su orgullo, manda una embajada, compuesta por Áyax, Odiseo y Fénix, para que supliquen al héroe. No cede aún Aquiles, pero, cuando Héctor está a punto de quemar las naves, Patroclo le pide permiso para combatir y, vestido con su armadura, sale al campo de batalla. Tras la muerte de su amigo, Aquiles, presa del dolor, sale sin armas del campamento y, con sólo su voz, ahuyenta a los Troyanos que luchaban en torno al cadáver de Patroclo.

Al día siguiente, reconciliado con Agamenón, que le devuelve a Briseida, y armado otra vez por los dioses, por encargo de Tetis, Aquiles vuelve a la lucha, pese a que su caballo Janto, dotado de voz e inteligencia, le predice otra vez su destino. Sin comer ni beber combate con furor: mata a Polidoro, hijo de Príamo, lucha con Eneas hasta que Posidón los separa, sacrifica a veinte jóvenes troyanos, pone en fuga a sus enemigos y produce tal carnicería que el río Escamandro, cuyo lecho está obstruido por los cadáveres, se desborda y persigue a Aquiles, salvándose el héroe porque el dios Hefesto hace que el río vuelva a su cauce. Cuando llega a las murallas ya sólo HÉCTOR le hace frente, aunque, al ver a Aquiles, siente súbito miedo y da huyendo tres vueltas en torno a la ciudad. Por fin, Zeus, pesando las Ceres de cada héroe en la balanza del Destino, y viendo que se inclinaba más hacia el Hades la de Héctor, ordena a Apolo, el dios protector del Troyano, que lo abandone, por lo que Aquiles, con ayuda de Atenea, logra matar a Héctor tras duro combate.

Aquiles se vengó cruelmente, pues ató el cadáver de Héctor a su carro y, durante doce días, arrastró a su enemigo alrededor de Troya. Por fin, indignados los dioses por la desconsideración de Aquiles hacia los muertos, piden a Tetis que convenza a su hijo. Aquiles devuelve el cadáver al anciano Príamo, apiadado ante el dolor de éste.

F) Así termina el relato de la *Ilíada*. Leyendas posteriores completan, sin embargo, la vida y las hazañas del héroe. Contábase cómo Aquiles luchó con Pentesilea, la reina de las Amazonas que acudió en ayuda de Príamo, y cómo, después de haberla matado, se enamoró de ella. Fue cuando Tersites, el héroe feo de la *Ilíada,* se burló de él, y Aquiles le mató de un puñetazo, muerte por la que tuvo luego que ser purificado por Odiseo tras haber hecho sacrificios a los dioses.

Contábase también, cómo, en otros combates posteriores, mató a MEMNÓN, el hijo de la Aurora aliado de Príamo.

La muerte de Aquiles tuvo lugar en el campo de batalla en torno a Troya. Fue herido mortalmente en el talón por un flechazo de Paris, apostado tras una columna, aunque, según algunos, la flecha fue dirigida por Apolo, o, incluso, fue el propio dios, que no había olvidado la muerte de su hijo Cicno, quien disparó. En otra versión, más romántica, la muerte se produjo cuando Aquiles, enamorado de POLÍXENA, una de las hijas de Príamo, había acudido sin armas a una cita con ella, momento que aprovechó Paris.

En torno a su cadáver se produjo una fiera lucha, logrando finalmente Áyax y Odiseo llevarse el cuerpo del héroe. Se celebraron en su honor magníficos funerales, y los Griegos erigieron un enorme túmulo junto al mar, aunque Tetis llevó a su hijo a la Isla Blanca, donde lo hizo inmortal. Contaban los marinos que, al pasar por allí, siempre se oía de día ruido de armas y, de noche, los cantos de un banquete.

G) Se le atribuyeron diversos amores, además del de Deidamía, la madre de su hijo Neoptólemo. Dicen que casó en los Campos Elíseos con Helena (de quien tendría a Euforión), o con Ifigenia, o con Políxena, la hija de Príamo, o, incluso, con la hechicera Medea.

H) Aquiles es presentado en Homero como un poderoso guerrero, el más fuerte y valiente de todos y, también, el más rápido. De gran belleza, se le distinguía por su rubia cabellera. Su pasión es la lucha y la gloria, mostrándose cruel y despiadado muchas veces, aunque tierno y buen compañero otras muchas. Fue objeto de culto en numerosos lugares de Grecia. Son muy abundantes las representaciones figuradas en las que aparece, sobre todo vasos pintados, siendo las escenas preferidas las de la lucha con Héctor, su muerte, los juegos funerales de Patroclo, las muertes de Pentesilea y Memnón y Aquiles rodeado por las hijas de Licomedes.

Aracne (Ἀράχνη). Protagonista de lo que parece ser un cuento popular, Aracne es una muchacha lidia hija de Idmón, un tintorero de Colofón. Habilísima tejedora y bordadora, llegó un día soberbiamente a retar a su diosa patrona, Atenea. Aunque ésta, transformada en anciana, trató de persuadirla y de infundirle modestia, Aracne insistió en su reto. Atenea hizo un tapiz representando a los dioses Olímpicos y los castigos que inflingen a los mortales que los desafían, respondiéndole Aracne en otro en el que figuraban los amores escandalosos de los dioses. Atenea, encolerizada, le dio un golpe con su lanzadera, por lo que Aracne, humillada, se intentó ahorcar. La salvó la diosa, pero transformándola en araña, el animal que continuamente hila y teje sus telarañas.

Arbelo (Ἄρβηλος). Uno de los hijos de EGIPTO.

Árcade (Ἀρκάς). De las diversas leyendas existentes sobre este héroe epónimo de los Arcadios, la más difundida, y posiblemente fruto de la fusión de otras preexistentes, es la de Ovidio. Éste nos lo presenta como hijo de Zeus y de la ninfa Calisto, una de las componentes del cortejo de Ártemis. Hera, irritada por los amoríos de su marido, transformó a Calisto en osa, y la puso delante de su hijo que había salido a cazar. Cuando Árcade iba a matar a su madre, Zeus los transformó en las constelaciones de la Osa Mayor y Arturo.

Otras versiones hacen la transformación en osa obra de Ártemis, irritada al advertir que Calisto estaba embarazada, o nos presentan a la ninfa muerta por la propia diosa cazadora. En ocasiones aparece Temisto como madre del héroe.

Árcade, que era nieto de Licaón, reinó a la muerte del hijo de éste, Níctimo, en compañía de Leanira o, según otros, Crisopelia, de quien tuvo por hijos a Afidante y

Élato. Un tercer hijo, Azán, lo tuvo de la dríade Erato. Entre los tres repartió su reino, la Arcadia. Se le atribuye también una hija, Olimpia.

Arcisio (Ἀρκείσιος). Abuelo de Odiseo, padre de Laertes.

Árdeas (Ἄρδεας). *Véase* CIRCE.

Arene (Ἀρήνη). Hija de Gorgófone y Ébalo o bien de éste y la náyade BATIEA. Suele aparecer casada con Afareo, con el que tuvo a Idas, Linceo y Piso.

Areo (Ἀρήϊος). Hijo de Pero y BIANTE. Participó en la expedición de los ARGONAUTAS.

Ares (Ἄρης). Nació Ares, al igual que Hebe e Ilitía, de la unión de Zeus con Hera. Aunque perteneciente a la segunda generación de dioses olímpicos e incluido, por tanto, en el grupo de los doce grandes dioses del panteón helénico, nunca gozó de un lugar importante en la religiosidad griega. Su culto, muy difundido, parece que tuvo su origen en la belicosa y semisalvaje Tracia, de donde fue importado. Entre los Griegos, en efecto, ya Zeus y Atenea tenían cualidades guerreras. Sin embargo Ares es, por excelencia, el dios de la guerra. Es más, en ocasiones se le identifica con el combate mismo. De carácter brutal, amante de la sangre e intemperante, goza de poca estima entre los Griegos, pueblo que rindió culto al equilibrio y a la inteligencia, de ahí que, ya desde el mismo Homero, pese a su aspecto físico impresionante por su corpulencia, no siempre sale bien parado de las empresas bélicas en las que interviene. En la *Ilíada* lleva la peor parte siempre que se enfrenta a Atenea o a algún protegido de la diosa. Así, en el canto V, es herido por Diomedes, a quien ayuda la diosa, y, en el XXI, es la propia Atenea quien lo abate de una pedrada. En el mismo canto V de la *Ilíada* narra Homero cómo Oto y Efialtes, gigantes hijos de Aloeo, apresaron a Ares y lo tuvieron encerrado en una vasija de bronce por espacio de trece meses, hasta que Hermes consiguió libertarlo. Y así se podría seguir con todos los episodios en los que el dios de la guerra se opone al héroe griego por excelencia, a Heracles. En todos estos episodios queda de manifiesto la superioridad de la fuerza acompañada de la inteligencia sobre la fuerza bruta.

Por el contrario, Ares tuvo múltiples aventuras amorosas presididas por el éxito, de las que surgió una larga descendencia caracterizada, en la mayoría de los casos, por una violencia y agresividad congénitas. La más célebre de sus aventuras es la que mantuvo, a ocultas de HEFESTO, con Afrodita. De esta unión nacieron Eros, Anteros y Harmonía. Con Aglauro engendró a Alcipe. A ésta la violó un hijo de Posidón, Halirrotio, a quien mató Ares. Por tal acción Posidón le hizo comparecer ante un tribunal divino que, reunido en una colina (πάγος) de Atenas –donde posteriormente habría de tener su sede el tribunal que entendía de delitos de sangre, llamado Areópago– absolvió a Ares. De Altea, según algunas versiones, engendró a Meleagro; de Astíoque, a Ascálafo y a Yálmeno; de la ninfa Harmonía, a las Amazonas (aunque a algunas las tuvo de Otrere); de Harpina, a Enómao; de Demonice, a Eveno, Molo, Pilo y Testio; de Protogenia, a Óxilo; de Dotis, a Flegias; de Filónome, a Licasto y Parrasio; quizá, de Estilbe, a Lapites, y de Egina, a Sinope. Por último, de su unión con Pirene nacieron tres personajes famosos: Cicno, Diomedes y Licaón (distinto es el Cicno considerado hijo suyo y de Pelopia, hija de Pelias). Se le atribuía también la paternidad de Hemo, Ixión y Lico.

Normalmente se representa a Ares armado de casco, coraza, lanza y escudo, y acompañado, además de por Éride, de dos genios del temor, Deimo y Fobo, quienes, en ocasiones, pasan por ser hijos suyos y de Afrodita. A partir del siglo V se le suele representar como un joven imberbe, provisto tan sólo de casco y lanza y, rara vez, ataviado con una clámide.

A Ares están consagrados el buitre y el perro, y se le hacen sacrificios de este último tipo de animales y además de gallos y toros. En Roma fue identificado con Marte. *Véanse* también ENIALIO y ENIO.

Arestanas (Ἀρεσθάνας). Pastor que encontró en un monte a ASCLEPIO recién nacido.

Arestor (Ἀρέστωρ). Padre del argonauta Argo.

Arete (Ἀρήτη). En la *Odisea* aparece como hija de Rexenor y esposa del hermano de éste, ALCÍNOO, rey de los Feacios.

Areto (Ἄρητος). Uno de los hijos de Néstor.

Aretusa (Ἀρέθουσα). 1) Ninfa del Peloponeso, seguidora de Ártemis, que fue transformada en fuente por haberse negado, sin éxito, a ceder a los requerimientos amorosos del dios-río ALFEO.

2) Una de las OCEÁNIDES.

Arge (Ἄργη). Doncella hiperbórea que, juntamente con Opis, llevó a Delos ofrendas para Ártemis.

Argeo (Ἀργεῖος). Hijo de LICIMNIO.

Arges (Ἄργης). Uno de los tres CICLOPES nacidos de la unión de Úrano y de Gea. Sus dos hermanos recibían los nombres de Brontes y Estéropes.

Argía (Ἀργεία). 1) Hija de ADRASTO y Anfítea y esposa de Polinices, con quien engendró a Tersandro, a Tímeas y a Adrasto.
2) Hija de Océano y Tetis.
3) Hija de Autesión y hermana, por tanto, de TERAS, que casó con el heraclida Aristodemo.
Argio (Ἄργιος). Uno de los hijos de EGIPTO.
Argíope (Ἀργιόπη). 1) Hija del dios-río Nilo, casada, en algunas versiones, con Agenor. *Véase,* sin embargo, TELEFASA.
2) Ninfa que, seducida por FILAMÓN, engendró al músico Támiras.
3) Hija de Teutrante, el rey Misio. Estaba casada con TÉLEFO.
Argo (Ἄργος). 1) Hijo de Zeus y de Níobe, nieto, por tanto, de Foroneo. Reinó sobre el Peloponeso, dando nombre a la ciudad de Argos. Casado con EVADNE, fue padre de cuatro hijos.
2) Más conocido es el llamado Argo Panoptes, «el que ve todo», de quien los autores discrepan al hablar del número de sus ojos. Dicen que tenía un solo ojo en la frente, o bien tres, o cuatro –dos mirando hacia adelante y dos hacia atrás–, o incluso un sinfín de ojos. Vestía con la piel de un toro que había matado porque asolaba Arcadia. Se contaban de él muchas hazañas, entre ellas la muerte de Equidna, la hija monstruosa de Tártaro. Murió a manos de Hermes, parece que de una pedrada (se cuentan otras distintas maneras), por haber recibido el dios la orden de Zeus de liberar a IO. Hera había encargado a Argo que vigilase a la vaca Io, misión que cumplía con gran celo, ya que nunca dormía con todos sus ojos. Sin embargo, Io fue liberada, pues el dios mató a Argo, pese a lo cual Hera, agradecida, trasladó sus ojos al plumaje del pavo real, animal consagrado a ella.
3) Natural de Tespia, constructor de la nave *Argo* sobre la que los ARGONAUTAS realizaron su expedición, en la que él mismo participó. Era hijo de Arestor.
4) Se confunde con el anterior un hijo de FRIXO y de Calcíope, recogido por los Argonautas cuando había sufrido un naufragio. Casó en Grecia con Perimele, la hija de Admeto, con la que, en algunas versiones, es padre de Magnes, el héroe epónimo de Magnesia.
5) Uno de los hijos de Medea.
Argonautas (Ἀργοναῦται). La leyenda de los Argonautas constituye un mito colectivo en el que la aventura individual tiene menos importancia que la empresa común.
Con la denominación de Argonautas conocemos a los héroes griegos que acompañaron a Jasón a la conquista del vellocino de oro. Su nombre hace referen-

cia a la nave *Argo,* y el de ésta, a su vez, al de su constructor.
Jasón procedía de Tesalia, donde su padre, Esón, tendría que haber seguido reinando de no haber sido destronado por su hermanastro Pelias, hijo de los amores de la reina Tiro con Posidón. Por este motivo, Jasón, en alguna versión de su leyenda, aparece acompañando al destierro a su padre, quien lo confía al centauro Quirón para que lo eduque. Llegado a la edad adulta, se presentó Jasón a reclamar su trono vestido con una piel de pantera y calzado con una sola sandalia, llevando una lanza en cada mano. Cuando lo vio Pelias, tuvo miedo. Recordó, en efecto, que un oráculo le había anunciado que debería desconfiar de quien sólo llevara un pie calzado. No se negó el rey abiertamente a la petición de Jasón, sino que le preguntó simplemente qué castigo impondría a quien conspirase contra su rey. Al responder Jasón que lo enviaría a la conquista del vellocino de oro, ignoraba que estaba diciendo la tarea que su tío Pelias le habría de imponer a él mismo. Algunos mitógrafos consideran que el mismo Jasón había provocado este encargo de Pelias, por querer realizar esta hazaña como una prueba de su valor; otros, incluso, piensan que la prueba le había sido sugerida a Jasón por Hera, quien deseaba la llegada de Medea a Tesalia con el fin de castigar a Pellas, con quien estaba disgustada por no haberle tributado éste los honores que ella merecía. Sea como fuere, Jasón hace una convocatoria para todos los héroes que deseen seguirle a la Cólquide en busca del vellocino de oro.
No hay un completo acuerdo sobre los nombres ni sobre el número de los expedicionarios. El catálogo más completo incluye a Acasto, hijo de Pelias; Áctor, hijo de Hípaso; Admeto, hijo de Feres; Anceo, hijo de Licurgo; Anceo, hijo de Posidón; Anfiarao, hijo de Oícles; Anfidamante, hijo de Áleo; Anfión, hijo de Hiperasio; Areo, hijo de Biante; Argo, hijo de Arestor; Ascálafo, hijo de Ares; Asclepio, hijo de Apolo; Asterio, hijo de Hiperasio; Asterión, hijo de Cometes; Atalanta, hija de Esqueneo; Augías, hijo de Helio; Autólico, hijo de Deímaco; Butes, hijo de Teleonte; Calais, hijo de Bóreas; Canto, hijo de Caneto; Cástor, hijo de Zeus; Cefeo, hijo de Áleo, Ceneo, hijo de Élato; Clitio, hijo de Éurito; Corono, hijo de Ceneo; Dáscilo, hijo de Lico; Deileonte, hijo de Deímaco; Deucalión, hijo de Minos; Equión, hijo de Hermes; Ergino, hijo de Posidón; Eribotes o Euríbates, hijo de Teleonte; Estáfilo, hijo de Dioniso; Etálides, hijo de Her-

mes; Eufemo, hijo de Posidón; Eumedonte, hijo de Dioniso; Euríalo, hijo de Mecisteo; Euridamante, hijo de Ctímeno; Euritión, hijo de Iro; Éurito o Érito, hijo de Hermes; Falero, hijo de Alcón; Fano, hijo de Dioniso; Filamón, hijo de Apolo; Filoctetes, hijo de Peante; Fliante, hijo de Dioniso; Flogio, hijo de Deímaco; Foco, hijo de Ceneo; Glauco; Heracles; Hilas, hijo de Tiodamante; Hipálcimo, hijo de Pélope; Idas, hijo de Afareo; Idmón, hijo de Abante; Ificlo, hijo de Fílaco; Ificlo, hijo de Testio; Ifis; Ífito, hijo de Éurito; Ífito, hijo de Naubolo; Jasón; Laertes, hijo de Arcisio; Laocoonte, hijo de Partaón o Portaón; Leito, hijo de Alector; Laódoco, hijo de Biante; Linceo, hijo de Afareo; Meleagro, hijo de Eneo; Menecio, hijo de Áctor; Mopso; Nauplio, hijo de Clitoneo; Neleo; Néstor, hijo de Neleo; Oileo; Orfeo; Palemonio, hijo de Lerno; Peante, hijo de Táumaco; Peleo, hijo de Éaco; Penéleo, hijo de Hipálcimo; Periclímeno, hijo de Neleo; Pirítoo, hijo de Ixión; Polideuces, hijo de Zeus; Polifemo, hijo de Élato; Príaso, hijo de Ceneo; Tálao, hijo de Biante; Telamón, hijo de Éaco; Teseo; Tideo, hijo de Eneo; Tifis, hijo de Hagnias; Yálmeno, hijo de Ares; Yolao, hijo de Ificlo, y Zetes, hijo de Bóreas. De éstos, Ascálafo, Atalanta, Estáfilo, Euríalo, Fano, Leito, Penéleo y Yálmeno aparecen citados tan sólo en Apolodoro, mientras que a Laertes lo citan solamente Apolodoro y Diodoro de Sicilia. Por su parte, Eumedonte, Foco, Hipálcimo, Neleo, Pirítoo y Yolao constan tan sólo en la relación de Higinio, mientras que Asclepio es incluido únicamente por Higinio y por Clemente de Alejandría. Finalmente Néstor y Tideo son citados exclusivamente por Valerio Flaco. De todos los anteriormente citados solamente coinciden en todos los catálogos conservados los veintiocho siguientes: Admeto, Acasto, Anceo el hijo de Licurgo, Asterión, Butes, Calais, Cástor, Cefeo, Clitio, Ergino, Eufemo, Hilas, Idas, Idmón, Ificlo el hijo de Fílaco, Ífito el hijo de Naubolo, Jasón, Linceo, Meleagro, Menecio, Orfeo, Peleo, Periclímeno, Polideuces, Polifemo, Telamón, Tifis y Zetes.

Una vez reunidos todos los héroes, deciden que sea su jefe Heracles, pero éste delega en Jasón, quien toma a su cargo todos los preparativos del viaje. El barco se construyó en Págasas, Tesalia, con madera del Pelión, excepción hecha de la proa que fue realizada en roble sagrado de Dodona por la propia Palas Atenea, que la dotó además del don de la profecía.

Tras haber realizado un sacrificio en honor de Apolo, los

Argonautas se embarcaron con todos los presagios favorables. La primera escala tuvo lugar en la isla de Lemnos, habitada a la sazón únicamente por mujeres, ya que los hombres habían sido asesinados por ellas a causa del abandono en que las tenían tras la maldición de Afrodita, que hizo que despidieran un olor insoportable. Los Argonautas se unieron a ellas y les dieron hijos. La estancia, al parecer, resultaba de tal modo grata a los héroes que Heracles hubo de recordarles el objeto de su viaje, instándoles a partir, lo que, en efecto, hicieron a pesar de que HIPSÍPILE, reina de la isla, le ofrecía el trono a Jasón a cambio de que se quedasen.

En Samotracia se iniciaron los Argonautas en los misterios, aconsejados por Orfeo, para, posteriormente, adentrarse en el Helesponto, arribando al país de los Doliones, donde el rey Cícico y su pueblo los acogieron hospitalariamente. Al día siguiente se hicieron a la mar para seguir su viaje, pero una tempestad les hizo perder el rumbo durante la noche, regresando antes del alba al mismo lugar. Los Doliones, tomándolos por piratas, se enfrentaron a ellos en una lucha sangrienta en la que el rey Cícico fue muerto por el propio Jasón. Al amanecer descubrieron el error con gran dolor por parte de todos. Jasón celebró, entonces, unos juegos fúnebres en honor de Cícico y erigió un monumento a Cíbele en el monte Dídimo, adonde había subido tratando de orientarse, acompañado de la mayoría de sus compañeros. Entre tanto los restantes Argonautas que habían quedado al cargo de la nave son atacados por unos gigantes de seis brazos, siendo rechazados por las flechas de Heracles, que hacía las veces de jefe en ausencia de Jasón. Sin más incidentes, continuaron su viaje hasta que, al llegar a la desembocadura del río Ríndaco, Heracles rompió su remo, viéndose forzados a desembocar en Quíos, con el fin de sustituirlo por otro hecho de un árbol que resultara más apropiado a sus excepcionales fuerzas. Descendió también, con el encargo de ir a por agua, el joven Hilas, a quien amaba Heracles, y, cuando trataba de realizar su cometido, fue arrebatado por las ninfas del estanque que se habían enamorado de él. Heracles, cuando oyó el grito de Hilas al ser sumergido en las aguas por las ninfas, se lanzó en una inútil búsqueda, acompañado por Polifemo, despreocupándose por completo de volver a la nave. Los Argonautas, por su parte, conocedores de un oráculo que había anunciado que Heracles no llegaría a la Cólquida, no dieron mayor importancia a su ausencia a la hora de partir, en la creencia de que así se cumplía el vaticinio.

En su siguiente escala llegaron los Argonautas al país de los Bébrices, donde su rey, Ámico, les obligó a que uno de ellos entablara con él un combate de boxeo, si querían seguir su camino. Polideuces aceptó el desafío y venció a Ámico, según unos dándole muerte, según otros haciéndole prometer bajo juramento que en lo sucesivo acogería hospitalariamente a los viajeros. Cuando reemprendieron la marcha, estalló una terrible tempestad que arrojó a la nave *Argo* a la costa de Tracia, en el país de Fineo, un adivino ciego, hijo de Posidón, a quien aquejaba la terrible maldición de que, cada vez que iba a comer, se arrojaban sobre su mesa las Harpías, demonios alados que se comían una parte de las viandas ensuciando con sus excrementos el resto. Fineo prometió a los Argonautas que, si lo libraban de las Harpías, les revelaría una parte de lo que el destino les deparaba. Para conseguirlo, Zetes y Calais, que, como hijos de Bóreas, eran alados, se precipitaron en persecución de las Harpías, alcanzándolas y haciéndoles prometer que no molestarían en lo sucesivo a Fineo. En agradecimiento, el adivino les advirtió del peligro de las rocas Cianeas, unos escollos flotantes que chocaban entre sí. Fineo les indicó también que para saber si podían pasar, debían hacerse preceder por una paloma: si ésta conseguía pasar el escollo, ellos también lo harían; si no, más valía abandonar la empresa. Al llegar ante los escollos que guardaban la entrada del Ponto Euxino, los Argonautas lanzaron una paloma, que logró pasar perdiendo únicamente una pluma de la cola. El *Argo* se lanzó a toda velocidad, perdiendo solamente una tabla de la popa. Desde entonces las rocas Cianeas quedaron inmóviles, pues era voluntad del destino que su movilidad cesara cuando por primera vez un barco lograra franquearlas. La última escala la hicieron en el país de los Mariandinos, donde su rey Lico les recibió amablemente. Aquí, sin embargo, sufrieron la pérdida del adivino Idmón y la del piloto Tifis. A continuación, costeando el Cáucaso, llegaron a la Cólquide, término de su viaje. Al desembarcar, Jasón se presentó a Eetes, pidiéndole el vellocino de oro, que el rey de la Cólquida había consagrado a Ares clavándolo en una encina en el bosque del dios y protegiéndolo por medio de un dragón. En alguna versión, es Argo, nieto de Eetes, quien informa a éste de las pretensiones de Jasón. Eetes no rehusó hacerlo, pero impuso dos condiciones: que Jasón pusiese el yugo a dos toros de pezuñas de bronce que desprendían fuego por los ollares, y que, con la ayuda de éstos, arase un campo y sembrase algunos dientes del dragón de Cadmo. Difícilmente Jasón habría podido realizar estos cometidos sin la ayuda de Medea, hija de Eetes. Ésta había sido tocada por la flecha de Eros, a instancias de Afrodita. Así pues, Medea, locamente enamorada, tras hacer prometer a Jasón que la tomaría por esposa si le ayudaba a conquistar el vellocino de oro, le entregó un bálsamo mágico que lo haría invulnerable al hierro y al fuego, y le reveló que los dientes del dragón se convertirían, después de sembrados, en hombres armados que tratarían de matarle; para derrotarles, le bastaría con arrojar en el centro del grupo una piedra; esto les llevaría a luchar entre sí, pudiendo Jasón matarlos fácilmente. Todo sucedió como Medea había anunciado, pero Eetes no cumplió su promesa, sino que proyectaba prender fuego a la nave y asesinar a la tripulación. Sin embargo llegó demasiado tarde, pues ya Jasón, guiado por Medea, que con sus hechizos había dormido al dragón que estaba como guardián, se había apoderado del vellocino y dado a la fuga en el *Argo*. Siguiendo el consejo de Fineo de guiarse por las indicaciones de los astros y de la proa de la nave *Argo*, se adentran en el Istro (Danubio). Eetes, por su parte, envía dos contingentes en su persecución; uno se adentra en el Bósforo; el otro, en el Istro. Al frente de éste va Apsirto, hermano de Medea, quien llega antes a la desembocadura en el Adriático por haber entrado por una bifurcación del río que resultó más corta. Cuando los Argonautas llegan a la desembocadura, toda ella, a excepción de dos pequeñas islas consagradas a Ártemis, está ocupada por sus perseguidores. En una de estas islas desembarcan los Argonautas, dando comienzo a unas negociaciones conducentes a un arreglo. Cuando están a punto de llegar a un acuerdo, según el cual los Argonautas podrán quedarse con el vellocino si dejan en el templo de Ártemis a Medea, ésta atrae traidoramente a su hermano a una trampa, siendo muerto alevosamente por Jasón. Acto seguido huyen los Argonautas, mientras que los Colcos, asustados por Hera, renuncian a la persecución, estableciéndose en la costa ilírica e islas adyacentes, sin atreverse a regresar a su patria por temor a las represalias de Eetes. En otras versiones es el propio Eetes quien se lanza a la persecución, y Medea, para retrasarlo, mata a su hermano Apsirto y dispersa sus miembros, con lo que obliga a sus perseguidores a detenerse para recogerlos. En este caso Apsirto sería todavía un niño. Una vez en el Adriático, Zeus les envió una terrible tempestad como castigo por el asesinato de Apsirto. La proa mágica del *Argo* les reveló que su salvación estaba en ser purificados por Circe. Los Argonautas, entonces, desviaron su ruta adentrándose en el Erídano, pasando al Ródano para, tras diversas vicisitudes, arribar a las costas tirrenas, llegando a la isla de Eea, reino de Circe, hija del Sol y tía de Medea, quien, aunque los purificó, se negó a recibir a Jasón. El navío zarpó de nuevo. Hera les ordenó entonces que cruzasen el mar de las Sirenas, las cuales hacían naufragar a los navíos atrayéndolos con sus cantos. La música de Orfeo, sin embargo, era tan hermosa que sólo Butes sintió la tentación de seguirlas, aunque fue salvado por Afrodita. También sin daño lograron atravesar el estrecho de Escila y Caribdis, llegando a Corcira, donde encontraron al contingente de Colcos que había ido por el Bósforo en su persecución. El rey de los Feacios, Alcínoo, prometió acceder a la devolución de Medea a los Colcos si ésta era todavía virgen. Informada Medea de tal resolución por medio de Arete, la esposa del rey, se unió en amor aquella noche a Jasón. Cuando, tras un descanso de siete días, emprenden de nuevo la navegación, una tempestad los hace encallar en las Sirtes, por lo que tuvieron que transportar la nave a hombros, durante doce días, hasta el lago Tritonis, donde Tritón les muestra la manera de volver al mar y le entrega a Eufemo un puñado de tierra. Al llegar a Creta, se encontraron con un monstruo autómata, Talos, construido por Hefesto y encargado por Minos de custodiar la isla e impedir que los barcos se acercaran a ella. Para ello arrancaba enormes piedras que arrojaba contra los navíos. Este monstruo era invulnerable, salvo en el tobillo, donde, protegida por una piel muy gruesa, tenía una vena de la que dependía su vida. Medea, haciendo uso de sus poderes mágicos, le provocó alucinaciones que, volviéndole loco, le hicieron darse golpes con las rocas hasta que la vena se desgarró, provocándole la muerte. Tras un día de descanso reemprendieron la navegación, viéndose envueltos en una oscuridad absoluta en medio de una tormenta. Entonces Febo, accediendo a las súplicas de Jasón, les envió una claridad que les permitió ver una isla en las cercanías, a la que llamaron Anafe y en la que edificaron un templo en honor de este dios. Allí arrojaron al mar la tierra que les había entregado Tritón, originándose la isla Caliste. Finalmente, tras una escala en Egina, llegaron a Yolco. Posteriormente Jasón condujo la nave a Corinto y la consagró a Posidón.

Aría ('Αρεία). En algunas versiones, madre, con Apolo, de MILETO.

Ariadna ('Αριάδνα). Hija de Minos y de Pasífae. Cuando Teseo fue a Creta para dar muerte al Minotauro, Ariadna se enamoró de él y le dio el famoso hilo, gracias al cual pudo el héroe encontrar la salida del laberinto. Teseo se llevó consigo a la muchacha, pero, según la tradición más común, la abandonó, dormida, en la isla de Naxos, aprovechando una escala del barco; allí la encontró el dios Dioniso y la hizo su esposa, regalándole como presente nupcial una magnífica corona de oro fabricada por Hefesto, que fue convertida más tarde en constelación (la *Corona Boreal).* Ariadna tuvo varios hijos de Dioniso; Estáfilo *(Racimo),* Enopión *(Bebedor de vino),* Pepareto y Toante, el padre de Hipsípile, son los más conocidos, pero la lista incluye a veces algunos otros nombres.

Otras variantes del mito suponen que Ariadna se suicidó en Naxos al despertar y ver en el horizonte las velas del barco de Teseo, o bien que la diosa Ártemis le dio muerte en aquel lugar a instancias de Dioniso. También hay discrepancia en la tradición sobre el motivo del abandono de Ariadna por Teseo. Unas veces se dice que Teseo amaba a Egle, hija del focense Panopeo; otras, que Teseo había obedecido órdenes de Atenea o de Hermes; otras, que Dioniso, enamorado de la muchacha, había obligado a Teseo a que se la cediera, o bien la había raptado. Otro relato, en fin, cuenta cómo Teseo llegó con la muchacha hasta la isla de Chipre, haciéndola desembarcar allí para que descansara del viaje. Luego, mientras trataba de amarrar las naves, la tempestad lo arrastró mar adentro, obligándole a seguir adelante; entre tanto Ariadna habría muerto al dar a luz un hijo concebido del héroe. De acuerdo con esta versión, Teseo volvió a Chipre e instituyó en la isla un ritual en honor de Ariadna.

La existencia en Chipre de un culto en honor de Afrodita-Ariadna, así como otros detalles del mito, han hecho sospechar modernamente que Ariadna fuera en su origen una diosa cretense de la fecundidad de la misma naturaleza que Afrodita, pudiendo así ser identificada con ella en varios lugares.

Arión ('Αρείων). 1) Rey de Mileto que acogió a Teanira y adoptó a TRAMBELO.

2) Una leyenda muy antigua relacionaba dos divinidades de la fertilidad, una masculina, encarnada en el caballo, y una femenina, en los cereales. En suelo griego se identificaron estas fuerzas en Posidón y Deméter, respectivamente. En efecto, cuando Deméter se dedicaba a buscar a su hija, raptada por Hades, era asediada por Posidón, que se había enamorado de ella. La diosa, tratando de eludirlo, tomó la forma de yegua, pero el dios, transformándose en caballo, se unió a ella. Fruto de estos amores fueron una hija conocida como Δέσποινα, «Señora», y cuyo verdadero nombre sólo podrían conocer los iniciados en los misterios, y un caballo que recibió el nombre de Arión *(el más rápido)*. Este velocísimo caballo se halla íntimamente ligado con la leyenda de ADRASTO y la primera expedición contra Tebas. En aquella ocasión salvó el héroe su vida gracias a la rapidez de su caballo.

También está relacionado Arión con Onco y con Heracles.

Una versión, en fin, que nace de un escoliasta de Homero, nos presenta a Arión como hijo de Posidón y una Harpía.

Arisbe (᾿Αρίσβη). 1) Es hija del adivino Mérope. De Príamo, con quien estuvo casada, concibió a Ėstaco. Finalmente, fue sustituida en el tálamo por Hécuba, y caso con Hírtaco.

2) Nombre que, en algunas versiones, se da a la hija de Teucro casada con Dárdano.

Aristeo (᾿Αρισταῖος). Aristeo es hijo de la ninfa Cirene y de Apolo. Fue confiado por su padre a las Musas, quienes le enseñaron el arte adivinatorio y el de la medicina. Por su parte, las Ninfas le enseñaron la apicultura, el cultivo del olivo y los distintos tipos de caza, que luego él transmitió a los hombres. Su celebridad, sin embargo, procede de su amor por Eurídice, amada por Orfeo. Ésta, al huir de él, fue mordida por una serpiente venenosa que le causó la muerte. Los dioses se vengaron aniquilando todas las abejas de Aristeo, quien acudió en demanda de ayuda a su madre. Cirene le aconsejó consultar a Proteo, el cual, una vez encadenado, le explicó que la epidemia era debida a la muerte de Eurídice, y que era preciso que sacrificase cuatro novillos a las Ninfas, quienes, apaciguadas, harían surgir un nuevo enjambre de cada novillo sacrificado.

También encontramos a Aristeo relacionado con las islas Cícladas, asoladas a la sazón por una terrible peste. Por consejo de su padre, socorrió a sus habitantes, haciendo sacrificios diariamente a Zeus en un altar que había erigido en su honor. El padre de los dioses se compadeció y envió los vientos etesias que, refrescando el ambiente, alejaron el mal. Aristeo casó con Autónoe, hija de Cadmo, con quien tuvo a Acteón y a Macris.

Aristodemo (Ἀριστόδημος). Uno de los Heraclidas. Hijo de Aristómaco, emprendió con sus hermanos Témeno y CRESFONTES la conquista del Peloponeso; sin embargo, cuando se hallaba todavía en Naupacto, fue fulminado por un rayo o por una flecha de Apolo, al parecer como castigo por haberse olvidado de consultar el oráculo de Delfos. Otra versión pretendía que habían sido Medonte y Estrofio –los hijos de Pílades y Electra– quienes le habían dado muerte. Por último, según la tradición espartana, Aristodemo conquistó el Peloponeso y obtuvo en el subsiguiente reparto la región de Laconia, donde reinaron después sus hijos Eurístenes y Procles, habidos de Argía.

Aristómaco (Ἀριστόμαχος). 1) Pretendiente de Hipodamía muerto por ENÓMAO.

2) Hijo de Tálao y de Lisímaca y padre de Hipomedonte, uno de los siete argivos que atacaron Tebas.

3) Heraclida hijo de Cleodeo y nieto de Hilo. Su hermana era Leonasa. Fracasó en su intento de conquistar el Peloponeso, lo cual consiguieron, en cambio, sus hijos Cresfontes, Aristodemo y Témeno.

Arne (Ἄρνη). *Véase* ÉOLO.

Arneo (Ἀρναῖος). *Véase* IRO.

Árneo (Ἄρνεος). Padre de Megamede, la esposa de Testio.

Arque (Ἀρχή). *Véase* MUSAS.

Arquelao (Ἀρχέλαος). 1) Uno de los hijos de EGIPTO.

2) Uno de los hijos del heraclida TÉMENO.

Arquéloco (Ἀρχέλοχος). 1) Hijo de Antenor y de TÉANO muerto por Áyax Telamonio.

2) Aliado de los Troyanos procedente de Cilicia que fue muerto por Menelao.

Arquémoro (Ἀρχέμορος), *Véase* OFELTES.

Arquias (Ἀρχίας). *Véase* MELISO.

Arquíteles (Ἀρχιτέλης). Padre de Éunomo, el copero del rey Eneo.

Arsínoe (Ἀρσινόη). 1) En algunas versiones aparece Arsínoe, en vez de Alfesibea, como esposa de ALCMEÓN e hija de Fegeo.

2) Hija de Leucipo y Filódice que, según una leyenda mesenia, fue madre de Asclepio con Apolo.

Arsipe (Ἀρσίππη). Una de las llamadas MINÍADES.

Ártemis (Ἄρτεμις). Una de las diosas del panteón helénico, hija de Zeus y de Leto y hermana de Apolo, nacida en la isla de Delos (para los detalles de su nacimiento, *véase* LETO).

Está a menudo asociada en sus leyendas y en sus cultos a su hermano Apolo, con quien participa en numerosos mitos, casi siempre haciendo uso de sus flechas (ella es la *Arquera,* como su hermano es el *Arquero*) y provocando muchas veces una muerte repentina. Le ayuda en su lucha contra la serpiente Pitón; mata a las hijas de Níobe –que se había jactado de ser más prolífica que Leto– mientras su hermano se venga de los hijos varones; está a su lado en la lucha contra los Gigantes, matando a Gratión; asaetea al gigante Ticio; en el asedio de Troya, favorece, como Apolo, a los Troyanos.

Diosa virgen, interviene en numerosos mitos relacionados con su virginidad. El más conocido es el de Orión, su compañero de caza, muerto por un escorpión por instigación de la diosa cuando el gigante intentó violarla; bajo sus flechas murió Oto, uno de los Alóadas, que también había intentado forzarla.

Mitos muy conocidos también son los que cuentan la muerte de Calisto, una de sus compañeras, castigada por haberse dejado seducir por Zeus (*véase* ÁRCADE); los castigos a LAODAMÍA, QUÍONE y RÓDOPE; el de ACTEÓN, devorado por sus propios perros por haber visto involuntariamente desnuda a la diosa mientras se bañaba (*véase* también SIPRETES).

En fin, Ártemis fue la que envió la calma de los vientos que obligó a Agamenón a sacrificar a su hija, porque el rey, al derribar una cierva, se había jactado de ser mejor cazador que la diosa; sin embargo, en algunas versiones, Ártemis impidió que mataran a la muchacha, transportándola a la Táuride, donde la hizo sacerdotisa suya (*véase* IFIGENIA); también fue ella quien envió el jabalí de Calidón para castigar a Eneo por no haber ofrendado un sacrificio en su honor y la que castigó a ADMETO y BRÓTEAS por la misma omisión.

Es diosa protectora de la fuerza vegetativa, y a ella se ofrecen las primicias de la recolección. Tiene poder sobre las aguas, sobre todo las termales, las de los estanques, las de los ríos que fertilizan los campos. No tiene casi relación con las ciudades, pues su ocupación favorita es la caza –muy pequeña todavía solicitó de su padre un arco y flechas que le forjaron los Ciclopes–. Recorría los montes y bosques acompañada, como Dioniso, por un coro de Ninfas y una jauría de perros, interrumpiendo sólo la caza para dedicarse a otra de sus actividades preferidas, la danza, que ejecutaba junto con las Gracias y las Ninfas. A pesar de ser esencialmente cazadora, es protectora de los animales, sobre todo de los ciervos (*véanse* TÁIGETE, TEUTRANTE y el trabajo de HERACLES de la cierva de Cerinia), siendo llamada por Homero «la Señora de las Fieras», lo cual, con otros variados datos, ha hecho pensar que Ártemis era originariamente la Madre de los Dioses similar a la Cíbele frigia.

Su calidad de virgen *(véanse* los mitos antes citados, a los que hay que añadir la recompensa que otorgó a HIPÓLITO y BRITOMARTIS por mantener su pureza) no le impide ser protectora de la fecundidad humana. Diosa de los partos, a ella le ofrecían las mujeres, antes de casarse, guirnaldas y bucles de su cabello. También protege el crecimiento de los niños.

Esta diosa de nombre, al parecer, no griego, fue asimilada en ciertas ocasiones a Hécate, pero sobre todo a Selene, la Luna, así como su hermano Apolo lo fue a Helio, el Sol. A su vez en Roma se la identifica con la DIANA itálica *(véase* también OPIS).

Aunque su culto se extendía por toda Grecia –su templo más famoso era el de Éfeso, en Asia Menor– fue sobre todo honrada en las zonas más montañosas de la Hélade, especialmente en la Arcadia.

Asaón (᾿Ασσάων). En una versión tardía, padre de NÍOBE.

Asáraco (᾿Ασσάρακος). Al igual que Cleopatra e Ilo, Asáraco es hijo de Tros y de Calírroe, la hija del dios-río Escamandro. Casado con Hieromneme engendró a Capis, por lo que es abuelo de Anquises.

Ascálabo (᾿Ασκάλαβος). Niño convertido por Deméter en lagarto moteado. Cuando la diosa atravesaba el Ática buscando a Perséfone, una mujer le ofreció un vaso de agua. Lo bebió con tal avidez, a causa de su sed, que provocó la risa de Ascálabo, lo que irritó a la diosa, que le lanzó el resto del agua, quedando el niño convertido en lagarto.

Ascálafo (᾿Ασκάλαφος). 1) Ascálafo, hijo de Aqueronte y Gorgira u Orfne, al ver en el jardín de Hades cómo Perséfone rompía su ayuno, la delató, impidiendo con ello que pudiera volver a la superficie terrestre. Al enterarse Deméter, madre de Perséfone, lo transformó en lechuza o, según otra versión, primero lo sepultó bajo una roca, pero, al ser liberado por Heracles, lo metamorfoseó en lechuza.

2) Hermano gemelo de YÁLMENO, hijo de Ares y Astíoque. Participó en la expedición de los ARGONAUTAS.

Ascanio. 1) Hijo de Eneas y de Creúsa, una de las hijas de Príamo. Según la tradición más común, conocida ya de Estesícoro y Sófocles y desarrollada posteriormente por Virgilio, Ascanio habría salido de Troya con su padre la noche de la caída de la ciudad y le habría acompañado en su viaje, ayudándole después a luchar contra Turno. Una vez establecido Eneas en el Lacio, Ascanio le sucedió a su muerte como rey de Lavinio y treinta años después fundó Alba Longa, haciendo de esta ciudad la capital del reino. Sin embargo, existen dos pequeñas variantes de esta leyenda: una de ellas cuenta que Ascanio fue enviado por su padre a la Propóntide y que se dirigió seguidamente a la Tróade, reconstruyendo la ciudad de Troya; en la segunda, padre e hijo regresan a Troya, donde reina Ascanio a la muerte de ENEAS. El nombre de Ascanio es de significado desconocido, pero *Ascanio* y *Ascania* se encuentran frecuentemente como topónimos en Asia Menor y el Egeo: el propio Servio afirma que Eneas lo había tomado de un río de la Frigia llamado también Ascanio. Algunos lo han puesto en relación con *Ascenez* o *As-khniz (hijo de As),* ya que As era el dios más importante de los Frigios. Ascanio recibe también otros nombres, entre los cuales el más común es el de *Iulus:* Virgilio nos dice que le fue dado por su padre Eneas, pero, a juzgar por el testimonio de Livio, la forma primitiva del mismo fue *Ilus* (nombre de uno de los reyes fundadores de Troya, *véase* ILO); la transformación se debe, sin duda, al intento, por parte de Virgilio, de presentar al hijo de Eneas y Creúsa como antecesor de la *gens iulia,* a la que pertenecía Augusto. Menos frecuentes son los nombres de *Dardanus* y *Leontadamas,* atestiguados por Servio.

2) Hijo de Eneas y de Lavinia, hija del rey Latino, que fue dada a Eneas en matrimonio poco después de haber llegado el héroe al Lacio. Livio no se atreve a confirmar cuál de los dos Ascanios, el hijo de Creúsa o el de Lavinia, fue el fundador de Alba Longa. Por otra parte, algunos autores identifican a este personaje con el anterior.

3) Hijo de Príamo, según los testimonios de Higinio y Apolodoro.

4) Caudillo frigio que, según la *Ilíada,* manda junto con Forcis los contingentes frigios que participan en la guerra de Troya.

Asclepio (᾽Ασκληπιός). Dios griego de la medicina, hijo de Apolo. En la *Ilíada* Asclepio es un rey de la ciudad mesenia de Trica, padre, con Epíone, de los héroes Macaón y Podalirio, médicos del campamento aqueo, y de una hija, Aceso. En las *Eeas* de Hesíodo se dice que Asclepio provocó la cólera de Zeus y fue muerto por su rayo; por otra parte, Píndaro lo describe como un héroe que se ufanó en demasía de sus habilidades médicas y quiso rivalizar con los dioses resucitando a los muertos, con lo que mereció el castigo de Zeus por haber trasgredido así sus propios límites. Se decía también que Asclepio había tomado parte en la expedición de los ARGONAUTAS y en la cacería del jabalí de Calidón. Todos estos testimonios invitan a concluir que Asclepio fue un héroe convertido más tarde en dios de la medicina, que acabó por desplazar a Apolo en la que había sido una de sus facetas más características. La tradición mesenia hacía a Asclepio hijo de Arsínoe, hija ésta del rey Leucipo, pero, según otra, mucho más generalizada, había nacido de Corónide, hija del rey tesalio Flegias. Se decía que la muchacha, amada por Apolo y habiendo concebido de él a Asclepio, le fue infiel al unirse a Isquis, un hijo del rey arcadio –o tesalio– Élato, y que el dios la mató, salvando al niño Asclepio aún no nacido cuando el cadáver de Corónide iba a consumirse en la pira funeraria. En la ciudad de Epidauro, donde se encontraba el santuario más famoso de Asclepio, se contaba, sin embargo, una versión de esta leyenda un poco distinta, en la que faltaba el episodio de la infidelidad de Corónide: el niño habría nacido en el monte Mirtio, cerca de Epidauro, cuando Flegias y su hija se dirigían a aquella ciudad, y la muchacha habría abandonado allí mismo al pequeño, que fue amamantado por una cabra y custodiado por un perro pastor; Arestanas, dueño de éste, descubrió a la criatura, pero no se atrevió a tocarla, al ver que un halo de luz rodeaba su cabecita. En cualquier caso, Apolo confió la crianza y educación de Asclepio al centauro Quirón, que fue quien le enseñó el arte de la medicina. Asclepio no se conformó entonces con curar a los vivos, sino que quiso también resucitar a los muertos, utilizando para ello la sangre de las venas de la parte derecha de la Gorgona, que habría recibido de manos de Atenea. Los héroes Tindáreo, Himeneo, Hipólito, Capaneo y quizá también Glauco, el hijo de Minos, volvieron a la vida, al parecer, por este procedimiento, pero Zeus no permitió que el hábil médico siguiera violando de ese modo las leyes de la naturaleza y lo fulminó con su rayo, convirtiéndolo en la constelación llamada *Serpentario* u *Ofiuco* (en griego Ὀφιοῦχος, «el que lleva serpientes»; los antiguos atlas celestes presentaban las estrellas de esta constelación componiendo en efecto la figura de un viejo –Asclepio– con una serpiente en las manos).

Una inscripción del siglo IV a. J.C. nos habla de un santuario de Asclepio en Trica, descrito como una gruta a donde bajaban los consultantes, aunque sabemos por la misma fuente que Apolo compartía con su hijo la titularidad de aquel lugar. El centro más importante del culto de Asclepio fue, sin duda alguna, el templo de Epidauro, ampliado y decorado en el siglo IV por los artistas más célebres de la época y para el que realizó Trasimedes una imagen crisoelefantina del dios, que lo representaba sedente, a la manera del Zeus de Olimpia, y con una serpiente en la mano. Esta ciudad celebraba una fiesta famosa en honor de Asclepio –los *Epidauria*– que incluía competiciones deportivas, concursos de rapsodas y representaciones dramáticas; el magnífico teatro construido para este fin podía dar cabida a quince mil espectadores. Desde Epidauro, el culto de Asclepio se extendió a casi todas las regiones de la Hélade. Su existencia en Delfos está atestiguada desde el siglo V a. J.C. y sabemos que fue introducido en Atenas en el año 420 a. J.C., es decir, poco después de la gran peste del tiempo de Pericles. Una imagen del dios, procedente de Epidauro, hizo una entrada triunfal en la ciudad montada en un magnífico carro y acompañada de la de su hija y colaboradora Higía (Salud), así como de la serpiente sagrada; se decía que el poeta Sófocles la había recibido en su casa hasta que fue construido para ella un templo en la Acrópolis. Los Atenienses crearon en su honor una fiesta llamada también *Epidauria,* que fue incluida en la gran celebración de los Misterios de Eleusis, entre los llamados *Pequeños Misterios* de Agra y la *Procesión* hacia Eleusis. Al otro lado del mar Egeo surgieron asimismo dos famosos santuarios, el de la isla de Cos y el de Pérgamo, que tuvieron un primer apogeo en el siglo IV a. J.C. Por todas partes, las corporaciones de médicos tenían al dios como patrón, tomando de él el nombre de *Asclepíadas.*

Sabemos que las técnicas terapéuticas de los santuarios de Asclepio adquirieron en Cos y Pérgamo un carácter cuasicientífico, convirtiéndose estos centros en auténticos sanatorios donde los enfermos eran sometidos a curas prolongadas; tenemos asimismo abundancia de datos sobre lo que fueron en un principio las curaciones milagrosas de Epidauro. Un documento interesante en este sentido es la comedia de Aristófanes titulada *Pluto.* Los pacientes eran acostados en el vestíbulo del templo y el sacerdote les ordenaba que se durmieran. A media noche aparecía el dios con dos de sus hijas, que le ayudaban en su trabajo y cuyos nombres, Yaso y Panacea, eran alusivos al mismo ('Ιασώ es de la misma raíz que ἰάομαι, *curar*, y ἰατήρ o ἰατρός, *médico*; πανάκεια de πᾶν y ἄκος, significa *remedio contra todos los males*). Asclepio tocaba la zona enferma del paciente y la cubría con un paño rojo; en seguida llamaba a sus serpientes sagradas y éstas se introducían debajo del lienzo para recorrerla con sus lenguas. A la mañana siguiente el enfermo se despertaba curado. El esclavo del *Pluto*, que no ha querido dormirse y ha pasado la noche espiando a su señor, se confiesa testigo de todo el proceso antes descrito. Ahora bien, lo que Aristófanes ha hecho ver a su personaje es lo que los enfermos creían que les había ocurrido, es decir, que la curación se producía siempre después de un ensueño durante el cual el paciente era testigo de la misma y recibía a veces ciertas recomendaciones del dios; las numerosas tablillas explicativas de casos concretos que han sido halladas en el santuario ilustran este punto de manera inequívoca. La fama alcanzada por Epidauro y el gran número de ex-votos aparecidos allí –sin hablar del desarrollo científico que tuvieron sus técnicas en la escuela hipocrática– son garantía suficiente de que aquellas curaciones no eran puramente ilusorias.

Se representaba a Asclepio con una corona de laurel en la cabeza y llevando en la mano un bastón rodeado por una serpiente.

Los Latinos importaron el culto de Asclepio, que entre ellos se llamó ESCULAPIO. *Véase* también VEYOBIS.

Asia (᾿Ασία). Hija de Océano y de Tetis. De su unión con el titán Jápeto nacieron Atlante, Prometeo, Epimeteo y Menecio, si bien en otras versiones es Clímene y no Asia la esposa de Jápeto.

Ásine (᾿Ασίνη). Hija de Lacedemón y de Esparta, epónima de una ciudad lacedemonia. Cometió incesto con su hermano HÍMERO.

Asio (῎Ασιος). 1) Brujo epónimo del continente asiático que, según una leyenda, había entregado el Paladio a Tros, antepasado de los troyanos.

2) Hijo de Hírtaco.

Asopo (᾿Ασωπός). El dios-río Asopo es hijo de Zeus y Eurínome, en algunas versiones, y de Océano y Tetis o Posidón y Pero, en otras. Casado con Metope, la hija del río Ladón, tuvo dos hijos y doce o veinte hijas, de las cuales las más conocidas son Pirene, Rode, Sinope, Salamina, Corcira, Tanagra, Tespia, Calcis, Harpina, Evadne, Teba y su hermana melliza Egina. Esta última fue la que ocasionó su ruina, pues fue raptada por Zeus, y Asopo, resentido porque otras de sus hijas habían sido también raptadas por Apolo y Posidón, salió a buscarla. En Corinto se encontró con Sísifo, que le prometió descubrir la identidad del raptor si a cambio hacía surgir una fuente en la acrópolis de Corinto. Así lo hizo Asopo, creando la fuente de Pirene, y Sísifo le informó de que el raptor era Zeus. Lo encontró Asapo abrazado a Egina en un bosque y, en principio, Zeus, desarmado, se escapó transformándose en una roca, pero luego, desde el Olimpo, hirió con sus rayos al padre ultrajado. Por eso aún ahora el río se mueve lentamente y se encuentran trozos de carbón quemado en su lecho.

Aspondo (᾿Ασπονδος). Uno de los hijos de Fineo.

Ástaco (῎Αστακος). Tebano, padre de Anfídico y Melanipo, defensores de Tebas en el ataque de los Siete. Ástaco era uno de los que nacieron de los dientes de dragón sembrados por CADMO.

Asteria (᾿Αστερία). 1) Asteria, como Leto, es hija de Ceo y de Febe. Al igual que su hermana, fue también amada por Zeus. Ella, sin embargo, consiguió rehuirlo transformándose en codorniz y zambulléndose en el mar. Al tomar contacto con el agua, se convirtió en una isla, Asteria, que recibiría después el nombre de Delos, donde su hermana iría a dar a luz a Apolo y a Ártemis, fruto de sus amores con Zeus. Algunos pretenden que originariamente se llamó Ortigia, lo que en griego significa «isla de las codornices».

La diosa Hécate nació de la unión de Asteria con Perses, uno de los que sobresalió por encima de todos en sabiduría, al decir de Hesíodo.

2) Hija de Corono que, con Apolo, tuvo al argonauta Idmón.

3) Hija de Deyón y Diomede que, casada con Foco, tuvo a Criso y Panopeo.

4) Una de las DANAIDES.

Asterio (᾿Αστέριος). 1) Hijo del gigante Anacte, que luchó contra MILETO.

2) *Véase* ASTERIÓN.

3) Hijo de Hiperasio, que participó en la expedición de los ARGONAUTAS con su hermano Anfión.

Asterión (᾿Αστερίων). 1) Asterión o Asterio es un hijo de Téctamo que reinó en Creta. *Véase* EUROPA.

2) Dios-río, hijo de Océano y Tetis. *Véase* ÍNACO.

3) Hijo de Cometes que participó en la expedición de los ARGONAUTAS.

Astérope (᾿Αστερόπη). 1) Es una de las Pléyades, hijas de Atlante y de Pléyone, a quien se conoce también con el nombre de ESTÉROPE.

2) Hija del dios-río Cebrén que fue amada por Ésaco, un hijo de Príamo.

3) Esposa de Hipálcimo, con quien engendró a Penéleo, el jefe del contingente de tropas tebanas que acudió a la guerra de Troya.

Astianacte (᾿Αστυάναξ). Hijo de Héctor y de Andrómaca. Según refiere Homero, su padre lo llamaba Escamandrio –nombre derivado de Escamandro, río de Troya–, pero los Troyanos le dieron el nombre de Astianacte («Señor de la ciudad») en honor a Héctor, que era quien llevaba la defensa de sus murallas. Cuando se produjo el saqueo de Troya, era aún muy pequeño, pero fue arrojado por Neoptólemo desde lo alto de la ciudadela porque los Griegos no quisieron que quedara vivo ningún descendiente de Príamo.

Asticratea (᾿Αστυκράτεια). Una de las NIÓBIDES.

Astidamía (᾿Αστυδάμεια). 1) Hija de Pélope e Hipodamía. Casó con Alceo, rey de Tirinto, y de él tuvo dos hijos, Anfitrión y Anaxo.

2) Hija de AMINTOR, rey de Orminio, es Astidamía una de las heroínas relacionadas con Heracles, de quien engendró a Ctesipo y, según otras versiones, también a Tlepólemo.

3) Esposa de Acasto, que trató, sin éxito, de seducir a PELEO, de quien se había enamorado. Despechada, acusó a éste de haber intentado violarla. Peleo se vengó descuartizando el cuerpo de Astidamía y haciendo pasar al ejército entre los esparcidos miembros. Según algunos, hay aquí una reminiscencia de un rito purificatorio macedónico.

4) Hija de Forbante y esposa de Caucón, de quien tuvo un hijo, Lépreo.

Astimedusa (᾿Αστυμέδουσα). Hay una variante en la leyenda de Edipo que hace de Astimedusa su segunda esposa tras la muerte de Yocasta. Sería ella quien promovió la maldición de Edipo contra sus hijos al pretender que éstos la despreciaban. *Véase*, sin embargo, EDIPO.

Astínome (᾿Αστυνόμη). *Véase* CRISES.

Astínoo (᾿Αστύνοος). Troyano muerto por Neoptólemo.

Astíoque (᾿Αστυόχη). 1) Hija de Áctor, un descendiente de Frixo y rey de la ciudad beocia de Orcómeno. Se unió al dios Ares en lo alto de una montaña y concibió de él a los gemelos Yálmeno y Ascálafo.

2) Hija del dios-río Simunte y esposa de Erictonio; madre del héroe Tros.

3) Hija de LAOMEDONTE y de Estrimo; hermana de Príamo. Casó con Télefo y fue madre de Eurípilo. Muerto Télefo, que había prometido a los Griegos que no combatiría contra ellos, Astíoque se dejó sobornar por los Troyanos con la vid de oro que

Zeus había regalado a Ganimedes y envió a la batalla con un contingente de Misios a su hijo Eurípilo, que fue muerto por Neoptólemo.
4) Esposa de Ificlo; madre de Protesilao y de Podarces.
5) Hija del rey de Éfira Filante. Tomada la ciudad por Heracles, el héroe se llevó a Astíoque como esclava y le hizo concebir un hijo, Tlepólemo. Según algunas genealogías, el héroe Tésalo habría nacido asimismo de esta unión.
6) Una de las NIÓBIDES.

Astipalea (Ἀστυπάλαια). Madre, con Posidón, de Eurípilo, el rey de Cos, y de Anceo.

Astrea (Ἀστραία). Este es el nombre que muchos autores dan a la constelación de *Virgo.* Hija de Zeus y de Temis, fue identificada en múltiples ocasiones con la *Justicia.* Según nos cuenta Arato, vivió entre los hombres en la Edad de Oro, se refugió en los montes en la de Plata, y tuvo que huir al firmamento en la de Bronce.

Astreo (Ἀστραῖος). Hijo del titán Crío y de Euribía. De su unión con Eos nacieron los vientos Bóreas, Céfiro, Noto, Euro y, también, Eósforo, la Estrella de la Mañana.

Atalanta (Ἀταλάντη). Hay dos versiones sobre el origen de Atalanta: una nos la presenta como hija de Yaso y Clímene, la otra, como de Esqueneo, pero ambas coinciden en que el padre abandonó a la recién nacida en el monte Partenio, irritado porque no hubiera nacido varón. Atalanta, amamantada primero por una osa y recogida después por unos cazadores, fue creciendo en el ejercicio de la caza y de la carrera.
Participó en la cacería de Calidón, dándole la primera lanzada mortal al jabalí. Tomó parte en la expedición de los ARGONAUTAS y concurrió a los juegos fúnebres en honor de Pelias, donde derrotó a Peleo en la carrera o en la lucha.
Atalanta no quería casarse porque un oráculo le había advertido que corría peligro si se unía a un mortal. Presionada por su padre, había anunciado por fin que se casaría solamente con quien fuese capaz de vencerla en la carrera, pero advirtiendo que mataría al que no lo consiguiese. Había dado muerte ya a varios pretendientes cuando apareció un joven llamado Hipómenes o MELANIÓN, quien traía consigo tres áureas manzanas que le había regalado la diosa Afrodita. Durante la carrera, cada vez que iba a ser alcanzado, arrojaba una de las manzanas, lo cual hacía detenerse a Atalanta para recogerla y le permitía a él adquirir ventaja nuevamente. Gracias a este ardid, no sólo con-

siguió vencer en la carrera, sino también el amor de la joven.

La desgracia augurada por el oráculo no se hizo esperar. Durante una cacería osaron ambos esposos hacer el amor en el interior de un santuario de Zeus. Indignado por esta irreverencia, el dios los transformó en leones. De esta unión nació Partenopeo.

Atamante (Ἀθάμας). Dentro del ciclo de leyendas beocias ha de ser estudiada la figura del rey Atamante, hijo de Éolo y Enáreta. Su leyenda ha sido enriquecida por numerosos episodios, algunas veces contradictorios, debido a la profusión con que fue tratada por los trágicos en obras hoy perdidas para nosotros, como el *Atamante coronado* de Sófocles, el *Frixo* o la *Ino* de Eurípides, etcétera.

La celebridad de Atamante es debida en gran parte a la actuación de las mujeres a las que estuvo unido. Casóse en primer lugar con Néfole («Nube»), de quien tuvo a Frixo, a Hele y a Macisto, pero al poco tiempo la repudió para contraer nuevas nupcias con Ino. De esta unión nacieron Learco y Melicertes. En Ino surgen temores respecto a la herencia y trama maquinaciones tendentes a exterminar a sus dos hijastros. La intervención de Néfele, o del propio Zeus, enviando un carnero de vellocino de oro que los llevará volando hacia la Cólquide, pondrá punto final a este episodio, abriendo un nuevo capítulo de aventuras que llenarán los Argonautas con su expedición.

Desde este punto es difícil desenmarañar el entrecruzamiento de las distintas versiones. Según unas, Atamante, al enterarse de las intenciones de Ino, dio muerte a Learco e intentó sacrificarla a ella misma, pero la intervención de Dioniso propició que pudiese salvarse con su otro hijo, Melicertes. Según otras, Ino habría huido al monte, enloquecida, dispuesta a integrarse en un grupo de seguidoras de Dioniso. Atamante, dándola por muerta, se casó con TEMISTO, hija de Hipseo, con la que engendró, entre otros, a Esfingio y a Orcómeno. Como lo había hecho Ino, también Temisto trama la muerte para sus dos hijastros. Con el fin de asesinarlos durante la noche, encarga a la nodriza que vista a los hijos de Ino con vestidos negros y a los suyos de blanco. La nodriza, o la propia Ino, que había regresado y se había dado a conocer secretamente a su marido, cambia los vestidos, con lo que Temisto asesina a sus propios hijos y, al averiguar su fatal error, se suicida.

Todavía existe otra versión que nos presenta a Atamante y a Ino enloquecidos por Hera, que se vengaba así de la ayuda que éstos habían prestado a Dioniso. En ella Atamante mataba a Learco, mientras que Ino huía con Melicertes para terminar arrojándose con él al mar.

Finalmente, Atamante, desterrado, busca un lugar donde fundar una ciudad. En Tesalia, al ver que unos lobos, ante su presencia, dejaban un cordero recién muerto, y suponiendo que allí estaba la confirmación de un oráculo que le había asegurado que sus trabajos cesarían cuando los animales salvajes le ofreciesen su comida, fundó una ciudad a la que dio el nombre de Atamantia.

Ate (Ἄτη). Personificación de un concepto muy significativo dentro de la mentalidad helénica y que no tiene una equivalencia exacta en el lenguaje moderno. Expresa, al mismo tiempo, la ceguera moral que lleva al hombre a rebasar sus propios límites, la falta cometida, el castigo fatal de los dioses y la desgracia que acarrea dicho castigo; el fenómeno es contemplado en su conjunto porque no se admite que pueda darse ninguno de los aspectos mencionados con exclusión de los demás. Hesíodo hace a Ate hija de Éride (la *Discordia*) y por su parte Homero la presenta como la primogénita de Zeus. Refiere el poeta que cuando Zeus decidió dar a HERACLES el trono de Argos fue Ate quien aconsejó a la celosa Hera la superchería que arrebató al héroe este privilegio, y que entonces el padre de los dioses la agarró por los cabellos y la expulsó para siempre del Olimpo, condenándola a vivir entre los hombres. Ate en la Tróade, en una colina llamada desde entonces con su nombre; cerca de ella fue erigida la ciudad de Troya.

Atenea (Ἀθηναῖα, Ἀθηνᾶ). Una de las seis diosas principales del panteón griego clásico. El mito la presenta como hija de Zeus y de la oceánide Metis. Se contaba que Úrano y Gea habían revelado a Zeus que, si Metis tenía de él una hija, le daría después un hijo que habría de destronarlo. Por ello, Zeus se tragó a su esposa tan pronto como supo que estaba encinta y, llegado el momento del parto, ordenó a Hefesto que le abriera la cabeza de un hachazo; de la frente del dios surgió Atenea totalmente armada y lanzando un grito de guerra. La leyenda le atribuía en tanto que diosa guerrera una intervención activa al lado de su padre en la lucha contra los Gigantes, sepultando a Encélado bajo la isla de Sicilia y desollando a Palante. Intervino asimismo en la guerra de Troya, y su derrota frente a Afrodita en el famoso juicio de PARIS había sido la causa, según se decía, de que luchara al lado de los Griegos. Por otra parte, ejerció con frecuencia un papel tutelar con respecto a los héroes. Así, por ejemplo, protegió a Diomedes, permitiéndole derrotar al propio ARES, dios aliado de los Troyanos; hizo posible la victoria de Aquiles sobre HÉCTOR; asistió a ODISEO en los azares de su regreso a Ítaca y le ayudó a recuperar el reino casi perdido, salvando además la vida de su hijo TELÉMACO (sobre otras intervenciones de Atenea en la guerra de Troya, *véanse* ÁYAX OILEO y ÓRNITO). Prestó apoyo a Heracles en sus trabajos y le proporcionó los crótalos de bronce gracias a los cuales el héroe pudo vencer a las aves de Estínfalo; ayudó a Perseo en su lucha contra la GORGONA; asistió a BELEROFONTES en la doma del caballo Pegaso; inspiró a los ARGONAUTAS en la construcción de su nave, etcétera.

Como diosa de las artes y de la artesanía en general, Atenea es protagonista de varios mitos. Así, el de su disputa con MARSIAS, que quedó inmortalizado en el célebre grupo escultórico de Mirón, o las conocidas fábulas de ARACNE y de MÍRMEX.

Los Atenienses tributaban a la diosa una veneración especial y la consideraban como protectora de su ciudad. Decíase que en un principio Atenea y Posidón se habían disputado el dominio del Ática y que los dioses, tras oír el testimonio de CÉCROPE, dieron la victoria a Atenea. En la época clásica los Atenienses construyeron para su diosa el magnífico templo del Partenón, en cuyo interior fue colocada una imagen crisoelefantina de la diosa, la Atenea Παρθένος *(Doncella);* a la entrada del puerto y para que pudiera ser divisada desde lejos por los navegantes, erigieron otra Atenea, de tamaño colosal, la Πρόμαχος, *(Defensora),* que llevaba todos los atributos de la diosa guerrera.

Según la tradición más común, Atenea había permanecido ajena a toda pasión amorosa, conservando con orgullo su virginidad *(véase,* sin embargo, BRÓTEAS). Se decía que en una ocasión había visitado el taller de Hefesto, el herrero divino, para encargarle ciertas armas, y que el dios había intentado unirse a ella por la fuerza. Atenea consiguió desasirse a tiempo de su agresor y el semen de éste cayó sobre la tierra, fecundándola; poco después nacía un niño, ERICTONIO, a quien la diosa crió en su templo como si se tratara de su propio hijo. Por otra parte, Atenea castigó al adivino TIRESIAS dejándole ciego por haberla visto bañarse desnuda. Se contaba también que había ayudado a Corónide a escapar a la persecución amorosa de Posidón, convirtiéndola en corneja.

El animal favorito de Atenea era la lechuza, y su planta el olivo. Generalmente se la representaba con casco, lanza y escudo, sobre el cual figuraba a veces la cabeza de la Gorgona. No solía faltar a su lado la serpiente, y también era atributo suyo, aunque compartido con Zeus, la égida, una piel de cabra que le cubría los hombros.

La opinión de Nilsson, que veía el origen de Atenea en la diosa-serpiente protectora de la casa que era adorada en Creta antes de que hubieran llegado a la Hélade los primeros Griegos, ha sido confirmada por hallazgos arqueológicos posteriores y hoy en día goza de una aceptación general. Esta diosa cretense –que tal vez se llamó Atenea desde el principio, puesto que el nombre no parece indoeuropeo– estaba unida a la serpiente en cuanto que este animal era considerado como guardián de la casa; se aparecía a los hombres en forma de pájaro y ejercía su tutela sobre el príncipe. Todos estos rasgos fueron conservados, al parecer, por la diosa micénica, y algunos de ellos, como su vinculación a la lechuza y a la serpiente, los encontramos todavía en la Atenea clásica. Como pruebas arqueológicas de la existencia de una Atenea micénica tenemos, por un lado, la mención de las Tablillas, donde lleva el epíteto de Πότνια (Po-ti-ni-ja) que encontramos también en los poemas homéricos, y, por otro, el hecho de que tanto en Micenas como en Atenas el templo de la diosa haya sido erigido sobre las ruinas de un antiguo palacio de época micénica. Un detalle importante distinguía, sin embargo, a la Atenea micénica de su antepasada cretense: nacida en un pueblo nada belicoso, la diosa tutelar de Creta era, probablemente, una divinidad pacífica que, al ser adorada por los micénicos, hubo de convertirse en diosa guerrera, con unas funciones equivalentes a las de Ares, sólo que, mientras éste simbolizaba la guerra en su aspecto destructor e irracional, Atenea aparecía como abogada de las causas justas y protectora de los héroes más valerosos. Con posterioridad a la época micénica y al estado monárquico, Atenea deja de ser la guardiana del palacio para convertirse en divinidad tutelar de la ciudadela. Éste es el papel que desempeña el Paladio (*véase* PALAS), imagen milagrosa de Atenea que guardaban en su templo los Troyanos y que mantuvo incólume la ciudad hasta que fue robada por Odiseo y Diomedes. Varias ciudades pretendieron poseer el Paladio después de la caída de Troya y veneraron a Atenea como protectora de sus respectivas acrópolis, pero muy pronto este carácter de la diosa quedó asociado casi en exclusiva a la ciudad de Atenas, circunstancia que no ha podido ser bien explicada. La leyenda atribuía a Erictonio el haber instituido en Atenas el culto de la diosa, así como el festival de las *Panateneas,* conmemorativo de su nacimiento. Por otro lado, en el ritual de la *Arreforia* dos muchachas transportaban ciertos objetos secretos desde el templo de Atenea en la Acrópolis al santuario de Afrodita y, poco después, regresaban al primero con una carga semejante; los Atenienses ponían esta extraña ceremonia en relación con el mito de las hijas de Cécrope y del nacimiento de Erictonio, pero parece ésta una explicación posterior de algún misterio religioso, cuyo primitivo significado permanece oculto.

Además de estas funciones guerreras, la Atenea clásica tenía otras de carácter pacífico, que se remontaban probablemente a la época cretense y que prevalecieron sobre las demás en el culto de las clases populares: con el epíteto Ἐργάνη *(Laboriosa, Artesana)* era la patrona de los constructores de naves y de los herreros –circunstancia que explica, quizá, su relación con Hefesto en el mito–, al mismo tiempo que presidía las labores manuales femeninas como el hilado, el bordado y el tejido. Con el tiempo, el carácter de protectora de las obras de paz prevaleció de una manera general sobre el de diosa guerrera, y Atenea acabó personificando la sabiduría y la prudencia, manteniendo la salud pública y velando sobre el Estado y los tribunales de justicia.

Atenea fue identificada con Nice y también con la diosa de origen fenicio Onca. En Roma se confundió con Minerva, que asimiló sus mitos y sus rasgos más característicos.

Atimno (Ἄτυμνος). En algunas versiones, hermano de Fineo.

Atis (Ἀτθίς). Hija de CRÁNAO.

Atis (Ἄττις). Es el amante joven de la diosa-madre frigia, conocida en general como Cíbele y que aparece también desdoblada en Agdistis, la divinidad andrógina. El mito de Atis encubre y simboliza el ritual de la autocastración, practicado en la antigua Frigia por los jóvenes que se consagraban al templo de Cíbele, y ha llegado hasta nosotros en versiones diversas. Por un lado están las de Pausanias y Arnobio *(véase* AGDISTIS); por otro, la de Ovidio. Según esta última, Atis era un hermoso joven que vivía en los bosques de Frigia. La diosa Cíbele lo eligió para sí, haciéndolo guardián de su templo, pero con la condición de que se mantuviera siempre virgen. Atis cedió al amor de la ninfa Sagaritis y entonces Cíbele hizo que ésta muriera, derribando el árbol del que dependía su vida. El muchacho enloqueció y se castró, después de lo cual la diosa lo volvió a admitir en su templo. Según una tradición, Atis era hijo del rey frigio MANES.

El culto de Atis apenas pasó al continente (sólo aparece en el Pireo y en Ramnos, unido al de Agdistis), pero en Roma se hizo oficial durante el reinado de Claudio. El aspecto de su mito que cobró más importancia durante esta época fue el de la muerte y resurrección, convirtiéndose en una especie de divinidad solar llena de poder que confería la inmortalidad a sus iniciados, y desapareciendo por completo su primitivo carácter de dios de la fertilidad.

Atlante (Ἄτλας). 1) Atlante es un gigante, hermano de Menecio, Prometeo y Epimeteo, hijo de Clímene (o bien de Asia) y de Jápeto, por tanto de una generación anterior a los Olímpicos. Encabezó a los Titanes en su lucha contra los dioses, por lo que fue condenado a llevar eternamente sobre sus hombros la bóveda del cielo. Sólo una vez HERACLES lo sustituyó momentáneamente cuando fue al jardín de las Hespérides, próximo al lugar donde se encontraba Atlante (para otra leyenda con él relacionada, *véase* HÉSPERO). Cuentan que acabó su vida petrificado, convertido en la cadena africana del Atlas, cuando Perseo le enseñó la cabeza de la Gorgona.

Atlante era padre de las Pléyades, las Híades, las Hespérides, Dione, Hiante y Héspero, hijos que, según algunas versiones, habría tenido con Pléyone y Hespéride (o bien Etra).

2) El héroe epónimo de la Atlántida y rey de este pueblo es considerado por los mitógrafos como hijo de Posidón, por lo que hay que distinguirlo del gigante.

Atreo (Ἀτρεύς). La leyenda de Atreo, hijo de Pélope e Hipodamía, está íntimamente ligada a la de su hermano menor Tiestes. Ambos, instigados por su madre, mataron a un hermano suyo llamado CRISIPO. Pélope, al enterarse, los maldijo y los desterró. En esta maldición tiene su origen la rivalidad y odio mutuo que llevó a ambos hermanos a cometer los crímenes más atroces.

En Micenas, en la corte de Esténelo, encontraron acogida los desterrados. A la muerte del rey se suscitó un pleito entre ambos hermanos con vistas a la sucesión, puesto que un oráculo había hecho saber que el nuevo monarca había de ser elegido entre los descendientes de Pélope. En la elección desempeñó un papel muy importante un vellón de oro que poseía Atreo y que su esposa Aérope le había robado para entregárselo a Tiestes, de quien era amante. Ante el jurado que iba a decidir cuál de los dos debía ser rey, Tiestes propuso que se coronase a aquel que pudiese presentar un vellocino de oro, lo que aceptó Atreo, ignorante de la traición de su esposa. Tiestes obtuvo de este modo el triunfo, pero esa noche Hermes anunció en sueños a Atreo que propusiese una última prueba: si el sol se ponía por el este, sería él el soberano; en caso contrario, Tiestes. Aceptó éste confiado. El sol, por mandato de Zeus, cambió su curso, dando una prueba evidente de que Atreo era el preferido de los dioses. Al ser coronado éste, lo primero que hizo fue desterrar a su hermano, quien recibió acogida en la corte de Tesproto, rey de Tesprotia. Más tarde, sin embargo, al enterarse de la traición de Aérope, la arrojó al mar e invitó a Tiestes a regresar, fingiendo reconciliarse con él. Para festejar la vuelta de Tiestes se celebró un banquete en el que Atreo sirvió como comida a los tres hijos de aquél: Áglao, Calileonte y Orcómeno. Al finalizar el banquete, Atreo mostró a Tiestes las cabezas de los niños, haciéndole huir horrorizado. Por un oráculo, supo Tiestes que sólo podría vengarse mediante un hijo que tuviese de su propia hija Pelopia. En la oscuridad de la noche, cubierto el rostro con una máscara para no ser reconocido, llevó a cabo Tiestes el incesto, aunque no pudo evitar que Pelopia le arrebatase la espada. El niño nacido de esta unión fue abandonado por su madre en un monte y amamantado por una cabra, por lo que se decía que le habían dado el nombre de Egisto. Posteriormente, cuando Pelopia casó con su tío Atreo, éste, enterado de la existencia del niño, lo mandó buscar y lo crió en Micenas como hijo suyo. Años después, Atreo, deseando acabar con Tiestes, pidió a Egisto que lo matase. Pero, cuando estaba a punto de realizarlo, Tiestes reconoció como suya la espada que llevaba el muchacho y le preguntó cómo la había conseguido. Al saber que se la había dado Pelopia, hizo que se presentara ésta, que, horrorizada por saber que había cometido incesto con su padre, se atravesó con el arma. Egisto, por su parte, una vez conocida la personalidad de su progenitor, volvió a Micenas y dio muerte a Atreo, entregando el reino a su padre.

De Aérope tuvo Atreo dos hijos: Agamenón y Menelao; de Pelopia no tuvo descendencia. En algunas fuentes, sin embargo, Agamenón, Menelao y Anaxibia aparecen como hijos de PLÍSTENES, un hijo de Atreo que, al morir muy joven, habría encomendado a éste su crianza.

Átropo (῎Ατροπος). Una de las tres hijas de Zeus y Temis, o, según Hesíodo, de la Noche. Eran conocidas con el nombre de MOIRAS.

Aucno. Héroe etrusco, hijo de Fauno y de la adivina Manto.

Auge (Αὔγη). Auge es hija de Áleo, rey de Tegea, y de Neera. Cuando Áleo supo por un oráculo que el hijo nacido de Auge mataría a sus tíos abuelos y reinaría en su lugar, se apresuró a consagrar a su hija a la diosa Atenea, y le prohibió tener relaciones amorosas bajo pena de muerte. Todo, no obstante, resultó inútil. Heracles, acogido por Áleo a su paso por Tegea, se embriagó y violó a Auge, sin saber que se trataba de la hija del rey. Otra versión de la leyenda sitúa la violación de Auge en Troya, con ocasión de la expedición que Heracles dirigió contra la ciudad (*véase* también TÉLEFO). Cuando Áleo se enteró de que su hija estaba embarazada, la entregó al navegante Nauplio para que la ahogase, pero éste prefirió venderla a ella y al niño, que había nacido durante la travesía, a unos traficantes de esclavos, quienes los introdujeron en Misia, donde el rey Teutrante casó con Auge y adoptó al niño, a quien llamaron Télefo. Según otra versión, Auge había abandonado a su hijo en el monte Partenio, donde lo amamantó una cierva. Posteriormente Télefo fue a Misia y allí encontró a su madre en compañía del rey Teutrante.

Augías (Αὐγείας). Aunque la genealogía de este personaje es muy complicada, parece lo más probable que se trate de un hijo de Helio y de Hirmine, hija de Neleo. Se le consideró asimismo hijo de Posidón, o bien del lapita Forbante. Es hermano de Áctor y participó en la expedición de los ARGONAUTAS. Según la leyenda, sus inmensos rebaños prosperaban sin cesar porque eran inmunes a las enfermedades; la identificación de estos rebaños con las vacas sagradas de Helio parece haber dado lugar a la genealogía que lo hace hijo del dios. Según la versión más común, Augías murió a manos de Heracles, a quien no había querido pagar lo prometido a cambio de la limpieza de los establos (*véase* HERACLES, *Quinto Trabajo* y FILEO). Otros, sin embargo, dicen que Heracles le perdonó la vida y que siguió reinando en Élide hasta su muerte. Habría dejado el trono a su hijo Agástenes y a los hijos de los Moliónidas.

Áulide (Αὐλίς). Hija de ÓGIGO.

Aura (Αὔρα). Una de las compañeras de Ártemis. El dios Dioniso se enamoró de ella, pero la joven, orgullosa de su virginidad, lo rechazó y salió huyendo a la carrera sin que Dioniso pudiera darle alcance (Aura significa *brisa*). Sin embargo, Afrodita la hizo enloquecer y rendirse a su perseguidor. Aura engendró de él dos gemelos que arrojó al río Sangario tan pronto como nacieron. Al fin, Zeus se apiadó de ella y la convirtió en una fuente.

Aurora. *Véase* EOS.

Ausón (Αὔσων). Según la versión más corriente, Ausón, héroe epónimo de Ausonia –antiguo nombre de Italia– era hijo de Odiseo y de Circe (o Calipso). Sin embargo, otra versión lo presenta como un hijo del rey Ítalo y de Leucaria.

Autesión (Αὐτεσίων). Descendiente de Edipo en la cuarta generación, por medio de Tisámeno, rey de Tebas; por no poder suceder a su padre en el trono, se vio obligado a exiliarse al Peloponeso, donde engendró a una hija, Argía, y un hijo, Teras (*véase* también TISÁMENO).

Autólico (Αὐτόλυκος). 1) Hijo de una hermosa mujer, Quíone, que un día se unió consecutivamente a Hermes y Apolo. De esa unión nacieron Autólico, hijo de Hermes, y FILAMÓN, hijo de Apolo. Su padre le dio el poder de metamorfosear los animales, convirtiéndolos de blanco en negro y de sin cuernos en cornudos, por lo que llegó a ser un experto ladrón. Robó a Amintor el casco de cuero que luego utilizaba Odiseo, a Ífito sus yeguas, que revendió a Heracles, y otros animales en gran número, robos que nunca fueron descubiertos por nadie, excepto por SÍSIFO.

Hábil pugilista, fue él el que enseñó los primeros rudimentos de boxeo a Heracles.

Casado con Anfítea, o bien con Mestra, la hija de Erisictón, es abuelo de tres célebres personajes. Por su hija Anticlea es abuelo de Odiseo. Contaban que en realidad Odiseo no era hijo de Laertes, sino de Sísifo, bien porque éste había seducido a Anticlea la noche de la boda, bien porque el propio Autólico se la hubiese ofrecido deseoso de tener un nieto tan astuto como Sísifo. Por su hija, Polimede, casada con Esón, es abuelo de Jasón y, por último, por su hijo Ésimo es abuelo de Sinón, el héroe que quedó en Troya, fingiendo ser un desertor, para convencer a los Troyanos de que metiesen el caballo de madera dentro de la ciudad.

2) Otro héroe de este mismo nombre es un hijo de Deímaco y hermano de Flogio y Deileonte. Originarios de Trica, acompañaron a Heracles en su expedición contra las Amazonas, pero luego se separaron accidentalmente de él en Sinope. Allí se enrolaron más tarde en el *Argo* de los ARGONAUTAS.

Autómate (Αὐτομάτη). Una de las DANAIDES.
Automedonte (Αὐτομέδων). 1) Hijo de Diores que acude a la guerra de Troya al frente de las diez naves enviadas desde Esciros. Acompaña a Aquiles en el combate en calidad de auriga hasta la muerte de éste. Después desempeña idéntica función con el hijo del héroe, Neoptólemo, hasta la toma de la ciudad.
2) Pretendiente de Hipodamía muerto por ENÓMAO.
Automedusa (Αὐτομέδουσα). Hija de Alcátoo. Casó con Ificles, el hermanastro de Heracles, y de él tuvo a Yolao.
Autónoe (Αὐτονόη). 1) Hija de Cadmo y Harmonía. Unida a Aristeo engendró a Acteón.
2) Una de las NEREIDAS.
3) Una de las DANAIDES.
Autuco (Αὐτοῦχος). Hijo de Apolo y de Cirene, hermano, por tanto, de Aristeo.
Auxesia (Αὐξησία). *Véase* DAMIA.
Auxo (Αὐξώ). Nombre de una de las HORAS.
Aventino. Uno de los reyes de Alba, padre o abuelo, en este caso a través de Procas, de Amulio y Numitor.
Axión (᾿Αξίων). Hermano de TÉMENO.
Axíoque (᾿Αξιόχη). Ninfa que, en algunas versiones, unida a Pélope fue madre de Crisipo.
Áyax (Αἴας). Hijo de Telamón y de Peribea, una de las doncellas enviadas a Creta por Egeo y a quien Testo había salvado la vida. Un día que Telamón estaba celebrando un banquete, se presentó Heracles que, animado por los asistentes, hizo una libación, pidiendo a Zeus que concediese a Telamón un hijo tan valiente como él y con piel tan dura como un león. Al acabar la libación, Zeus envió un águila y Peribea, que estaba presente dio a luz a Áyax o Ayante, llamado el grande para distinguirlo de Ayante Oileo. Heracles lo envolvió en una piel de león, haciéndolo invulnerable excepto el hombro y la axila, donde se había interpuesto la aljaba.
Fue pretendiente de Helena, y quedó comprometido por el juramento hecho a Tindáreo. Llegó a Argos, donde se concentraban los Griegos, con su hermanastro Teucro y unas naves de Salamina, siendo designado jefe de flota con Aquiles y Fénix y, momentáneamente, jefe supremo cuando Agamenón mató a la cierva sagrada de Ártemis. Antes había ido a Esciros con Odiseo y Néstor en busca de Aquiles. En el momento de su partida se había atraído la cólera de los dioses, motivo al fin de su muerte, pues, cuando su padre Telamón le aconsejó que se esforzara en la conquista, pero siempre con la

ayuda de los dioses, Ayante contestó: «Con la ayuda de los dioses cualquier cobarde puede alcanzar la gloria; yo confío hacerlo sin ellos.» Pese a ser piadoso, volvió a disgustar a los dioses cuando, en cierta ocasión, respondió a Atenea, que le iba a prestar ayuda: «Apártate de aquí y anima a mis compañeros, pues por aquí no pasará ningún enemigo.»

Es Ayante hombre bondadoso, aunque rudo, de gran altura (el más alto de todos los Griegos) y de enorme fuerza, cediendo sólo el primer puesto en la lucha a Aquiles. Lleva armas extraordinariamente pesadas, siendo famoso su escudo de siete pieles de buey y una octava placa de bronce. Detrás de este escudo lucha siempre su hermano Teucro.

Intervino en infinidad de acciones de guerra. Capturó a POLIDORO, el hermano de Licaón, en el Quersoneso tracio; luchó con Memnón en combate singular que terminó sin decidirse a favor de ninguno; mató en Frigia al rey Teleutante, llevándose como botín a Tecmesa, a la que hizo su concubina. Cuando Aquiles se negó a luchar con Héctor, por haberse ya retirado de la lucha, tomó su puesto por sorteo Ayante. Lucharon los dos hasta el anochecer, hora en que los heraldos los separaron. Entonces se elogiaron los dos combatientes mutuamente, haciéndole Héctor regalo de una espada tachonada de plata, con la que más tarde se suicidaría el héroe, mientras que Ayante le regaló un tahalí de púrpura, con el que luego fue arrastrado por Aquiles.

Formó parte con Fénix y Odiseo de la embajada a Aquiles. Defendió las naves contra Héctor, a quien casi mató de una pedrada, teniendo al final que retirarse herido. Además de ser un baluarte en la defensa de las naves, situado en la parte izquierda del campamento, efectuaba frecuentes salidas. Defendió el cadáver de Patroclo, dando muerte a Glauco, y empató en la lucha con Odiseo en los juegos fúnebres en honor del amigo de Aquiles. Luchó en torno al cadáver de Aquiles, y venció en los juegos fúnebres en honor del héroe en la prueba de disco.

Cuando Tetis decidió entregar las armas al griego más valiente, las pretendieron Ayante y Odiseo. Bien porque Agamenón aborrecía a Ayante, por haber éste aconsejado que lapidasen a Helena, bien porque los Troyanos dijeran que temían más a Odisco, las armas fueron concedidas a este último. Ayante decidió vengarse, pero Atenea lo enloqueció, por lo que se lanzó con la espada contra un rebaño de ovejas creyendo que eran los Griegos, causando un gran exterminio entre ellas. A dos de las que quedaban vivas, las encadenó y azotó, tomándolas por Agamenón y Ulises. Cuando recobró el juicio, avergonzado por su deshonor, fijando en tierra su espada se arrojó sobre ella. Regaló su famoso escudo a su hijo Eurísaces, y dejó a Teucro el encargo de que lo enterrase, y pide que lo venguen las Erinias y sea transportado a los campos de asfódelos.

Fue enterrado en un ataúd y recibió de parte de los Atenienses honras fúnebres en Salamina. Contaban los habitantes de la isla que, cuando Ayante murió, apareció una nueva flor blanca con tonos rojos y unas letras que aludían a su nombre.

Áyax Oileo (Αἴας Ὀιλῆος). Jefe de los Locros, con los que fue a Troya al mando de cuarenta naves. Hijo de Oileo y de Eriopis, es llamado «el pequeño Ayante» para distinguirlo del «gran Ayante», el hijo de Telamón, al que no le une ningún parentesco. Combaten siempre juntos los dos, contrastando fuertemente por ser Ayante Oileo un guerrero de pequeña estatura y gran velocidad. A diferencia del hijo de Telamón, que lucha con lanza y enorme escudo, Ayante Oileo lleva arco y una coraza de lino. Con su hermanastro Medonte y una serpiente domesticada tan alta como un hombre, participa en todas las batallas importantes: en las naves cuando Héctor ataca, alrededor del cadáver de Patroclo –en cuyos juegos fúnebres compite–, en el caballo de madera, etcétera.

Frente al buen carácter de Ayante el Grande, el hijo de Oileo es pintado por Homero con rasgos desagradables. Orgulloso, cruel e impío, cometió un gran delito cuando los Griegos capturaron Troya. Pese a que Casandra se refugió en el altar de Atenea, Ayante la arrastró de allí a la fuerza, tirando al suelo la estatua de la diosa a la que la doncella estaba abrazada. Por esta impiedad, los demás Griegos quisieron lapidarlo, salvándose a duras penas por acogerse él mismo al altar de la diosa. No le perdonó nunca, sin embargo, Atenea por esta acción, de modo que, cuando regresaba ya desde Troya, envió una tempestad en la que naufragó. Posidón lo salvó momentáneamente, haciendo que se agarrase a una roca, pero, a instancias de Atenea, destruyó la roca con su tridente, muriendo ahogado Ayante. Quizá no fue Posidón sino Atenea la que hizo pedazos la roca con uno de los rayos de su padre.

Su pecado lo expiaron sus compatriotas los Locros, que, con motivo de una peste que asoló su territorio, tuvieron que enviar durante mil años a Troya, por consejo de un oráculo, dos doncellas elegidas por sorteo para aplacar a Atenea por el rapto de Casandra. Tras la muerte de las dos primeras muchachas enviadas, las demás pasaban a servir a la diosa en el caso de sobrevivir al pueblo troyano, que las golpeaba a su llegada si las sorprendían, cosa que casi nunca lograban por no saber el día exacto de su desembarco y por conocer los Locros un pasadizo que comunicaba directamente la playa con el templo de la diosa.

Ayo Locucio. Personificación de cierta voz –a ello aluden las dos raíces de su nombre– que anunció desde el cielo la invasión gala del 390 a. J.C. Nadie hizo caso de la advertencia y la ciudad fue saqueada; más tarde, cuando los invasores se hubieron retirado, los Romanos levantaron un santuario en el Palatino, exactamente en el lugar donde se escuchó la voz.

Azán (Ἀζάν). Hijo de Erato y de ÁRCADE.

B

Babis (Βάβυς). Hijo de Meandro y hermano de Marsias. Tocaba también la flauta, pero, por su falta de habilidad, no fue castigado por Apolo como lo fuera su hermano.

Baco (Βάκχος). Es uno de los nombres con que se conoce a DIONISO. Con el nombre de *Bacchus*, asimilado a Liber Pater, fue objeto de culto en Roma, donde fue considerado dios del vino y de la inspiración poética.

Balio (Βαλίος). Hijo del viento Céfiro y de la harpía Podarge, Balio es, junto con Janto, uno de los caballos inmortales de Aquiles, regalado por Posidón a Peleo como presente nupcial.

Basilea (Βασίλεια). Es la personificación de la Realeza, a lo que hace referencia su nombre, que en griego significa «reina». Dentro de la mitología aparece, en algunas versiones, unida a su hermano Hiperión, de quien engendra a Selene (la Luna) y a Helio (el Sol).

Batiea (Βατίεια). 1) Hija de Teucro que casó con Dárdano.
2) Náyade que, en algunas versiones, aparece, en vez de Gorgófone, como madre de Hipocoonte, Icario, Tindáreo y Arene.

Bato (Βάττος). 1) Cuando Hermes se alejaba con intención de esconder el rebaño bovino que había robado a Apolo, encontró en su camino a un anciano, llamado Bato, al que ofreció una ternera si prometía guardar silencio. Hízolo así Bato y recibió su recompensa. Desconfiando Hermes, no obstante, de la palabra del anciano, una vez que hubo puesto el rebaño a buen recaudo, se metamorfoseó y volvió sobre sus pasos para comprobar si aquél le era infiel. Fingió andar buscando un rebaño y

prometió al anciano una ternera si le daba información. Sin vacilar contó Bato cuanto sabía. Indignado entonces Hermes lo transformó en roca.
2) Recibe también este nombre un personaje a caballo entre la historia y la mitología a quien se atribuye la fundación de la colonia de Cirene. Por Polimnesto, su padre, y Leucófanes, su abuelo, se remonta hasta el argonauta Eufemo.
Batón (Βάτων). Auriga de Anfiarao que, ante Tebas, fue tragado con éste por la tierra cuando huían de un enemigo.
Baubo (Βαυβώ). Fue quien, en Eleusis, acogió a Deméter, cuando ésta recorría el mundo en busca de su hija. A la entristecida diosa consiguió hacerla reír cuando, inopinadamente, le mostró el trasero. En algunas fuentes esta broma se atribuye a YAMBE.
De Disaules tuvo Baubo un hijo, Eubuleo, y dos hijas, Nisa y Protónoe. Algunas tradiciones les atribuyeron también la paternidad de Triptólemo.
Baucis. Baucis y su esposo Filemón fueron los únicos que acogieron hospitalariamente a Zeus y a Hermes, que recorrían la región como simples viajeros. En premio a su bondad, evitaron que perecieran en el diluvio que enviaron como castigo a los que no les habían dado cobijo, y les concedieron el deseo por ellos formulado: «vivir ambos el mismo tiempo, sirviendo a los dioses como sacerdotes». Convirtieron los dioses su choza en un templo y, a su muerte, los transformaron en árboles que se elevaban el uno junto al otro.
Bébrice (Βεβρύκη). Una de las DANAIDES.
Bébrice (Βέβρυξ). Rey de los Bébrices de Narbona. Era padre de Pirene, la muchacha seducida por Heracles.
Belerofontes (Βελλεροφόντης). Hijo de Glauco y de Eurímede (o bien de Posidón y de Eurínome, hija del rey de Mégara Niso). Su abuelo paterno fue Sísifo, el fundador de Corinto. Después de haber dado muerte involuntariamente a un hombre, que según unos sería un tal Bélero, tirano de Corinto (Belerofontes podría significar «matador de Bélero»), y, según otros, su propio hermano Delíades o Pirén, tuvo que huir y fue a Tirinte, donde el rey Preto lo purificó del homicidio. Allí se enamoró de él Estenebea –o Antea–, esposa de Preto, quien, al no ser correspondida por Belerofontes, lo acusó ante su marido de haber tratado de seducirla. Preto le dio crédito, pero, como no podía mancharse las manos con la sangre de alguien que había acudido a él como suplicante y que era su huésped, lo envió a la corte del

rey de Licia Yóbates, padre de Estenebea, con un mensaje en el que pedía a éste que le diera muerte. Yóbates lo leyó cuando Belerofontes era su huésped y tampoco pudo hacer lo que le encargaba Preto, conformándose con embarcar al héroe en una empresa arriesgada, esperando que pereciera. Así, le rogó que diera muerte a la Quimera, un monstruo terrible, mezcla de león, cabra y serpiente, que asolaba el país y destruía sus rebaños. Según cuentan algunos, Atenea y Posidón regalaron a Belerofontes el caballo alado Pegaso -hijo de Posidón y Medusa- para que pudiera salir airoso de la empresa. Pero se dice también que el héroe había visto al animal junto a la fuente Pirene, y que, al no poder acercarse siquiera a él por lo indómito que se mostraba, había pedido consejo al adivino Poliido sobre cómo domarlo. Éste le sugirió que orara ante el altar de Atenea, la cual puso en sus manos, en efecto, una brida de oro, que el caballo recibió con toda docilidad. Montado sobre Pegaso, asaeteó Belerofontes al monstruo y luego le puso en la boca un trozo de plomo; el fuego que vomitaba constantemente la Quimera fundió el plomo, que se introdujo en sus entrañas produciéndole la muerte. Seguidamente, Yóbates envió a Belerofontes a guerrear contra los Sólimos, tribu vecina muy belicosa, y, cuando regresó victorioso, hubo de luchar de nuevo por orden del rey, esta vez contra las Amazonas. Por último, Yóbates le preparó una emboscada, pero Belerofontes regresó de ella sano y salvo. Admirado el rey de tanto valor o convencido de que Belerofontes gozaba de la protección de los dioses, le descubrió el contenido del mensaje de Preto y le rogó que se quedara a su lado, dándole en matrimonio a su hija Filónoe, con la que tuvo tres hijos: Isandro, Hipóloco y Laodamía o Deidamía. Además, Yóbates le cedió la mitad del patrimonio real, y los Litios le regalaron las mejores tierras del reino.

Pero Belerofontes se enorgulleció en exceso de su triunfo y, montado en su caballo Pegaso, quiso elevarse hasta el Olimpo, como si fuera uno de los Inmortales. Entonces Zeus envió un tábano que picó al caballo, y éste, asustado, dejó caer a su jinete. Según unos, Belerofontes habría muerto a consecuencia de la caída; según otros, sobrevivió, pero, ciego y cojo, habría vivido hasta su muerte agobiado por la maldición de Zeus y sin atreverse a aparecer ante los hombres.

El historiador Plutarco habla de un pirata feroz llamado Quimarro, muerto por Belerofontes, cuya nave tenía un león en la proa y un dragón en la popa. Se trata, al parecer, de una racionalización tardía de la primitiva leyenda de la Quimera.

Belo (Βῆλος). Belo, al igual que su hermano gemelo Agenor, es hijo de Posidón y de Libia, y, por tanto, nieto de Épafo. Casó Belo con Side o con Anquínoe, hija del dios-río Nilo, y reinó en Egipto. De su matrimonio nacieron Dánao y Egipto.

Con este mismo nombre aparecen personajes en las leyendas asirias y babilonias.

Belona. Divinidad romana guerrera que pasaba por hermana o esposa de Marte. Se la representaba con una lanza, un látigo o una antorcha, y solía llevar también casco o escudo; de ahí que los Romanos la identificaran con la diosa griega Enio. Se trata, al parecer, de una antigua divinidad sabina cuyo nombre primitivo era Nerio y cuyo culto fue introducido en Roma por la familia sabina de los Claudios. Tenía un templo en el campo de Marte, y en él esperaba el Senado a los generales que regresaban triunfadores de una campaña, así como a las embajadas extranjeras, que no podían entrar en el recinto de la ciudad; allí se hacían también las declaraciones de guerra. A raíz de la guerra contra Mitrídates, fue introducido en Roma el culto de la gran diosa lunar minorasiática, que quedó asimilada a Belona; se edificó un templo y se creó un colegio de sacerdotes y sacerdotisas capadocios, que el día de la festividad de la diosa celebraban una procesión vestidos con túnicas negras, provistos de la doble hacha oriental y acompañando su danza con trompetas y tambores.

Belona fue identificada, al igual que Nerio, con Minerva.

Bentesicime (Βενθεσικύμη). Hija de Posidón y ANFITRITE que crió a EUMOLPO.

Beoto (Βοιωτός). *Véase* ÉOLO.

Bía (Βία). Es la personificación de una abstracción: la violencia. Hija de Palante y de Éstige, al igual que Cratos (el *poder*), Nice (la *victoria*) y Zelo (la *emulación*). Todos ellos luchan al lado de Zeus contra los Gigantes.

Biante (Βίας). 1) Biante es hijo de Amitaón e Idómene, y hermano del adivino MELAMPO, personaje de trascendental importancia en su leyenda.

De Pero tuvo Biante a Alfesibea (o Anaxibia), Areo, Laódoco, Perialces y Tálao.

2) Rey de Mégara y tío de Pilas, por quien fue muerto.

3) Hijo de Melampo y de Ifianasa, la hija de Preto.

Biblis (Βυβλίς). Hija de Mileto y de Cianea que concibió un amor incestuoso por su hermano Cauno. Al enterarse éste, huyó horrorizado, mientras ella lo seguía llorando su dolor. A punto de despeñarse, fue transformada en fuente por las Ninfas.

Bisaltes (Βισάλτης). Rey de Tracia, padre de Teófane.

Bitias. Hijo de la nereida Yera. Con su hermano gemelo Pándaro, fue campanero de Eneas; murió a manos de Turno.

Bizante (Βύζας). Hijo de Posidón y de Ceroesa. Es el héroe epónimo de la ciudad de Bizancio, que fundó y fortificó con ayuda de Apolo y Posidón. Habiendo sido atacada la plaza por los Escitas cuando Bizante no estaba en ella, su esposa Fidalía y las demás mujeres consiguieron poner en fuga al enemigo arrojando serpientes sobre su campamento.

Bolbe (Βόλβη). Diosa del mar que fue, con Heracles, madre de Olinto.

Bona Dea. Bona Dea es una diosa romana, cuyo culto, muy antiguo, celebraron exclusivamente las mujeres, estando prohibida terminantemente la entrada de los hombres. Su ceremonia oficial, a principios de diciembre, se realizaba de noche en casa del primer magistrado, con presencia de las Vestales, decorándose la habitación con flores y plantas, pero excluido el mirto. Este antiguo culto, al parecer, del poder de la fertilidad, se celebró más tarde en un templo construido en el Aventino.

Para explicar las particularidades de su culto, cuentan los mitógrafos que Bona Dea, en realidad llamada Fauna, era hija de FAUNO. Su padre se enamoró de ella, pero la muchacha, imagen de la castidad, se negó a sus deseos, provocando tal ira en Fauno que la flageló con ramas de mirto, logrando al fin sus propósitos transformado en serpiente. Una segunda versión hace de Bona Dea la esposa de Fauno, mujer virtuosa y casta. Un día, sin embargo, al encontrar en su casa un jarro de vino, se emborrachó, por lo que Fauno, indignado, la golpeó con varas de mirto con tal brutalidad que provocó su muerte. Lleno de remordimientos, instituyó más tarde su culto.

Tan rigurosa era la prohibición de que los hombres participaran en este ritual, que no se lo permitieron ni a Hércules. Esto molestó al héroe, que, en venganza, instituyó unas ceremonias en el *Ara Maxima* en las que no podían participar las mujeres.

Véase también DAMIA.

Boréadas (Βορεάδαι). En realidad el dios Bóreas tuvo con ORITÍA cinco hijos, Cleopatra, Quíone, Hemo y los gemelos Zetes y Calais, pero sólo a los dos últimos, los más conocidos, se les suele llamar los Boréadas. Son, como su padre, genios de los vientos, provistos de alas y de

gran rapidez. Tomaron parte en la expedición de los ARGONAUTAS, desempeñando un papel en la leyenda de Fineo. Éste sufría una maldición, perseguido continuamente por las Harpías, que le robaban y ensuciaban la comida. Cuando llegaron los Argonautas, les prometió consejos si le liberaban de las Harpías. Esta fue la labor que llevaron a cabo Calais y Zetes, labor que ejecutaron gracias a su velocidad. Según una tradición que se concilia mal con la anterior, fueron los Boréadas los que cegaron a Fineo, su cuñado, para vengar a su hermana Cleopatra. Más tarde ganaron las dos pruebas de carreras en los funerales de Pelias, Zetes la carrera corta (los antiguos decían que su nombre significa «el que sopla fuerte») y Calais la larga («el que sopla suave»).
Murieron en la isla de Tenos a manos de Heracles, que nunca perdonó a los dos hermanos tracios el hecho de que fuesen ellos quienes aconsejaron a los demás Argonautas que lo abandonasen cuando estaba buscando a Hilas. Erigió Heracles dos estelas de piedra que se movían cada vez que soplaba el Bóreas, viento del norte.

Bóreas (Βορέας). Bóreas, hijo de Astreo y de Eos, al igual que Céfiro, Euro y Noto, es el dios del viento del norte. Pertenece a la familia de los Titanes y lo caracterizan la variabilidad y violencia de su carácter.
De Oritía, hija de Erecteo, a la que raptó cuando jugaba a orillas del Iliso, tuvo a Calais, a Quíone, a Zetes y, en algunas tradiciones tardías, a Hemo. Se le atribuye también como hija a Cleopatra, esposa de Fineo. En fin, de sus uniones con una Harpía, con una Erinia o, bien, con las propias yeguas de Erictonio, nacen velocísimos caballos, capaces, incluso, de correr sobre un trigal sin doblar las espigas con sus cascos.

Botres (Βότρης). *Véase* EUMELO.

Briareo (Βριάρεως). Hijo de Úrano y Gea, Briareo es uno de los HECATONQUIROS, gigantes de cien brazos. Con sus hermanos Coto y Giges, fue enterrado en el Tártaro por Úrano y mantenido allí por Crono. En cambio Zeus los liberó y los hizo aliados suyos, por lo que éstos ayudaron a los Olímpicos en la lucha contra los Titanes, distinguiéndose Briareo de tal forma que Posidón le concedió casarse con una de sus hijas. Fiel servidor de Zeus (aunque alguna tradición radicalmente distinta lo hace su enemigo, por lo que habría sido fulminado por un rayo y enterrado bajo el Etna), le ayudó también cuando los Olímpicos se rebelaron contra él, siendo artífice de la victoria al hacer huir a Posidón y a los demás dioses ate-

rrorizados ante su monstruosa fuerza, y al desatar a Zeus de sus correas con gran rapidez, cosa fácil para él con sus cien brazos. Después de este episodio, Zeus lo colocó en el Tártaro como vigilante de los Titanes.
Era llamado por los dioses Briareo *(véase* OBRIAREO) y por los hombres Egeón.
Briseida (Βρισηΐς). Hija de Brises, sacerdote de Apolo en la ciudad de Lirneso. Cuando Aquiles saqueó esta ciudad, se llevó consigo a Briseida, después de haber dado muerte a su esposo, a su padre y a tres hermanos. Agamenón se la arrebató, sin embargo, para resarcirse de la devolución forzosa de su propia esclava Criseida, y éste fue el motivo de que Aquiles se retirara de la lucha, y los Aqueos estuvieran a punto de tener que levantar el sitio de Troya. Luego, queriendo hacer las paces, Agamenón devolvió a la muchacha. El nombre verdadero de la hija de Brises era, al parecer, Hipodamía, aunque casi siempre se la menciona por el patronímico.
Brises (Βρίσης). Sacerdote de Apolo en la ciudad minorasiática de Lirneso; hermano de Crises, el sacerdote deshonrado por Agamenón. A veces, sin embargo, la tradición considera a Brises como un rey de Caria. Durante el asedio de Troya, Aquiles saqueó la ciudad de Lirneso, dando muerte a la familia de Brises y llevándose como botín a su hija Briseida.
Britomartis (Βριτόμαρτις). Ninfa cretense hija de Zeus y Carme. Compañera de Ártemis, vivía en Gortina hasta que un día Minos se enamoró de ella. No cedió a su amor Britomartis, aunque tuvo que huir de él durante nueve meses a través de montes y escarpaduras. A punto de ser alcanzada, prefirió lanzarse al mar desde una roca, pero fue salvada por unos pescadores con una red. Por este episodio, o bien porque ella fue la inventora de la red, fue llamada Dictina *(la muchacha de la red).*
Britomartis, *la dulce virgen,* recibía su culto principal en un templo cerca de Cidonia, aunque también era adorada, con el sobrenombre de Afea, en Egina, isla donde se desarrollaron las persecuciones de Minos durante algún tiempo. En otras regiones se llega a considerar el nombre de la muchacha como un epíteto de Ártemis.
Bromio (Βρόμιος). 1) Epíteto del dios Dioniso que significa *el que retumba.*
2) Hijo de EGIPTO muerto en la noche de bodas por la danaide Euroto.
Brontes (Βρόντης). Uno de los CICLOPES hijos de Úrano.
Bróteas (Βροτέας). 1) Hijo de Tántalo y hermano, por tanto, de

Pélope y Níobe. En algunas versiones es Bróteas, y no Tiestes, el padre del otro Tántalo, el primer esposo de Clitemestra. Se decía que había tallado la imagen más antigua de la diosa Cíbele en una roca del monte Sípilo. Bróteas murió abrasado en una hoguera a la que se arrojó él mismo enloquecido por Ártemis, a quien no había querido rendir culto.
2) Según una tradición tardía, hijo de Atenea y Hefesto.

Búcige (Βουζύγη). Esposa de Clímeno y madre de Ergino.

Buno (Βοῦνος). Hijo de Hermes y de Alcidamía que reinó en Corinto. Le sucedió en el trono Epopeo.

Busiris (Βούσιρις). 1) Busiris, hijo de Posidón y de Lisianasa, es un rey de Egipto que se caracterizó por su crueldad. Al enterarse por un adivino procedente de Chipre, llamado Frasio, de que la sequía que venía asolando al país sólo cesaría con el sacrificio de extranjeros a Zeus, empezó por inmolarlo a él mismo, y otro tanto intentó hacer con Heracles, que se dirigía al jardín de las Hespérides. En este caso, sin embargo, fue el propio Busiris quien perdió la vida a manos de HERACLES.
2) Uno de los hijos de EGIPTO.

Butes (Βούτης). 1) Uno de los ARGONAUTAS, hijo de Teleonte y Zeuxipe, la hija del dios-río Erídano. Se dice que estuvo a punto de ceder al canto de las Sirenas en el viaje de regreso de la nave *Argo*, pero que fue salvado en el último momento por Afrodita, quien lo llevó hasta Sicilia, dándole además un hijo, ÉRICE.
2) Hijo de Pandión, rey de Atenas y de Zeuxipe; hermano de Erecteo, Filomela y Procne. Casó con Ctonia, hija de Erecteo, y tuvo dos hijos: Policaón e Hipodamía; a la muerte de Pandión obtuvo el sacerdocio de Atenea y Posidón en el Ática, mientras su hermano quedaba como rey del territorio; sus descendientes constituyeron la familia sacerdotal de los Eteobútadas.
3) Hermanastro del rey tracio Licurgo, al que intentó matar. Luego Butes tuvo que huir de su país y se asentó en la isla de Naxos con algunos compañeros, dedicándose a la piratería. Durante una incursión que hicieron en la Ftiótide, atacaron a un grupo de Bacantes e hicieron prisionera a Corónide, nodriza de Dioniso, pero el dios escuchó los ruegos de la mujer y enloqueció a Butes, que se ahogó al arrojarse a un pozo.

C

Cabia (Καβύη). En algunas versiones, esposa de LOCRO.

Cabírides (Καβειρίδες). Ninfas hijas, o bien hermanas, de los CABIROS.

Cabiro (Καβειρώ). Hija de Proteo y de Anquínoe. Con Hefesto es madre de los Cabiros y de las ninfas Cabírides.

Cabiros (Κάβειροι). Los Cabiros eran unas divinidades menores adoradas sobre todo en Samotracia, aunque también en gran parte de Asia Menor, en Egipto, en Macedonia, etcétera.
Se los considera divinidades de la fertilidad y protectores de todo tipo de peligros, especialmente marinos, por lo que se les identificó, en muchas ocasiones, con los Dioscuros y con los Curetes.
Como a los Cabiros no se les podía nombrar expresamente, por ser divinidades de Misterios, se aludía a ellos con la expresión *Grandes dioses,* lo que fue relacionado con el término que en fenicio significa *poderoso, qabirim,* para atribuir a estas divinidades un origen semítico, aunque en su ritual no exista nada que pueda interpretarse como tal.
Los Cabiros pasan por hijos de Hefesto y de Cabiro en la versión más conocida, aunque su número y genealogía difieren en las variantes de la leyenda. *Véase también* CABÍRIDES.

Caca. Al parecer fue Caca, hermana del famoso ladrón CACO, quien, en una de las variantes de la leyenda, dio a Heracles la información precisa para encontrar el ganado que le había robado su hermano. En recompensa instituyó Heracles un culto en honor de Caca, divinidad que posteriormente terminó identificándose con Vesta.

Caco. Considerado como hijo de Vulcano, era un gigante que vivía en una cueva del monte Aventino. Cuando Heracles se llevaba a Grecia los rebaños robados a Geríones, Caco le robó a su vez unas cuantas vacas mientras el héroe dormía junto al Tíber. Según cuenta la leyenda, el ladrón las había hecho andar hacia atrás para que las huellas de los animales no lo descubrieran, pero el truco no tuvo éxito, pues los machos de la manada se pusieron a mugir y fueron respondidos por sus compañeras. Tras haber localizado a Caco de este modo, Heracles luchó con él y le dio muerte. La leyenda que hace de Caco un hijo de Vulcano, y que lo describe con tres cabezas y echando fuego por sus tres bocas, ha hecho pensar en un primitivo dios latino del fuego, pero es posible que esta caracterización pertenezca de suyo al mito de Heracles, que incluía una serie de combates con monstruos. En todo caso, en el *Ara Maxima,* altar sagrado del Palatino dedicado a Heracles, se celebraban unos ritos de carácter griego. Este culto romano al héroe griego aparece explicado en una versión un poco diferente de la fábula de Caco, que hace de él un pastor de rasgos totalmente humanos que vivía en el monte Aventino y robaba el ganado de Palanteo (pequeña aldea situada en el monte Palatino, absorbida más tarde en el sinecismo que dio lugar a la fundación de Roma). Heracles, robado a su vez por él, lo habría descubierto gracias a Caca, hermana del ladrón, y dado muerte en su propio escondrijo. Evandro, rey de Palanteo, agradecido al héroe que había liberado a su ciudad de Caco, levantó un altar en su honor y organizó unas fiestas que luego se repitieron todos los años.

La cuestión se complica aún más porque Diodoro habla de un Caco que vivía en el monte Palatino y que había dado hospitalidad a Heracles cuando éste pasó por Italia. Finalmente, en Solino, antiguo historiador romano, aparece un Caco frigio que habría invadido Italia con el rey Marsias, atacando la región de Roma; Heracles, aliado del rey etrusco Tarcón, habría vencido a ambos.

Cadmo (Κάδμος). Cuando Zeus raptó a Europa, Agenor, rey de Tiro, ordenó a sus hijos Cadmo, Fénix, Cílix y Taso que partiesen en busca de su hermana y no regresasen sin ella. Cada hermano marchó en una dirección. Cadmo partió con su madre Telefasa, también llamada Argíope, llegando primero a Rodas, donde construyó un templo en honor de Posidón y creó un sacerdocio hereditario. Desembarcó luego en Tera y después en el país de los Tracios. Allí murió Telefasa, y Cadmo y sus compañeros siguieron hasta Delfos. El oráculo les anunció que abandonasen la búsqueda de Europa y que siguiesen a una vaca, construyendo una ciudad donde se acostase. La vaca, marcada con una luna llena en cada ijada, llegó hasta Beocia. Cuando Cadmo aconsejó sacrificar la vaca a Atenea y se dispusieron a coger agua de la fuente Castalia, encontraron allí una gran serpiente que acabó con muchos de los compañeros del héroe. Éste logró matarla con una piedra y, luego, aconsejado por Atenea, sembró en la tierra los dientes de la serpiente. Cuando lo hubo hecho, nacieron de ellos unos hombres armados, los Espartoi *(hombres sembrados)*. Cadmo, en grave peligro ante la actitud amenazadora de estos hombres, arrojó piedras entre ellos, y, al momento, acusándose unos a otros de haberlas arrojado, se mataron entre sí tras una terrible lucha, sobreviviendo solamente cinco, llamados Udeo, Ctonio, Equión, Hiperenor y Pelor, que se ofrecieron a ayudar a Cadmo. Tuvo éste, sin embargo, que servir a Ares como esclavo durante ocho años, condenado por un tribunal divino por haber dado muerte a la serpiente descendiente del dios. Tras su liberación, construyó la acrópolis de Tebas, llamada Cadmea. Casó con Harmonía, asistiendo a su boda todos los dioses olímpicos, como en la boda de Tetis y Peleo. Fue entonces cuando recibió Harmonía sus famosos collar y velo, regalos de Hefesto y Afrodita o Atenea, respectivamente, aunque algunos dicen que se los regaló el propio Cadmo. Tuvo con Harmonía dos hijos, Ilirio y Polidoro, y cuatro hijas, Ino, Autónoe, SÉMELE y ÁGAVE.

Ya ancianos, dejaron el trono a Penteo, hijo de Ágave y Equión, trasladándose al país de los Enqueleos, a quienes Cadmo condujo en su lucha contra los Ilirios. Reinaron sobre este último pueblo, después de haber fundado la ciudad de Bútoe, hasta que fueron transformados en negras serpientes, trasladándose entonces a la Isla de los Bienaventurados. Fueron enterrados en Iliria, donde les sucedió en el trono otro hijo suyo, Ilirio, tenido al fin de su vida.

A Cadmo se le atribuía en Grecia la propagación del alfabeto y el arte de fundir los metales.

Caelus. Personificación romana del cielo, creada para traducir al latín el nombre del dios griego ÚRANO *(el Cielo)*.

Cafira (Καφεíρα). Una de las OCEÁNIDES. Según alguna versión, crió a Posidón en Rodas.

Caístro (Κάϋστρος). Dios-río de Lidia, hijo de Océano y de Tetis.

Calais (Κάλαϊς). Uno de los gemelos hijos de Bóreas; hermano de Zetes (*véase* BORÉADAS).

Calcante (Κάλχας). Es el adivino oficial de los Aqueos en su expedición a Troya. Por su padre Téstor, Calcante era nieto de Apolo, y se decía que el propio dios le había enseñado el arte de la adivinación. Pasaba por haber sido el mejor de los augures y, según Homero, conocía lo pasado, lo presente y lo futuro. Se decía que Agamenón había ido personalmente a buscar a Calcante para que le acompañara en la expedición a Troya.

La leyenda le atribuía las siguientes intervenciones en la guerra de Troya: *a)* Antes de organizarse la expedición anunció que la ciudad no podría ser tomada si no intervenía en la lucha el héroe Aquiles, que por entonces no era más que un niño. *b)* Cuando la flota se hallaba reunida en Áulide, dos extraños prodigios tuvieron lugar ante los ojos de los caudillos aqueos. Primero, una serpiente trepó a un árbol, devoró ocho crías de un nido de gorriones y, finalmente, a la madre, quedando después convertida en piedra; Calcante interpretó el hecho diciendo que la ciudad de Troya caería en poder de los griegos tras nueve años de guerra. Luego, apareció una liebre preñada perseguida por dos águilas, que se lanzaron sobre ella y la destrozaron; Calcante afirmó que los dos Atridas tomarían la ciudad, pero que la diosa Ártemis favorecería a los enemigos. *c)* Cuando los Aqueos se encontraron inmovilizados en Áulide por una calma cuya duración empezaba ya a inquietarles, Calcante explicó que el fenómeno se debía a la cólera de Ártemis y aconsejó a Agamenón el sacrificio inmediato de su hija Ifigenia. *d)* En el décimo año de asedio, el ejército se ve atacado por una peste; Calcante revela que ha sido enviada por Apolo como castigo de las ofensas de Agamenón a su sacerdote Crises, y que no cesará en tanto no sea devuelta la hija de éste, Criseida, y aplacado el dios con un sacrificio expiatorio. *e)* Después de la muerte de Aquiles, la situación de los Aqueos vuelve a ser difícil; Calcante manifiesta que no tomarán la ciudad sin el arco de Heracles, que por entonces estaba en poder del héroe Filoctetes. *f)* Poco después, el adivino aconseja la captura de Héleno, que habrá de proporcionar determinada información imprescindible para la toma de la ciudad. *g)* Cuando todos los intentos resultan fallidos y Troya parece ya inexpugnable, Calcante imagina el ardid del caballo, que da a los Aqueos la victoria. *h)* Por último, les augura un infortunado regreso, debido a que su comportamiento con Áyax ha suscitado la cólera de Atenea. Por esta razón, rehúsa acompañarlos y se embarca por su cuenta con el también adivino Anfíloco, hijo de Anfiarao, y con algunos héroes más, yendo a parar a la ciudad de Colofón, en la costa de Asia Menor.

Sobre la persona de Calcante pesaba un antiguo oráculo que le había predicho que moriría cuando se encontrara con otro profeta mejor que él, y cuentan que, al llegar a Colofón, había competido con el adivino MOPSO, que por su madre Manto era nieto de Tiresias, y que éste lo había vencido. Incapaz de superar aquella derrota, el orgulloso Calcante se suicidó. Sin embargo, al lado de esta tradición circulaba una divertida anécdota que atribuía a Calcante una muerte mucho más prosaica. Se decía que el viejo adivino se había establecido en la ciudad misia de Mirina, donde atendía el templo de Apolo; como quiera que estuviese regando una viña que acababa de plantar en el sagrado recinto, pasó por allí cierto colega suyo que le dijo que no llegaría a probar aquel vino. Calcante no lo tomó en serio y, para dejar en ridículo a su rival, se le ocurrió invitarle a la fiesta que celebraba con motivo de la nueva cosecha, pero el siniestro personaje repitió su vaticinio en el momento en que Calcante empezaba a beber, provocándole un ataque de risa que motivó que se ahogara.

Calcíope (Χαλκιόπη). 1) Hija del rey de la Cólquide, Eetes, y de Idía, hermana, por tanto, de Medea. Casó con FRIXO. (*Véase* también YOFOSA.)

2) Hija de Eurípilo, rey de Cos, que se unió a Heracles y fue madre de Tésalo.

3) Hija de Rexenor, o bien de Calcodonte. Fue la segunda esposa de Egeo.

Calcis (Χαλκίς). Hija del dios-río ASOPO y epónima de la ciudad de este nombre en la isla de Eubea.

Calcodonte (Χαλκώδων). 1) Hijo de Abante y rey de los Abántidas de Eubea, fue muerto por Anfitrión en el curso de una batalla sostenida contra los Tebanos. De su unión con Melanipa nacieron Calcíope, esposa de Egeo, y Elefenor, quien participó en la guerra de Troya.

2) Compañero de Heracles en su expedición contra la Élide.

3) Habitante de Cos que hirió a Heracles en la batalla que éste sostuvo contra Eurípilo.

4) Pretendiente de Hipodamía muerto por Enómao.

5) Hijo de EGIPTO muerto por la danaide Rodia.

Calcomedusa (Χαλκομέδουσα). Esposa de Arcisio y madre de Laertes.

Calianasa (Καλλιάνασσα). Una de las NEREIDAS.

Calianira (Καλλιάνειρα). Una de las NEREIDAS.

Calias (Καλλίας). Uno de los hijos del heraclida TÉMENO.

Cálice (Καλύκη). 1) Madre, con Posidón, de CICNO.

2) Hija de Éolo y Enáreta que, con Etlio, es madre de Endimión.

3) Una de las NEREIDAS.

Calídice (Καλλιδίκη). 1) Una de las DANAIDES.

2) Una de las hijas de CÉLEO.

3) Reina de los Tesprotos que, con Odiseo, engendró a Polipetes.

Calidón (Καλυδών). Hijo de Etolo y Prónoe y hermano de Pleurón. Es el héroe epónimo de la famosa ciudad etolia de Calidón. Casó con Eolia, hija de Amitaón, y tuvo dos hijas: Epicaste y Protogenia.

Calileonte (Καλλιλέων). Uno de los hijos de Tiestes asesinado por su tío ATREO.

Calíope (Καλλιόπη). Calíope es una de las MUSAS, generalmente la que las conduce. En la mayoría de las versiones es la madre de Orfeo, de Yálemo y del cantor Lino, unida al dios-río Eagro. Existen también versiones en las que se asegura que la madre de las Sirenas es Calíope, y no Melpómene. Enseñó el canto a Aquiles y fue árbitro en la querella entre las diosas Afrodita y Perséfone en torno a sus derechos sobre Adonis. Se le suele considerar protectora de la poesía épica.

Calípolis (Καλλίπολις). Hijo de ALCÁTOO.

Calipso (Καλυψώ). 1) Una de las OCEÁNIDES.

2) Hija de Atlante y de Pléyone, sería una de las PLÉYADES; también aparece, sin embargo, como hija de Helio y de Perséis, con lo cual sería hermana del rey de la Cólquide, Eetes, y de Circe. Calipso aparece en la *Odisea* como una diosa o ninfa, reina de un pequeño lugar –la isla de Ogigia– situado en el Mediterráneo occidental, junto a las Columnas de Hércules. Cuando Odiseo llega allí después de un naufragio, Calipso se enamora de él y consigue retenerlo a su lado durante siete años, ofreciéndole la inmortalidad si acepta el permanecer siempre a su lado y renuncia al regreso a Ítaca. Sin embargo, el héroe quiere partir y, al final, a instancias de Atenea, protectora de Odiseo, Zeus ordena a la ninfa, por medio de Hermes, que lo deje en libertad. Aunque de mala gana, Calipso obedece y proporciona al héroe madera para su nave, provisiones para el viaje e información sobre la posición de los astros. La tradición atribuye a Calipso y Odiseo dos hijos, Nausítoo y Nausínoo, aunque a veces se

hace también hijos suyos a Telégono, Ausón y Latino.
3) Una de las NEREIDAS.

Calírroe (Καλλιρρόη). 1) Hija de Océano y de Tetis, esposa de Crisaor y madre de los monstruos Geríones y Equidna. Con el dios-río Nilo fue madre de Quíone.
2) Hija del dios-río Escamandro, esposa de Tros y madre de Cleopatra, Ilo, Asáraco y Ganimedes. A veces suele aparecer como hija del dios-río Meandro.
3) Hija de Lico, rey de Libia, que salvó a Diomedes cuando éste estaba a punto de ser sacrificado después de haber sido llevado allí por una tempestad. Se ahorcó cuando fue abandonada por Diomedes.
4) Muchacha que rechazó el amor de Córeso, sacerdote de Dioniso, por lo que el dios, airado, provocó una epidemia de locura. El oráculo de Dodona anunció, entonces, que debían sacrificar a la joven o al que se ofreciese en su lugar y que el sacrificio debía llevarlo a cabo el propio Córeso. Éste, que todavía estaba enamorado, decidió en el último momento sacrificarse a sí mismo. Calírroe se mató también junto a una fuente, que desde entonces llevó su nombre.
5) Hija del dios-río Aqueloo casada con Alcmeón. Convenció a éste para que fuera a buscar el velo y el collar de Harmonía, regalos malditos que había hecho su marido a su anterior mujer, Arsínoe. A resultas de este viaje Alcmeón fue muerto por los hijos de Fegeo, hermanos de Arsínoe. Amante Calírroe más tarde de Zeus, pidió a éste que hiciese crecer súbitamente a sus hijos Anfótero y Acarnán, que vengaron a su padre.
6) *Véase* FOCO.

Calisto (Καλλιστώ). Una de las ninfas que componían el cortejo de Ártemis. De su unión con Zeus, según la versión de Ovidio, nació ÁRCADE, el héroe epónimo de los Arcadios. Se contaba también que había sido, con Zeus, la madre del dios Pan.

Calítoe (Καλλιθόη). Una de las hijas de CÉLEO.

Camarina (Καμάρινα). Una de las OCEÁNIDES.

Camasena. Ninfa que, con Jano, fue madre de Tiberino.

Camenas. Las Camenas son ninfas romanas de las fuentes. Poseían el don profético y presidían los cantos, por lo que pronto fueron asimiladas con las Musas griegas. Tenian un santuario en Roma donde cogían agua diariamente las Vestales.

Camila. Hija del rey de los Volscos Métabo. Su leyenda es la versión latina de la de Harpálice. Siendo Camila muy pequeña, su padre tuvo que huir de la ciudad y se la llevó con él; al llegar al río Amaseno, y como quiera que los soldados que le perseguían iban a darle ya alcance, Métabo ató el cuerpo de la niña a su propia lanza y la arrojó de este modo a la otra orilla, prometiendo consagrarla a Diana si sobrevivía. Padre e hija se salvaron y hubieron de vivir en el bosque sin acercarse nunca a la ciudad. Camila se convirtió en una joven salvaje y aguerrida que tomó parte en la lucha contra Eneas como aliada de Turno.

Camiro (Κάμειρος). Hermano de YÁLISO.

Camiro (Καμειρώ). Hija de PANDÁREO.

Campe (Κάμπη). Campe es un monstruo a quien Crono confió la custodia de los Ciclopes y de los Hecatonquiros o Centímanos. Murió tratando de impedir que los libertara Zeus, quien necesitaba su colaboración en la lucha que tenía entablada contra Crono y los Titanes.

Cánace (Κανάκη). Hija de Éolo y Enáreta, vivía con sus hermanos en la isla de su padre. Se unió incestuosamente con su hermano Macareo, con el que tuvo un hijo, descubierto por Éolo cuando dio un grito en brazos de la nodriza que iba a exponerlo. Según algunas versiones, Cánace se suicidó con una espada que le mandó su padre con tal fin, aunque otros hablan de sus amores posteriores con Posidón, del que habría tenido varios hijos, entre ellos Aloeo, Epopeo, Nireo y Trípopas.

Cándalo (Κάνδαλος). Uno de los llamados HELÍADAS.

Canente. Ninfa hija del dios latino Jano y de Venilia. Según cuenta Ovidio, su canto era tan dulce *(Canens* significa *la que canta)* que podía atraer con él a las piedras y a los árboles y domaba a los animales más salvajes. Casó con el rey Pico, pero cuando éste fue convertido en pájaro por la maga Circe, Canente lo buscó desolada por todo el país; después de seis días de vagar sin descanso, cayó agotada a orillas del Tíber cantando su dolor y acabó por disolverse en el aire. El lugar donde desapareció, fue llamado por los latinos *Canens*, en recuerdo suyo.

Canes (Κάνης). Hijo de Céfalo que casó con Evadne, una hija de Pelias. Rey de Fílacas, en Tesalia.

Caneto (Κάνηθος). 1) Padre, en algunas versiones, de Escirón. 2) Padre del argonauta Canto.

Canto (Κάνθος). Hijo de Caneto que participó en la expedición de los ARGONAUTAS.

Caos (Χάος). Caos es la personificación del vacío, en unos casos; de la mezcla informe, en otros. Es anterior a todo, pero no es concebido como creado de la nada ni como algo siempre existente. De él surgen la Tierra, el Tártaro, Eros, las Tinieblas y la Noche.

Capaneo (Καπανεύς). Hijo de Hipónoo, Capaneo es un caudillo argivo que participó en la expedición contra Tebas dirigida por Adrasto. Valiente y fuerte guerrero, fue el primero que, con una escala, trepó por una torre de la ciudad, pero fue fulminado por Zeus con un rayo. Devuelto su cadáver con el de los otros jefes por la intervención de Teseo, fue incinerado en Argos, a la vez que su fiel esposa Evadne se arrojaba en la pira funeraria y se quemaba viva.
Su hijo Esténelo fue uno de los Epígonos que conquistaron Tebas, y además participó en la guerra de Troya.
Capaneo, junto con Licurgo, Tindáreo y otros, fue uno de los muertos resucitados por Asclepio.
Capis (Κάπυς). Troyano hijo de Asáraco y de Hieromneme. Casó con Temiste, hija de Ilo, y fue el padre de Anquises. Algunas tradiciones lo presentan como el fundador de Capua.
Cárcino (Καρκίνος). Cuando Heracles estaba luchando contra la Hidra de Lerna, vino en ayuda de ésta Cárcino *(cangrejo)*, según algunos enviado por Hera. Al sentir Heracles la mordedura del enorme crustáceo, lo aplastó con el pie. Hera, para compensar su sacrificio en la lucha contra el héroe que le resultaba más odioso, lo transformó en la constelación de *Cáncer*.
Cardea. *Véase* CARNA.
Cardis (Κάρδυς). Padre de Clímeno.
Caribdis (Χάρυβδις). Hija de Posidón y de Gea. Mujer voraz, robó a Heracles varios bueyes de los rebaños de Geríones, por lo que Zeus, con sus rayos, la precipitó al mar y la transformó en la roca que, frente a Escila, bordea el estrecho de Mesina. Tres veces al día absorbía enormes cantidades de agua, así como todos los objetos, del tamaño que fuesen, que flotasen sobre ella, vomitando todo ello poco después. Odiseo logró salvarse las dos veces que pasó por este estrecho. La primera de ellas prefirió acercarse a Escila, y logró salir con bien pese a la pérdida de varios marineros. Después del naufragio provocado por la matanza de las vacas del Sol, Odiseo fue arrastrado otra vez hasta el estrecho, pero, cuando Caribdis absorbió agua, logró asirse a una higuera silvestre que nacía en la cima del risco, aguardando colgado desesperadamente hasta que el monstruo vomitó el mástil al que el héroe iba aferrado. Caribdis llegó a ser desde Horacio un peligro proverbial.
Cariclo (Χαρικλώ). 1) Hija de Apolo, de Perses o de Océano, que casó con el centauro Quirón y tuvo de él una hija, Ocírroe.
2) Ninfa compañera de Atenea que fue madre del adivino Tiresias.

3) Hija de Cicreo, rey de Salamina, que casó con el rey megarense Escirón. Fue madre de la esposa de Éaco, Endéis.

Cárites (Χάριτες). Según la versión más difundida, de Eurínome, hija de Océano y Tetis, y de Zeus son hijas las Cárites, hermosas jóvenes a las que se acostumbraba a representar en número de tres, desnudas y cogidas por el hombro. En una variante secundaria de la leyenda aparecen, sin embargo, como hijas de Leto. Antiguas diosas de la vegetación -frecuentemente confundidas con las Horas- al parecer pasan con el tiempo a ser asociadas a la belleza, el arte y actividades del espíritu en general. En Roma son invocadas bajo el nombre de Gracias.

Ellas tejieron el velo de Harmonía, acompañan a diosas, cantan o danzan en los banquetes de los dioses, etc.

Sus nombres suelen ser Áglaye, Eufrósine y Talía, aunque en ocasiones se habla también de Pasitea; Homero, sin embargo, cita a Cárite, en singular, como esposa de Hefesto.

Carmanor (Καρμάνωρ). Sacerdote cretense padre de Eubulo y Crisótemis.

Carme (Κάρμη). Hija de Eubulo o de Fénix. Uniéndose a Zeus, fue madre de la diosa cretense Britomartis. Según una tradición, habría sido conducida a Mégara como prisionera cuando ya era anciana, convirtiéndose en la nodriza de Escila, la hija del rey Niso.

Carmenta. Bajo la denominación de Carmenta es como se conoce en la mitología romana a la madre de Evandro, aunque su nombre real parece que era otro: Nicóstrata o Temis. Oriunda de Arcadia, donde se había unido al dios Hermes, recibió en Italia el nombre de Carmenta, porque poseía el don de la adivinación, y le atribuían a ella la elección del lugar en que habría de asentarse Evandro. Lo más probable es que la atribución de dotes proféticas derive de la interpretación de su nombre como *Carens menta,* refiriéndose al trance en que entraban las profetisas antes de emitir sus respuestas, o bien de la relación establecida con *carmen,* aludiendo al canto mágico u oráculo.

Algunas versiones presentaban a Carmenta como esposa de Evandro, y otras, en fin, la identificaban con una deidad de las generaciones.

Carna. También llamada Cardea, «la diosa de los goznes», participa Carna en una leyenda de Jano, el dios de las dos caras. Vivía esta ninfa en un bosque cercano a Roma y se mantenía virgen pese a los muchos pretendientes que había tenido. A veces, ante la insistencia de éstos, había tenido que huir rápidamente por el bosque y desaparecer. Cuando Jano expuso sus pretensiones, Carna se negó y quiso engañarle como a los demás, pero naturalmente falló, pues Jano logró ver cómo se escondía y se unió a ella. En recompensa le dio una rama de espino blanco, que tenía el poder de proteger los goznes y las aberturas de las puertas y ahuyentar a las Éstriges, especie de vampiros que chupan la sangre de los recién nacidos cuando quedan solos en la cuna.

Durante el día de las calendas de junio se celebraban en su honor unas fiestas en las que se comía truchas y habas.

Carno (Κάρνος). *Véase* HERACLIDAS.

Caronte (Χάρων). Genio del mundo subterráneo en cuya barca las almas de los muertos que han recibido las honras fúnebres debidas atraviesan los ríos que separan del Hades el reino de los vivos. Caronte cobra un óbolo a cada uno por este servicio, y de ahí la costumbre antigua de colocar la correspondiente moneda en la boca del difunto. Se niega, en cambio, a transportar a los muertos insepultos, que deben vagar durante cien años por las orillas del Cocito antes de ser admitidos en la morada de Hades. En cuanto a los vivos que intentan visitar el más allá, son igualmente rechazados por el barquero; no obstante, Eneas consiguió pasar las aguas de la muerte mostrando a Caronte una rama de oro de cierto árbol consagrado a Proserpina, y, por su parte, Heracles le obligó a ceder a fuerza de golpes.

La figura de Caronte es desconocida de Homero y Hesíodo, donde las almas de los muertos atraviesan por sí solas los ríos infernales conducidas por Hermes, y parece haberse perfilado principalmente entre los Latinos, partiendo quizá del genio de la muerte etrusco, que aparece en las pinturas de las tumbas como un demonio alado con un mazo en la mano; en Virgilio, Caronte es un anciano de larga barba blanca y ojos llameantes, con una capa andrajosa anudada a su cuello.

Cárope (Χάροψ). 1) Rey tracio padre de Eagro y abuelo de Orfeo.

2) Troyano muerto por Odiseo.

Cáropo (Χάροπος). Padre de Nireo, el pretendiente de Helena.

Carpo (Καρπώ). Nombre de una de las HORAS.

Casandra (Κασσάνδρα). Hija de Príamo y Hécuba que posee, al igual que su hermano gemelo Héleno, el don de la adivinación. Una versión de la leyenda, que pretende explicar cómo ambos hermanos obtuvieron simultáneamente tal cualidad, asegura que

–como es frecuente en otros muchos casos del mismo tipo– fueron lamidos por dos serpientes en el templo de Apolo. Los niños habrían sido olvidados allí durante una noche por sus padres. La versión más conocida, sin embargo, atribuye a Apolo tal concesión a Casandra. Éste le habría concedido el don de la profecía a cambio de los favores que Casandra le había prometido. Al no cumplir ésta su promesa, Apolo, irritado, le escupió en la boca, lo que llevaba consigo que, aunque profetizara acertadamente, no fuese creída por nadie. Este castigo –peor, sin duda, que la imposible privación del don otorgado– convierte a Casandra en un angustiado personaje que lucha inútilmente por ser creída. Múltiples son los ejemplos de las acertadas premoniciones que nadie cree: anuncia que Paris, que todavía no había sido reconocido como hijo de Príamo, será el causante de la ruina de Troya; insiste en lo mismo con ocasión del viaje de aquél a Grecia y lo repite cuando regresa con Helena; vaticina que será funesta la introducción en la ciudad del caballo de madera que los Griegos han dejado en la playa cuando simularon retirarse. Todo inútil. Nadie le da crédito. La ciudad cae, y Casandra se refugia en el templo de Atenea. Hasta allí la persigue Áyax Oileo que, sin respetar el lugar ni la estatua de la diosa a la que se ha abrazado Casandra, la arrastra violentamente.
A la hora del reparto del botín es asignada a Agamenón, quien se enamora profundamente de ella, haciéndole concebir dos gemelos: Pélope y Teledamo. Ante el regreso a Grecia al lado de Agamenón, una vez más profetizará, sin ser creída, que en Argos les espera la muerte, a manos de Clitemestra y Egisto, a Agamenón, a sus dos hijos y a ella misma; pese a ello, tendrá que hacer este viaje.

Casífones (Κασιφόνης). Hijo de Odiseo y de Circe.

Casiopea (Κασσιέπεια). 1) Según la leyenda más conocida, Casiopea, también llamada Casiepea o Casíope, fue la esposa de Cefeo, rey de los Etíopes. De este matrimonio nació Andrómeda, quien fue conducida por sus padres al sacrificio para aplacar a un monstruo marino enviado por Posidón con la intención de vengar la ofensa que Casiopea había inferido a las diosas del mar, al afirmar que era más hermosa que ellas.
2) Esposa de ÉPAFO que, en algunas versiones, recibe el nombre de Menfis.

Castalia (Κασταλία). Fuente de Delfos que lleva el nombre de una muchacha hija de Aqueloo que, perseguida por Apolo cerca de su templo, prefirió arrojarse a la fuente donde murió ahogada.

Cástor (Κάστωρ). *Véase* DIOSCUROS.

Catilo. Hermano de TIBURTO.

Catreo (Κατρεύς). Rey de Creta, hijo de Minos y de Pasífae, que tuvo un destino semejante al de Yolao. Un oráculo, en efecto, le anunció que moriría a manos de uno de sus cuatro hijos. Al saberlo, dos de ellos, Altémenes y Apemósine, se trasladaron a Rodas. Las otras dos hijas, Aérope y Clímene, fueron entregadas por su padre al navegante Nauplio para que las vendiese como esclavas. Catreo, en su vejez, creyendo que el oráculo se había equivocado, decidió visitar a su hijo en Rodas, pero, tomado por un pirata, murió en la refriega que se entabló a manos del propio Altémenes, dándose así cumplimiento al oráculo.

Cáucaso (Καύκασος). Pastor muerto por Crono con cuyo nombre bautizó Zeus a la cordillera.

Caucón (Καύκων). Héroe arcadio, hijo de LICAÓN y epónimo del pueblo de los Caucones, fulminado por Zeus con un rayo. Era, con Astidamía, padre de Lépreo.

Cauno (Καῦνος). Hijo de Mileto y Cianea y hermano de Biblis. Amado ciegamente por su hermana, huyó de su patria y pasó a Caria, donde fundó la ciudad de Cauno.

Cayeta. Nodriza de Eneas que, según la tradición, había huido de Troya con el héroe, muriendo en territorio itálico y siendo enterrada cerca de Terracina, en el lugar donde más tarde fundarían en su honor la ciudad de *Caieta* (hoy Gaeta).

Cebrén (Κεβρήν). Dios-río de Troya padre de Enone y Hesperia.

Cebríones (Κεβριόνης). Uno de los hijos bastardos de Príamo. Varias veces condujo el carro de su hermanastro Héctor en la guerra de Troya y luchó a su lado, hasta que fue muerto por Patroclo. Los Griegos ultrajaron su cadáver.

Cécrope (Κέκροψ). 1) La mayoría de las tradiciones hacen de Cécrope el primer rey de Atenas. Había nacido de la Madre Tierra y su cuerpo era una mezcla de hombre y de serpiente. Durante su reinado –cuenta Apolodoro– los dioses decidieron establecer cultos propios en las ciudades, y Posidón y Atenea se disputaron el Ática. Posidón llegó primero, golpeó la tierra con su tridente e hizo brotar un manantial; luego, vino la diosa y plantó un olivo. Zeus decidió que fueran jueces los dioses, y éstos otorgaron la ciudad a Atenea porque Cécrope dio testimonio de que había sido ella quien había llegado antes, aunque a veces se atribuye este acto a Erisictón o a Cránao. El romano Varrón refiere este mito en una forma más racionalista.

El nacimiento del primer olivo en el Ática habría coincidido con la aparición espontánea de un manantial. El rey Cécrope fue a consultar sobre el significado de estos fenómenos al oráculo de Delfos, que le respondió que el olivo era símbolo de Atenea y el agua de Posidón, con lo cual los Atenienses podrían elegir a una de estas dos divinidades para darle culto. Tuvo lugar una asamblea en la cual los hombres votaron por el dios y las mujeres por Atenea, venciendo estas últimas por ser más numerosas; entonces Posidón, irritado, inundó el Ática, y, para apaciguar su cólera, hubieron de decidir los Atenienses privar del voto a las mujeres y que, en lo sucesivo, los niños llevaran siempre el nombre del padre y no el de la madre. Cécrope casó con Aglauro, hija de Acteo, a quien algunos consideraron como el primer rey del Ática; tuvo tres hijas, Aglauro, Herse y Pándroso, y un hijo, Erisictón, que murió sin descendencia antes que su padre. Cécrope es, sin duda, uno de los primitivos reyes de tribu, contemporáneo, al parecer, del diluvio, y el mito de su doble naturaleza parece haberse desarrollado a partir de la imagen del hombre que llevaba una cola de serpiente como atributo real. Los sucesivos sinecismos que originaron la ciudad de Atenas justifican el hecho de que aparezcan varios reyes, cada uno de los cuales pasa por haber sido el primero; así Estrabón cuenta que, cuando el Ática, poblada por una serie de tribus independientes, fue atacada simultáneamente por los Carios desde el mar y los Beocios desde tierra, Cécrope reunió por primera vez a sus habitantes en doce ciudades (es decir, que los habitantes del Ática construyeron doce recintos amurallados), y que luego Teseo hizo de estas doce una sola, Atenas. Por otra parte, el matrimonio de Cécrope con la hija de Acteo supone la alianza de dos reyes del Ática, alianza que habría aumentado el poder de Cécrope, permitiéndole imponerse sobre los otros. A su vez, la aparición del olivo y del manantial en la acrópolis de Atenas, en tanto que interpretada como un hecho divino por el oráculo de Delfos, debió de contribuir no poco a la preponderancia de aquella parte del Ática sobre las demás.

La tradición celebra la inteligencia y el genio político de Cécrope, presentándolo como inventor de la escritura y de los censos; se decía, así mismo, que había enseñado a los hombres a construir murallas y a enterrar a sus muertos, y que había sustituido los sacrificios de sangre por ofrendas de tortas de cebada.

Le sucedió en el trono del Ática, que entonces era llamada Cecropia, Cránao.
2) Hijo de Erecteo y de Praxítea. Cuando murió Erecteo, Cécrope, Pandoro, Metión y Orneo se disputaron el trono de Atenas y decidieron someter el caso a la decisión de Juto, el marido de Creúsa, hija también de Erecteo. Juto hizo rey al mayor, Cécrope, a quien Metión y Orneo amenazaron de muerte e hicieron huir a Mégara y luego a Eubea; allí fundó una colonia junto con Pandoro. Sin embargo, su hijo Pandión volvió a ser rey de Atenas.

Céculo. Es un héroe romano, a quien se atribuye la fundación de Preneste. Se le asigna como padre a Vulcano, quien había fecundado en forma de chispa a la hermana de unos pastores llamados Depidios. Como tantos otros héroes fundadores de ciudades, Céculo fue abandonado nada más nacer junto a una hoguera. Por efecto del humo, al ser hallado por los mismos pastores daba la impresión de ser ciego (latin *caecus),* y de ahí procede su nombre.

Cedalión (Κηδαλίων). Habitante de Naxos que enseñó a Hefesto el arte de la forja.

Céfalo (Κέφαλος). Es hijo de Deyón y Diomede (o quizá de Hermes y Herse). Interviene en dos mitos muy conocidos. Uno, el rapto de que fue objeto por Eos, con la que tuvo un hijo, Faetonte; el otro, su boda con Procris. Un día Céfalo quiso probar la fidelidad de su esposa y, disfrazado, le ofreció regalos a cambio de que se entregase a él; la mujer se resistió al principio, pero acabó cediendo. Céfalo entonces se dio a conocer, y Procris, avergonzada y ofendida, huyó de su lado, aunque más tarde ambos se reconciliaron.
Al cabo del tiempo fue Procris la que se puso celosa, sobre todo al saber que, cuando su marido iba de caza, invocaba frecuentemente a una tal Brisa. Un día Procris, queriendo sorprenderlo, le siguió en la caza y se ocultó tras un matorral. Céfalo, oyendo ruido y creyendo que era un animal, disparó su jabalina, que no fallaba nunca, e hirió mortalmente a Procris. Ella, antes de expirar, averiguó que Brisa era solamente el viento (sobre otras versiones de la leyenda, *véase* PROCRIS).
Céfalo fue condenado al destierro, yendo a la isla de Cefalenia, así llamada en su honor por haber ayudado el héroe a ANFITRIÓN a conquistarla. Allí casó con Lisipe, de la que tuvo cuatro hijos, entre ellos Canes, el esposo de Evadne, la hija de Pelias.

Cefeo (Κηφεύς). 1) Rey de los Cefenos, un pueblo que suele ubicarse en Etiopía. Fue esposo de Casiopea y padre de ANDRÓMEDA. A su muerte, tanto Cefeo

como su esposa fueron transformados por Posidón en constelaciones. El trono de Cefeo pasó a manos de Perses, el hijo de Perseo y Andrómeda.
2) Rey de la ciudad arcadia de Tegea e hijo de Áleo y de Neera. Con su hermano Anfidamante participó en la expedición de los ARGONAUTAS, encontrándose también su nombre entre los cazadores que persiguieron al jabalí de Calidón. Cuando Heracles emprendió su campaña contra Hipocoonte, el rey de Esparta, buscó la alianza de Cefeo, que murió en esta guerra, en la que perecieron también sus hijos. Se contaba que el rey tegeata se había negado al principio a acompañar a Heracles por temor a que en su ausencia atacaran su ciudad los Argivos, y que entonces el héroe había entregado a Estérope, hija de Cefeo, como talismán un mechón de la cabellera de la Gorgona, que la muchacha debía levantar tres veces por encima de los muros de la ciudad, agitándolo en caso de que ésta fuera sitiada. Otra hija de Cefeo, Aérope, murió al dar a luz un hijo concebido de Ares.

Céfiro (Ζέφυρος). Personificación del viento del oeste. Fue hijo de Eos (la Aurora) y Astreo, como sus hermanos Bóreas (viento del norte), Noto (viento del sur) y Euro (viento del sudoeste). Uniéndose a la harpía Podarge engendró a Janto y a Balio, los dos caballos inmortales del héroe Aquiles. Se decía también que había amado al joven Jacinto y que, celoso de su rival Apolo, había causado la muerte del muchacho (sobre la leyenda de los amores de Céfiro y Cloris, *véase* FLORA).
Una tradición dudosa hace de Céfiro, con Iris, el padre de Eros.

Cefiso (Κηφισσός). Dios-río hijo de Océano y de Tetis; con Leiríope engendró a Narciso. *Véase* ÍNACO.

Ceice (Κήυξ). 1) Rey de Traquis que dio hospitalidad a Heracles cuando expiaba la muerte involuntaria del joven Éunomo. Acogió asimismo a los HERACLIDAS perseguidos por Euristeo. Por su parte, Heracles lo ayudó a defender su reino apartando de él a los Dríopes. Un hijo de Ceice, Hípaso, acompañó al héroe a la toma de Ecalia y murió allí, mientras que Temistónoe, hija también de Ceice, fue la esposa de Cicno, el temible bandido muerto por Heracles y enterrado por el propio Ceice.
2) Hijo de Eósforo –la estrella matutina– y distinto, al parecer, del anterior. Casó con ALCÍONE, la hija de Éolo.

Celeno (Κελαινός). Hijo de Posidón y de la danaide Celeno.

Celeno (Κελαινώ). 1) Hija de Atlante y de la oceánide Pléyone; es una de las siete PLÉYADES.

Unióse al dios Posidón y fue madre de Lico y Eurípilo entre otros, mientras que de su unión con Prometeo habrían nacido Lico, Quimereo y quizá también Deucalión.
2) Una de las HARPÍAS *(véase* ENEAS).
3) Una de las DANAIDES, que casó con Hiperbio, uno de los hijos de Egipto. Uniéndose a Posidón engendró un varón llamado también Celeno.
4) Una de las AMAZONAS que fue muerta por Heracles.
5) Hija de Híamo y madre, quizá, de Delfo con el dios Apolo.

Céleo (Κελεός). 1) Céleo, hijo de Raro en alguna versión de la leyenda, pasa por ser rey de Eleusis en la época en que Deméter recorría el mundo buscando a su hija Perséfone, que había sido raptada por Hades. Al llegar la diosa a Eleusis, bajo el aspecto de una anciana, se encontró con Calídice, Calítoe, Clisídice y Demo, hijas de Céleo y Metanira (o bien Neera), quienes la llevaron a su casa. Tomóla el rey a su servicio y le encomendó el cuidado de su hijo Demofonte. En agradecimiento por la acogida que le habían dispensado y en compensación por la desgracia que involuntariamente había causado a Demofonte, Deméter reveló las características de su culto, instituyendo los misterios de Eleusis y haciendo a Céleo su primer sacerdote. En algunas versiones de la leyenda, Triptólemo, a quien la diosa había enseñado la agricultura, aparece también como hijo de Céleo y Metanira.
2) Cretense que, en compañía de Cérbero, Egolio y Layo, intentó robar los panales de miel de la gruta en la que había nacido Zeus. No pudiendo éste fulminarlos con el rayo, por impedir las Moiras y Temis que lo hiciese en lugar tan sagrado, los metamorfoseó, respectivamente, en corneja, el ave llamada cérbero en griego, quebrantahuesos y tordo.

Celeutor (Κελεύτωρ). *Véase* ONQUESTO.

Celto (Κελτός). 1) Hijo de Polifemo y Galatea. Sería, en alguna versión, héroe epónimo de los Celtas.
2) Más frecuentemente, sin embargo, se hace epónimo de este pueblo a un hijo de Heracles.

Cencrias (Κεγχρίας). Hijo de Posidón y de PIRENE. Es epónimo de uno de los puertos de Corinto.

Ceneo (Κεινεύς). Abuelo de Leonteo, uno de los dos caudillos lapitas que acudieron a la guerra de Troya, Ceneo es un lapita hijo de Élato. Se cuenta que había nacido mujer, llevando el nombre de Cénide. Posidón se enamoró de ella y la complació en lo que era su deseo, convertirse en un hombre invulnerable. En esta nueva condición, Ceneo intervino en la lucha entre los Centauros y los Lapitas; como quiera que los primeros no pudieron vencerlo con sus armas, comenzaron a lanzar sobre él troncos de abeto, hasta que lograron sepultarlo vivo. Se contaba que bajo este peso Ceneo había bajado hasta el Tártaro, pero también que había logrado escapar del acoso al convertirse en un ave de alas resplandecientes, tal vez un flamenco. Se le incluía en el catálogo de los ARGONAUTAS, así como a sus hijos Corono, Foco y Príaso.

Cénide (Καινίς). *Véase* CENEO.

Centauro (Κένταυρος). 1) *Véase* IXIÓN.

2) Hijo de Apolo y de Estilbe, hermano, por tanto, de Lapites.

Centauros (Κένταυροι). Llamados también Hipocentauros, los Centauros son seres monstruosos, mezcla de hombre y caballo. Por lo general, se les representa con seis extremidades, a saber, cuatro patas de caballo y dos brazos humanos. Otras veces, sin embargo, tienen piernas humanas y parecen hombres en pie, de cuyo trasero surge la mitad posterior de un caballo. Según la leyenda, los Centauros vivían en los bosques y en las montañas de la Élide, Arcadia y Tesalia, y pasaban por ser muy rudos y de costumbres brutales. La palabra *centauro* no presenta una etimología muy clara y es posible que se trate de un gentilicio correspondiente a determinadas tribus de costumbres muy primitivas que se hubieran instalado en zonas montañosas de la península –quizá en Magnesia– permaneciendo marginadas del resto de la Hélade. De hecho, siempre se les describe como un pueblo, por ejemplo, cuando luchan con Heracles, o cuando son vencidos por los Lapitas en el famoso combate que aparece representado en las metopas del Partenón y en el frontón del templo de Zeus en Olimpia (*véanse* HERACLES, V 1 y PIRÍTOO). Comen la carne cruda y se emborrachan fácilmente, porque no están acostumbrados a beber vino. En ocasiones se habla de las *centauresas*, hembras de los Centauros, que viven con ellos en los montes. Por último, alguno de estos Centauros tiene personalidad propia y un tratamiento particular en la leyenda, como, por ejemplo, NESO, o QUIRÓN, dos figuras que resultarían inexplicables si los Centauros fueran monstruos fantásticos del tipo de las Sirenas o las Esfinges. Pero existe también una leyenda referida por Píndaro que da a los Centauros una genealogía divina, haciéndolos hijos de Centauro y de yeguas magnesias, aunque parece ésta una versión secundaria del mito; la más común hace a los Centauros hijos de Ixión y Néfele, o bien de Apolo y Estilbe.

Centímanos. Nombre latino de los HECATONQUIROS o Cienbrazos.

Ceo (Κοῖος). Uno de los TITANES, hijos de Úrano y Gea. Uniéndose a su hermana Febe, engendró a Asteria y Leto.

Cérbero (Κέρβερος). 1) Perro monstruoso de mordedura venenosa, hijo de Tifón y Equidna, que guardaba las puertas del Hades. Según Hesíodo, tenía cincuenta cabezas, si bien la mayoría de las tradiciones le atribuyen solamente tres; tenía cola de serpiente, y otras muchas serpientes le nacían del lomo. Su misión era impedir la salida a los muertos y la entrada a los vivos. No obstante, la sibila de Cumas, guía de Eneas en su bajada a los Infiernos, consiguió dormirlo dándole una especie de pastel, y Orfeo lo amansó con la música de su lira; en cuanto a HERACLES *(véase* su undécimo trabajo), luchó con él y lo venció con sus solas fuerzas, llevándolo ante Euristeo como le había sido ordenado.

2) Véase CÉLEO.

Cércafo (Κέρκαφος). Es uno de los llamados HELÍADAS. Casado con su sobrina CIDIPE, fue padre de Lindo, Camiro y Yáliso. Reinó en Rodas a la muerte de su hermano ÓQUIMO.

Cercéis (Κερκηΐς). Una de las OCEÁNIDES.

Cercestes (Κερκέστης). Uno de los hijos de EGIPTO.

Cerción (Κερκυών). 1) Hijo de Posidón o de Hefesto, según las versiones, manifestaba el arcadio Cerción una enorme crueldad, como lo demuestra su comportamiento con su hija ÁLOPE. Era, por otra parte, un extraordinario luchador, que obligaba a pelear con él a todos los que pasaban por el camino que conduce desde Eleusis a Mégara, donde él tenía su guarida. Nunca había sido vencido hasta que se enfrentó a Teseo, por quien fue muerto.

2) Hijo de AGAMEDES.

Cercira (Κέρκυρα). *Véase* CORCIRA.

Cercopes (Κέρκωπες). Eran llamados Cercopes dos enanos gemelos, hijos de la oceánide Tía, que vivían en Libia y se dedicaban a robar a los viajeros. Cuando Heracles pasó por allí, los Cercopes intentaron llevarse sus armas, aprovechando un momento en que se había quedado dormido, pero el héroe despertó a tiempo y no le costó mucho atrapar a los dos ladrones y colgarlos cabeza abajo de los extremos de una vara; tanto le divirtieron, sin embargo, sus chanzas y sus grotescos ademanes, que acabó por perdonarles y los dejó en libertad. Pero, al fin, Zeus, irritado por sus continuas fechorías, los convirtió en monos; los Romanos pretendían que los descendientes de estos Cercopes habían dado nombre a la isla de Pitecusas («isla de los monos», situada frente a la bahía de Nápoles y llamada también Enaria). Existían además otras tradiciones que ponían a los Cercopes en relación con otros lugares del mundo griego; parece que todas estas historias se han originado durante los primeros contactos de los viajeros antiguos con los pigmeos. El castigo de los Cercopes por Heracles aparece representado en una conocida metopa del templo de Selinunte.

Cerdo (Κερδώ). Esposa de Foronco y madre, en algunas versiones, de PELASGO.

Cerebia (Κηρεβία), En algunas versiones, madre, con Posidón, de Dictis y Polidectes.

Ceres (Κῆρες). Las Ceres son genios hijas de la Noche y hermanas de las Moiras. Parecen ser, en principio, seres alados, que funcionan como destinos de cada hombre. Cuando combaten Héctor y Aquiles, Zeus pesa las Ceres de cada uno, para saber quién va a morir. Pesa más el platillo que tiene la Cer de Héctor y el héroe muere. También en la *Ilíada* se dice que Aquiles tiene dos Ceres, una que le hará morir y en cambio otra que le concederá una larga vida. En época clásica se las confunde con las Erinias y las Moiras. Son espíritus malignos, causantes de toda clase de desgracias: cegueras, enfermedades e, incluso, la muerte, cebándose en los cadáveres con sus largas uñas.
En Atenas se les ofrecían sacrificios para aplacarlas en fiestas especiales. Aunque debieron de ser muy representadas, es difícil identificar a las Ceres entre las figuras de las artes plásticas.

Ceres. Bajo este nombre es conocida en Roma la diosa griega DEMÉTER. Para más detalles, *véase* TELUS.

Cérice (Κήρυξ). Hijo de Hermes y de Aglauro, según unos, y de Eumolpo, el rey tracio fundador con Céleo de los misterios de Eleusis, según otros. Se decía que de este Cérice («heraldo») descendían los heraldos que actuaban en dichos misterios.

Cérines (Κερύνης). Hijo de TÉMENO. *Véase* DEIFONTES.

Ceroesa (Κερόεσσα). Hija de Io y de Zeus que, uniéndose a Posidón, engendró a Bizante.

Cestrino (Κεστρῖνος). Hijo de Héleno y ANDRÓMACA.

Ceto (Κητώ). 1) Monstruo marino, cuyo nombre se relaciona con la voz griega κῆτος, que designa a los animales acuáticos de gran tamaño y ferocidad, tales como las ballenas, los cocodrilos y los hipopótamos. En el mito, Ceto es hijo de Ponto y de Gea,

teniendo por hermanos a las también divinidades marinas Nereo, Forcis, Taumante y Euribia. Uniéndose a Forcis, engendra a las Grayas, a las Gorgonas, quizá a Equidna y Escila, al dragón Ladón, custodio de las manzanas de oro del jardín de las Hespérides, y tal vez también a las propias Hespérides.
2) Una de las NEREIDAS.
Cíane (Κυάνη). Ninfa de Siracusa compañera de juegos de Perséfone que fue transformada en fuente por Hades cuando éste raptó a la diosa.
Cianea (Κυανέη). Hija del dios-río Meandro; en algunas versiones, madre de Cauno y Biblis.
Cianipo (Κυάνιππος). Argivo hijo de Egialeo y de Cometo que participó en la guerra de Troya. Fue uno de los que se introdujeron en el caballo de madera.
Cíbele (Κυβέλη). Cíbele es la gran madre de los dioses de Anatolia. En un principio debía ser una diosa de la fertilidad y de la naturaleza salvaje, que está bajo su poder, así como de los animales que habitan en sus dominios. Es diosa de las montañas, sobre algunos de cuyos nombres se formaron epítetos suyos, como Dindimene, Sipilene, Berecintia, etc. Más tarde amplía sus funciones, enviando y curando enfermedades, dando oráculos y protegiendo a su pueblo en la guerra.
Desde el Asia Menor su culto pasó a Grecia (*véase* DIONISO), donde pronto fue asimilada a Rea, teniendo también como servidores a los Coribantes y a los Dáctilos frigios, aunque carece prácticamente de mitos (*véanse,* sin embargo, ATIS y AGDISTIS). Se mencionan, por otra parte, como esposos de la diosa a Olimpo, a Gordias, con quien habría engendrado a Midas, y a Sangario, que le habría dado a Nicea.
Más importancia adquirió esta diosa en Roma, donde fue introducida desde Frigia, al parecer a finales del s. III a.C. Su culto estaba en principio limitado al templo del Palatino y servido sólo por sacerdotes orientales. Desde Claudio, el culto quedó abierto a todos los ciudadanos, celebrándose unas fiestas en su honor en la primavera rodeadas de celebraciones misteriosas y de ritos orgiásticos en los que persistían elementos bárbaros. Desde los primeros tiempos se trajo de Pesinunte, principal templo de adoración de Cíbele, la llamada «piedra negra» que simbolizaba a la diosa.
Sus imágenes más antiguas fueron, como se ha visto, piedras; más tarde se creó un modelo en el que Cíbele aparece sentada en un carro tirado por leones (se contaba que éstos eran los leones en los que habían sido transfor-

mados HIPÓMENES y ATALANTA, castigados así por Zeus por haber hecho el amor en el interior de uno de sus templos), con el *tímpanon* en la mano izquierda y, algunas veces, el cuerno de la abundancia o un cetro. Suele llevar un largo velo sujeto por una corona de torres.

Cibeles. *Véase* el anterior.

Cícico (Κύζικος). Rey de los Doliones. *Véase* ARGONAUTAS.

Ciclopes (Κύκλωπες). Son seres hijos de Úrano y Gea, de enorme estatura, tremenda fuerza y muy hábiles, con un solo ojo en la frente (los de «ojo circular» parece que significa su nombre). Los primeros Ciclopes son tres, Brontes, Estéropes y Arges, que personificaban, respectivamente, el trueno, el relámpago y el rayo. Fueron arrojados del cielo y encadenados en el Tártaro por Úrano, aunque luego Crono los liberó. Más tarde fueron encadenados otra vez por el propio Crono, siendo liberados definitivamente por Zeus, por instigación de Gea, y por haber sabido por un oráculo que sólo conseguiría la victoria contra Crono si liberaba a todos los encadenados en el Tártaro. Realizó esta tarea matando a Campe, la monstruosa guardiana del Tártaro. Los Ciclopes, agradecidos, armaron entonces a los dioses, proporcionando a Zeus el rayo y el trueno, a Posidón el tridente y a Hades el casco que lo hacía invisible, armas con las que éstos derrotaron a los Titanes. Según otra versión, la donación del rayo y del trueno sería muy anterior, habiéndolos forjado los Ciclopes cuando Zeus era niño. A pesar de ser inmortales, hay una leyenda que contaba su muerte. Cuando Zeus fulminó con su rayo a Asclepio, por haber resucitado a un hombre, su padre Apolo mató en venganza a los Ciclopes, por lo cual fue castigado a servir durante un año como esclavo de Admeto.

Como hijos suyos, o bien como unos Ciclopes diferentes, hay que considerar a toda una serie de seres que servían a los dioses, y sobre todo a Hefesto, como forjadores de todo tipo de objetos. Habitaban en Sicilia, y el ruido producido por sus forjas y fuelles se oía en todos los volcanes de la isla. Son los constructores del velo de hierro que no dejaba ver a los Titanes la luz del sol, los que labraron las murallas de Tirinto y de Argos y otra serie de trabajos. Se les llamaba Quirogástores, «los que viven con el trabajo de sus manos».

En la *Odisea* aparecen unos Ciclopes habitantes del sur de Italia, orgullosos y salvajes, que no cultivaban las tierras y vivían en cavernas. El principal representante es POLIFEMO, el hijo de Posidón cegado por Odiseo.

Los Ciclopes parecen haber sido en principio el recuerdo de los forjadores de bronce de la Hélade primitiva. Se ha intentando explicar su único ojo por el parche con el que con frecuencia se cubren un ojo los herreros para evitar las chispas que salen del yunque.

Cicno (Κύκνος). 1) Hijo de Posidón y de Cálice. Acudió a Troya como aliado de los Troyanos y luchó eficazmente contra los Aqueos hasta que Aquiles consiguió darle muerte. Como no podía herirlo, porque era invulnerable, lo ahogó. A su muerte, su padre Posidón lo transformó en cisne. Este héroe no aparece mencionado en los poemas homéricos.

2) Hijo de Posidón y de Escamandródice. Era rey de Colonas, ciudad próxima a Troya. Habiendo sido abandonado en la orilla del mar al nacer, un cisne cuidó de él hasta que fue descubierto por unos pescadores. Casó con Proclea, hija de Laomedonte, o bien de Clitio, y luego, al morir ésta, con Filónome, hija de Trágaso. Pero Filónome se enamoró de su hijastro TENES.

3) Hijo de ARES y Pirene. Este Cicno había desafiado a Heracles junto al Equedoro, pequeño río macedonio, siendo muerto por él; entonces su padre Ares quiso vengarlo, pero Zeus se valió de su rayo para impedir la lucha. Se confunde con el siguiente.

4) Hijo de Ares y de Pelopia. Vivía en Itono, ciudad de la Ftiótide situada en el camino hacia Delfos. El terrible Cicno desafiaba a sus huéspedes a una carrera de carros en la que siempre vencía él; después los sacrificaba a su padre Ares. Disgustado Apolo con la conducta de Cicno, incitó a Heracles a que aceptase su desafío: Heracles llevaría como auriga a Yolao y Cicno al propio Ares. Se produjo en la carrera un choque tan violento que los dos cayeron del carro y, tras un breve combate, Heracles mató a Cicno; también esta vez intervino Ares, y Zeus separó con su rayo a los dos contendientes. Cicno fue enterrado por Ceice, padre de su esposa Temistónoe, en el valle del Anauro, pero el río creció por orden de Apolo y se llevó su tumba.

5) Hijo de Apolo y de Tiria, hija de Anfínomo. Vivía en Etolia. Era muy hermoso y se enamoró de él Filio, amigo de Heracles. Cicno, que rechazaba a todos sus pretendientes, impuso a Filio una serie de pruebas cada vez más difíciles y, finalmente, éste se cansó y lo abandonó; desesperado, Cicno se arrojó a un lago junto con su madre, y Apolo convirtió a ambos en cisnes.

6) Rey de Liguria. Apolo le había dotado de una hermosa voz. Era amigo de Faetonte, cuya muerte lloró durante mucho tiempo. Al

fin fue transformado en cisne por Apolo. Algunos veían a este Cicno inmortalizado en la constelación del Cisne, aunque lo más frecuente es considerar que dicha constelación fue colocada por Zeus en el cielo para conmemorar su unión con LEDA.

Cicón (Κίκων). Epónimo del pueblo de los Cícones. Era considerado como hijo de Apolo.

Cicreo (Κυχρεύς). Hijo de Posidón y de la ninfa Salamina, Cicreo fue el primer rey de la isla que llevó en adelante el nombre de su madre. Tuvo una hija, Glauce, que casó con el héroe Telamón, quien, fugitivo de Egina, se habría refugiado en la corte de Cicreo, heredando más tarde su reino; sin embargo, según otra leyenda, Telamón fue hijo de Glauce, que habría casado con Acteo. Como hija de Cicreo aparece también Cariclo, quien habría casado con el rey megarense Escirón, siendo madre de Endéis, la esposa de Éaco y madre de Telamón.

Como tantos otros héroes griegos fundadores de dinastías, Cicreo estaba relacionado con una serpiente. Se contaba, en efecto, que el héroe había obtenido el trono de Salamina tras haber dado muerte a una peligrosa serpiente que devastaba la isla, mientras que, por otro lado, en una leyenda transmitida por Estrabón esta serpiente había sido criada por el propio Cicreo, siendo Euríloco quien libró a Salamina del animal.

Sea como fuere, Cicreo recibió en la isla culto de héroe, y, de acuerdo con la tradición, cuando iba a celebrarse en aquel lugar la famosa batalla entre Griegos y Persas, apareció entre las naves de los primeros una serpiente; consultado el oráculo de Delfos, reveló que se trataba del propio Cicreo que anunciaba a los Helenos la victoria.

Cidipe (Κυδίππη). 1) Hija de Óquimo y de Hegetoria. Casó con su tío Cércafo y, en compañía suya, reinó en la isla de Rodas. De este matrimonio nacieron tres hijos: Camiro, Lindo y Yáliso.

2) Joven ateniense de extraordinaria belleza que protagonizó una hermosa leyenda de amor con ACONCIO.

Cidón (Κύδων). Hijo de Hermes o de Apolo y de Acacálide, la hija de Minos. Se le consideraba como fundador de la ciudad cretense de Cidonia.

Cienbrazos. *Véase* HECANTOQUIROS.

Cila (Κίλλα). Una de las hijas de LAOMEDONTE. Esposa de TIMETES.

Cilanto (Κύλανθος). Hijo del ateniense Leos.

Cilarabes (Κυλαράβης). Hijo de Esténelo que fue rey de Argos. Murió sin descendencia, ocupando entonces su trono Orestes.

Cílaro (Κύλλαρος). Nombre, según algunos, del caballo de Cástor. *Véase* DIOSCUROS.

Cilene (Κυλλήνη). Esposa de Pelasgo y madre de Licaón según Apolodoro.

Cílix (Κίλιξ). Uno de los hijos de Agenor, hermano, por tanto, de EUROPA. Es héroe epónimo de Cilicia. Hija suya era Teba.

Cimatolege (Κυματολήγη). Una de las NEREIDAS.

Cimo (Κυμώ). Una de las NEREIDAS.

Cimódoce (Κυμοδόκη). Una de las NEREIDAS.

Cíniras (Κινύρας). Hijo de Apolo y de Pafo que pasa por ser el primer rey de Chipre, aunque no era oriundo de esta isla, sino de Biblo, ciudad asiática situada al norte de Siria. Fue contemporáneo de la guerra de Troya, y, con ocasión de la misma, fue instado por los Griegos a participar como aliado. Accedió Cíniras de mala gana comprometiéndose a enviar cincuenta naves y cumplió, en efecto, su promesa, pero a Áulide sólo llegó una, porque las cuarenta y nueve restantes habían sido hechas de barro. Al terminar la guerra Cíniras acogió en su territorio, dándole además como esposa a su hija Eune, a Teucro, que había sido desterrado de Salamina por su padre Telamón. Otra hija suya, Laódice, casó con Élato, un hijo de Árcade; otra, Mírice, fue transformada en tamarisco.

Cíniras es conocido por el involuntario incesto cometido con su hija Mirra, del que nació ADONIS. Algunas leyendas afirman que Cíniras, al enterarse, se dio muerte a sí mismo.

Es el introductor del culto de Afrodita en Chipre.

Cinortas (Κυνόρτας). Héroe laconio hijo de Amiclas y Diomede. Hermano suyo era Hiacinto. *Véase* PERIERES.

Cipariso (Κυπάρισσος). 1) Hijo de Télefo, Cipariso (en griego *ciprés)* fue un joven de extraordinaria belleza amado por Apolo. El muchacho había criado un ciervo al que tenía en gran estima, pero un día lo mató sin querer y, desesperado, rogó a Apolo que le permitiera llorar eternamente al animal perdido; el dios accedió a su deseo, convirtiéndolo en ciprés, el árbol que simboliza la tristeza. Sin embargo, según otra tradición, los cipreses no debían su nombre al joven Cipariso, sino a las hijas de un rey de Orcómeno que se habían ahogado en una fuente mientras celebraban con su danza la fiesta de Deméter y Core, siendo transformadas por Gea en dichos árboles.

2) Héroe beocio, hijo de Minias y hermano de Orcómeno, que dio nombre a la ciudad de Cipariso, situada en el monte Parnaso.

Cipris (Κύπρις). Epíteto de la diosa AFRODITA. Al parecer relacionado con la isla de Chipre, uno de los centros más importantes de su culto.

Cípselo (Κύψελος). Rey de la Arcadia, hijo de Épito, en cuyo tiempo iniciaron los Heraclidas la conquista del Peloponeso. Cípselo garantizó la independencia de su propio territorio casando a su hija Mérope con uno de ellos, Cresfontes, que fue luego rey de Mesenia; de esta unión nació un hijo, al que se dio también el nombre de Épito. Algún tiempo después, Polifontes, otro de los Heraclidas, dio muerte a Cresfontes y ocupó el trono, desposándose con Mérope por la fuerza; sin embargo, el niño Épito fue salvado y criado por Cípselo, quien le ayudó años más tarde a vengar a su padre y a recuperar el reino. La alianza entre Arcadia y Mesenia duró mucho tiempo, viéndose fortalecida por las guerras con Esparta.

Circe (Κίρκη). Hija de Helio y de la oceánide Perse o, según otros, de Hécate. Es hermana del rey de la Cólquide Eetes, y también de Pasífae, la esposa de Minos. Aparece en la *Odisea (véase* ODISEO) y en la leyenda de los ARGONAUTAS. En ambos casos se trata de una hechicera, al igual que su sobrina Medea. Según ciertas tradiciones latinas, sería la madre del héroe Latino (si es que no es hijo de FAUNO), quien tendría como padre al propio Ulises; otras veces son los héroes Romo, Antias y Árdeas –epónimos de las ciudades de Roma, Antio y Árdea– así como Ausón, el epónimo de Ausonia, Agrio, Casífones y TELÉGONO los que figuran como hijos de Circe y Ulises. *Véase* también PICO.

Cirene (Κυρήνη). Era hija de Hipseo, rey de los Lapitas, y de Clidanope, también llamada Trica. Ninfa tesalia, prefería la caza a todo lo demás, cuidando los rebaños de su padre en los bosques del Pindo. Cuando un día Apolo le vio matar a un león sólo con sus manos, se enamoró de ella y, después de haber sido informado de su identidad por el centauro Quirón, la raptó con su carro de oro y le donó el país que se llamó de Cirene. Tuvo dos hijos, Aristeo y Autuco. Según otra versión, difundida en época helenística, la fundación de la ciudad de Cirene fue debida a que la ninfa mató un león que asolaba la región, pues el rey de Libia, Eurípilo, había prometido una parte de su territorio a quien lo matase.

Desempeña un papel en la leyenda de Aristeo contada por Virgilio, ya que en su palacio de cristal, en este caso construido bajo el río Peneo, aconsejó a su hijo que consultase a Proteo sobre sus desgracias.

Ciseo (Κισσεύς). 1) Uno de los hijos de EGIPTO.
2) Rey tracio que, en algunas versiones, casado con Teleclea, es el padre de Hécabe y Téano.
Citerón (Κιθαιρών). Citerón fue un rey de Platea, epónimo de una cercana montaña en la que se ubican gran número de episodios de la mitología griega. Según una leyenda, Citerón era un joven de gran belleza a quien amaba la erinia Tisífone; al no ser correspondida, ella le transformó un cabello en una serpiente que le produjo la muerte al morderle. En recuerdo suyo se dio su nombre a la montaña que hasta entonces se denominaba Asterión. Durante su reinado en Platea, Citerón recibió la visita de Zeus, que estaba desesperado porque Hera, enfadada, rehuía sus caricias. Citerón aconsejó a Zeus que modelase en un tronco de árbol el cuerpo de una mujer y que, luego, lo colocase en una carreta de bueyes envuelto en un manto, mientras él se encargaba de propalar que el padre de los dioses había raptado a Platea, la hija de Asopo. Al llegar el rumor a oídos de Hera, bajó rauda del cielo e, irritada, arrancó el manto que envolvía a la estatua. Sonrió al comprobar que se trataba de un ardid y se reconcilió con Zeus (*véase* también ALALCOMENEO).
Citisoro (Κυτίσσωρος). Hijo de Frixo y de Calcíope.
Cleobule (Κλεοβούλη), En algunas versiones, esposa de AMINTOR.
Cleodeo (Κλεόδαιος). Hijo de Hilo y de Yole y padre de Aristómaco y de Leonasa, la esposa de Neoptólemo en alguna versión.
Cleodora (Κλεοδώπα). 1) Ninfa que, con Posidón, fue madre de Parnaso.
2) Una de las DANAIDES.
Cleodoxe (Κλεοδόξη). Una de las NIÓBIDES.
Cléola (Κλεόλα). En algunas versiones, esposa de Atreo y madre de Plístenes; en otras, esposa de Plístenes y madre de Agamenón, Menelao y Anaxibia.
Cleopatra (Κλεοπάτρα). 1) Hija de Bóreas y Oritía que estuvo casada con FINEO, de quien engendró a Pandión y a Plexipo.
2) Hija de Idas y Marpesa que estuvo casada con Meleagro, a quien sólo ella pudo convencer para que volviese al combate en compañía de los Calidonios contra los Curetes. A la muerte de Meleagro, puso fin a su vida ahorcándose.
3) Hija de Tros y Calírroe.
4) Nombre que reciben dos de las DANAIDES. Una mató a Agenor; la otra a Hermo, hijos ambos de Egipto.
Cleotera (Κλεοθήρα). Hija de PANDÁREO.
Clesónimo (Κλησώνυμος). *Véase* CLITÓNIMO.
Clidanope (Κλιδάνωπη). Clidanope es, en algunas versiones, la

esposa de Hipseo y madre de Cirene y Temisto (*véase,* sin embargo, TRICA).

Clímene (Κλυμένη). 1) Una de las OCEÁNIDES. Según Hesíodo, casó con Jápeto, y fue madre de Atlante, Menecio, Prometeo y Epimeteo, pero también se dice que casó con Prometeo y que concibió con él a Helén y Deucalión; Ovidio, por su parte, habla de su unión con Helio –el Sol–, de la que habrían nacido Faetonte y las Helíades.

2) Hija del rey cretense Catreo y madre con Nauplio de Palamedes, Éax y Nausimedonte.

3) Una de las hijas de Minias, rey de Orcómeno. Se dice que con Fílaco, hijo de Deyón, de quien concibió a Ificlo y a Alcímeda, la madre de Jasón; otra leyenda, sin embargo, la hace madre de Atalanta por su matrimonio con el hijo de Licurgo, Yaso.

4) Una de las NEREIDAS.

5) Ninfa de Misia que, uniéndose al héroe Partenopeo, concibió de él a Tlesímenes.

Clímeno (Κλύμενος). 1) Antiguo rey de Olimpia, hijo de Cardis, que habría llegado allí, procedente de la ciudad cretense de Cidonia, unos cincuenta años después del diluvio de Deucalión. Se decía que había creado los famosos Juegos Olímpicos en honor de Heracles Ideo, el héroe de quien Clímeno afirmaba descender. Más tarde fue destronado por Endimión.

2) Rey de la Arcadia que se enamoró de su hija HARPÁLICE.

3) Rey de la ciudad beocia de Orcómeno. Sucedió en el trono de la ciudad al epónimo de la misma, que no había tenido descendencia, aunque, según alguna fuente, Clímeno habría sido hijo de Orcómeno. Fue muerto por Perieres en un bosque consagrado a Posidón, cerca de la ciudad de Onquesto. Ergino, uno de sus hijos, habido de Búcige, vengó su muerte, imponiendo a los Tebanos un tributo de cien bueyes.

4) Padre de Eurídice, la esposa de Néstor.

5) Hijo de Eneo y Altea.

6) Uno de los hijos de Heracles y Mégara que fueron muertos por el héroe durante el ataque de locura que padeció.

7) Uno de los epítetos del dios Hades.

Clío (Κλειώ). Una de las nueve MUSAS. Se la consideró como protectora de la poesía épica y sobre todo de la historia, apareciendo frecuentemente en las representaciones clásicas con un rollo de escritura en las manos. Se decía que, en cierta ocasión, Clío se había burlado de la pasión que sentía por Adonis la diosa Afrodita y que ésta la había castigado haciendo que se enamorara de Píero, el hijo de Magnes, y concibiera de él a Hiacinto (sin embargo, *véase* este nombre). El dios Himeneo y el músico Lino aparecen en la tradición como hijos de una musa, que a veces resulta ser Clío.

Clisídice (Κλεισιδίκη). Una de las hijas de CÉLEO.

Clisitera (Κλεισιθήρα). Hija de Idomeneo y de Meda que fue muerta por el cretense LEUCO.

Clite (Κλείτη). Una de las DANAIDES.

Clitemestra (Κλυταιμήστρα). Una de las Tindárides, hija de Tindáreo y de Leda; hermana de Helena, Timandra y Filónoe, así como de los Dioscuros. La leyenda decía que Clitemestra y Helena eran mellizas, pero no del mismo padre, pues, mientras la primera era hija de Tindáreo, Helena habría sido concebida en la unión de Leda con Zeus transformado en cisne. Casó primero con Tántalo, el hijo de Tiestes o de Bróteas, y, cuando Agamenón dio muerte a su marido y a sus hijos, los Dioscuros lo obligaron a casarse con la viuda. De este segundo matrimonio tuvo Clitemestra cuatro hijos: Crisótemis, Laódice (confundida más tarde con Electra), Ifianasa (llamada más tarde Ifigenia) y Orestes. Años después, Clitemestra cometió adulterio con su primo Egisto aprovechando la ausencia de AGAMENÓN, que se encontraba en la guerra de Troya, y, cuando éste regresó, hubo de asesinarlo para que no llegara a conocer lo ocurrido. Sin embargo, el hijo menor de ambos, ORESTES, se constituyó en vengador de su padre y dio muerte a Clitemestra. Estos hechos inspiraron al poeta Esquilo su *Orestea*, así como las tragedias de Sófocles y de Eurípides que llevan el título de *Electra*.

Clitemestra tuvo con Egisto dos hijos, Aletes y ERÍGONE.

Clitia (Κλυτία). 1) Ninfa amada por Helio que fue abandonada sin embargo cuando el dios se enamoró de Leucótoe. Celosa de su rival, Clitia hizo saber los amores de la muchacha al padre de ésta, quien la encerró en una cueva hasta su muerte. Desde entonces Helio odió a Clitia y rechazó su amor una y otra vez, pero la infeliz ninfa no cesó de perseguir a su antiguo amante, convirtiéndose en heliotropo, la flor que busca siempre el sol.

2) Concubina de AMINTOR.

3) Hija de PANDÁREO y hermana de Camiro.

4) Esposa de Eurípilo, rey de Cos.

5) En algunas versiones, esposa de Tántalo y madre de Pélope.

6) Una de las OCEÁNIDES.

7) Una de las NIÓBIDES.

Clitio (Κλυτίος). 1) Uno de los GIGANTES. Durante la Gigantomaquia, Clitio fue muerto por las antorchas de Hécate, o bien por Hefesto.

2) Hijo del rey de Ecalia ÉURITO y de Antíope o Antíoque. Junto con su hermano Ífito se unió a la expedición de los ARGONAUTAS.
3) Uno de los ancianos de Troya, hijo de Laomedonte y hermano de Príamo.
4) Uno de los hijos de Fineo.
5) Ateniense, padre de Feno, la esposa de Lamedonte, el rey de Sición.
Clito (Κλεῖτος). 1) Hijo de Mantio o bien de Melampo, Clito fue un joven de gran belleza a quien raptó Eos (la Aurora) para colocarlo entre los inmortales.
2) Uno de los hijos de EGIPTO que casó con la danaide Clite.
3) Hijo de Poliido que participó en la expedición de los Epígonos y en la guerra de Troya.
4) Troyano muerto por Teucro.
Clitodora (Κλυτοδώρα). Esposa de Minias con quien engendró a Presbón, Periclímene y Eteoclímene.
Clitónimo (Κλυτώνυμος). Joven muerto por PATROCLO. También llamado Clesónimo.
Clonia (Κλονία). Ninfa que, en algunas versiones, con Hirieo fue madre de Lico y Nicteo.
Cloris (Κλῶρις). 1). Hija de Anfión y de Níobe. Consiguió escapar a la matanza de los NIÓBIDAS, junto con su hermano Amiclas, pero pasó tanto miedo durante ella que no perdió ya nunca la palidez verdosa de su rostro aterrorizado, razón por la cual se la llamó Cloris (χλωρός significa *verde)*, quedando olvidado su verdadero nombre, que era Melibea.
Más tarde, Neleo, el fundador de Pilos, se enamoró de ella y la hizo su esposa. Cloris le dio doce hijos varones –uno de los cuales fue Néstor, el anciano rey pilio que aparece en la *Ilíada*– y una hija, Pero.
2) Una de las PIÉRIDES.
3) Ninfa griega mencionada por Ovidio, que identifica con ella a la diosa latina FLORA.
4) Hija de Orcómeno que, uniéndose a Ámpico, engendró al argonauta lapita Mopso.
Cloto (Κλωθώ). Una de las MOIRAS o Parcas. Su nombre se relaciona con el verbo griego κλώθω (*hilar*) y de ella se decía que *hilaba* el destino de los hombres.
Cócalo (Κώκαλος). Cócalo es un rey de la ciudad de Camico, en Sicilia, relacionado con la muerte de Minos. Cuando Dédalo huyó volando de Creta, llegó hasta Sicilia, donde fue muy bien acogido por Cócalo, a lo que él correspondió erigiendo magníficos edificios. Lo persiguió hasta allí Minos y se valió de una astucia para descubrirlo. En todas partes por donde pasaba planteaba un problema que él sabía que sólo Dédalo resolvería. El problema era pasar una hebra de lino enhebrándola en la concha de un caracol. En Sicilia Cócalo

logró hacerlo, si bien con la ayuda de Dédalo que ató un hilo finísimo a una hormiga e hizo pasar a ésta por las espirales del caracol, pero las hijas de Cócalo, no consintiendo perder un hombre tan maravilloso, vertieron, a través de una cañería inventada por Dédalo, agua hirviendo mientras Minos se bañaba. Cócalo aseguró a los Cretenses que su muerte había sido accidental.

Cocimo (Κοκκυμώ). *Véase* PLÉYADES.

Cocito (Κωκυτός). Río del mundo subterráneo que constituía uno de los límites del Hades, junto con el Aqueronte, del que era afluente. Su nombre se deriva del verbo griego κωκύω *(gemir, lamentarse)*, y se decía que estaba formado por las lágrimas de los muertos que, no habiendo recibido las honras fúnebres debidas, tenían que andar errantes durante cien años por sus orillas hasta que les fuera permitido entrar en el Hades.

Codro (Κόδρος). Éste es uno de los personajes que están a caballo entre la historia y el mito. En las leyendas existentes sobre él aparece como hermano o como hijo de Melanto. De cualquiera de las formas, le sucedió en el trono del Ática. Con ocasión de una invasión de los Peloponesios contra el Ática, el oráculo de Apolo en Delfos vaticinó que saldrían vencedores los invasores si respetaban la vida de Codro. Al tener éste noticia del oráculo, salió de la ciudad disfrazado de mendigo y consiguió provocar una reyerta con soldados enemigos, en la que fue muerto.
Cuando los Peloponesios supieron que habían dado muerte al rey, se retiraron. Los Atenienses, según una versión del mito, decidieron no tener más reyes, en tributo al sacrificio de Codro.
Hijos suyos fueron Androclo y Neleo.

Cometes (Κομήτης). 1) Hijo de Esténelo que cometió adulterio con EGIALEA, la esposa de Diomedes.
2) Hijo de TISÁMENO.
3) Tesalio padre del argonauta Asterión.

Cometo (Κομαιθώ). 1) Hija de Pterelao, rey de los Telebeos. Se enamoró de Anfitrión, que, con Céfalo, había entablado una guerra contra su pueblo, por lo que, una noche, cortó el bucle de oro que Posidón había regalado a su padre y que lo hacía inmortal e invencible. Pterelao murió pronto, siendo los Telebeos derrotados fácilmente, pero Anfitrión no recompensó a la joven, sino que la hizo ejecutar por su delito de parricidio.
2) Se llama también Cometo una sacerdotisa de Ártemis en la ciudad de Patras. Enamorada de un joven llamado Melanipo, cedió a sus deseos en el santuario de la

diosa, por lo que ésta se irritó y mandó sobre la ciudad una peste. Ante las indicaciones del oráculo de Delfos, sacrificaron a los culpables, continuándose, además, todos los años este rito en el que se ofrecía en sacrificio a los jóvenes más apuestos. Este sacrificio terminó con la llegada a Patras de Eurípilo.

Como (Κῶμος). Divinidad menor que en la época griega tardía constituye el espíritu del banquete, apareciendo acompañado de Momo y seguido por un cortejo de bebedores.

Concordia. Diosa romana, personificación de la unión entre los habitantes de una misma familia o de un mismo país. Tenía un doble culto, público y privado, y a ella estaban dedicados varios templos en la ciudad, el más conocido el del Capitolio. Se suele representar a la Concordia como una matrona con la cabeza cubierta por un velo (*véase* HOMONOIA).

Cónidas (Κοννίδας). Preceptor de Teseo en Trecén. Lo honraban en Atenas en las fiestas de Teseo.

Consentes. *Véase* DIOSES CONSENTES.

Consus. Divinidad romana antiquísima y de carácter misterioso, que era considerada como una de las deidades del mundo subterráneo, porque tenía su altar enterrado en el centro del Circo Máximo de Roma. En un principio se creía que estaba encargada de proteger de la intemperie y de los parásitos el grano sembrado, y, en este sentido, fue considerada en el culto como la pareja de Ops, la Abundancia. Durante las fiestas celebradas en su honor, conocidas con el nombre de *Consualia,* se exhumaba su altar y se disputaban carreras de caballos y mulos. Durante las fiestas de Consus, en tiempos de Rómulo, se produjo el rapto de las Sabinas.

Copreo (Κοπρεύς). 1) Hijo de Pélope que tuvo que emigrar a la Élide a causa de la muerte de Ífito. Encontró acogida en Micenas, en la corte de Euristeo, donde Copreo era el encargado de entregar las órdenes del rey a Heracles. Al parecer, Copreo fue muerto por los Atenienses cuando, en calidad de mensajero, les indicó que Euristeo les exigía la expulsión de los Heraclidas. En expiación, los efebos atenienses portaban una clámide negra en determinadas festividades.

En la *Ilíada* encontramos a un hijo suyo, de nombre Perifetes, que fue muerto por Héctor.

2) Un beocio, hijo del rey Haliarto.

Coras. Hermano de TIBURTO.

Córax (Κόραξ). Rey de Sición, hijo de Corono y hermano de Lamedonte; le sucedió en el trono Epopeo.

Corcira (Κόρκυρα). Hija del dios-río ASOPO y de Metope.

Llamada también Cercira, se unió a Posidón en la isla –actualmente Corfú– a la que dio su nombre, engendrando a Féax, el héroe epónimo de los Feacios.

Core (Κόρα). Core, *doncella,* es el nombre con que se conoce a la hija de Zeus y DEMÉTER antes de ser raptada por Hades. En las mansiones subterráneas recibe el nombre de PERSÉFONE.

Corebo (Κόροιβος). Héroe frigio hijo de MIGDÓN.

Córeso (Κόρεσος). Sacerdote de Dioniso en la ciudad de Calidón, que protagonizó una trágica leyenda de amor con CALÍRROE, la muchacha calidonia que dio su nombre a la famosa fuente.

Coribantes (Κορύβαντες). Divinidades pertenecientes al séquito de Dioniso, que pasaban por hijos de Apolo y de la musa Talía, o bien de Combe, la hija del dios-río Asopo. Los Coribantes aparecen también como divinidades acompañantes de la diosa Cíbele. En el culto tracio, como en el frigio, estos genios se relacionan con un ritual de carácter orgiástico o extático, que era ejecutado por los fieles en determinadas ocasiones y que dio lugar a la palabra griega κορυβαντιᾶν *(vivir el delirio sagrado, agitarse entre alucinaciones histéricas).* Frecuentemente los Coribantes eran identificados –o confundidos– con los Curetes.

Corinto (Κόρινθος). Hijo de Maratón, rey de Sición, aunque los Corintios y él mismo pretendían que era hijo de Zeus. Marchó con su padre al Ática, para volver a Éfira, luego llamada Corinto en su honor, después de la muerte de su abuelo Epopeo. Sucedió en el trono de Corinto a su padre, y a él, a su vez, Medea, según una tradición, después de haberlo asesinado el pueblo corintio. Parece que no tuvo hijos, aunque algunos hablan de una tal Sílea, madre del famoso bandido Sinis.

Córito (Κόρυθος). Hijo de Paris y de la ninfa Enone.

Coro (Χορώ). Una de las NEREIDAS.

Coroneo (Κορωνεύς). Rey focense, padre de Corónide 2.

Corónide (Κορωνίς). 1) Hija de Flegias, rey tesalio, que fue amada por Apolo, engendrando de él al dios Asclepio; otra tradición, sin embargo, presentaba al padre de Corónide como un habitante de Epidauro, ciudad cuyo santuario fue el centro del culto de Asclepio. Cuando aún no había nacido Asclepio, Corónide se unió a Isquis, hijo del rey Élato, por lo que Apolo, enfurecido, mató a ambos, salvando, sin embargo, al pequeño.

2) Joven amada por Posidón a quien Atenea convirtió en corneja (κορώνη significa *corneja)* para ayudarla a escapar a la per-

secución del dios. Era hija del rey focense Coroneo.
3) Una de las nodrizas de Dioniso (*véase* BUTES 3).
4) Una de las HÍADES.
Corónides (Κορωνίδες). Llevan este nombre las dos hijas de Orión, Metíoque y Menipe. Como quiera que la peste asolara su ciudad, Tebas, y que el oráculo de Apolo en Gortina exigiera, para contener la epidemia, el sacrificio de una de las dos muchachas, éstas se dieron muerte a sí mismas voluntariamente, degollándose la una y atravesándose el pecho con una lanzadera la otra. Una vez quemados sus cuerpos, habrían surgido de la tierra donde reposaban sus cenizas dos cometas, o bien dos muchachos que asegurarían la continuidad de la familia, según la versión de Ovidio.
Corono (Κόρωνος). 1) Padre de Asteria, la madre del argonauta Idmón.
2) Rey de Sición, hijo de Apolo y de Crisorte. Padre de Córax y Lamedonte.
3) Lapita, hijo de Ceneo, que fue muerto por Heracles. Es el padre de Leonteo. Participó en la expedición de los ARGONAUTAS.
4) Hijo de Tersandro y hermano de Haliarto, fue fundador de Coronea; *véase* también PRESBÓN.
Coto (Κόττος). Uno de los llamados HECATONQUIROS.
Crambo (Κράμβος). Uno de los hijos de Fineo.
Cránae (Κρανάη). Hija de CRÁNAO.
Cránao (Κραναός). Rey autóctono del Ática que sucedió a Cécrope, pues el hijo de éste, Erisictón, había muerto sin hijos. Se dice que Cránao tuvo tres hijas, Cranecme, Cránae (así se llamaba entonces la ciudad de Atenas) y Atis, de la que procede el nombre del Ática. Fue destronado por su yerno Anfictión, un hijo de Deucalión.
Cranecme (Κραναίχμη). Hija de CRÁNAO.
Cranón (Κράνων). Hijo de Pelasgo que dio su nombre a la ciudad tesalia de Cranón. En su intento de conseguir la mano de Hipodamía hallo la muerte.
Cranto (Κραντώ). Una de las NEREIDAS.
Crantor (Κράντωρ). Joven dólope que fue entregado como rehén a Peleo después de la derrota de Amintor, llegando a ser su escudero preferido.
Cratos (Κράτος). Hijo del titán Palante y de la ninfa Éstige. Participa, al igual que sus hermanos Bía, Nice y Zelo, al lado de Zeus en su lucha contra los Gigantes. Es la personificación del *Poder*.
Creonte (Κρέων). Dos importantes personajes reciben este nombre:
1) El más conocido es el hijo de Meneceo. A la muerte de Layo, que estaba casado con Yocasta, hermana de Creonte, éste ocupó

el trono de Tebas. Poco tiempo después se presentó en la comarca la famosa Esfinge, que aniquilaba a todos los ciudadanos que no eran capaces de resolver los enigmas que les proponía. Edipo, que libró a la región de tal calamidad, recibió como premio lo que Creonte había prometido a quien acabase con tal plaga: el trono de Tebas y la reina viuda como esposa.

Con ocasión de una extraña enfermedad que se abate sobre Tebas, se consulta al oráculo de Apolo en Delfos y se descubre que la causa de todos los males reside en que Edipo, sin saberlo, ha dado muerte a su padre, Layo, y está manteniendo relaciones incestuosas con su madre. A petición propia, Edipo es desterrado por Creonte. Vuelve éste a ocupar el trono en calidad de regente, durante la infancia de los hijos varones de Edipo, Eteocles y Polinices. Cuando éstos estuvieron en condiciones de reinar, decidieron hacerlo durante un año cada uno, pero, al no querer ceder Eteocles el turno a su hermano Polinices, éste reunió un ejército con el que avanzó contra Tebas. Por indicación del adivino Tiresias, Creonte pidió a su hijo Meneceo que se suicidase para asegurar la victoria de los Tebanos. Hízolo así el joven y vencieron, en efecto, éstos, pero en el combate ambos hermanos se mataron recíprocamente. Nuevamente Creonte vuelve a reinar, y lo primero que ordena es dispensar honras fúnebres públicas en honor de Eteocles y dejar insepulto el cadáver de Polinices por haber llevado un ejército contra su propia ciudad. Antígona, hija también de Edipo, decide enterrar a su hermano Polinices. Creonte, implacable, condena a la joven a morir sepultada y Antígona se suicida. Otro tanto, según la versión sofoclea, hace su prometido Hemón, hijo de Creonte, lo que, a su vez, motiva el suicidio de su madre. Creonte queda abatido, rodeado de la más absoluta soledad. Ha actuado de buena fe, pero obstinado y en oposición a las leyes divinas.

Sabiendo –porque lo había asegurado un oráculo– que Edipo dispensaría bienes a la tierra que albergara sus restos, trata de forzarle a que regrese, lo que no puede conseguir por la protección que Teseo, rey del Ática, proporciona al infortunado hijo de Layo. Según alguna variante de la leyenda, entonces habría perdido la vida Creonte a manos de Teseo. Otras, sin embargo, aseguran que fue muerto por Lico de Eubea.

Durante el reinado de Creonte, Heracles liberó a Tebas de un tributo que le había impuesto Ergino de Orcómeno, por lo que recibió como premio a Mégara, la hija de aquél.

2) Rey de Corinto, hijo de Licáeto, que acogió a Jasón y a Medea. El hecho de que Jasón, decidido a casarse con Glauce, hija de Creonte, repudiase a MEDEA, motivó la venganza de ésta, que puso término a la vida del padre y de la hija.

Cres (Κρής). Héroe epónimo de Creta; se decía que había surgido de la tierra y que había reinado en la isla antes que Minos. Según una tradición, escondió al niño Zeus cuando Crono intentaba darle muerte; otra leyenda, sin embargo, lo hacía hijo del propio Zeus y de una ninfa del monte cretense Ida. Cres aparece en la tradición como padre de Olimpo y también de Talos.

Cresfontes (Κρεσφόντης). Hijo de Aristómaco y, por tanto, uno de los Heraclidas. Tras el fracaso de Hilo, por haber invadido el Peloponeso antes de lo ordenado por el oráculo, con sus hermanos Témeno y Aristodemo, o bien con Témeno y los hijos de Aristodemo, Eurístenes y Procles, conquistó el Peloponeso con los Dorios. Repartieron el país en tres lotes, Argos, Lacedemonia y Mesenia (Arcadia no entró en el reparto por haberse casado Cresfontes con Mérope, hija de Cípselo, rey de Arcadia), según el orden en que saliesen tres piedras metidas por ellos en una vasija llena de agua. Cresfontes, que ambicionaba Mesenia, metió en la vasija un terrón de arena, por lo que salieron antes las piedras de sus hermanos. En un sacrificio hecho a Zeus, al hacerse cargo cada uno de su lote, Cresfontes encontró en el altar un zorro, símbolo del carácter de los Mesenios. Fue asesinado en una sublevación dirigida por Polifontes, a la que sólo sobrevivió su hijo Épito.

Cretéis (Κρηθηΐς). *Véase* HIPÓLITA.

Creteo (Κρηθεύς). Primer rey de Yolco, en la Cólquida. Hijo de Éolo y Enáreta, casó con Tiro, la hija de su hermano Salmoneo. Tuvo varios hijos: Hipólita (o Cretéis), esposa de Acasto; Esón, padre del héroe Jasón; Feres, Amitaón y Mirina. Adoptó asimismo a los gemelos Pelias y Neleo, que había concebido Tiro del dios Posidón.

Cretón (Κρήθων). Mesenio, muerto en Troya por Eneas.

Creúsa (Κρέουσα). 1) HIACÍNTIDE, hija de Erecteo y Praxítea. Violada siendo todavía muy joven por Apolo, engendró a Ión, a quien abandonó por temor a la cólera de Erecteo (sobre todo este episodio, *véase* ION). Posteriormente, de la unión de Jato y Creúsa nacieron Aqueo y Diomede.

2) Hija de Príamo y Hécuba, que, unida a Eneas, engendró a

Ascanio. Con ocasión de la toma de Troya por los Griegos, al quedar aislada entre enemigos, Afrodita se la llevó de la tierra. Más tarde la sombra de Creúsa se apareció a Eneas para vaticinarle sus futuras aventuras. Ésta es la versión de Virgilio. Sin embargo, en otros relatos Creúsa abandona Troya en compañía de Eneas.

3) Náyade, hija de la Tierra, que con el dios-río Peneo engendró al rey de los Lapitas, Hipseo, y a Estilbe, entre otros.

4) Nombre que, en algunas versiones, se da a Glauce, la hija de Creonte, rey de Corinto. Sufrió las consecuencias de la venganza de MEDEA.

Crimiso (Κριμισός). Dios-río siciliano casado con EGESTA.

Crío (Κριός). Uno de los TITANES, hijos de Úrano y Gea. Según la *Teogonía* de Hesíodo, Crío se unió a la hija de Ponto, Euribia, y engendró a Astreo, Palante y Perses.

Crisaor (Χρυσάωρ). Hijo de Posidón y de Medusa. Una vez muerta ésta por Perseo, surgen de su cadáver el caballo alado Pegaso y Crisaor. Este nombre, en griego, alude al hecho de que naciese portando una espada de oro. De los amores de Crisaor con Calírroe nacieron Equidna y Geríones.

Criseida (Χρυσηίς). 1) *Véase* CRISES.

2) Una de las OCEÁNIDES.

Crises (Κρύσης). 1) Crises, al igual que su hermano Brises, es un sacerdote de Apolo en la ciudad de Crisa, cuya hija Criseida, también llamada Astínome, fue raptada por los Aqueos cuando estaba en una ciudad de Misia, y asignada a Agamenón. Acudió Crises al campamento griego con un rescate, pero fue groseramente despedido por el rey, por lo que suplicó a Apolo que lo vengase mandando una peste sobre los Aqueos, lo que hizo, en efecto, el dios. Asustados los Griegos, obligaron a Agamenón a devolver a la muchacha, a lo que el rey accedió de mala gana, no sin antes haberla dejado encinta de un niño que se llamaría Crises, como su abuelo, niño que Criseida pretendía que era de Apolo. Este niño, años más tarde, fue el que ayudó a sus hermanastros Orestes e IFIGENIA cuando eran perseguidos por el rey Toante, al que, entre todos, dieron muerte.

2) Nieto del anterior.

3) Lleva también este nombre un hijo de Posidón, que fue padre de Minias, el héroe epónimo de los Minias de Orcómeno.

4) Hijo de Minos y de la ninfa Paria. *Véase* NEFALIÓN.

Crisipe (Χρυσίππη). Una de las DANAIDES.

Crisipo (Χρύσιππος). 1) Crisipo era un joven de excepcional belleza, nacido de Pélope y de la

ninfa Axíoque. Layo, desterrado a la sazón por Anfión y Zeto, lo raptó, sin respetar la hospitalidad que Pélope le había dispensado al acogerlo en su corte.
Las versiones existentes sobre la muerte de Crisipo difieren enormemente. Mientras unas la atribuyen a su hermanastro Alcátoo, otras aseguran que los causantes fueron Atreo y Tiestes, o Hipodamía. Incluso se decía que fue el propio Crisipo quien se habría privado de la vida, avergonzado por la violación de que había sido objeto por parte de Layo.
2) Uno de los hijos de EGIPTO.
Criso (Κρῖσος). Hermano gemelo de PANOPEO.
Crisogenia (Χρυσογένεια). Nieta de Sísifo, que, en algunas versiones, engendró con Posidón a Minias, el rey de Orcómeno.
Crisopelia (Χρυσοπέλεια). Esposa de ÁRCADE.
Crisorte (Χρυσόρϑη). Hija de Ortópolis que, con Apolo, fue madre de Corono.
Crisótemis (Χρυσόϑεμις). 1) Hija del cretense Carmanor y madre, en algunas versiones, del poeta y adivino Filamón.
2) Hija de Agamenón y Clitemestra. En la *Electra* de Sófocles, Crisótemis es fiel a su hermana Electra, pero trata de convencerla para que no se enfrente a Clitemestra y Egisto.
3) Esposa de Estáfilo, el hijo de Dioniso y Ariadna. Es la madre de Párteno, Reo y Hemítea.
Crocón (Κρόκων). Rey de Eleusis y padre de Leanira, en algunas versiones esposa de Árcade.
Cromia (Χρομία). Esposa de ENDIMIÓN.
Cromio (Χρόμιος). 1) Hijo de Príamo, que fue muerto por Diomedes junto con su hermano Equemón.
2) Troyano muerto por Teucro.
3) Licio muerto por Odiseo.
Crono (Κρόνος). Úrano, el Cielo, tuvo con Gea, la Tierra, varios hijos: los Ciclopes, los Hecatonquiros, las Titánides y los Titanes; los nombres de estos últimos eran Océano, Crío, Jápeto, Hiperión y Crono. Cuando Úrano sepultó en el Tártaro a sus hijos los Ciclopes y a los Hecatonquiros, Gea incitó a los Titanes a que lucharan contra su padre. Los dirigió el más joven de ellos, Crono, que, armado con una hoz sorprendió a Úrano mientras dormía y lo castró, arrojando después la hoz al cabo Drépano. Los Titanes entonces dejaron el mando de la tierra a Crono, que volvió a encerrar en el Tártaro a los Ciclopes y a los Hecatonquiros.
Casó con su hermana Rea, una de las Titánides. Como sus padres le habían predicho que sería destronado por uno de sus hijos, Crono devoraba a los vástagos que iba teniendo con Rea: Hes-

tia, Deméter, Hera, Hades y Posidón. Cuando Rea dio a luz a su tercer varón, Zeus, lo escondió en Creta confiándolo a Adrastea, y entregó a Crono una piedra envuelta en pañales para que la devorara como a sus anteriores hijos. Zeus se crió con los Curetes, que golpeaban sus escudos para que Crono no oyera los llantos del niño. Logró hacerse más tarde copero de Crono y, con ayuda de Metis, hizo que su padre tomara su dulce bebida mezclada con mostaza y sal, lo que hizo que vomitara, primeramente la piedra, después sus hermanos y hermanas aún vivos.

Declararon entonces Zeus y sus hermanos la guerra a los Titanes, que estaban dirigidos por el gigante Atlante. La guerra duró diez años, hasta que Gea profetizó que Zeus vencería si se aliaba con los Ciclopes y los Hecatonquiros, encadenados por Crono en el Tártaro. Zeus liberó a todos ellos, por lo que, agradecidos los Ciclopes, les regalaron las armas con las que vencieron. Hades desarmó a Crono con ayuda del casco que lo hacía invisible, Posidón lo inmovilizó con su tridente y Zeus lo derribó con su rayo. Crono y los Titanes, derrotados, fueron confinados en el Tártaro, o bien desterrados a una isla occidental.

Se consideraba a Crono en época clásica como personificación del tiempo, por el parecido de su nombre con χρόνος, el *tiempo,* representándolo, implacable, con una hoz. Sin embargo, se suele creer generalmente que era una antigua divinidad de la fertilidad de la tierra.

En Roma fue identificado con Saturno.

Sobre las leyendas que atribuyen a Crono la paternidad de AFRODITA, PAN y el centauro QUIRÓN, *véanse* estos nombres.

Crótalo (Κρόταλος). Pretendiente de Hipodamía muerto por ENÓMAO.

Crotón (Κρότων). Héroe epónimo de la ciudad de Crotona, en el sur de Italia. Se decía que Heracles había sido su huésped cuando regresaba a Micenas con los bueyes de Geríones, y que, queriendo dar muerte a un ladrón que intentaba robárselos, mató por error a su anfitrión. Heracles enterró entonces a Crotón, prometiendo que haría construir una ciudad que llevase su nombre. *Véase* MÍSCILO.

Crotopo (Κρότωπος). Rey de Argos, hijo de Agenor y padre de Esténelas y PSÁMATE. *Véase* LINO.

Ctéato (Κτέατος). *Véase* MOLIÓNIDAS.

Ctesio (Κτήσιος). *Véase* EUMEO.

Ctesipo (Κτήσιππος). 1) Hijo de Heracles y de Deyanira, padre de Trasianor.

2) Hijo también de Heracles habido de Astidamía.

Ctímene (Κτιμένη). Hija de Laertes y Anticlea. Casó con Euríloco, uno de los compañeros de su hermano Odiseo. En otras versiones aparece, sin embargo, casada con Fileo, el padre de Meges.

Ctímeno (Κτίμενος). Padre del argonauta Euridamante. Epónimo de Ctímene, ciudad de los Dólopes en Tesalia.

Ctonia (Χθονία). Hija de Erecteo, casada con su tío Butes. Es una de las HIACÍNTIDES.

Ctonio (Χθόνιος). 1) Uno de los hijos de EGIPTO.

2) Uno de los llamados Espartoi *(véase* CADMO). A veces aparece como padre de Lico y Nicteo.

Ctonofile (Χθονοφύλη). Madre, con Hermes, de Pólibo, rey de Sición.

Cupido. Dios romano que personifica el deseo amoroso. Fue identificado con el Eros griego, incluso en las representaciones gráficas. Sobre la leyenda de los amores entre Cupido y Psique referida por Apuleyo, *véase* PSIQUE.

Curcio. Es el héroe de un mito inventado para explicar el nombre del *Lacus Curtius,* que se hallaba en el centro del Foro. Algunos hacían de Curcio un sabino que hubo de abandonar su caballo cuando estaba casi hundido en el lago, pero lo normal es considerarlo como un joven romano que, para obedecer a un oráculo, se arrojó él mismo con su caballo en un precipicio que surgió en el Foro. El precipicio se cerró sobre él, quedando sólo el lago que recibió el nombre del joven.

Curetes (Κουρῆτες). Hijos de la Tierra que, según la leyenda, hacían ruido golpeando sus lanzas contra los escudos y dando gritos para que Crono no pudiera oír el llanto del recién nacido Zeus. A su vez, cuando Zeus engendró a ZAGREO con Perséfone, ordenó a los Curetes que protegieran al niño de los Titanes, y ellos se colocaron alrededor de su cuna, saltando y entrechocando sus armas. Ambos ritos ilustran el ritual del nacimiento del *Niño Divino,* que fue trasplantado, al parecer, a Creta desde el Asia Menor en época prehistórica y que se practicaba todavía en la isla durante los primeros siglos de la era cristiana. Estaba este ritual incluido en la categoría de los *misterios,* y los ejecutantes de la danza, adoradores de Zeus-Zagreo, seguían llevando el nombre de Curetes.

Los Curetes míticos fueron confundidos frecuentemente con los Coribantes, o identificados con los Cabiros, los Dáctilos del Ida y los Telquines. La tradición facilita muchos nombres de Curetes, pero los más conocidos son, quizá, Labrando, Meliseo y Pírrico. Por otra parte, *véase* ÉPAFO.

D

Dáctilos (Δάκτυλοι). Especie de genios relacionados con el monte Ida, tanto con el de Creta, en cuyo caso pertenecen al culto de Rea, como con el de Frigia, donde aparecen incluidos en el séquito de Cíbele. Los Dáctilos cretenses eran considerados como hijos de Rea, quien durante el alumbramiento habría dejado en la tierra las huellas de sus dedos crispados por el dolor, razón por la cual se les habría llamado Dáctilos (en griego, *dedos);* pero también se decía que habían nacido del polvo que las nodrizas de Zeus dejaban caer entre sus dedos para borrar las huellas que hubieran permitido a Crono encontrar al niño. La tradición más genuina, al parecer, supone que los Dáctilos eran cinco, cuyos nombres nos han sido transmitidos por Pausanias: Heracles, Idas, Epimedes, Peoneo y Yasión. A veces se dice que estos Dáctilos cretenses, como los Curetes, habían cuidado al pequeño Zeus. Por otra parte, en un poema hesiódico se les atribuía el haber inventado la metalurgia del hierro. En Frigia el nombre de estos personajes se relaciona también con el dominio de las artes manuales, y los Dáctilos frigios aparecen como magos y artífices notables. Existe asimismo una tradición que hace de los Dáctilos los creadores de los Juegos Olímpicos. Según cuenta Estrabón, el nombre de Dáctilos del Ida, Curetes, Coribantes, Cabiros y Telquines solía aplicarse sin demasiada distinción a ciertos individuos que celebraban la fiesta de la divinidad principal, en Creta como en Frigia, poseídos del furor báquico y ejecutando danzas frenéticas, acompañados por tambores, címbalos y flautas, lanzando gritos estridentes y entrechocando armas.

Dafne (Δάφνη). Ninfa arcadia hija del río Ladón, o tesalia hija del río Peneo, o bien tebana hija del adivino Tiresias. Su madre era la Tierra. Fue uno de los fracasos amorosos de Apolo, porque, cuando el dios trató de seducirla, Dafne huyó. A punto de ser alcanzada, su padre la transformó en laurel, planta a la que alude su nombre.

En alguna versión se habla de Leucipo, hijo de Enómao, el cual, enamorado de la doncella, se disfrazó de mujer para participar en los juegos de Dafne y sus compañeras. Descubierto por intervención de Apolo, fue muerto por las mismas mujeres.

Dafnis (Δάφνις). Pastor de Sicilia de extraordinaria belleza, hijo de Hermes y de una ninfa. Amado por ninfas y dioses, aprendió de éstos a tocar la siringa, con la que se acompañaba en sus dulces canciones bucólicas, género por él inventado, por lo que Teócrito le dedicó su primer idilio. Se enamoró de la ninfa Nomia, una pastora, a la que juró fidelidad eterna. Faltó, sin embargo, a su palabra contra su voluntad, pues, embriagado un día por la hija del rey de Sicilia, se unió a ella. Nomia, entonces, encolerizada, lo dejó ciego. De su muerte corrían varias versiones. Se decía que Dafnis recorrió los campos cantando tristes canciones hasta que, desesperado, se despeñó desde una roca, o bien que él mismo se transformó en una roca, o, incluso, que su padre Hermes lo llevó al cielo.

Teócrito, en el idilio arriba citado, cuenta una leyenda diferente. Dafnis era insensible al amor, por lo que Afrodita le infundió una pasión tan ardorosa por una ninfa que incluso lo hizo morir. Había en Sicilia una fuente a él dedicada en la que se le ofrecían sacrificios.

Daifrón (Δαΐφρων). 1) Hijo de EGIPTO, casado con la danaide Adiante.

2) Otro hijo de EGIPTO casado con la danaide Escea.

Daímenes (Δαϊμένης). Hijo de TISÁMENO.

Daíra (Δάειρα). Oceánide que, con Hermes, engendró al héroe Eleusis.

Damasco (Δαμασκός). Hijo de Hermes, epónimo de la ciudad de Damasco. Fue muerto por Dioniso.

Damasictón (Δαμασίχθων) 1) Nieto de Penéleo, que reinó en Tebas por haberle cedido el trono Autesión.

2) Uno de los NIÓBIDAS.

Damasio (Δαμάσιος). Hijo de Pentilo, que fundó colonias en Lesbos con su hermano Equelao.

Damasipo (Δαμάσιππος). Hijo de Icario y de la náyade Peribea, hermano, por tanto, de Penélope.

Damastes (Δαμάστης). Famoso bandido conocido por el sobrenombre de PROCRUSTES.

Damia (Δαμία). Diosa o heroína deificada en honor de la cual se celebraban *misterios* muy antiguos en varias ciudades dorias, como Trecén, Epidauro, Egina o Tarento. El culto de Damia aparece en Roma desde los primeros tiempos de la República, confundiéndose con el de Bona Dea; así, se llamaba *Damium* a un sacrificio que se ofrecía a Damia-Bona Dea por medio de una sacerdotisa llamada *Damiatrix.*

En Grecia, la figura de Damia se encuentra asociada a la de otra divinidad llamada Auxesia. Se decía que el culto de ambas había sido introducido en Trecén desde Creta, y una tradición presenta a estas diosas como dos muchachas cretenses que habrían sido lapidadas en Trecén y luego adoradas allí como diosas. Heródoto se refiere a la introducción en Epidauro del culto de estas diosas, contando que, en una ocasión en que la tierra de Epidauro quedó sin frutos, el oráculo de Delfos ordenó construir imágenes de Damia y Auxesia en madera de olivo, madera que fue cedida a los Epidaurios por los Atenienses. Por lo que sabemos sobre las ceremonias que se celebraban en Epidauro y en Egina en honor de estas diosas, podemos deducir que habían sido identificadas con Deméter y Core. Había orgías místicas, de las que estaban excluidos los hombres y, según Pausanias, se hacían sacrificios con los ritos propios de Eleusis.

Damiso (Δάμυσος). *Véase* AQUILES.

Dánae (Δανάη). Hija de Acrisio, rey de Argos, y de Eurídice. Se contaba que había sido seducida por Preto, el hermano gemelo de su padre. Más tarde, Zeus se unió a ella en forma de lluvia de oro y le hizo concebir al héroe Perseo. (Para más detalles sobre la leyenda de Dánae, *véase* PERSEO.)

Danaides (Δαναΐδες). Danaides es el patronímico aplicado a las cincuenta hijas de Dánao, hermano de Egipto. Por rivalidad con éste y por temor a sus cincuenta hijos, Dánao se vio obligado a emigrar de Libia con sus hijas. Construyó, por consejo de Atenea, la primera nave de cincuenta remos, con la que arribó a Argos, donde el rey Gelanor le cedió el trono. En otras versiones, Dánao obtiene el trono tras una larga disputa oratoria con Gelanor, en el transcurso de la cual un lobo solitario salido del bosque se abalanza sobre un rebaño dando muerte al toro que lo conducía. Los Argivos, viendo en este suceso una premonición que hacía referencia a Dánao, lo eligieron como rey.

A la sazón atravesaba Argos una etapa de terrible sequía, por lo que Dánao envió a sus hijas a buscar fuentes. Cuando parecían haber desaparecido los problemas, se presentaron en Argos los cincuenta hijos de Egipto para solicitar en matrimonio a sus cincuenta primas, dando al olvido con ello la antigua rivalidad. Accedió Dánao, aunque no creía en la buena fe de sus sobrinos, y celebró con un gran banquete la boda de las cincuenta parejas que habían sido decididas por elección unas, otras por parecido de nombres, y otras, en fin, por sorteo (*véase* EGIPTO).
Los nombres de las Danaides, según distintos catálogos no siempre coincidentes, eran: Actea, Adiante, Adite, Ágave, AMIMONE, Anexibie, Antelea, Asteria, Autómate, Autónoe, Bébrice, Calídice, Celeno, Cleodora, Cleopatra (casada con Agenor), Cleopatra (casada con Hermo), Clite, Crisipe, Dioxipe, Dorión, Electra, Eme, Escea, Esténele, Estigne, Eurídice, Euroto, Evipe (casada con Argio), Evipe (casada con Imbro), Faetusa, Fartis, Glauce, Glaucipe, Gorge, Gorgófone, Hiperipte, HIPERMESTRA, Hipodamía, Hipódice, Hipomedusa, Ifimedusa, Mnestra, Nelo, Ocípete, Pilarge, Pirene, Podarce, Rode, Rodia y Téano.
En la noche de bodas, por instigación de su padre, que había proporcionado un puñal a cada una, todas las Danaides dieron muerte a sus maridos, excepto Hipermestra, que perdonó la vida a Linceo por haberla respetado. De este asesinato fueron purificadas por Hermes y Atenea.
Para poder casarlas de nuevo, Dánao hubo de concertar una carrera, en la que el premio serían sus hijas, amén de eximir a los pretendientes de los presentes matrimoniales. Los descendientes de las parejas así constituidas recibieron el nombre de Dánaos.
Linceo, posteriormente, se apoderó del trono de Argos y vengó la muerte de sus hermanos en la persona de Dánao y en la de sus hijas. Existen versiones, sin embargo, en las cuales Dánao y Linceo se reconcilian y este último recibe el trono pacíficamente.
En las mansiones subterráneas las Danaides se esfuerzan inútilmente en llenar de agua una crátera sin fondo, quizá en un vano intento de proporcionarse el baño lustral de novia, quizá en la esperanza de purificarse por el delito de derramamiento de sangre.

Dánao (Δαναός). Hijo de Belo y de Anquínoe o Anquírroe (o bien de Side); hermano gemelo de Egipto. Dánao heredó de su padre el reino de Libia. Casó con Europa, la hija de Nilo, y tuvo cincuenta hijas, pero hubo de abandonar su patria y se estableció en Argos (*véase* DANAIDES).

Dárdano (Δάρδανος). Hijo de Zeus y de Electra, hija de Atlante. Al parecer era oriundo de Samotracia, pero, después del diluvio de Deucalión, emigró a la Tróade, donde reinaba por entonces Teucro. Éste le dio tierras para que se estableciera allí y lo casó con su hija Batiea o Arisbe de la que tuvo a Ilo, Erictonio, Zacinto e Idea; más tarde, al morir Teucro, Dárdano extendió su reino a toda la Tróade y construyó la ciudad de Troya, instalando en ella el famoso Paladio, imagen de Atenea que habría robado de la Arcadia. Los Troyanos consideraban a Dárdano como su primer antepasado. Por su parte, los Romanos pretendieron que el héroe había nacido en la ciudad etrusca de Cortona y que, si Eneas se había dirigido a Italia fugitivo de Troya, había sido porque la consideraba como su patria remota.

Dáscilo (Δάσκυλος). 1) Rey de los Mariandinos, en Bitinia, hijo de Tántalo y padre de Lico. El héroe Heracles lo ayudó a rechazar a sus enemigos frigios y paflagonios.

2) Hijo de Lico y nieto del anterior. Enviado por su padre, salió al encuentro de los ARGONAUTAS junto al río Termodonte para comunicarles que serían bien acogidos en su territorio.

Dauno. 1) Hijo del ilirio Licaón. Se asentó en la Italia meridional tras expulsar a los Ausones; luego acogió en su corte a DIOMEDES.

2) Hijo de Pilumno y padre de Turno con la ninfa Venilia. Se confunde a veces con el anterior.

Décelo (Δέκελος). Héroe epónimo de la ciudad de Decelia. Él fue quien, según algunos, cuando los Dioscuros buscaban a su hermana Helena que había sido raptada por Teseo, les indicó dónde la había ocultado (*véase, sin embargo,* ACADEMO).

Dedalión (Δαιδαλίων). Padre de Quíone, la muchacha muerta por Ártemis.

Dédalo (Δαίδαλος). Según las tradiciones atenienses, hijo de Alcipe, una nieta de Cécrope. Su padre habría sido Eupálamo, Palamaón o bien Metión. Destacó como escultor y como arquitecto y, en este sentido, la tradición lo ha hecho protagonista de varias leyendas. Cuando su sobrino Talos, que trabajaba con él como discípulo, inventó la sierra, inspirándose en la mandíbula de una serpiente, Dédalo, envidioso, lo precipitó desde lo alto de la Acrópolis. El tribunal del Areópago lo expulsó entonces de la ciudad, y Dédalo buscó refugio en Creta, en la corte del rey Minos. Allí realizó una serie de trabajos, todos los cuales revelaban el máximo ingenio. Primero, hizo para Pasífae, esposa de Minos, una vaca tan perfecta que, engañado, el toro de Posidón no dudó en aparearse con ella. Luego, construyó el laberinto, conjunto de corredores de tal manera ensamblados que, una vez dentro de ellos, era imposible hallar la salida. Él fue quien preparó el hilo de Ariadna, y, según la tradición, habría construido también un tablado para los coros de danzantes y, por otro lado, el autómata de bronce Talos.

Cuando supo Minos quién había hecho posible la victoria de Teseo sobre el Minotauro, encerró a Dédalo y a su hijo Ícaro –tenido con la esclava cretense Náucratis– en el laberinto. El ingenioso artífice construyó entonces unas alas para sí y para su hijo, fijándolas al cuerpo con cera, y de este modo pudieron salir del encierro. ÍCARO pereció en la travesía, pero Dédalo llegó sano y salvo a Cumas, refugiándose en Camico, ciudad de Sicilia, en el palacio del rey Cócalo. Poco después llegó Minos, que había salido en persecución de Dédalo y se proponía encontrarlo gracias a un pequeño truco, inspirado en el del hilo de Ariadna (*véase* CÓCALO). Dédalo construyó para este rey una especie de embalse en el río Alabón, unos baños en Selinunte, una fortaleza junto a Agrigento y una terraza para el templo de Afrodita en el monte Érix. Dédalo es en la tradición posterior el inventor por antonomasia, el nombre al que se adscriben todos aquellos perfeccionamientos de la arquitectura y de la escultura de época arcaica, cuyo origen resultaba ya desconocido. Así, por ejemplo, se le atribuía el haber abierto los ojos de las primitivas estatuillas de madera y el haber separado sus piernas para darles mayor sensación de movilidad. De hecho, es difícil saber si la figura de Dédalo tuvo una existencia real o no es más que un símbolo de las artes aplicadas en la época arcaica, pero, en el caso de que el mito se refiera a un personaje histórico, Dédalo habría sido Cretense, y las leyendas que lo conectan con el linaje ático de Erecteo, una adición posterior.

Dégmeno (Δέγμενος). Arquero eleo que luchó, junto con su rey Dío, contra los Etolios. *Véase* ÓXILO.

Deidamía (Δηιδάμεια). 1) Hija de Licomedes, rey de Esciros, que, uniéndose a Aquiles, fue madre de Pirro.

2) Hija de Belerofontes y madre del héroe Sarpedón en algunas versiones. *Véase,* sin embargo, LAODAMÍA.

3) Hija de Perieres que, en algunas versiones, casó con Testio. Es la madre de Leda y de Altea.

Deífobo (Δηίφοβος). 1) Uno de los hijos de Príamo y Hécuba, compañero de Héctor y guerrero distinguido en la guerra de Troya. Fue su figura la que adoptó Ate-

nea para engañar a Héctor cuando era perseguido por Aquiles.
Tras la muerte de Paris se disputaron a Helena Deífobo y Héleno. Pese a ser éste de más edad, Príamo apoyó a Deífobo, alegando que se había comportado más valerosamente en la guerra. Helena casó con Deífobo a la fuerza por lo que, durante el saqueo de Troya, aprovechando la entrada de Odiseo y Menelao en su casa, lo mató clavándole una daga en la espalda. Fuese ella la matadora o bien Menelao (como cuentan otras versiones), Deífobo fue terriblemente mutilado después de muerto.
En recuerdo suyo Eneas erigió más tarde un monumento en el cabo Reteo.
2) Rey de Amiclas que purificó a Heracles después de la muerte de Ífito.

Deifontes (Δηιφόντης). Uno de los descendientes de Heracles fue Deifontes, hijo de Antímaco. Tras el regreso de los Heraclidas al Peloponeso, se casó con Hirneto, hija de TÉMENO, entonces rey de Argos. Los hijos de éste, a excepción del menor, al observar las preferencias que mostraba hacia Deifontes, y temerosos de que lo designara sucesor, optaron por apoderarse del trono tras asesinar a su padre. Consiguieron, en efecto, herir de gravedad a Témeno, pero éste, antes de morir, pudo legar el reino a su yerno y descubrir la conjura, lo que motivó el destierro de sus hijos. Más tarde, Deifontes se asentó en Epidauro (*véase* PITIREO), donde Cérines y Falces, dos de los hijos de Témeno, intentaron raptar a su hermana Hirneto. Emprendió Deifontes la persecución de los raptores, y, en el curso de la misma, mató a Cérines, mientras que Falces, tras asesinar a su hermana, consiguió huir.

Deileonte (Δηιλέων). *Véase* AUTÓLICO.

Deímaco (Δηίμαχος). Tesalio padre de los argonautas Autólico, Deileonte y Flogio.

Deimo (Δεῖμος). Especie de genio que personifica el Miedo y que, junto con su hermano FOBO, acompaña a su padre Ares en las batallas, conduciendo a veces el carro del dios. Según la leyenda, Deimo y Fobo habían nacido de los amores de Ares y Afrodita.

Deípile (Δηιπύλη). Hija de ADRASTO, rey de Argos, y de Anfítea. Casó con Tideo y fue madre de Diomedes.

Deípilo (Δηίπυλος). Hijo de Polimestor y de Ilíone. *Véase* POLIDORO.

Delfine (Δελφύνη). 1) Otro nombre de la serpiente délfica PITÓN.
2) Dragón mitad animal mitad muchacha encargado por Tifón de la custodia de los tendones que había arrebatado a Zeus.

Hermes y Egipán consiguieron apoderarse de ellos.

Delfo (Δελφός). Héroe epónimo de la ciudad de Delfos que habría reinado en ella en la época en que el dios Apolo se estableció en el santuario délfico. Se le hacía hijo de Posidón y de Melanto, o bien del propio Apolo y de Celeno o de Tía.

Delíades (Δηλιάδης). Hermano de BELEROFONTES. *Véase,* también, PIRÉN.

Deméter (Δημήτηρ). *Genealogía y Etimología:* Deméter es hija de Crono y de Rea, y pertenece, por tanto, a la generación de los dioses Olímpicos. A Deméter se la venera como diosa de la tierra cultivada, frente a Gea, a quien se concibe más bien como personificación de la tierra en sentido cosmogónico. A la hora de interpretar el nombre griego de la diosa hay general consenso en lo que respecta al segundo elemento del compuesto, -μητηρ «madre»; pero no ocurre lo mismo con el primer elemento Δη-, en el que muchos ven la forma dórica Δᾶ, equivalente al jónico γῆ «tierra», dando a tal nombre el significado de «Madre de la tierra». Existe, sin embargo, una opinión, también muy difundida, que explica Δη- a partir del cretense δηαί = jónico ζειαί, «espelta», equivalente a κριθαί, «cebada». En este caso Δημήτηρ se interpretaría como «Madre de la espelta», que es una variedad de trigo de los países fríos. Partiendo de Δημήτηρ como equivalente a Δαμητηρ, algunos han querido explicar dicho nombre a partir del verbo δαίω = καίω, «encender», relacionando el nombre con las antorchas que la diosa «enciende» en el monte Etna para alumbrar durante la noche mientras busca a su hija raptada. Se ha querido también explicar el nombre a partir del verbo δήω, «encontrar», relacionándolo una vez más con la búsqueda y posterior «encuentro» con su hija Perséfone. Finalmente, partiendo de δῆμος, «pueblo», «territorio», se ha interpretado como una haplología de *Δημομητηρ, significando «madre de los territorios», e incluso se ha explicado a partir de Δεὰ μήτηρ = θεὰ μήτηρ.

El mito: Aunque el mito de Deméter aparece en una época bastante temprana, no parece verosímil que hubiese surgido, como alguien ha supuesto, mientras el pueblo griego estaba en las llanuras europeas. Bastaría para refutarlo con aludir al hecho de que en Homero Deméter y Perséfone no aparecen todavía ligadas por la relación madre-hija; mientras que la primera es la diosa de la agricultura, la segunda es tan sólo la terrible diosa del mundo subterráneo. Se cree generalmente que este mito fue importado por los Griegos de otras religiones, adaptándolo posteriormente al esquema de sus creencias. Se ha pretendido hallar paralelismo con el mito egipcio de Isis y Osiris, con el semítico de Astarté y Tammuz, y con el frigio de Cíbele y Atis. En estos mitos la diosa recorre el mundo buscando a su amado o descendiendo, desesperada por su pérdida, al mundo subterráneo para hacerlo retornar al de los vivos. El héroe muerto es identificado con la vegetación y los cultivos, y, por lo general –así ocurre con Isis y Osiris–, enseñan a los hombres a cultivar la tierra. La identificación con el ciclo vegetativo viene dada por el hecho de que el héroe muere en la estación invernal y resucita en la primavera. En el mito de Deméter y Perséfone están presentes estas ideas, pero varía la relación existente entre ambos personajes; no se trata aquí de amado-amada, sino de madre-hija, realzándose con ello la relación productor-producto. Sin embargo, hoy día existe, cada vez más marcadamente, la tendencia a explicar el mito de Deméter a partir de presupuestos egeocretenses, aunque no se desechen totalmente las relaciones anteriormente citadas.

El relato: El mito, tal y como aparece ya en Grecia, presenta, con relación a su exposición primitiva, ciertas variantes, por lo general locales. El primer testimonio que nos ha llegado acerca de este mito es el *Himno Homérico a Deméter.* El *Himno* explica cómo Perséfone, que estaba cogiendo flores en la pradera de Nisa, junto a las ninfas hijas de Océano, se quedó admirada al ver un hermoso narciso que Gea, instigada por Zeus, que aprobaba el rapto, había hecho brotar allí; entonces la tierra se abrió y apareció Hades, que se llevó a la joven a las mansiones subterráneas. Perséfone grita llamando a su madre. Nadie escucha sus gritos, a excepción de Deméter, que se viste de luto y busca a su hija durante nueve días y nueve noches, alumbrándose en la oscuridad con una antorcha. Al amanecer del décimo día encuentra a Hécate, quien le dice que ha visto pasar a su hija sobre un carro resplandeciente, pero que no ha podido ver al raptor. Sin embargo, le sugiere que pregunte a Helio. Éste le cuenta lo sucedido, y Deméter se enfurece y abandona el Olimpo. Se transforma en una anciana y baja a la tierra. Llega a Eleusis, donde reina Céleo, y en el camino se sienta a descansar en el «pozo de las doncellas», a la sombra de un olivo. Allí acuden por agua las hijas de Céleo, que le preguntan quién es y por qué está afligida. Deméter oculta su verdadera personalidad y se ofrece como sirvienta. Las hijas piden a Metanira, su madre, que la acepte en su casa. Levanta Deméter su velo y la expresión divina asoma a su envejecido rostro; Metanira, impresionada, le cede su asiento, pero la diosa permanece triste por la pérdida de su hija hasta que la criada Yambe la hace reír con sus chistes obscenos. La reina le ofrece vino, pero la diosa pide que le den una mezcla de cebada, agua y plantas olorosas, que más tarde habrá de convertirse en un elemento esencial en los *misterios*. Metanira le encarga que sea la nodriza de su hijo Demofonte, y Deméter decide hacerlo inmortal. Para ello lo unge con ambrosía soplándole dulcemente y teniéndolo en su regazo; por las noches lo pone al fuego para que se queme poco a poco lo que tiene de mortal. Una noche, no obstante, Metanira se asusta al ver a su hijo en el fuego y da un grito. Deméter se enfada, descubre su personalidad y desiste de hacer al niño inmortal; además ordena que se construya en ese lugar un templo para poder enseñar a los hombres los ritos expiatorios. Una vez hecho el templo, Deméter, desconsolada todavía por la pérdida de su hija, se niega a dar la bendición a los campos. Todo está sin vida, y el género humano a punto de extinguirse. Zeus entonces envía primero a su mensajera Iris y, después, a todos los dioses para que hagan volver al Olimpo a Deméter y ésta devuelva la fertilidad a la tierra; pero ella se niega. Zeus manda entonces a Hermes ante Hades para que le inste a devolver a Perséfone. Éste, para que no sea posible hacerlo y quede así ligada a las mansiones subterráneas, le da a comer a su amada un grano de granada. Con Hermes se dirige Perséfone al encuentro de Deméter, quien se entera de que su hija ha comido un fruto en las moradas subterráneas y ha de cumplirse lo que marca el destino. Perséfone debe permanecer un tercio del año (o dos) con su esposo en las moradas infernales, mientras que durante el restante tiempo puede vivir con su madre en las mansiones olímpicas. A Deméter y Perséfone se unen Hécate y Rea, a la que ha enviado Zeus para que las condujera al Olimpo, pero antes Deméter enseña a los príncipes de Eleusis, Céleo, Diocles, Eumolpo y Triptólemo, los ritos sagrados con que quiere ser honrada y los secretos de la agricultura.

Hasta aquí el *Himno a Deméter*. Después, a partir de él, fueron surgiendo en Grecia distintas versiones, y, sobre todo, diversas localizaciones geográficas que respondían a los deseos regionales de relacionarse con este mito. En una leyenda órfica se contaba

que Perséfone había sido educada por su madre, separada del mundo y custodiada por Curetes y Coribantes.
En cuanto al lugar del rapto, en las fuentes más antiguas se habla de la llanura de Nisa. Sin embargo, en versiones más tardías aparecen otros lugares, como Samotracia, Eleusis, la Arcadia, el monte Cilene, y, sobre todo, Sicilia, por la que abogan, entre otros, Ovidio, Diodoro Sículo y los alejandrinos en general. Varía también la intervención de los dioses en el rapto. El papel de Zeus como encubridor del mismo, apoyando siempre a Hades, es reconocido por casi todas las variantes de la leyenda; en la versión órfica aparecen también como cómplices Ártemis y Afrodita, hijas de Zeus y, por tanto, hermanas de Perséfone, que la atraen hacia el lugar del rapto. Según Eurípides, son Ártemis y Atenea las que acompañan a Perséfone, pero no colaboran, sino que intentan impedir el rapto. Es Ovidio en *Las Metamorfosis* quien presenta más diferencias, ya que no menciona el papel desempeñado por Zeus en el rapto, y presenta a Afrodita incitando a Eros para que hiera con una de sus flechas a Hades con el fin de que éste se enamore de Perséfone.
En cuanto al nombre del hijo de los reyes de Eleusis, a quien cría Deméter, Apolodoro cita a Demofonte, que, en esta versión, perece en el fuego por haber gritado su madre. Sin embargo, es Triptólemo, por lo general, el que desempeña este papel y al que luego la diosa obsequia con los frutos. Por otro lado, se le considera a él –y así lo creían los Atenienses– como el primero que sembró la tierra. Ovidio cuenta también cómo Deméter entregó a Triptólemo su carro tirado por dragones y el arado para que generalizase su uso por el mundo y enseñara a los hombres a cultivar la tierra. Pausanias nos cuenta, por su parte, cómo en Sición existía una leyenda muy similar en la que el personaje que equivale a Triptólemo recibe el nombre de Ortópolis y es considerado como hijo del rey Plemneo. A su vez un himno órfico no conoce a los reyes de Eleusis con los nombres de Céleo y Metanira, sino con los de Disaules y Baubo, citando como hijos de éstos a Eubuleo, Eumolpo y Triptólemo. En esta versión no se habla de la exposición del niño al fuego ni es la criada Yambe, sino la propia Baubo, quien hace reír a la diosa con sus gestos y chistes obscenos. También hay diversidad de opiniones sobre la responsabilidad del que comunica a Deméter dónde está su hija. Aunque generalmente se cita a Helio, algunas tradiciones locales afirman

que fueron los habitantes de Argos, Creta, Hermíone, etc., los que dijeron a la diosa el paradero de su hija. Céleo, Eubuleo y Triptólemo son también citados en distintas fuentes como informadores. Por último Virgilio nos dice que Perséfone prefería permanecer junto a Hades, por lo que Deméter, para olvidar su tristeza, se drogaba con adormidera, de donde cabe la posibilidad de que provenga el considerar como atributo suyo la flor de adormidera (*véase* MECÓN).

La significación de este mito es claramente agraria. Aunque en un principio Perséfone no estuviera muy relacionada con el campo, poco a poco fue tomando cuerpo la alegoría de Perséfone como la semilla que pasa un tercio del año bajo tierra para luego resurgir con fuerza en primavera. En ocasiones, sin embargo, se comparó a Perséfone, ya en la época clásica, con las fases de la luna.

Otras leyendas referidas a Deméter: La más importante de estas leyendas refiere cómo Posidón, que se había enamorado de la diosa cuando ésta estaba buscando a su hija, la acosaba de continuo. Entonces ella, disgustada, se convirtió en yegua para esquivarlo, pero él, a su vez, se transformó en caballo, y bajo tal apariencia se unió a ella. De esta unión se dice que nacieron el caballo Arión y una hija a la que se le llamaba simplemente Δέσποινα, «Señora», «Ama». En otras versiones se cuenta que, enfadada por tal acoso, la diosa se vistió de negro y se encerró en una cueva cerca de Figalia, Arcadia, y que fue allí donde Pan la encontró cuando las cosechas y los frutos estaban a punto de morir.

Otra importante leyenda sobre Deméter es la que cuenta los amores entre la diosa y Yasión, el hijo de Zeus y de la pléyade Electra. Según esta leyenda, Deméter se enamoró de Yasión y, en un campo «tres veces arado», se unió en amor a él. De tal unión nació Pluto.

Por último, Ovidio cuenta en *Las Metamorfosis* cómo la diosa se venga de la insolencia de un muchacho, de nombre Ascálabo, al que convirtió en lagartija por haberse reído de ella al verla beber agua. *Véanse* también ASCÁLAFO, ERISICTÓN, FÍTALO, LINCO, MELISA, PÉLOPE Y RARO.

El culto: Se cree que en los orígenes se veneró a Deméter sola, aunque posteriormente, cuando sus celebraciones adquieren mayor relevancia, es unida a Perséfone y Dioniso, personificado en Yaco. La veneración de esta diosa está íntimamente ligada a su leyenda mitológica. Es necesario conocer su mito y las diversas significaciones que se le dieron para llegar a entender los ritos celebrados en su honor, ya que éstos se basan casi por completo en las representaciones mímicas de su leyenda. El culto a Deméter aparece casi en la totalidad del mundo helénico, y quizá sea uno de los más extendidos. Sin embargo destacan poderosamente dos lugares, Eleusis y Sicilia, aunque se cree probable que fuera Creta de donde llegó a Grecia el culto a la diosa. Los orígenes de este culto no son en absoluto claros. Se suelen basar por lo general en unas fiestas agrarias primitivas, prehelénicas, que tenían lugar en el momento de la siembra o de la recolección, donde se celebraba únicamente al trigo que significaba el sustento para todo el año. Deméter es la descubridora del trigo y la que, según Diodoro Sículo, enseñaba a prepararlo y cocinarlo convenientemente. Ella fue quien dio leyes para que se acostumbraran todos a practicar la justicia, de donde proviene su epíteto Θεσμοφόρος, «Legisladora». También por Diodoro sabemos que los habitantes de Sicilia daban gracias a Deméter y a su hija dos veces al año. A Perséfone se la celebraba en la primavera, cuando el grano empezaba a germinar, y a Deméter cuando empezaba la siembra.

Se la suele representar sentada, con antorchas en la mano o con una serpiente. Sus atributos son la adormidera, la espiga y el narciso, y sus epítetos más frecuentes son los siguientes: Θεσμοφόρος, «Legisladora»; Καρποφόρος, «Dadora de frutos»; Χθόνια, «Subterránea»; Μελαίνη, «Negra», que hace referencia al luto que viste cuando pierde a su hija; Δέσποινα, «Señora»; Χλόη «Verdeante», con referencia a la vegetación.

Demo (Δημώ). Una de las hijas de CÉLEO.

Democoonte (Δημοκόων). Hijo de Príamo muerto por Odiseo ante Troya.

Demódice (Δημοδίκη). Hermana de PACTOLO.

Demódoco (Δημόδοκος). 1) Famoso aedo, que, en la corte de Alcínoo, rey de los Feacios, cantó los amores de Ares y Afrodita en la fiesta en que Odiseo narró sus aventuras. Admiraba a los hombres con su canto, don recibido de las Musas a cambio de quedar ciego.

2) Hay que distinguir a otro aedo del mismo nombre que quedó con Clitemestra cuando Agamenón partió para Troya.

Demofonte (Δημοφών). 1) Hijo de Metanira y Céleo, rey de Eleusis, y hermano, por tanto, de Triptólemo. Fue criado por Démeter, que recorría la tierra en busca de su hija. Queriendo la diosa convertir a Demofonte en inmortal, le daba ambrosía como alimento y por la noche lo

purificaba con fuego. Pero, sorprendida una noche por Metanira, Deméter dejó caer al niño, asustada por un grito que dio la madre. Demofonte murió al caer en el fuego, o bien sobrevivió, pero siendo ya para siempre mortal. Esta misma historia se contaba sobre su hermano Triptólemo.
2) Distinto Demofonte es el hijo de Teseo y Fedra. Hermano de ACAMANTE –con gran frecuencia se confunden sus leyendas– participó en la guerra de Troya, después de haber sido desposeído del trono de Atenas por Cástor y Pólux, que se lo entregaron a Menesteo. Fue de los que entraron en el caballo de madera, rescatando posteriormente a su abuela Etra, esclava de Helena. Se contaba que Demofonte fue el que entregó el famoso Paladio a Atenas, después de habérselo arrebatado a unos Argivos que desembarcaron en sus costas y fueron tomados por piratas.
A su vuelta de Troya, él o su hermano se enamoraron de FÍLIDE, princesa tracia. Demofonte, poniendo como pretexto un viaje a Atenas, abandonó a Fílide que, desesperada, se suicidó, convirtiéndose en almendro. Demofonte murió al encabritarse su caballo y caer sobre una roca, sucediéndole en Atenas su hijo Oxintes. *Véase* además HERACLIDAS.

Demonasa (Δημώνασσα). 1) Madre, con ADRASTO, de Egialeo.
2) Hija de Anfiarao y de Erifile casada con Tersandro, de quien engendró a Tisámeno.
3) Esposa de Peante y madre de Filoctetes (*véase,* sin embargo, METONE).
4) Esposa de IRO.

Demonice (Δημονίκη). Madre, con Ares, de Eveno, Molo, Pilo y Testio.

Depidios. Nombre de dos pastores hermanos que recogieron a CÉCULO.

Dero (Δηρώ). Una de las NEREIDAS.

Despoina (Δέσποινα). *Véase* DEMÉTER.

Deucalión (Δευκαλίων). 1) Hijo de Prometeo y de la oceánide Clímene. Reinó en el territorio de Ftía y casó con PIRRA, hija de Epimeteo y Pandora. Deucalión es el protagonista de la versión griega del mito del Diluvio. Habiendo decidido Zeus destruir la raza humana sepultándola bajo las aguas, Prometeo aconsejó a su hijo que construyera una gran arca, la llenara de provisiones y se metiera en ella con su esposa. Iniciado el diluvio, el arca navegó durante nueve días a la deriva, hasta que, al fin, se acercó al monte Parnaso, el único lugar que no había sido anegado. Cuando cesaron las lluvias, Deucalión y Pirra desembarcaron y ofrecieron sacrificios a Zeus, dirigiéndose después al oráculo de Temis –el futuro oráculo de Apolo en Delfos– para preguntarle cómo podrían conseguir compañeros. La respuesta fue que arrojaran tras de sí los huesos de su madre, y ellos entendieron que se trataba de la Madre-Tierra, cuyos huesos debían ser las piedras; en efecto, de las piedras lanzadas por Deucalión iban naciendo hombres, y de las que arrojaba Pirra mujeres. Además, Deucalión y Pirra engendraron, al parecer, cinco hijos: Anfictión, Helén, Pandora, Protogenia y Tía, aunque se citan también como hijos de Deucalión a Melantea, Melanto, Oresteo, Prónoo y Maratonio.

Helén (a quien también se hace hermano de Deucalión) es el héroe epónimo de los griegos en general, y sus descendientes constituyeron las principales estirpes helénicas, instalándose en diversos lugares de Grecia. De todos modos, no parece haber sido Deucalión el único hombre salvado del diluvio griego, sino que existen otras leyendas similares; así, por ejemplo, la historia de Mégaro y la de Cerambo, o la leyenda que refiere cómo los habitantes de la ciudad de Parnaso fueron sacados de su sueño por el aullido de unos lobos que escapaban de la catástrofe caminando hacia una de las cumbres del Parnaso, la que después se llamó *Monte de los lobos;* estos hombres habrían ido detrás de las fieras hasta allí, fundando después en aquel lugar la ciudad de Licorea (nombre supuestamente derivado de la palabra λύκος, en griego *lobo*). Por otra parte, los nietos de Deucalión encontraron pobladas las regiones que fueron ocupando.

El mito de Deucalión y Pirra parece de tradición oriental, dada la coincidencia asombrosa que presenta en sus detalles con la historia babilonia de Ut-napistim y con la hebrea de Noé.

2) Uno de los ARGONAUTAS hijo de Minos y Pasífae. Es el padre de Idomeneo, el caudillo cretense de la guerra de Troya, y de Molo.

Dexámene (Δεξαμένη). Una de las NEREIDAS.

Dexámeno (Δεξαμενός). Rey de la ciudad de Óleno, que dio hospitalidad a Heracles cuando éste fue expulsado de Élide por Augías. Sus hijas Teronice y Teréfone casaron con los llamados Moliónidas.

Dexítea (Δεξιθέα). Mujer amada por MINOS.

Deyanira (Δηιάνειρα). Deyanira es, en la versión más común de la leyenda, hermana de Meleagro e hija de Altea y Eneo, el rey de Calidón. Sin embargo, en otra versión se la hace hija de Dioniso basándose en que, cuando las hermanas de Meleagro, a la muerte de éste, fueron convertidas en pintadas, Deyanira, con Gorge, fue la única que volvió a recobrar la forma humana, en lo cual se ve la intervención de su padre divino.

Dando cumplimiento a una promesa hecha a Meleagro en el Hades, casó con ella Heracles, después de vencer en la lucha a Aqueloo, su más directo rival. Deyanira, mujer experta en la guerra y en conducir el carro, tuvo con Heracles varios hijos: Hilo, Hodites, Gleno, Ctesipo y la única hija del héroe, Macaria. Sobre sus relaciones con Heracles, *véase* HERACLES, VI.

Déyoco (Δηίοχος). Guerrero griego muerto por Paris en Troya.

Deyón (Δηίων). 1) Deyón o Deyoneo es el padre de ÁCTOR, Céfalo y Asteria con Diomede, y de Ificlo y Alcímeda con Clímene.
2) Hijo de ÉURITO.

Deyone (Δηιώνη). En Ovidio, Deyone es la madre de MILETO, hijo que habría tenido de Apolo.

Deyoneo (Δηιονεύς). 1) Padre de Día y suegro de IXIÓN.
2) *Véase* DEYÓN.

Deyopites (Δηϊοπίτης). Hijo de Príamo muerto por Odiseo.

Día (Δία). 1) Hija de Deyoneo que casó con Ixión, concibiendo de él a Pirítoo, aunque otras veces se dice que lo concibió de Zeus.
2) Hija de Licaón. De su unión con Apolo nació el héroe Dríope.
3) Ninfa de Trecén amada por Pélope.

Diana. Divinidad itálica que muy pronto fue identificada con Ártemis, siendo tan profunda su helenización que resulta difícil determinar los rasgos verdaderos de la primitiva diosa latina. Según Varrón, se trata de una divinidad sabina, una de las doce a las que hizo dedicar un altar en Roma el rey Tito Tacio. El templo más famoso de Diana estaba en el corazón de los montes Albanos, en Aricia, junto al lago Nemi y en medio de un espeso bosque. Allí se le llamaba Diana *Nemorensis (Diana de los bosques) y* éste parece haber sido su primitivo carácter, el de una divinidad de la naturaleza en sus manifestaciones más indómitas y feroces. Según la tradición, la Diana *Aricina* no era sino la Ártemis Taurópola, cuyo culto habría sido llevado allí por Orestes, pero esta suposición, absolutamente caprichosa, se debe tan sólo, al parecer, a la semejanza de los ritos bárbaros y crueles practicados en ambos santuarios. Según cuenta Estrabón, se convertía en sacerdote del templo de Aricia al esclavo fugitivo que conseguía dar muerte por su propia mano al hombre que estuviera desempeñando dicha función. Por otra parte, el lugar estaba sujeto a un oscuro tabú, en virtud del cual no podían acercarse caballos por los alrededores, circunstancia que se relacionó con la leyenda de que Diana-Ártemis había llevado a Hipólito a aquel santuario después de haberlo resucitado Asclepio de entre los muertos; la prohibición de la diosa con respecto a los caballos habría tenido por objeto el evitar que Hipólito recordara el accidente sufrido con el carro. Si ello fuera así, el nombre de VIRBIO, con el que había bautizado la diosa al muchacho, sería una alusión a su doble vida *(dos veces hombre).*

Además del referido santuario, Diana tenía otro también muy famoso en la Campania, cerca de Capua, donde era venerada con el sobrenombre de *Tifatina.* No menos helenizada que la *Aricina,* esta diosa era representada como una joven cazadora a pie o a caballo y con un animal junto a ella –una cierva o una oca.

En Roma el culto de Diana tuvo gran importancia. Había varios templos consagrados a la diosa, pero el más famoso era el del monte Aventino, construido en común por los Romanos y sus aliados con el propósito de poner bajo la protección de Diana la antigua confederación de las ciudades del Lacio, que reconoció a Roma como su capital. Todos los años, en los *idus* de agosto, se celebraban grandes fiestas en las que participaban sobre todo los esclavos, quienes durante aquel día gozaban de libertad; esta costumbre recogía tal vez algún aspecto del ritual de la Diana *Aricina,* cuya fiesta tenía lugar el mismo día.

Dice (Δίκη). Hija de Zeus que personifica la *Justicia. Véanse* ASTREA, VIRGO y HORAS.

Dicte (Δίκτη). Otro nombre de la ninfa cretense BRITOMARTIS.

Dictina (Δίκτυννα). *Véase* BRITOMARTIS.

Dictis (Δίκτυς). Pescador de la isla de Sérifos que protegió a Dánae y Perseo, y sustituyó más tarde a su propio hermano Polidectes en el gobierno de la isla. Se les hacía hijos de Magnes y de una náyade, aunque en otra versión de la leyenda aparecen como hijos de Posidón y Cerebia.

Dido. Los elementos más antiguos de la leyenda de Dido se refieren a una migración fenicia y su consiguiente establecimiento en el norte de África. Al morir Muto, rey de Tiro, el trono pasó a su hijo Pigmalión, hermano de Dido o Elisa, que había casado con Sicarbas o Siqueo, tío suyo y sacerdote del templo de Melqart. Codicioso de los tesoros de éste, Pigmalión le dio muerte, pero Dido tuvo tiempo de reunir a unos cuantos Tirios hostiles al rey y escapar con ellos, llevándose en las naves las riquezas del esposo asesinado e incluso las del propio Pigmalión. Al llegar a Chipre, los

compañeros de Dido raptaron a ochenta jóvenes que atendían el templo de Afrodita y las hicieron sus esposas. En seguida abandonaron la isla, dirigiéndose al norte de África y fundando allí la ciudad de Cartago, de la que fue reina Dido. Algún tiempo después, Yarbas, rey de una tribu vecina, quiso casarse con Dido y la amenazó con declararle la guerra si no accedía a sus pretensiones; entonces la reina, que no quería traer la ruina a su ciudad ni tampoco aceptar un matrimonio que le repugnaba, acabó por suicidarse arrojándose a una pira. Virgilio se sirvió de esta leyenda, modificándola ligeramente y desarrollando a partir de ella una auténtica novela de amor. Fugitivo de Troya, Eneas naufraga cerca de la costa africana y es recogido por unos súbditos de la reina Dido. Ésta le ofrece su hospitalidad hasta que las naves queden reparadas, pero se enamora de él y trata de retenerlo. Durante una cacería se desencadena una tempestad y la reina y su huésped se refugian en una cueva, donde se unen amorosamente; sin embargo, Júpiter recuerda a Eneas su verdadera misión y le da la orden de partir, orden que es obedecida por el héroe, quien se hace a la mar sin despedirse siquiera de su amante. Al conocer la partida de Eneas, Dido levanta una pira y se arroja a ella.
Con respecto a la fundación de Cartago, Virgilio refiere un episodio que responde a un conocido tema de cuento popular. Cuando Dido y sus compañeros llegaron a la costa africana, compraron a los indígenas el territorio que pudiera abarcar una piel de toro; hecho el trato, los astutos Tirios cortaron la piel en tiras finísimas y las unieron entre sí, delimitando con ellas una extensión considerable, que fue el asiento de su ciudad. La introducción de este episodio en la leyenda de Dido se debe probablemente al hecho de que *Byrsa,* nombre fenicio de la ciudad de Cartago, era un homófono de la palabra griega que significa *pellejo.* Parece indiscutible el origen semítico de la leyenda de Dido, a juzgar por los nombres de sus protagonistas: Ana, hermana de la reina, Sicarbas, Elisa y la propia Dido.

Dimante (Δύμας). 1) Rey frigio padre de Otreo y de Hécabe, la esposa de Príamo.
2) Héroe epónimo de la tribu doria de los Dimanes. Era hermano de PÁNFILO.

Dinámene (Δυναμένη). Una de las NEREIDAS.

Dino (Δεινώ). *Véase* GRAYAS.

Dío (Δῖος). Rey de la Élide que guerreó contra ÓXILO.

Dio Fidio. *Véase* SEMO SANCO.

Diocles (Διοκλῆς). 1) Rey de Feras cuya hija Anticlea casó con Macaón.

2) Príncipe de Eleusis a quien Deméter inició en los *misterios.*

Diomede (Διομήδη). 1) Hija de Juto y Creúsa que, con Deyón, fue madre de ÁCTOR y Céfalo.

2) Hija de Lapites que casó con el rey espartano Amiclas. Es la madre de Hiacinto y Cinortas.

Diomedes (Διομήδης). 1) Rey de Tracia, hijo de Ares y de Pirene. Poseía grandes establos llenos de yeguas, a las que alimentaba con la carne de los extranjeros que acertaban a pasar por allí. Heracles luchó con Diomedes y, después de haberlo vencido, condujo las yeguas hasta Micenas, según le había ordenado Euristeo *(véase* HERACLES, *Noveno trabajo).*

2) Hijo de Tideo y de Deípile, una de las hijas de Adrasto. El padre de Diomedes era oriundo de Calidón, pero, desterrado de allí, buscó refugio en Argos, casándose con la hija del rey. Por ello, Diomedes nace en Argos y participa en empresas argivas, como la expedición de los Epígonos contra Tebas. No obstante, lo primero que hizo al llegar a la edad viril fue vengarse de los hijos de Agrio, que habían despojado a su abuelo Eneo del trono de Calidón; el reino pasó entonces a Andremón, que estaba casado con Gorge, una de las hijas de Eneo. Por su parte el anciano rey se retiró al Peloponeso, pero fue muerto en una emboscada por Onquesto y Tersites, dos de los hijos de Agrio, que habían escapado a la matanza; Diomedes organizó unos magníficos funerales en honor del difunto y, en el lugar donde había sido enterrado, fundó una ciudad a la que llamó Énoe, en recuerdo de su abuelo.

Diomedes fue uno de los pretendientes a la mano de Helena; en consecuencia, participó en la expedición a Troya –acompañado por Euríalo, un tebano hijo de Mecisteo– donde aparece como uno de los caudillos más destacados, favorecido continuamente por Atenea, como ya lo había sido su padre. Siempre al lado de Odiseo, visita a Aquiles en Esciros para hacer que participe en la campaña; obliga a Agamenón a sacrificar a su hija Ifigenia en beneficio del ejército; forma parte de la embajada que reclama la devolución de Helena; lleva a cabo el robo del famoso Paladio; mata al héroe tracio Reso y le roba los caballos que podían haber hecho a Troya inexpugnable; mata a DOLÓN; trata de aplacar la cólera de Aquiles contra Agamenón y de convencerlo para que vuelva a la lucha y, por último, se dirige a Lemnos con Odiseo en busca del héroe Filoctetes cuando se pone de manifiesto que su arco es imprescindible para la toma de la ciudad. Por otra parte, Diomedes es un guerrero eficaz, cuya intervención resulta decisiva en varios momentos de la guerra de Troya, llegando a herir a Ares y a Afrodita y siendo herido, en cambio, por Paris. Se enfrentó también al héroe ENEAS y mató a Cromio y a Equemón, dos hijos de Príamo. Además, sabe respetar las leyes de la hospitalidad, incluso en medio del campo de batalla *(véase* GLAUCO). Interviene en todos los consejos de los Aqueos, defendiendo con energía sus puntos de vista, y no duda en enfrentarse a Aquiles para reprocharle la muerte de Tersites.

La *Odisea* atribuye a Diomedes un regreso bastante afortunado, pero relatos posteriores afirman que, durante su ausencia, su esposa Egialea –hija o nieta de Adrasto según las tradiciones– había sido inducida por NAUPLIO al adulterio y se había entregado a Cometes, hijo de Esténelo. Por otra parte, se decía que Diomedes hubo de sufrir la cólera de Afrodita, que no le perdonó nunca el haberla herido, haciéndole naufragar en la costa libia y poniéndolo en manos del rey Lico, que lo habría sacrificado a Ares si su hija Calírroe no le hubiera ayudado a escapar; también se atribuía a Afrodita la infidelidad de Egialea. En cualquier caso, cuando llegó a Argos, Diomedes tenía preparada una trampa mortal semejante a la de Agamenón, si bien pudo escapar a ella refugiándose primero en el templo de Hera y huyendo después a Italia, a la corte del rey Dauno. Se decía que había ayudado a este rey en sus campañas y que, como recompensa, había obtenido la mano de su hija; pero, según otra tradición, Dauno se negó a pagarle lo prometido, y Diomedes quiso apoderarse de su reino a la fuerza, muriendo, sin embargo, en el intento. Varias ciudades del sur de Italia atribuían su fundación al héroe.

Dione (Διώνη). 1) Basándose en la identidad de los nombres (el genitivo de Ζεύς es Διός), no sería descabellado suponer que Dione haya sido la más antigua de las esposas de Zeus. Aunque Hesíodo no la cita como tal, en la *Ilíada* aparece como madre de Afrodita, y ésta siempre es tenida por hija de Zeus, con lo que no resulta difícil pensar que Homero haya conocido tal unión, por más que la majestuosa e importante figura de Hera haya minimizado la de Dione dentro del marco religioso de los griegos.

Según unas versiones de la leyenda, es hija de Úrano y Gea; según otras, de Océano y Tetis; otras le atribuyen como padre a Atlante; Apolodoro, en fin, la incluye en el catálogo de las NEREIDAS.

2) Una de las HÍADES, que, unida a Tántalo, tuvo a Pélope y a Níobe.

Dioniso (Διόνυσος). Hay varias versiones sobre el nacimiento de este dios. Algunos lo hacían hijo de Perséfone, a la que se habría unido Zeus en forma de serpiente. El niño nacido de tal unión, normalmente llamado ZAGREO, sería identificado por algunos con Dioniso. Otros lo hacian hijo del mismo dios y de Deméter, o bien de Io. Sin embargo, la leyenda más conocida lo hace hijo de Sémele, la hija de Cadmo y Harmonía.

Enamorado Zeus de Sémele, y embarazada ésta ya de seis meses, Hera, celosa de ella, le sugirió, bajo la apariencia de su nodriza, que exigiese a su amante que se mostrase a ella tal como lo había hecho cuando pretendió a la diosa. Así lo hizo Sémele, no sin haberle hecho prometer antes bajo juramento a Zeus que cumpliría su deseo. Accedió éste y se mostró rodeado del trueno y del rayo, muriendo Sémele fulminada. Hermes logró, sin embargo, salvar al niño, todavía en el vientre de su madre, cosiéndoselo a Zeus en un muslo. Allí lo llevó durante los tres meses que aún faltaban de gestación, al cabo de los cuales nació Dioniso, por eso llamado «el nacido dos veces».

Tuvo el dios que sufrir varias penalidades hasta llegar a la edad adulta. Primero fue atacado por los Titanes, que lo descuartizaron por instigación de Hera y lo hirvieron en una caldera. Sin embargo, fue salvado por su abuela Rea que reunió sus restos y le devolvió la vida. Fue confiado entonces por Perséfone a Atamante, el rey de Orcómeno, y a su esposa Ino. Lo disfrazaron de niña, pero no lograron engañar a Hera que volvió locos a los dos. Como última solución, Hermes lo disfrazó de cabrito, llevándolo al monte Nisa y confiándoselo a las Ninfas, que lo cuidaron con gran esmero, alimentándolo con miel, por lo que Zeus, cuando terminaron su labor, en recompensa las convirtió en estrellas de la constelación de las Híades. Allí fue donde Dioniso descubrió la vid.

Ya adulto realizó una serie de viajes, que hay que relacionar quizá con las leyendas del culto del vino, por Europa y Asia.

Después de haber luchado contra los Gigantes, matando a Éurito con su tirso –báculo con hiedra enroscada y una piña en la punta–, Hera lo enloqueció, haciéndole andar errante por Egipto y Siria acompañado de su preceptor Sileno. Fue liberado de la locura en Frigia, donde lo purificó la diosa Cíbele y lo inició en los ritos de su culto. Estuvo en Faros, donde fue acogido por Proteo y luchó allí contra los Titanes, logrando que devolviesen su reino a Ammón. Luego llegó a

Tracia, donde el rey Licurgo intentó hacerlo su prisionero. Se salvó gracias a la intervención de Tetis, pero no pudo lograr que no fueran capturadas las Bacantes, sus compañeras, que fueron liberadas tras la muerte de Licurgo. De allí pasó Dioniso a la India, acompañado de su ejército de Sátiros, Coribantes y Ménades (se incluyen a veces también en su séquito a las Horas y a Hermafrodito). Gracias a sus poderes mágicos y tras muchas aventuras –como la de la muerte de Damasco, a quien Dioniso desolló, o el paso del Tigris gracias a un tigre que envió en su ayuda su padre Zeus– conquistó toda la India, enseñando el arte de la viticultura y fundando numerosas ciudades.

En su regreso hacia Grecia persiguió a las Amazonas hasta Éfeso. De allí marchó en primer lugar a Beocia, región de la que era oriunda su madre, para intentar introducir su propio culto, invitando a las mujeres a sus orgías del monte Citerón. Temeroso el rey PENTEO de estos ritos nuevos, arrestó a Dioniso. Pronto tuvo, sin embargo, muestras de su poder, pues el dios escapó de la cárcel e hizo que las Bacantes despedazasen a Penteo, encabezadas por la propia madre de éste, Ágave, que lo desgarró.

Un episodio parecido se desarrolló en Argos cuando Dioniso perseveraba en introducir su culto en toda Grecia, ya que volvió locas a las hijas de PRETO, haciéndolas recorrer los montes creyéndose vacas (*véanse* también BUTES y MINÍADES).

Por último, decidió trasladarse a las islas del Egeo. Queriendo marchar a Naxos, contrató los servicios de unos marineros, que resultaron ser unos piratas tirrenos. Pretendían éstos trasladar a Dioniso a Asia y venderlo como esclavo, pero el dios hizo que brotara una vid que envolvió el mástil, mientras que la hiedra se enroscaba en los remos. A la vez, transformó los remos en serpientes, él mismo se convirtió en león y el barco se llenó de animales monstruosos y fantásticos. Los marineros, despavoridos, se tiraron al agua, quedando convertidos en delfines. En esta misma isla de Naxos encontró Dioniso a ARIADNA, abandonada allí por Teseo. Se enamoró de ella el dios, y tuvieron varios hijos, Enopión, Estáfilo, Toante y Pepareto, a los cuales se unen a veces también Latramis y Evantes (con Afrodita, o con Quíone, había tenido anteriormente a Príapo; con ALFESIBEA, a Medo; con AURA, a dos gemelos; con NICEA, a Sátiro; en una versión aparece como padre de Deyanira).

Antes de instalarse en el Olimpo aún Dioniso hizo dos labores. La primera fue vengar a Ariadna atacando a Teseo, que tuvo que someterse ante el dios y elevar un templo en su honor. La segunda fue la bajada a los Infiernos en busca de su madre Sémele. Consiguió que Perséfone se la devolviese, aunque tuvo para ello que regalarle la planta del mirto, origen de la corona que los iniciados se ceñían en la frente en los *Misterios* en honor de Dioniso (sobre otras leyendas en que interviene el dios, *véanse* ANTÍOPE, GRIFOS, ICARIO, MIDAS y POLIMNO).

Después de extender su culto por todo el mundo, subió por fin al cielo, sentándose con los Olímpicos en el puesto que le cediera Hestia.

Aunque hay elementos confusos en los mitos de Dioniso y en los datos sobre su culto, parece claro que era en origen un dios de la vegetación, espíritu de la savia de las plantas y del jugo de los frutos, y a la vez de la fecundidad animal y del vino. Parece ser de origen tracio, conocido ya desde antiguo en toda Grecia.

Sus orgiásticos ritos se basan en la aspiración al éxtasis y a lograr ser poseídos por el dios en un delirio místico, lo que se intentaba en ceremonias nocturnas en las que los participantes realizaban danzas violentas acompañadas de flautas, locas carreras a través de los montes y persecuciones de animales salvajes que, una vez descuartizados, comían crudos.

Era Dioniso muy venerado en Asia Menor y en Grecia, sobre todo en Tebas y en Atenas, ciudad esta última que le dedicaba sus principales fiestas.

Llamado también Baco entre los Griegos, fue conocido con este nombre en Roma, aunque más a menudo fue identificado con su dios Liber Pater (*véase* también SABACIO). Sus misterios pasaron a Roma, donde se le festejaba en alborotadas procesiones en las que abundaban las máscaras, hasta que en el siglo II a.C. el senado prohibió las «Bacanales» por su carácter orgiástico y licencioso.

Diores (Διώρης). Padre de Automedonte.

Dioscuros (Διόσκουροι). El nombre de Dioscuros («hijos de Zeus») corresponde a dos gemelos, Cástor y Pólux, que fueron hijos de Leda y hermanos de Helena y de Clitemestra. Leda era hija de Testio, rey de Etolia, y estaba casada con el rey de Esparta Tindáreo, pero Zeus, que la amaba, se unió a ella, tomando la forma de un cisne, el mismo día que Tindáreo. Se decía que Leda había puesto dos huevos, de uno de los cuales habrían nacido Pólux y Helena, hijos de Zeus, y del otro Cástor y Clitemestra, que lo eran de Tindáreo, aunque existen otras versiones distintas. Cástor y Pólux crecieron en Esparta, cuando ya su padre, ayudado por Heracles, había recuperado el trono de la ciudad. Eran de gran belleza, y destacaban entre los demás jóvenes, Cástor en el manejo de las armas y la doma de los caballos, y Pólux en el pugilato. Lejos de rivalizar entre sí, como otros mellizos, los Dioscuros se amaban entrañablemente, y aparecen siempre juntos en las distintas hazañas que les atribuye la tradición.

Cuando Helena fue raptada por TESEO, los Dioscuros aprovecharon el momento en que éste había partido para los Infiernos en busca de Perséfone, y rescataron a su hermana, llevándose también como botín a la madre del héroe, Etra, que quedó constituida en esclava personal de la princesa. Habían participado asimismo en la cacería del jabalí de Calidón (*véase* MELEAGRO), en la expedición de los ARGONAUTAS y en la lucha de MENESTEO contra Demofonte, un hijo de Teseo, por el trono de Atenas.

Después de todas estas aventuras, los dos hermanos asistieron a las bodas de sus primos IDAS y Linceo (hijos de Afareo, un hermano de Tindáreo, y reyes de la vecina región de Mesenia, que fue conquistada más tarde por los Espartanos) con Febe e Hilaíra (las llamadas Leucípides, hijas de Leucipo, otro hermano de Tindáreo), que eran sacerdotisas de Atenea y Ártemis, respectivamente. En mitad de la fiesta, los Dioscuros raptaron a las muchachas y, según una tradición, se entabló una lucha en la que murieron Cástor y Linceo, pero, según otras, Idas y Linceo pasaron por alto el incidente e, incluso, llegaron a ponerse de acuerdo, años después, con sus dos primos para realizar juntos un robo de ganado en la Arcadia. Al parecer, eligieron a Idas para que repartiera el botín, y éste, tomando una vaca, hizo de ella cuatro partes y anunció que la mitad de lo robado sería para el primero que terminara de comerse la suya, y la otra mitad para el que quedara en segundo lugar. Apenas había acabado de hablar Idas cuando empezó a engullirse su ración y ayudó a Linceo a comerse la suya, de manera que los dos hermanos resultaron vencedores, y se llevaron a Mesenia todo lo robado. Pero los Dioscuros protestaron ante la asamblea, alegando que sus dos primos habían cometido fraude, el uno por haber empezado a comer antes que los demás, el otro por haber aceptado la ayuda del primero; luego, aprovechando un descuido de sus rivales, se llevaron a su vez el ganado. Sin embargo, Idas y Linceo, que habían subido al Taigeto para ofrecer un sacrificio a Posidón, divisaron desde lejos a los ladrones y salieron en su persecución. Las circunstancias y resultado de la lucha varían mucho según las tradiciones. En general, se decía que Cástor había muerto en ella, y que Pólux, incapaz de soportar la falta de su hermano y compañero, había rogado a Zeus que le quitara la vida; se decía asimismo que había rechazado la inmortalidad a que tenía derecho como hijo de Zeus, porque quería estar siempre al lado de Cástor, y que, en consecuencia, el dios determinó que ambos compartieran el destino que correspondía a cada uno de ellos, pasando la mitad del año en la región de los inmortales y la otra mitad bajo la tierra. Los gemelos divinizados eran identificados con la constelación de Géminis.

Pero las hazañas que la tradición espartana atribuía a los Dioscuros no acababan con su muerte, sino que, después de su divinización, se les hacía protagonistas de varias leyendas. Veamos algunas de ellas. Una vez, tomando la apariencia de dos comerciantes de Cirene, se presentaron en su antigua casa y pidieron hospitalidad al entonces ocupante, Formión, rogándole que les permitiera dormir en la habitación que había sido de Cástor y Pólux. Formión no pudo complacerles porque era la que ocupaba su hija, y acomodó a los huéspedes en otra distinta. Sin embargo, a la mañana siguiente la muchacha había desaparecido de su dormitorio y, en su lugar, los misteriosos visitantes habían dejado las imágenes de los Dioscuros y una rama aromática. Por otra parte, se contaba que dos jóvenes mesenios habían imaginado una divertida estratagema para infligir un duro golpe a sus enemigos espartanos, con los que estaban en guerra por segunda vez. Los dos muchachos se habían colocado sendas túnicas blancas y, sobre ellas, capas de púrpura. De esta guisa, y llevando sobre su cabeza los cascos en forma de huevo que caracterizaban a los gemelos divinos, irrumpieron a todo galope en el campamento espartano, precisamente el día en que sus vecinos celebraban la festividad de los Dioscuros. Los Espartanos creyeron que era una auténtica epifanía de los héroes y cayeron a sus pies, muriendo muchos de ellos atravesados por las lanzas de los jóvenes mesenios. Pero, al parecer, a éstos les salió cara la treta, porque, después de haber ganado una batalla a sus enemigos, los Dioscuros arrebataron el escudo a su jefe Aristómenes y éste no pudo organizar la persecución contra los Espartanos vencidos. Y, a su vez, cuando Aristómenes intentó atacar de noche y por sorpresa la ciudad de Esparta, los fantasmas de los Dioscuros se le cruzaron en el camino y le impidieron el paso. Se decía también que los Dioscuros se habían aparecido a sus compatriotas en la batalla de Egospótamos, y que les habían ayudado a conseguir la victoria; en agradecimiento, los Espartanos les dedicaron dos estrellas de oro, que quedaron depositadas en el templo de Delfos; dichas estrellas desaparecieron misteriosamente de su sitio poco antes de la derrota de Leuctra. Por otra parte se aseguraba que cuando los Locros estaban en guerra con los de Crotona, pidieron ayuda a Esparta y ésta se la negó, pero les envió dos imágenes de los Dioscuros para que las llevaran consigo en la batalla. El ejército locro, diez veces menor que el de Crotona, venció a sus enemigos a las orillas del Sagra, y se decía que las dos figuras blancas de los Dioscuros habían hecho acto de presencia en el combate; al mismo tiempo, la noticia de la victoria era conocida prodigiosamente en Esparta. Años después, cuando el culto de los Dioscuros fue introducido en Roma, los Romanos pretendieron que estos héroes les habían ayudado en su lucha contra los Latinos, haciéndoles ganar la batalla del lago Régilo y llevando en seguida la noticia de la victoria a la ciudad.

Los Espartanos creían, además, que Posidón había concedido a los Dioscuros el poder de enviar vientos propicios a los navegantes, así como el de salvar a los náufragos, y explicaban el llamado fuego de San Telmo como una aparición de los dos héroes. El caso es que Esparta consideró siempre a los Dioscuros como sus héroes nacionales. Según hemos visto, se les imaginaba como dos jóvenes gemelos montados en caballos blancos –Cílaro, Janto y Flógeo son los nombres dados por la tradición al caballo de Cástor, mientras que Hárpago habría sido el de Pólux– y vestidos con una túnica blanca y una capa roja; llevaban una lanza en la mano, y en su cabeza un casco en forma de media cáscara de huevo (recuerdo de su nacimiento) coronado por una estrella (recuerdo de su metamorfosis en constelación). El símbolo de estos héroes eran dos vigas de madera unidas por un travesaño, y los dos reyes espartanos, jefes del ejército, llevaban siempre este amuleto a las batallas, porque la imagen de los Dioscuros constituía el modelo de mutua colaboración y ausencia total de rivalidad que debían imitar en todo momento los correyes. Tan importante era para los Espartanos esta identificación que, según la leyenda, la primera vez que su ejército fue mandado por uno solo de los reyes, una sola viga fue con él a la batalla. Cuando Esparta tuvo la suficiente influencia sobre el oráculo de Delfos, el culto de los Dioscuros se impuso en otras ciudades, y estos gemelos tuvieron la exclusiva en su identificación con la constelación de Géminis, imponiéndose en este sentido sobre otras parejas semejantes, como las constituidas por Heracles e Ificles, Idas y Linceo, etcétera.

Dioses Consentes (*Dii Consentes* o *Complices).* Constituyen la segunda jerarquía del panteón etrusco *(véanse* DIOSES SUPERIORES, PENATES, LARES, MANES y GENIOS). Son seis dioses y seis diosas, que forman un consejo presidido por Júpiter. Es difícil explicar el carácter de estas divinidades primitivas a partir de los datos conservados; tienen el dominio del rayo y del trueno, y aparecen como una especie de ministros o ejecutivos de los Dioses Superiores. Más tarde, los Romanos adoptaron esta estructura, confeccionando a su vez un consejo divino de doce, donde quedaron integradas las divinidades más importantes que recibían culto en la ciudad, a saber, Júpiter, Marte, Neptuno, Apolo, Vulcano, Mercurio, Juno, Minerva, Venus, Diana, Ceres y Vesta.

Dioses Superiores (*Dii Superiores* o *Involuti).* Constituyen la jerarquía más elevada entre las divinidades etruscas *(véase* DIOSES CONSENTES). Se les llama *dioses superiores* o *dioses velados,* términos imprecisos que designan a unos seres impersonales e inaccesibles, sin nombre y sin forma definida, habitantes de las regiones más altas. Son las potencias misteriosas que han creado y conservan el universo.

Dioxipe (Διωξίππη). 1) Una de las llamadas HELÍADES.
2) Una de las DANAIDES.

Dirce (Δίρκη). Esposa del rey de Tebas Lico. Dirce trató cruelmente a ANTÍOPE, sobrina de su marido, por lo cual los hijos de ésta –Anfión y Zeto– la ataron más tarde a un toro salvaje, que la arrastró hasta producirle la muerte. Se trata del tema que inspiró el conocido grupo escultórico el *Toro Farnesio.*

Dis Pater. Antiquísima divinidad romana del mundo subterráneo, considerado como padre de las riquezas *(Dis = dives,* en latín «rico»). Fue identificado con PLUTÓN. *Véase* también SORANO.

Disaules (Δυσαύλης). Padre, con Baubo, de Eubuleo, Nisa, Protónoe y, en algunas versiones, también de Triptólemo.

Discordia. *Véase* ÉRIDE.

Disponteo (Δυσποντεύς). Hijo de Enómao y Estérope.

Dolio (Δολίος). Según la *Odisea,* anciano servidor de Odiseo que cuidaba los jardines de su palacio, siéndole fiel durante su ausencia y ayudándole después a librarse de los pretendientes.

Dolón (Δόλων). Guerrero troyano hijo de Eumedes que accede a internarse en el campo enemigo como espía ante la promesa de Héctor de regalarle los caballos de Aquiles. Vestido con un gorro de piel de hurón y una capa de piel de lobo, fue sorprendido de noche por Ulises y Diomedes y, después de confesar la disposición de las líneas troyanas, muerto con la espada por el héroe etolio.

Dólope (Δόλοψ). Hijo de Lampo, el hijo de Laomedonte. Luchó en Troya contra Menelao.

Doriclo (Δόρυκλος). En algunas versiones, hermano de Fineo.

Dóride (Δωρίς). 1) Oceánide que casó con NEREO.

2) Una de las NEREIDAS.

Dorión (Δώριον). Una de las DANAIDES.

Doro (Δῶρος). Nieto de Deucalión e hijo de Helén y Orséis. En la versión más conocida de la leyenda es padre de Téctamo; en otras, aparece como hijo de Apolo y Ftía y es muerto por ETOLO. De él descendería el pueblo dorio.

Dotis (Δωτίς). Joven tesalia que, con Ares, fue madre de Flegias. Más tarde fue, con Yáliso, madre de Sime.

Doto (Δωτώ). Una de las NEREIDAS.

Dríades (Δρυάδες). NINFAS de los árboles. Servio, el comentarista latino de Virgilio, afirma que las Dríades son las ninfas que habitan en medio de los árboles, mientras que las Hamadríades son las que nacen y mueren con ellos, aquellas cuya vida depende de la del árbol; sin embargo, no sabemos hasta qué punto esta observación erudita de un autor tardío responde, de hecho, a la creencia popular. Por otro lado, las Dríades deberían ser, según indica su nombre, las ninfas de las encinas, como las Melíades lo son de los fresnos, pero lo cierto es que se las relacionaba con todos los árboles en general.

Driante (Δρύας). 1) Padre del rey tracio Licurgo.

2) Nieto del anterior. *Véase* LICURGO.

3) Uno de los hijos de EGIPTO.

Dríope (Δρυόπη). Hija de Dríope, rey de los Dríopes de Ecalia. Apolo se enamoró de la joven cuando ésta se hallaba con las ninfas Hamadríades y, tomando la apariencia de una tortuga, permitió que las muchachas jugaran con él a modo de balón; al llegar a los brazos de Dríope, el dios se transformó en serpiente y se unió a ella. En seguida, Dríope casó con Andremón, quien recibió, como si fuera suyo, al niño que había engendrado el dios, dándole el nombre de Anfiso. Según refiere Ovidio, Dríope acudió un día con su hijito recién nacido a cierto lago en cuya orilla había un loto. La muchacha cogió de él unas flores para entretener a Anfiso y observó con sorpresa que brotaba sangre de los tallos cortados: el árbol era en realidad la ninfa Lotis, que había tomado aquella forma para escapar a la persecución amorosa del dios Príapo. Cuando quiso Dríope regresar a su casa, notó que no podía despegar los pies del suelo y, poco a poco, por deseo de la ninfa herida, se fue convirtiendo en una encina (se pensaba que el nombre de Dríope derivaba del griego δρῦς, «encina»). Su esposo y su padre presenciaron la metamorfosis y, conforme a los últimos ruegos de Dríope, acudieron después con frecuencia junto al árbol para acompañarla y llevarle al pequeño Anfiso, que pudo recibir la leche de su madre a través de una grieta de la encina.

Existe, sin embargo, otra versión de la leyenda que cuenta cómo Dríope, después de haber casado con Andremón, fue un día a ofrecer un sacrificio a las Hamadríades y cómo sus antiguas compañeras la convirtieron en ninfa y la llevaron con ellas, dejando en su lugar un álamo y una fuente.

Por último, el *Himno Homérico a Pan* hace a este dios hijo de Dríope y de Hermes.

Dríope (Δρύοψ). Epónimo de los Dríopes y padre de la heroína Dríope. En algunas versiones aparece como hijo de Apolo y de Día.

E

Éaco (Αἰακός). Éaco, juez de los Infiernos, era hijo de Zeus y de la ninfa Egina. Hera, irritada contra Egina por haber dado un hijo a Zeus, envió una peste sobre la isla Enopia o Enone, que de las dos formas la llamaban, en la que vivía Éaco. Quedó la isla despoblada, siendo él el único superviviente. Suplicó entonces a Zeus que la repoblase, y éste accedió, convirtiendo en hombres a las hormigas de la isla, llamada ya Egina en recuerdo de la madre de Éaco. A estos hombres se les llamó Mirmidones (μύρμηξ significa *hormiga)*.
Era el más piadoso de los Griegos, lo que le valió ser el elegido para dirigir otra súplica a Zeus con motivo de una sequía que asolaba Grecia, siendo oído por su padre, que envió la lluvia.
Casó con Endéis, con la que tuvo dos hijos, Peleo y Telamón. Con la nereida Psámate tuvo otro tercer hijo, Foco, cuyo nombre proviene del hecho de que su madre, intentando huir de Éaco, se había transformado en foca. A este Foco lo mató Telamón con un disco, ayudado por Peleo, envidiosos ambos de las habilidades atléticas de su hermano. El justo Éaco expulsó a los dos de Egina.
Construyó con los dioses Apolo y Posidón una tercera parte de las murallas de Troya, la parte por donde precisamente tomó más tarde la ciudad su hijo Telamón.
Según una leyenda tardía, pasó a ser, después de su muerte, uno de los jueces del Infierno con Minos y Radamantis, siendo el que intervenía en los juicios de gentes procedentes de razas europeas.
Eagro (Οἴαγρος). Son múltiples las versiones sobre su genealogía

y descendencia. La más común es hacer de Eagro un rey tracio hijo de Cárope. Casado con la musa Calíope, es el padre de Orfeo, el famoso cantor, y quizá, también, de Marsias y Lino.

Éax (Οἴαξ). Al igual que Nausimedonte y Palamedes, Éax es hijo de Nauplio y Clímene. Acudió a la guerra de Troya en compañía de Palamedes y, después de ser lapidado éste, dedicó su vida a tomar venganza de tal muerte. El hundimiento de las naves de algunos paladines griegos, que regresaban a sus casas, así como el asesinato de Agamenón, son atribuidos a sus engaños y maquinaciones. *Véase,* sin embargo, NAUPLIO.

Su muerte, violenta, tuvo lugar a manos de Orestes o de Pílades.

Ébalo (Οἴβαλος). Rey de Esparta que, según Pausanias, fue hijo de Cinortas, el nieto de Lacedemón. Casado con Gorgófone, una de las hijas de Perseo, o bien de la náyade Batiea, fue el padre de Tindáreo, Hipocoonte e Icario. Sin embargo, en una tradición recogida por Apolodoro, el hijo de Cinortas y padre de los antes citados no es Ébalo, sino Perieres, quien en la primera tradición resulta ser hijo de Éolo y primer esposo de Gorgófone, con la cual habría tenido a Leucipo y a Afareo, el padre de Idas, de Linceo y de Piso. En este último caso sólo se dice de Ébalo que fue el padre de Arene, la esposa de Afareo, así como de Pirene. Una tercera versión, en fin, parece querer conciliar las dos anteriores, presentando a Ébalo como hijo de Perieres, que lo sería de Cinortas.

Ecfante ("Εκφας). Padre de Euriclea, la madre o esposa de Edipo.

Eco ('Ηχώ). Ninfa que habitaba en el monte Helicón. Eco acostumbraba a entretener a la diosa Hera con su charla mientras Zeus se entregaba a sus aventuras amorosas; cuando Hera descubrió la traición, castigó a la ninfa condenándola a repetir todo cuanto oía y negándole la posibilidad de hablar por sí misma. Más tarde, Eco se enamoró del joven NARCISO, pero éste la despreció y la ninfa acabó por morir de amor, quedando tan sólo su voz en la montaña. Otras veces, sin embargo, se dice que Narciso cedió al deseo de su enamorada, pero que la abandonó pronto en vista de que no podía escuchar de su boca más que el eco de sus propias palabras.

Existe, por último, una versión totalmente distinta de la leyenda de Eco, según la cual el dios Pan se enamoró de la ninfa y, al no ser correspondido por ella, ordenó a unos pastores que la despedazaran y que esparcieran su cuerpo por toda la tierra; desde entonces, la voz de Eco se escucha en todas las montañas (sin embargo, *véanse* IINGE y YAMBE).

Edad de Oro. La Edad de Oro es el «cualquier tiempo pasado fue mejor» de Griegos y Romanos. Desde Hesíodo los poetas han rivalizado en pintar con deslumbrantes colores una etapa maravillosa coincidente con el reinado celestial de Crono. En esta época los hombres constituían también una Raza de Oro, en la que imperaba la justicia: no se robaba, no se mataba... La felicidad reinaba por doquier, no había enfermedades, la muerte era un dulce sueño, no existía la vejez, etc. No era necesario el trabajo, las tierras producían por sí solas.

En Roma esta época coincide con el reinado de Saturno en el cielo. Es este dios quien enseña a los mortales a aprovechar la fertilidad de los campos para obtener todavía mejores cosechas. Con él se introduce el uso de la hoz en aquella eterna primavera.

Edipo (Οἰδίπους). Edipo es hijo de Layo y de Yocasta y, por tanto, nieto de Lábdaco. Su ascendencia se remonta hasta el propio Cadmo, fundador de Tebas. La leyenda de Edipo adquirió tal celebridad que llegó a constituir el tema de un poema épico perdido para nosotros. Ya en el canto XI de la *Odisea* aparece Epicaste (así llama Homero a Yocasta) entre las heroínas entrevistadas por Odiseo en su bajada a las mansiones subterráneas. No obstante, han sido los trágicos griegos quienes han desarrollado con mayor profusión el mito de Edipo.

En la versión más difundida, Edipo aparece amenazado por un vaticinio desfavorable, incluso antes de nacer. En efecto, el oráculo de Apolo en Delfos había anunciado a Layo que el hijo nacido de su esposa estaba destinado a matar a su padre. En consecuencia, tan pronto como nació el niño, Layo, tras traspasarle con un clavo los talones y unírselos con una correa (se creía que el nombre de Edipo significaba en griego «pies hinchados»), lo entregó a uno de sus pastores con la orden de exponerlo en el monte Citerón. Los pastos de este monte eran frecuentados tanto por los pastores de Tebas como por los de Corinto. Uno de éstos, Melibeo de nombre, encontró al niño y lo entregó a los reyes de su país, Pólibo y Mérope, quienes lo criaron como si fuese su propio hijo. Al llegar a la edad viril, Edipo visitó el oráculo de Apolo en Delfos para informarse de su destino. El oráculo le respondió que estaba destinado a matar a su padre y casarse con su madre. Horrorizado ante tal respuesta, decidió Edipo evitar esta suerte alejándose de los que creía sus verdaderos padres. En su huida se encontró con

Layo en una encrucijada de caminos y, al no querer ceder el paso, se produjo un altercado en el que perdieron la vida el rey y todos sus servidores, excepto uno. Empezaba así a cumplirse el oráculo. Más tarde llegó Edipo a Tebas, donde la Esfinge (monstruo con cabeza de mujer, cuerpo de león y alas) tenía aterrorizada a la población proponiendo enigmas y devorando a los que eran incapaces de resolverlos. El enigma que solía proponer era el siguiente: «¿Cuál es el ser que tiene cuatro pies por la mañana, dos al mediodía y tres por la noche, pero que, contrariamente a la generalidad de los seres existentes, es tanto menos rápido cuantos más pies utiliza al caminar?» Edipo respondió que se refería al hombre, que utilizaba cuatro pies mientras andaba a gatas y tres en la vejez al usar bastón. La Esfinge, entonces, se suicidó arrojándose desde la alta roca en que solía asentarse. Hay una versión de la leyenda en la que era el propio Edipo quien daba muerte al monstruo.

Como reconocimiento al favor que había dispensado a la ciudad, los Tebanos lo elevaron al trono y le entregaron en matrimonio a la reina viuda, Yocasta. Se cumplía así totalmente el oráculo que Edipo trataba de evitar. Al abatirse durante su reinado una peste sobre Tebas, Edipo envía a consultar al oráculo de Apolo en Delfos a su cuñado Creonte, quien regresa con la respuesta de que aquélla no cesará hasta que haya sido desterrado de la ciudad el asesino de Layo. Edipo, al oírla, maldice al culpable sin sospechar que es él mismo, y hace llamar al adivino Tiresias, quien, conocedor de la tragedia, trata de ocultar la respuesta que, finalmente, habrá de dar presionado por el monarca. Edipo no puede creer lo que oye y piensa en una conjura preparada por Creonte. Yocasta trata de ayudarle descubriendo aquel antiguo oráculo que aseguraba que Layo moriría a manos de su hijo. Pero Layo había sido muerto por unos bandidos en una encrucijada de caminos, según había asegurado uno de los servidores del rey que había conseguido salvar la vida. Edipo se turba. Decidido a averiguar la verdad hace venir del campo al servidor que acompañaba a Layo en aquella ocasión. Los acontecimientos se precipitan. De Corinto llega un emisario para notificarle que ha muerto Pólibo y que por tanto debe ir a ocupar el trono. Edipo dice que no quiere acercarse a su madre por temor a que se cumpla parte del oráculo. El emisario, pretendiendo tranquilizarlo, le asegura que no hay nada que temer, porque Mérope no es su verdadera madre, ya que él mismo lo había recogido en un monte. La angustia se abate sobre Edipo. Ya sólo falta que llegue el servidor que ha sido avisado para acabar de confirmar la terrible sospecha. Yocasta, al comprender que ha cometido incesto con Edipo, entra silenciosa en el palacio para suicidarse. Edipo, abatido, perfora sus ojos con unos alfileres y parte para el destierro de la mano de la más pequeña de sus hijas, Antígona. Ella le guiará hasta Colono, en el Ática, donde es acogido hospitalariamente por Teseo. Aquí muere Edipo, no sin antes haber maldecido a sus hijos Eteocles y POLINICES.

En esta versión nacen de la unión entre Edipo y Yocasta dos hijos, Eteocles y Polinices, y dos hijas, Antígona e Ismena; en otra menos conocida nacen de esta unión tan sólo Frastor y Laónito. En algunas complejas versiones, sin embargo, Edipo no había tenido los hijos de Yocasta, sino de Astimedusa, Euriganía o Euriclea, quienes, en ocasiones aparecen como madres de Edipo, aunque en otras son consideradas como segundas esposas de Layo, en cuyo caso no habria incesto y Edipo seguiría reinando después de la muerte de su cónyuge. Finalmente encontraría la muerte heroicamente en un combate.

La interpretación más aceptada del mito de Edipo es la que lo considera como un héroe solar que mata al ser del que ha surgido, las tinieblas.

Eetes (Αἰήτης). Hijo del Sol y de la oceánide Perse, hermano por tanto de Circe, Pasífae y Perses. Tras reinar en Corinto, pasó a hacerlo en Eea, en la Cólquide, lugar fabuloso *situado al este del sol y al oeste de la luna.* Al llegar a este país Frixo, huyendo de las asechanzas de su madrastra montado en el carnero del vellocino de oro, fue bien recibido por el rey, quien lo casó con su hija mayor, Calcíope. En correspondencia Frixo sacrificó el cordero a Zeus, protector de los fugitivos, y le regaló el toisón a Eetes, quien lo clavó en un bosque consagrado a Ares, bajo la protección de un terrible e inmortal dragón, hijo de Tifón.

A partir de aquí la leyenda de Eetes se halla íntimamente relacionada con la de los ARGONAUTAS. Cuando éstos, con Jasón al frente, se presentaron en Fasis, capital de la Cólquide, solicitando el vellocino de oro, Eetes aseguró que les concedería tan preciado don si Jasón superaba una serie de pruebas que él consideraba insuperables. Pero, cuando con la ayuda de Medea, una de las hijas del propio Eetes, las hubo superado, éste se negó a cumplir lo prometido. Jasón entonces, otra vez con la ayuda de Medea, se llevó el toisón de oro por la fuerza. Eetes, al descubrir la huida, dirigió él mismo la persecución, pero se vio obligado a demorarse al tener que recoger en el mar los trozos de su pequeño hijo Apsirto, a quien Medea había llevado consigo y despedazado más tarde para ayudar a huir a Jasón.

Posteriormente, Eetes fue derrotado por su hermano Perses y repuesto en el trono por Medea, quien había vuelto después de ser abandonada por Jasón.

Estaba casado Eetes con la oceánide Idía.

Eetión (Ἠετίων). Rey de la ciudad de Teba, en Misia; padre de Andrómaca, la esposa de Héctor. Eetión cayó en la guerra de Troya, junto con sus hijos, a manos de Aquiles.

Efialtes (Ἐφιάλτης). 1) Uno de los Gigantes. Durante la Gigantomaquia, fue muerto por Apolo y Heracles, que le hirieron en los ojos.

2) Uno de los ALÓADAS. Hermano de Oto.

Egeo (Αἰγεύς). De la unión de Pandión con Pila, hija del rey Pilas, nace Egeo, al igual que sus hermanos Lico, Niso y Palante, en Mégara, donde había encontrado acogida, después de ser expulsado del Ática por los hijos de Metión, el rey Pandión. A la muerte de éste, sus hijos recuperaron el trono y se repartieron el territorio, correspondiendo la comarca del Ática a Egeo. Aunque había casado en primer lugar con Meta, hija de Hoples, y, posteriormente, con Calcíope, hija de Rexenor o de Calcodonte, no conseguía Egeo tener descendencia, por lo que, tras introducir en el Ática el culto de Afrodita, diosa del amor, fue a consultar al oráculo de Apolo en Delfos. No pudiendo comprender la oscura respuesta de éste, decidió interrogar, a su paso por Trecén, al rey Piteo, quien, al darse cuenta de que el oráculo insinuaba que Egeo tendría descendencia de la primera mujer con la que se uniese, tras emborracharlo, lo unió a su hija Etra, unión de la que habría de nacer Teseo. Al día siguiente, Egeo pidió a Etra que, si tenía un varón, no lo expusiese, sino que, cuando tuviese la suficiente fuerza para mover una roca, bajo la que había escondido unas sandalias y una espada, le indicase que con ellas podría averiguar el nombre de su padre. Posteriormente Egeo acogió en Atenas a Medea, abandonada por Jasón, porque ésta le prometía proporcionarle descendencia. En efecto, de tal unión nació Medo. Cuando, pasados los años, se presentó TESEO en Atenas, Medea intentó asesinarlo, pero ésta tuvo que salir huyendo cuando Egeo reconoció en el héroe al fruto de su unión con Etra. La llegada de Teseo fue providencial para el rey, a quien cincuenta de sus sobrinos –hijos todos de Palante– intentaban derrocar. En la lucha que se entabló fue Teseo el verdadero artífice de la victoria (para justificar este enfrentamiento por el trono entre los Palántidas y Egeo existía una tradición que presentaba a éste como un hijo de Escirio, adoptado posteriomente por Pandión).

La envidia, surgida con ocasión del triunfo de ANDROGEO, hijo del rey Minos y de Pasífae, en unos juegos deportivos celebrados en Atenas, motivó la muerte de aquél en circunstancias poco claras. A los ojos de Minos, Egeo era el culpable, y como compensación exigía la ofrenda cada nueve años de siete doncellas y siete jóvenes para entregarlos al Minotauro. Teseo se ofreció voluntario para intentar liberar a la comarca de tal tributo dando muerte al monstruo. Si triunfaba en su empresa, la nave vendría provista de velas blancas; en caso contrario, de negras. Egeo, al ver desde la costa la nave que, por descuido, volvía con velas negras, no pudiendo soportar la que él creía noticia cierta de la muerte de su hijo, se arrojó al mar que, desde entonces, llevó su nombre.

Egeo (Αἰγαῖος). Dios-río de Cercira, padre de la náyade MÉLITE.

Egeón (Αἰγαίων). *Véase* BRIAREO.

Egeria. Ninfa romana ligada a la figura del rey legislador Numa. Algunas versiones aseguran que era la esposa o amiga con la que Numa solía reunirse por las noches para escuchar sus consejos en la gruta de las Camenas, cerca de la Porta Capena, donde posteriormente se le rendía culto. Otras creen que se trataba tan sólo de una invención del monarca que pretendía así dar mayor valor a sus leyes.

Egesta (Αἴγεστα). Hija del troyano Fenodamante, que fue el que más insistió para que Laomedonte expusiese a su hija Hesíone al monstruo que, enviado por Posidón, asolaba el territorio por haberse negado el rey a pagar a este dios y a Apolo. Laomedonte, para vengarse, entregó a las hijas de Fenodamante a unos marinos. Una de ellas, Egesta o Segesta, marchó a Sicilia, donde se casó con Crimiso, río siciliano divinizado, y acogió a Eneas cuando éste llegó a la isla. Su hijo Egestes, también llamado Acestes, fue el fundador de la ciudad de Segesta.

Egestes. *Véase* EGESTA.

Egialea (Αἰγιάλεια). Hija de Adrasto, rey de Argos, y de Anfítea, o bien de Egialeo, un hijo de Adrasto. Casó con Diomedes, el hijo de Tideo y de su propia hermana Deípile, el cual había heredado el trono de Argos. Mientras su esposo estaba en la guerra de Troya, Egialea, instigada por Nauplio, cometió adulterio con Cometes; más tarde, cuando Diomedes regresó de la campaña, los dos amantes intentaron asesinarlo, y hubo de refugiarse en el altar de Hera, huyendo seguidamente a Italia.

Egialeo (Αἰγιαλεύς). 1) Hijo de Ínaco, dios-río de la Argólide, y de la oceánide Melia; hermano de Fegeo y Foroneo. Se decía que había fundado la ciudad llamada más tarde Sición.
2) Hijo de Adrasto y de Demonasa o Anfítea. Fue uno de los llamados EPÍGONOS, y el único de ellos que murió en la toma de Tebas; lo mató Laodamante.

Egíalo (Αἰγιαλός). Rey de la ciudad de Cauno, en la Caria. *Véase* LIRCO.

Egimio (Αἰγίμιος). Rey mítico de los Dorios cuando éstos estaban establecidos en el valle del Peneo. Al ser asediados por los Lapitas, Egimio pidió ayuda a Heracles, quien rompió el cerco. En agradecimiento, Egimio adoptó a Hilo, el hijo de Heracles, y le concedió una parte de su reino igual a la de sus hijos Dimante y Pánfilo, de donde los componentes de cada una de las tres tribus dorias reciben los nombres de Hileos, Dimanes y Pánfilos.

Egina (Αἴγινα). Hija del dios-río Asopo y de la ninfa Metope. Desembarazado Zeus de ASOPO, después de raptar a la muchacha, la llevó a la isla de Enone, donde tuvo con ella a Éaco, que dio el nombre de su madre a la isla. Casó más tarde con el tesalio Áctor, dándole un hijo, Menecio, el padre de Patroclo. En alguna leyenda habría sido, con Ares, madre de Sinope.

Egio (Αἴγιος). Uno de los hijos de EGIPTO.

Egipán (Αἰγίπαν). Egipán *(Pan-cabra)* es un sobrenombre del dios Pan, si bien en algunas tradiciones aparece como un personaje independiente con leyenda propia. Así, Higinio lo presenta como un hijo de Zeus que, junto con Hermes, habría recuperado los tendones de su padre, cortados y escondidos por el monstruo Tifón; luego, para escapar de Tifón, él mismo se habría convertido en una mezcla de cabra y pez. En este sentido, se le identificaba con la constelación de Capricornio.

Egipto (Αἴγυπτος). 1) Hijo de Belo y de Anquínoe o Anquírroe, nieto de Posidón y de Libia, y hermano de Dánao. Héroe epónimo del país del mismo nombre es considerado en ocasiones como hijo de Aeria, también llamada Potamitis, o de Side, o de Hefesto y Leucipe. Mientras que Dánao tuvo cincuenta hijas, Egipto tuvo cincuenta hijos, que pretendieron casarse por la fuerza con sus primas, lo que motivó que aquél huyese con las Danaides a Argos. Hasta allí las persiguieron los hijos de Egipto consiguiendo casarse con sus primas, pero en la noche de bodas todas las Danaides, a excepción de Hipermestra, que respetó a su esposo Linceo, mataron a sus respectivos maridos. Unas parejas habían sido decididas por elección, como Linceo con Hipermestra, o Proteo con Gorgófone; otras, por semejanza de nombres, como Clito con Clite, Crisipo con Crisipe y Esténelo con Esténele; y otras por sorteo, como Agaptólemo con Pirene; Agenor con Cleopatra; Álcide con Glauce; Alcmenor con Hipomedusa; Arbelo con Eme; Argio con Evipe; Arquelao con Anexibie; Bromio con Euroto; Busiris con Autómate; Calcodonte con Rodia; Cercestes con Dorión; Ciseo con Antelea; Ctonio con Bébrice; Daifrón con Adiante; otro Daifrón con Escea; Diocoristes con Hipodamía; Driante con Eurídice; Egio con Mnestra; Egipto con Dioxipe; Encélado con Amimone; Eneo con Podarce; Euquenor con Ifimedusa; Euridamante con Fartis; Euríloco con Autónoe; Fantes con Téano; Hermo con Cleopatra; Hiperbio con Celeno; Hipocoristes con Hiperipte; Hipólito con Rode; Hipótoo con Gorge; Idas con Hipódice; Idmón con Pilarge; Imbro con Evipe; Istro con Hipodamía; Lampo con Ocípete; Lico con Ágave; Lino con Cleodora; Ménaco con Nelo; Metalces con Adite; Pandión con Calídice; Perifante con Actea; Perístenes con Electra; Polictor con Estigne; Potamón con Glaucipe; Queto con Asteria.

Egipto, abatido por la matanza de sus hijos, se retiró a morir a Ároe. Mientras que en alguna versión de la leyenda Linceo vengaba a sus hermanos apoderándose del trono de Argos y dando muerte a Dánao y a sus hijas, en otras, sin embargo, Dánao y Linceo se reconciliaban y este último recibía el trono pacíficamente de manos de aquél.

2) Hijo del anterior.

Egiro (Αἴγυρος). Hijo de Telxión, rey de Sición.

Egisto (Αἴγισθος). Hijo de Tiestes y de la hija de éste, Pelopia. Se consideraba su nombre como relacionado con la palabra αἴξ, («cabra»), porque, según la leyenda *(véase* ATREO), Egisto había sido abandonado y criado con leche de este animal. El odio hacia sus primos los Atridas –debido a las luchas dinásticas en torno al trono de Micenas, que habían provocado una serie de crímenes familiares, entre los que se cuenta la muerte de Atreo a manos del propio Egisto– lo llevó a seducir a Clitemestra, esposa de AGAMENÓN, cuando éste partió para Troya. Después del asesinato del rey, Egisto reinó durante siete años en Micenas, hasta que, finalmente, fue muerto por su sobrino ORESTES. Según una tradición, Egisto tuvo un hijo llamado Aletes y una hija, Erígone, esta última, al parecer, habida de Clitemestra.

Egle (Αἴγλη). 1) Una de las llamadas HELÍADES.
2) Hija de Panopeo que se enamoró de TESEO.
3) Una de las HESPÉRIDES.
4) Una de las hijas de Asclepio.

Egléis (Αἰγληΐς). Nombre de una de las muchachas llamadas HIACÍNTIDES.

Egolio (Αἰγωλιός). *Véase* CÉLEO.

Eirene (Εἰρήνη). *Véase* HORAS.

Elais (᾿Ελαΐς). Hija de ANIO.

Elara (᾿Ελάρα). Hija de Minias que, con Zeus, fue madre del gigante TICIO.

Élaso (῎Ελασος). Troyano muerto por Neoptólemo.

Élato (῎Ελατος). 1) Hijo de Árcade, el héroe epónimo de la Arcadia, y de Leanira, la hija de Amiclas (o bien de Metanira, la hija de Crocón, o de la ninfa Crisopelia, o de la dríade Erato). Recibió de su padre la región del monte Cilene, pero más tarde conquistó la Fócide. Casó con Laódice y fue padre de Estínfalo, entre otros.
2) Jefe lapita de la ciudad de Larisa que casó con Hipe y fue padre del argonauta Polifemo, así como de Ceneo.

Electra (᾿Ηλέκτρα). 1) Hija de Océano y de Tetis que unida a Taumante –el hijo de Ponto y Gea– engendró a Iris y a las harpías Aelo y Ocípete.
2) Una de las siete PLÉYADES, nacidas de la unión de Atlante y Pléyone. Seducida por Zeus, engendró a Dárdano y a Yasión, de los que el primero habrá de emigrar de Samotracia a la Tróade, donde fundará la estirpe que reinaría en Troya, y el segundo tendrá relación con Deméter, a la que se unirá engendrando a Pluto. Hay autores que piensan que Zeus y Electra son también los padres de Harmonía, aunque lo más frecuente es considerar a ésta como hija de Ares y Afrodita.
3) Una de las cincuenta DANAIDES.
4) La más conocida de las heroínas que reciben este nombre es la hija de Agamenón y Clitemestra. Tras el asesinato que su madre perpetró en la persona de Agamenón, Electra –al menos en alguna versión de la leyenda– se encargó de sacar del palacio, oculto debajo de su ropa, a su hermano menor Orestes, al que entregó a un fiel pedagogo. A partir de este instante, Electra es tratada en ocasiones peor que una criada. Pasan los años y finalmente Electra encuentra y reconoce a su hermano en la

tumba de su padre, a la que había acudido para hacer libaciones en honor del muerto. Los dos hermanos y Pílades, el primo y fiel amigo de Orestes, traman cómo eliminar a Clitemestra y a Egisto: Electra regresará al palacio sin manifestar su alegría; Orestes y Pílades simularán ser los portadores de las cenizas del primero, que habría muerto en el curso de unos juegos deportivos, durante la carrera de carros. Así lo hacen y, aprovechando el revuelo producido por la noticia, asesinan a Clitemestra y a Egisto, vengando así a Agamenón. Finalmente Orestes entrega a Electra en matrimonio a Pílades. De esta unión nacen Medonte y Estrofio.

Hay versiones en las que Electra es obligada por Egisto a casarse con un hombre de inferior condición, para evitar que pueda tener una descendencia capaz de vengar a Agamenón. En estas versiones Electra sería respetada por el marido, que no habría consumado el matrimonio. En ocasiones, aparece Electra al lado de su hermano frente al pueblo de Micenas que intenta vengar el asesinato de Egisto y Clitemestra, y tratando de ayudarlo cuando es perseguido por las Erinias. En el *Aletes*, tragedia de Sófocles perdida para nosotros, al llegar a Micenas la noticia de que Orestes había sido sacrificado a Ártemis Táurica por su propia hermana Ifigenia, Electra parte hacia Delfos, donde, al encontrar a ésta, intenta cegarla con un atizador cogido del altar. La aparición de Orestes y el reconocimiento posterior pone término al incidente.

Electrión (Ἠλεκτρύων). Hijo de Perseo y de ANDRÓMEDA, rey de Micenas. Los hijos de Electrión y de Anaxo (*véase*, sin embargo, LICIMNIO) fueron atacados y muertos por un grupo de Tafios mientras guardaban el ganado de su padre. En cuanto a la hija, Alcmena (que para algunos es hija de Lisídice, la hija de Pélope, y no de Anaxo), casó con ANFITRIÓN, que había de matar a su suegro en una disputa, según unos, o bien por accidente, según otros.

Elefenor (Ἐλεφήνωρ). Hijo de Calcodonte, rey de Eubea, y nieto de Abante, a quien dio muerte involuntariamente en su juventud. A consecuencia de esta muerte Elefenor tuvo que salir de su país, marchando luego a la guerra de Troya; según refiere Homero, fue muerto por el troyano Agenor y, de regreso, sus compañeros se establecieron en el Epiro, fundando allí la ciudad de Apolonia. Se contaba que había criado a Acamante y a Demofonte, los hijos de Teseo.

Eleusis (Ἐλευσίς). Eleusis o Eleusino es hijo de Hermes y de la ninfa Daíra, o bien de Ógigo, según otros autores. Padre de Triptólemo, es el héroe epónimo de la ciudad de Eleusis. Fue muerto por la diosa Deméter cuando dio un grito al sorprenderla intentando hacer inmortal a Triptólemo. *Véanse*, sin embargo, para una versión más conocida de toda esta leyenda, TRIPTÓLEMO, CÉLEO y DEMOFONTE.

Eleuter (Ἐλευθήρ). Hermano de LEBÉADO que fundó la ciudad beocia de Eleuteras.

Elisa. *Véase* DIDO.

Elpenor (Ἐλπήνωρ). Compañero de Odiseo al que Circe metamorfoseó en cerdo, devolviéndole posteriormente la forma humana. Cuando pretendía reunirse con sus compañeros para partir, se mató al caerse desde la terraza del palacio donde se había quedado dormido por efecto del vino bebido. Cuando Odiseo descendió a las mansiones subterráneas encontró allí su sombra y prometió dispensarle honras fúnebres.

Ematión (Ἠμαθίων). 1) Rey de Arabia o de Etiopía que fue muerto por Heracles. Era hijo de Titono y Eos, y hermano, por tanto, de Memnón.

2) Padre de Romo.

Eme (Οἴμη). Una de las DANAIDES.

Emilia. En algunas versiones, hija de Eneas y Lavinia, y madre, con el dios Marte, de Rómulo.

Empusa (Ἔμπουσα). Monstruo del mundo infernal que se decía había nacido de la diosa Hécate. Tenía pies de bronce y comía carne humana. Asustaba en especial a los durmientes y a los caminantes, apareciéndoseles para seducirlos bajo la figura de una hermosa muchacha que, tan pronto como se unía a ellos, comenzaba a chuparles la sangre hasta dejarlos sin vida. A veces era identificada con MORMO.

Enáreta (Ἐναρέτη). Hija de Deímaco y esposa de ÉOLO.

Encélado (Ἐγκέλαδος). 1) Uno de los Gigantes. En la Gigantomaquia, Encélado luchó contra Atenea, quien consiguió vencerlo arrojando sobre su cuerpo la isla de Sicilia; allí quedó enterrado para siempre vomitando fuego de vez en cuando por la boca del volcán Etna.

2) Uno de los hijos de EGIPTO.

Endéis (Ἐνδηΐς). Hija de Escirón casada con Éaco.

Endimión (Ἐνδυμίων). La famosa leyenda de Endimión está localizada a la vez en Élide y Caria, sin que se pueda determinar cuál es la originaria. Pasaba por ser un hijo de Cálice y Etlio, nieto por tanto de Zeus, o bien hijo del propio dios. Reinó en Élide después de haber destronado a Clímeno. Le sucedió en el trono su hijo Epeo, quizá porque en una carrera corrió más deprisa que sus hermanos Peón y Etolo, condición que habría puesto su padre al morir. Su esposa era una náyade, aunque otras versiones dan el nombre de Ifianasa, Hiperipa o Cromia. Hija suya era Pisa.

En su leyenda más caracterizada, sin embargo, es Endimión un pastor de gran belleza que inspiró un profundo amor a Selene, a quien se unió en una gruta del monte Latmo. Como Selene consiguió para él que Zeus cumpliese un deseo suyo, Endimión pidió permanecer eternamente joven, dormido en un sueño perpetuo, aunque con los ojos abiertos para poder ver a su amante. Selene, todas las noches, se acostaba dulcemente junto a Endimión, que, según algunos, le dio cincuenta hijas.

Eneas (Αἰνείας). 1) Eneas nace de la unión de Anquises y Afrodita, y desciende, por tanto, al igual que Príamo, del linaje de Dárdano. Aunque no pertenece este héroe a la rama reinante de la familia real, sin embargo está destinado a ser rey de los Troyanos, según el vaticinio expresado por Afrodita al unirse a Anquises en el monte Ida: *Tendrás un hijo que reinará entre los Troyanos y otros hijos nacerán de sus hijos por siempre.*

Mientras unas versiones afirman que Eneas vivió en el monte Ida hasta la edad viril, siendo criado y educado por las ninfas y el centauro Quirón, otros afirman que a los cinco años de edad Anquises llevó a su hijo a la ciudad y lo confió a su cuñado Alcátoo para que lo educase. En todo caso, Eneas no tomó parte en la guerra de Troya hasta que Aquiles, en una de sus incursiones de pillaje, trató de llevarse los rebaños que aquél tenía a su cargo. Perseguido por Aquiles, consiguió Eneas refugiarse en Lirneso, de donde, con la protección de Zeus, logró escaparse una vez más para poder incorporarse al ejército troyano y colaborar en la defensa de la ciudad. La valentía en el combate y la piedad para con los dioses son las características más acusadas de este héroe. Goza de gran prestigio en el ejército troyano, y lucha con arrojo frente a los principales héroes griegos, aunque en ocasiones lleve la peor parte y consiga salvar la vida tan sólo por la favorable intervención de algún dios. Así, cuando se enfrenta a Diomedes, Afrodita primero, y Apolo después, intervienen para salvar su vida. Pero, tan pronto como se ve a salvo, Eneas acude de nuevo al campo de batalla, donde mata a Cretón y a Orsíloco. Cuando está a punto de morir a manos de Aquiles, Posidón envuelve a Eneas en una nube para alejarlo de la presencia de aquél. Da muerte a Etálides y a Medonte y combate con bravura en el ataque al campamento griego y en torno al cadáver de Patroclo. Cuando se produjo la caída de Troya, Eneas, en medio del saqueo en el que perdió la vida su esposa CREÚSA, consiguió abandonar la ciudad y retirarse al monte Ida llevando en sus brazos a su hijo Ascanio, los dioses Penates y el Paladio, y sobre su espalda al anciano Anquises. En alguna versión Eneas, tras reunir a los Troyanos que después de la caída de la ciudad se habían dispersado, fundó una ciudad en el Ida en la que reinó hasta que se presentaron Oxinio y Escamandro –hijos de Héctor que, en esta variante de la leyenda, Príamo había enviado a Lidia antes de la caída de la ciudad–; en otras, entre ellas la de Virgilio, a poco de caer la ciudad Eneas se hace a la mar rumbo a Occidente, tratando de hallar un país en el que poder establecerse. Al llegar a Tracia y empezar a cortar leña para hacer un sacrificio, observa, asombrado, que de las ramas partidas mana sangre. Una voz que sale de la tierra se identifica como la de Polidoro, hijo de Príamo, y le informa que ha sido asesinado en aquel lugar por Polimestor, a quien habría sido confiado con unos tesoros; le invita además a que abandone cuanto antes aquel lugar, lo que hace Eneas tras haber consultado con su padre Anquises, no sin haber celebrado exequias y funerales en honor de Polidoro. Partió Eneas a continuación hacia Delos, donde el oráculo le indicó que se dirigiera a la tierra de sus antepasados. Acordándose de que Dárdano procedía de Creta, puso rumbo a esta isla. Al llegar allí se desató una peste entre sus hombres, lo que hacía inviable la permanencia en el lugar; pero en una visión se le presentaron sus dioses familiares para indicarle que la patria originaria de Dárdano era, en realidad, Italia. Parte, pues, Eneas hacia allí, pero una tempestad les hace perder el rumbo y da con ellos en la isla de las Harpías, donde reinaba Celeno. Tras sacrificar algunas vacas que pacían en la campiña, se disponían a comer cuando aparecieron las Harpías y ensuciaron con sus excrementos los alimentos. Por segunda vez dispusieron la mesa y por segunda vez atacaron las Harpías de igual modo, hasta que Eneas ordenó a sus hombres que empuñaran las espadas y las persiguieran. Todas huyen excepto Celeno, que desde una roca vaticina que será tal el hambre que padecerán, que se comerán sus propias mesas antes de que levanten las murallas de la nueva ciudad. Con los ánimos abatidos se hacen a la mar y pasan por Citera, Laconia, Arcadia, Léucade, Zacinto y Epiro, donde encuentran a Héleno reinando y casado con Andrómaca tras la muerte de Neoptólemo. Héleno les indica que deberán asentarse donde encuentren una cerda blanca con treinta lechones, pero que antes habrán de visitar a la sibila de Cumas para obtener mayor información. Parte Eneas y, al llegar al sur de Italia, tratando de evitar Escila y Caribdis, en el estrecho de Mesina, bordea la isla de Sicilia y hace escala en Drépano, donde muere Anquises. Intenta continuar su viaje Eneas cuando una terrible tempestad dispersa las naves y los arroja contra las costas de Cartago. Eneas se dispone a explorar el terreno cuando se le aparece Afrodita, que le indica que se volverán a reunir todos de nuevo y que gozarán de una buena acogida en aquellas tierras, en las que reina Dido. Al mismo tiempo, lo envuelve en una nube que lo hace invisible a los ojos de todos hasta que se halla en presencia de la reina, a quien narra sus aventuras. Dido –Elisa en otras versiones– es herida por la flecha amorosa de Cupido, que había tomado el aspecto de Ascanio, y se entrega a Eneas. Ella pretende unir sus linajes, pero los hados no lo permiten, y Júpiter envía a Mercurio para que indique a Eneas la conveniencia de continuar su viaje. Eneas, obedeciendo los designios divinos, prepara su viaje, a pesar de las súplicas de Dido, que, al ver que no puede impedirlo, se suicida arrojándose a una pira funeraria que había ordenado disponer (*véase* también ANA PERENA). Parte Eneas y, una vez más, una tempestad le obliga a torcer el rumbo y a volver a Sicilia, donde Acestes lo acoge con gran hospitalidad. Celebran juegos fúnebres en honor de Anquises y, durante ellos, Juno envía a Iris, que se convierte en una de las ancianas que estaban en la playa y exhorta a las demás troyanas a que se establezcan allí, para acabar con tantas fatigas, y lanza una antorcha para prender fuego a las naves. Todas la imitan, formándose una gran humareda visible desde la campiña donde están los Troyanos. El primero en acudir es Ascanio, seguido por Eneas, que ruega implorante a Júpiter. Sus súplicas son escuchadas y una tormenta consigue apagar el fuego. Cuando todos están durmiendo, Anquises se aparece a su hijo revelándole que se halla en los Campos Elíseos, y pidiéndole que, llegado a Cumas, baje a visitarlo acompañado de la sibila. Eneas convoca a sus compañeros y les comunica la voluntad de su padre, preparándose así para marchar después de haber fundado la ciudad de Acesta para los que prefieren quedarse. Terminados ya los sacrificios y las ofrendas, con el mar en calma, los Troyanos se dirigen a Cumas. En la travesía se perdió un hombre, Palinuro, el piloto de Eneas. Al llegar a Cumas, visitan a la sibila, que les vaticina guerras y contratiempos. Eneas le pide que lo conduzca a las mansiones subterráneas para ver a su padre. Después de ejecutados los preceptos que le dictó la sibila, penetra en el mundo inferior y encuentra a Palinuro, a quien consuela con sus palabras; más tarde halla a Dido y a Deífobo, el hijo de Príamo. Llega luego a los Campos Elíseos, donde encuentra a Anquises, que le revela la gloria que le espera, los pueblos y guerras que habrá de afrontar y el modo de evitar y resistir los trabajos que le aguardan. La sibila entonces conduce al héroe a la salida. Eneas reúne a sus compañeros y llega a Cayeta (actual Gaeta), donde celebra exequias fúnebres en honor de su nodriza del mismo nombre. Encuentran por fin la cerda con los treinta lechones y sirven el almuerzo sobre tortas de pan que luego se comen, con lo cual se cumplían las profecías. En la desembocadura del Tíber, el rey LATINO acoge a los Troyanos y ofrece a Eneas la mano de su hija Lavinia, porque le había aconsejado un oráculo entregarla a un extranjero. Turno, caudillo de los Rútulos, pretendía ser él elegido por el destino y se siente ofendido. La ira de Juno vuelve a estallar al ver que la estirpe de Eneas ha llegado a Italia, e incita a la Furia Alecto para que suscite la discordia, lo que consigue enardeciendo a Amata, madre de Lavinia, para que arrastre a todas las mujeres latinas en contra de los Troyanos, empezando así las hostilidades. Rútulos, Latinos, Amazonas –con Camila al frente– y seguidores de Mecencio, el tirano expatriado de Cere, forman un bloque frente a Eneas, que pide ayuda a Evandro. Éste había llegado al Lacio sesenta años antes de la guerra de Troya, y, no pudiendo dirigir él personalmente a sus tropas en la batalla, manda a su hijo Palante al frente de un importante ejército, y le aconseja que busque la alianza de los Etruscos, a quienes mandaba Tarcón. Éste se alió con Eneas porque un oráculo le había vaticinado que vencería a Mecencio si sus tropas estaban mandadas por un extranjero. Mientras tanto Turno doblega a las poblaciones vecinas y las convierte en sus aliados, haciendo la primera incursión contra el campamento troyano en ausencia de Eneas. Se entabla la batalla en la que llevan la peor parte los Troyanos, hasta que Eneas, después de encontrar unas ninfas que le revelan el peligro que corre su campamento, se

dirige al frente de su ejército a presentar batalla a los Rútulos, quienes tratan de impedir que desembarque, iniciándose así el combate en el que muere Palante a manos de Turno. Eneas y Turno se desafían, y aquél, vengando a Palante, da muerte a Turno en combate singular. Con este episodio termina la *Eneida,* pero los historiadores nos transmiten acontecimientos posteriores, como la fundación de Alba por Ascanio, y la de Lavinio por Eneas o por Lavinio, el hijo del héroe y de Lavinia. Por último, tenemos también noticia de la desaparición de Eneas en una tempestad y de la fundación de Roma por Rómulo.
Algunas tradiciones consideran como hijos suyos a Silvio, Romo, Ilía y Emilia.
2) Hijo de Silvio y nieto, por tanto, del anterior.
Eneo (Οἰνεύς). 1) Eneo es el rey de Calidón, hijo de Portaón y hermano de Agrio y Alcátoo (*véase,* sin embargo, FITIO). Casó con Altea, una hija de Testio, y tuvo varios hijos: Toxeo, el mayor, a quien mató por haber saltado el foso hecho en defensa de la ciudad -leyenda semejante a la de Remo saltando el muro hecho por Rómulo-, Meleagro, Clímeno, y cuatro hijas, Gorge, Deyanira, Eurímede y Melanipa (*véase* también MELANIPO). Acogió en su reino a Agamenón y Menelao, expulsados de sus ciudades. Cuando celebraba un día sacrificios se olvidó de incluir a Ártemis, por lo que ésta envió un jabalí que destruía los campos. Organizó entonces Eneo una cacería, a la que invitó a jóvenes famosos: Cástor, Pólux, Idas, Teseo, Jasón, Néstor, Peleo, Pirítoo, Telamón y la heroína Atalanta, entre otros. Después de la cacería del jabalí, la muerte de Meleagro y el suicidio de Altea, volvió a casarse Eneo con Peribea, hija del rey Hipónoo, a la que había seducido, o bien la había tomado como botín. Con Peribea tuvo a Tideo, el padre de Diomedes.
A su hija Deyanira, cuya paternidad en algunas fuentes es atribuida a Dioniso, la cortejaron Heracles y el dios-río Aqueloo. Eneo apoyó a Heracles, con el que al fin se casó Deyanira, recibiendo como regalo el cuerno de Aqueloo, su desafortunado rival. En su vejez fue expulsado de su reino por sus sobrinos, los hijos de su hermano Agrio. Acudió en su ayuda su nieto Diomedes, que devolvió el trono a un yerno de Eneo, Andremón, llevándose consigo a su abuelo (*véase* MOTONE). Contaba, sin embargo, una leyenda que fue muerto en una emboscada por dos de los hijos de Agrio, Onquesto y Tersites, que habrían sobrevivido a las luchas con Diomedes.

Eneo habría sido el primer mortal al que Dioniso habría dado la vid. Por su nombre («el hombre del vino») y por su relación con Dioniso, parece ser una antigua divinidad del vino *(véase* además ESTÁFILO).
2) Uno de los hijos de EGIPTO.
Enialio ('Ενυάλιος). Advocación del dios Ares, conocida ya de Homero y venerada especialmente por los Espartanos.
Enio ('Ενυώ). 1) Enio es una divinidad secundaria de la guerra. En Roma fue identificada con Belona. Para los Griegos nunca estuvo clara su relación con Ares: unos la consideraban hermana del dios; otros, hija; otros, en fin, madre.
2) Una de las GRAYAS.
Enipeo ('Ενιπεύς). Dios-río de Tesalia. *Véase* NELEO.
Énnomo ("Εννομος). Troyano muerto por Odiseo.
Eno (Οἰνώ). Hija de ANIO.
Énoe (Οἰνόη). 1) Homero hace alusión a cierta leyenda, referida luego por algunos mitógrafos, según la cual Énoe, reina de los Pigmeos –un pueblo mencionado muchas veces por los autores antiguos y ubicado por ellos en la India, o, más frecuentemente, en la región africana del alto Nilo–, había despreciado a Ártemis y a Hera, haciendo recaer sobre sí la cólera de estas diosas, que la transformaron en grulla. Ya bajo su nueva forma, Énoe trató desesperadamente de llevarse consigo a su hijito, pero los Pigmeos no la reconocieron y la ahuyentaron a fuerza de gritos y de piedras. En algunos relatos, este personaje lleva el nombre de Gérana, en griego *grulla.*
2) Ninfa que, en algunas versiones, es, con Éter, la madre del dios Pan.
Enómao (Οἰνόμαος). Enómao, rey de Pisa, era, en la versión más difundida, hijo del dios ARES y de Harpina, hija del dios-río Asopo, o, según Apolodoro, de Ares y Estérope. Casó con Estérope, de cuya unión nacieron dos hijos, Disponteo y Leucipo, y una hija, Hipodamía. La belleza de esta joven era tan grande que pronto se vio asediada por gran número de pretendientes. Enómao, sin embargo, se negaba a casarla. Para explicar esta postura, algunos mitógrafos supusieron que estaba enamorado de su propia hija; otros imaginaron que sabía por un oráculo que moriría a manos de su yerno.
Para deshacerse de los pretendientes, Enómao los obligaba a competir con él en una carrera de carros desde Pisa hasta Corinto. Les daba de ventaja el tiempo que invertía en sacrificar un cordero a Zeus, confiado como estaba en la superioridad de sus divinos caballos, regalo de su padre Ares. Al alcanzarlo, atravesaba con su lanza al pre-

tendiente de turno. Ya había dado muerte a doce o trece, cuando Pélope apareció en escena. Hipodamía se enamoró rápidamente de él y lo ayudó a sobornar a Mírtilo, auriga de Enómao. Mírtilo, en efecto, bajo la promesa de la mitad del reino y los favores de Hipodamía en la noche de bodas, sustituyó el perno de una de las ruedas del carro por otro de cera. Así, a mitad de carrera, Enómao encontró la muerte arrastrado por sus propios caballos, al enredarse en las riendas. En honor de Enómao o de Hipodamía instituyó Pélope los Juegos Olímpicos. Una de las listas de los pretendientes muertos por Enómao es como sigue: Acarnán, Alcátoo, Aristómaco, Automedonte, Calcodonte, Crótalo, Euríalo, Eurímaco, Hipótoo, Lasio, Mármax, Pélope de Opunte y Tricolono. Sin embargo existen otros catálogos.

Enone (Οἰνώνη). Ninfa del monte Ida de Frigia, hija del dios-río Cebrén. El príncipe troyano Paris se enamoró de ella en su juventud y le dio un hijo, Córito. Más tarde, Paris abandonó a Enone para ir en busca de Helena y entonces la ninfa, despechada, ordenó a su propio hijo que guiara a los Aqueos hasta Troya. Cuando Paris fue herido de muerte, los Troyanos lo condujeron ante Enone para que lo curase (el dios Apolo había dado a la ninfa la ciencia de las hierbas mágicas), pero ésta se negó a hacerlo, arrepintiéndose, sin embargo, de ello cuando ya era demasiado tarde y arrojándose a la pira donde ardía el cadáver de su antiguo amante.

Énope (Οἰνόπη). Hija de Epopeo que, con Posidón, fue madre de Megareo.

Enopión (Οἰνοπίων). Hijo de ARIADNA que fue rey de Quíos. *Véase* ORIÓN.

Enotro (Οἴνωτρος). Hijo de Licaón que, con su hermano Peucetio, emigró a Italia, donde dio su nombre al pueblo de los Enotrios.

Entoria (Ἐντωρία). Entoria es una muchacha, hija del campesino Icario, que un día se unió a Saturno, con el que tuvo cuatro hijos, Fausto, Félix, Himno y Jano. Su leyenda es, al parecer, una trasposición de la de Erígone. Cuentan que Saturno enseñó a Icario a cultivar la vid y que éste invitó a unos pastores a beber el vino que él mismo había fabricado. Los pastores, creyéndose envenenados, lapidaron a Icario, y los hijos de Entoria, apenados, se suicidaron. Al propagarse entonces una epidemia en Roma, un oráculo declaró que había que aplacar a Saturno, por lo que los Romanos castigaron a los pastores y construyeron un templo para el dios con un altar adornado con cuatro caras que representaban a los cuatro hijos de Entoria. A ella y a toda la familia Saturno los transformó en una constelación.

Eolia (Αἰολία). Hija de AMITAÓN casada con Calidón, con quien tuvo a Protogenia.

Éolo (Αἴολος). 1) Señor de los vientos. La *Odisea* lo presenta como hijo de Hípotes, un mortal favorito de los dioses. Vive en la isla de Eolia y junto a él, en sendos palacios, habitan sus seis hijos, a quienes ha desposado con sus seis hijas. Éolo celebra continuamente banquetes y recibe a Odiseo con gran hospitalidad, interesándose por todos los detalles de la guerra de Troya; antes de su partida, le entrega un odre en el que ha encerrado todos los vientos, menos el favorable que habría de guiar la nave hasta su destino. Este Éolo ha sido confundido frecuentemente con los dos héroes del mismo nombre y, sobre todo, con el segundo de ellos. La morada de Éolo y las de sus seis hijos han sido identificadas con las islas Lípari, y Eolia, en especial, con Strómboli. *Véase infra.*

2) Hijo de Helén y de la ninfa Orséis. Nieto de Deucalión, es hermano de Juto y Doro, y héroe epónimo de los Eolios. Casó con Enáreta y tuvo de ella varios hijos: Creteo, Sísifo, Atamante, Salmoneo, Deyón, Magnes, Perieres y Macareo; y varias hijas: Cánace, Alcíone, Pisídice, Cálice y Perimede. A veces se consideran también como hijos suyos Etlio y Mimante, y como hijas Arne, Tanagra y Melanipa. Se contaba que Cánace había cometido incesto con su hermano Macareo, concibiendo de él un hijo. Enterado de ello Éolo, tomó al niño y lo echó a los perros, enviando seguidamente una espada a su hija para que se suicidase. *Véase infra.*

3) Hijo de Arne y de Posidón y, por lo tanto, nieto del anterior. No obstante, una tradición, seguida por Eurípides, presentaba a Melanipa y no a Arne como madre del héroe. Según esta leyenda, Melanipa había concebido de Posidón dos gemelos, Éolo y Beoto, incurriendo en la ira de su padre, que la dejó ciega y la encerró en un calabozo, mientras ordenaba que los pequeños fueran abandonados en el monte. Pero, milagrosamente, una vaca acudió a amamantarlos y, más tarde, fueron recogidos por unos pastores, que se los ofrecieron a Téano, esposa del rey Metaponto. Como ésta no tenía descendencia e iba a ser repudiada por su marido, adoptó a los niños y los crió como si fueran suyos, hasta que, al fin, habiendo engendrado ella misma dos hijos, quiso deshacerse de los primeros. Por consejo de su madre, los dos mellizos más jóvenes tra-

taron de matar a Éolo y Beoto en una cacería, pero, con la ayuda de Posidón, éstos rechazaron a sus agresores y los mataron. Luego, su padre divino les reveló quién era su verdadera madre, diciéndoles que se hallaba aún encerrada y que debían libertarla; al mismo tiempo, curó a Melanipa de su ceguera. Acompañados de su madre, Éolo y Beoto se presentaron más tarde ante el rey Metaponto y le dieron cuenta de la actuación de Téano; éste, entonces, repudió a su esposa y se casó con Melanipa.
Todos estos mitos resultan un tanto oscuros y es evidente que han influido los unos sobre los otros. Por ejemplo, el incesto de los hijos del segundo Éolo y el hecho de que su historia se desarrolle en la ciudad italiana de Metapontio, de la que es rey Metaponto, aproximan a este personaje al referido señor de los vientos y han dado lugar a una tradición según la cual este Éolo hijo de Posidón se habría establecido después en la isla de Eolia, casándose con la hija del rey Líparo y teniendo de ella seis hijos, es decir, que sería el rey visitado por Odiseo; sin embargo, otra versión de los hechos asegura que Éolo y Beoto emigraron a la zona del mar Negro, fundando allí sendas ciudades que se llamaron Eolia y Beocia. Por último, los hijos de Helén tienen un indiscutible origen tesalio y el nombre del hermano del tercer Éolo está relacionado con el nombre de Beocia, región vecina a Tesalia. De acuerdo con esto, existe otra versión de la leyenda de los mellizos Éolo y Beoto, según la cual habrían nacido en Tesalia y, una vez expuestos, habrían sido recogidos por un comerciante itálico que pasó por allí; más tarde llegaron a apoderarse del trono de Metapontio, pero, al haber dado muerte a su madre adoptiva en defensa de la suya propia, tuvieron que huir de la ciudad: Éolo se estableció en las islas del mar Eólico (las Lípari) y fundó allí Lípara, mientras que Beoto llegó hasta la Eólide (en el continente griego), llamada más tarde Tesalia. Las frecuentes expediciones de colonización que, procedentes de la Grecia continental, se dirigían al sur de Italia y las regiones próximas al mar Negro constituyen el hecho histórico que ha dado lugar a toda esta maraña de tradiciones contradictorias, totalmente caprichosas e inexactas en sus detalles.

Eono (Οἰωνός). Hijo de LICIMNIO.

Eos (Ἠώς). Eos es la personificación de la Aurora. Es hija de Hiperión y Tía y hermana por tanto de Helio (el Sol) y Selene (la Luna). Por haber descubierto un día Afrodita a Ares haciendo el amor con Eos, condenó a la diosa a estar eternamente enamorada. Por eso se cuentan de ella muchas aventuras amorosas, en las que siempre es Eos quien toma la iniciativa. Raptó a Titono, un hijo de Laomedonte y hermano de Príamo, bello joven que le dio dos hijos, Ematión y MEMNÓN, el príncipe etíope que fue muerto por Aquiles. Para este Titono pidió Eos a Zeus la inmortalidad, que el dios le concedió. Se olvidó, sin embargo, de pedirle la juventud eterna, por lo que Titono fue envejeciendo y consumiéndose hasta que se convirtió en una seca cigarra que Eos tenía encerrada en su palacio. Tuvo amores con Céfalo, el descendiente de Deucalión, con el que engendró a Faetonte y Héspero; con Clito, el nieto de Melampo; con Orión, leyenda basada en que la estrella Orión deja de verse en la aurora, por lo que se decía que fue raptado por Eos; con Astreo, con el que tuvo a los vientos Céfiro, Bóreas, Noto, Euro, y a Eósforo, la estrella de la mañana; con GANIMEDES...

La Aurora es imaginada en su carro de dos caballos, o bien con blancas alas, con vestidos de color amarillento *(la del peplo de azafrán* es llamada en Homero), con dedos rosados y con un cántaro en los brazos como portadora del rocío.

Eósforo (῾Εωσφόρος). Hijo de Astreo y de Eos (la Aurora) es Eósforo o Heósforo o Fósforo el nombre de la Estrella Matutina, portadora de la luz de la Aurora; su correspondencia latina está representada por *Lucifer*. Se le atribuye la paternidad de Filónide, Telauge y Ceice.

Épafo (῎Επαφος). Hijo de IO y de Zeus, nace Épafo en Egipto, a orillas del Nilo. Por instigación de Hera fue raptado por los Curetes, pero, aniquilados éstos por Zeus, fue recobrado nuevamente por su madre, reinando posteriormente en Egipto. De su unión con Menfis, o Casiopea, tuvo tres hijas: Libia, Lisianasa y Teba.

Epeo (᾽Επειός). 1) Hijo de ENDIMIÓN y de una náyade; hermano de Peón y de Etolo. Sucedió a su padre en el trono de Élide y fue epónimo de un grupo de tribus eleas, las de los Epeos.
2) Hijo de PANOPEO. Es uno de los héroes que participaron en la guerra de Troya, aunque no destacó especialmente en el campo de batalla. Sin embargo, venció en el certamen de boxeo de los juegos fúnebres celebrados en honor de Patroclo y participó más tarde en los de Aquiles; en esta ocasión luchó contra Acamante y quedaron los dos destrozados, siendo curados por Podalirio, uno de los dos médicos del campamento aqueo. La

mayor gloria de Epeo fue el haber construido el caballo de madera que sirvió a los Aqueos para tomar la ciudad.

Epicaste (᾿Επικάστη). 1) Esposa o madre de AGAMEDES.
2) Nombre con que Homero conoce a YOCASTA.
3) Hija de Calidón y esposa de Agenor. En algunas versiones, madre de TESTIO.

Epidauro (᾿Επίδαυρος). Fundador y epónimo de la ciudad peloponesia del mismo nombre. Hijo de Evadne y Argo en las tradiciones argivas, aunque los Epidaurios pretendían que era hijo de Apolo.

Epigeo (᾿Επειγεύς). Tesalio que acompañó a Aquiles a la guerra de Troya, donde fue muerto por Héctor.

Epígonos (᾿Επίγονοι). Hijos de los *Siete,* que vengaron la muerte de sus respectivos padres realizando un segundo ataque contra la ciudad de Tebas y tomándola esta vez. La expedición fue organizada por el anciano Adrasto, el único de los *Siete* que no había perecido. Los nombres transmitidos por la tradición son los siguientes: Egialeo (hijo de Adrasto, rey de Argos), Tersandro (hijo de Polinices, yerno de Adrasto), Diomedes (hijo de Tideo, también yerno de Adrasto), Alcmeón y Anfíloco (hijos de Anfiarao, primo y cuñado de Adrasto), Prómaco (hijo de Partenopeo, hermano de Adrasto), Esténelo (hijo de Capaneo, sobrino de Adrasto) y Euríalo (hijo de Mecisteo, un hermano de Adrasto incluido por algunos en la lista de los *Siete).* En Pausanias aparece un Adrasto hijo de Polinices incluido entre los Epígonos. El oráculo de Delfos prometió la victoria a los Epígonos si llevaban como jefe a Alcmeón. El ejército tebano, acaudillado por Laodamante, hijo de Eteocles, salió al encuentro del argivo cerca de Tebas y fue derrotado; después de matar a Egialeo, el propio Laodamante fue muerto por Alcmeón. Inmediatamente, los Argivos tomaron y saquearon la ciudad de Tebas. Para más detalles sobre la expedición de los Epígonos, *véanse,* además, ADRASTO, ALCMEÓN Y TERSANDRO.

Epimedes (᾿Επιμήδης). Nombre de uno de los DÁCTILOS.

Epimélides (᾿Επιμηλίδες). Entre las numerosas NINFAS que presiden y protegen la fecundidad de la naturaleza vegetal y animal (ninfas de los árboles, bosques, ríos, etc.), están las Epimélides, las ninfas que velan por las ovejas.

Epimeteo (᾿Επιμηθεύς). Nacido de Jápeto y Clímene (o bien Asia) al igual que Atlante, Menecio y Prometeo, Epimeteo guarda una especial relación, ya presente en el nombre, con el último de sus hermanos. En efecto, deseoso Zeus de castigar a Prometeo, por haber entregado el fuego a los mortales, decidió enviarle un funesto regalo: PANDORA. Pero, sabedor de la inteligencia de este Titán, hizo que Hermes se la entregase a Epimeteo, quien, desoyendo los consejos de su hermano, en el sentido de no querer nada proveniente de Zeus, aceptó a Pandora, admirado ante una belleza tal. De esta unión nació Pirra, esposa de Deucalión.

Epíone (᾿Ηπιόνη). Hija de Mérope que, en algunas versiones, casó con Asclepio. Hijos suyos, entre otros, son los famosos médicos Macaón y Podalirio.

Epístrofo (᾿Επίστροφος). 1) Hijo del argonauta Ífito que fue a Troya, con su hermano Esquedio, al frente de los Focenses.

2) Hijo de Eveno, rey de Lirneso, muerto por Aquiles.

Épito (Αἴπυτος). 1) Rey de la Arcadia y padre del héroe Cípselo.

2) Rey de la Arcadia, biznieto del anterior. Es hijo de MÉROPE, la hija de Cípselo, y de Cresfontes, uno de los Heraclidas. Cuando el también heraclida Polifontes dio muerte a Cresfontes, se casó con Mérope por la fuerza y exterminó a la descendencia de aquél, el niño Épito fue salvado y criado por su abuelo Cípselo, quien le ayudó más tarde a vengar la muerte de su padre y a recuperar el trono. Este Épito se hizo famoso por la prudencia y la justicia con que supo administrar su reino.

3) Otro rey de la Arcadia, que aparece como hijo de Élato. Crió y educó a Evadne, la madre de Yamo.

Époco (῎Εποχος). Hijo de LICURGO, un rey de Arcadia.

Epopeo (᾿Επωπεύς). 1) Rey de Sición, hijo de Cánace y de Posidón. Se hizo con el trono de Sición a la muerte de Córax y más tarde heredó de Buno el de Corinto, uniendo así dos territorios contiguos. Según una tradición, murió sin hijos, y le sucedió Lamedonte, hermano de Córax; según otra, fue padre de Maratón, quien habiendo emigrado al Ática en vida de Epopeo, heredó sus derechos y los transmitió a sus hijos Sición y Corinto, reyes y epónimos de esas dos ciudades, que hasta entonces se habían llamado Asopia y Efirea; otra, al fin, le atribuye como hija a Énope, la madre de Megareo. Epopeo acogió en su palacio a Antíope –la hija del rey tebano Nicteo, con la que más tarde se casó– cuando ésta iba a dar a luz a los gemelos Anfión y Zeto, concebidos de Zeus. Lico, tío de la muchacha, atacó entonces Sición, y Epopeo murió en la lucha.

2) Rey de Lesbos. Es el padre de NÍCTIME.

Equefrón (᾿Εχέφρων). 1) Hijo de Heracles y de Psófide y hermano de PRÓMACO.
2) Hijo de Néstor.

Equelao (᾿Εχέλαος). Hijo de Pentilo que fundó colonias en Lesbos junto con su hermano Damasio.

Équemo (᾿Εχέμος). Rey de Tegea, en la Arcadia, que fue el sucesor de Licurgo. Cuando el Peloponeso fue invadido por los Heraclidas, Équemo venció a uno de ellos, HILO, en combate singular, garantizando así la independencia de su ciudad por espacio de cincuenta años. Casó con TIMANDRA, hija de Tindáreo y Leda, y, según algunas tradiciones, tuvo de ella a Meges y a Evandro. Participó, con su hermano Márato, en la expedición de los Dioscuros contra el Ática.

Equemón (᾿Εχέμων). Hijo de Príamo muerto por Diomedes.

Equetlo (῎Εχετλος). Héroe ateniense que en la batalla de Maratón presentóse de repente vestido de campesino y realizó grandes hazañas luchando contra los Persas. Después de la batalla no pudieron encontrarlo, por lo que, preguntado un oráculo, sospechando que era un dios, elevaron un templo en su honor.

Équeto (῎Εχετος). Es un legendario monarca, símbolo de la crueldad, con cuyo nombre se amenazaba a alguien para intimidarlo. Se decía que había atravesado con alfileres los ojos de su propia hija y mutilado a su amante, al enterarse de que se habían unido sexualmente.
En la *Odisea* se cita el nombre de Équeto para asustar al mendigo Iro.

Equidna (῎Εχιδνα). Monstruo con cuerpo de mujer y cola de serpiente (ἔχιδνα significa en griego «víbora»). Se le hace hija de Crisaor y Calírroe, o de Forcis y Ceto, o de Gea y Tártaro, o de Éstige, la laguna infernal. Por su parte, ella misma engendró otros monstruos uniéndose a seres semejantes: así, de Tifón tuvo a Ortro (el perro de Geríones), a Cérbero (el perro de Hades), a la Hidra de Lerna, a la Quimera y, quizás, al dragón Ladón; luego, con el propio Ortro engendró, según algunos, a la cerda de Cromión *(véase* TESEO) y, según apunta Virgilio, también a Escila. Se dice que Equidna vivía en una cueva de la Arcadia y que, cansado por los estragos que hacía en la región, Argo, el guardián de los cien ojos, le dio muerte mientras dormía.

Equión (᾿Εχίων). 1) Uno de los hombres nacidos de los dientes de dragón que sembró Cadmo. Casó con Ágave, hija de Cadmo, y fue padre de Penteo.
2) Uno de los ARGONAUTAS. Fue hijo de Hermes y hermano gemelo de Éurito.

3) Según Apolodoro, uno de los héroes griegos que fueron a Troya y el primero que salió del caballo de madera para saquear la ciudad. Cuenta el mitógrafo que este Equión encontró la muerte al saltar del caballo.

Erasia ('Ερασία). Una de las hijas de Fineo.

Erato ('Ερατώ). 1) Una de las nueve MUSAS. Se la invoca como Musa de los himnos, aunque también de la poesía lírica, especialmente de la amorosa. Sus atributos son una lira y, a veces, un Amor a sus pies.

2) Dríade que, uniéndose a ÁRCADE, engendró a Azán.

3) Una de las NEREIDAS.

Érebo ("Ερεβος). Entre los griegos Érebo, hijo de Caos, es la personificación de la tiniebla infernal. De la unión de Érebo con la Noche nacieron el Éter y el Día y, a veces, Éstige.

Erecteo ('Ερεχθεύς). Parece que en un principio Erecteo y Erictonio constituían un mismo personaje, hijo de Hefesto y de la Tierra, y ligado a los orígenes de Atenas en calidad de rey. Posteriormente se le consideró hijo de Pandión y de Zeuxipe, y hermano, por tanto, de Butes, Filomela y Procne. Según esta genealogía, sería nieto de Erictonio. A la muerte de Pandión, mientras que Erecteo se ocupaba del poder militar, Butes lo hacía del religioso.

Durante el reinado de Erecteo estalló una guerra entre Atenienses y Eleusinios. Ante la superioridad con que contaban los habitantes de Eleusis, gracias a la alianza del tracio Eumolpo, hijo de Posidón, Erecteo consultó al oráculo de Apolo en Delfos, quien le aconsejó, para vencer en la batalla, sacrificar a una de sus hijas. Las diferentes versiones presentan como víctima tanto a Procris, como a Ctonia, como a Oritía, o bien a Protogenia y a Pandora. Sea como fuere, Erecteo triunfó en la batalla, dando además muerte a Eumolpo. Posidón, irritado, bien por sí mismo, bien por medio de Zeus, consiguió, en venganza, abatir a Erecteo.

Erecteo tuvo de su matrimonio con Praxítea varios hijos: Cécrope, Eupálamo, Metión, Orneo, Pandoro, Tespio y, en algunas versiones, Sición; y siete hijas: Creúsa, Ctonia, Oritía, Mérope, Pandora, Procris y Protogenia.

Ergieo ('Εργίαιος). Descendiente de Diomedes que ayudó a LEAGRO a robar el Paladio.

Ergino ('Εργῖνος). Durante una fiesta en honor de Posidón, Perieres, auriga de Meneceo, rey de Tebas, mató al rey de Orcómeno, Clímeno. Ergino, hijo de éste y de Búcige, marchó al frente de los Minias contra Tebas y, después de derrotar a los Tebanos, concertó con ellos una tregua por la que se comprometían a pagar como tributo cien bueyes durante veinte años. Pero un año, Heracles se encontró con los enviados de Ergino, que iban a cobrar el tributo, y les cortó la nariz y las orejas y, colgándoselas al cuello, les ordenó que las llevasen como tributo a Ergino. Irritado éste, organizó una expedición contra Tebas, y, cuando Creonte, el hijo de Meneceo y entonces rey de Tebas, estaba dispuesto a desagraviar a Ergino, Heracles se puso al frente de los Tebanos y derrotó a los Minias, matando con su propia mano a Ergino.

Según otra tradición, Ergino no murió en la lucha, sino que concertó con Heracles un convenio por el que tenía que pagar a los Tebanos un tributo doble del que los Minias cobraban. Participó en la expedición de los ARGONAUTAS y fue el piloto de la nave *Argo* a la muerte de Tifis. En los juegos de Lemnos ganó el premio de la carrera, pese a las burlas que le hacían las mujeres de la isla por tener los cabellos totalmente blancos aún siendo joven. Tuvo dos hijos, los arquitectos Agamedes y Trofonio.

Sin embargo el Ergino de los Argonautas es citado en otras versiones como hijo de Posidón y natural de Mileto.

Eribotes (᾽Εριβώτης). *Véase* EURÍBATES.

Érice (῎Ερυξ). Hijo de Afrodita y del argonatuta Butes –o bien de Posidón–, Érice dio nombre a una ciudad de la Sicilia noroccidental y a la montaña donde se encontraba el famoso santuario de Afrodita Ericina. Cuando Heracles pasó por aquella región con los rebaños que había robado a Geríones, Érice lo desafió a luchar, apostando su propio reino contra los bueyes de Heracles. Venció éste y mató a Érice, seduciendo a PSÓFIDE.

Ericto (᾽Εριχθώ). *Véase* FINEO.

Erictonio (᾽Εριχθόνιος). 1) Héroe ateniense que se suponía había nacido de la Tierra (su nombre se relaciona con la palabra χθών, *tierra)*. Una conocida leyenda ática vinculaba a Erictonio con la diosa Atenea. Decíase que el héroe había sido engendrado por la Tierra a partir del semen que dejara caer sobre ella el dios Hefesto mientras trataba de unirse a Atenea por la fuerza. Cuando nació Erictonio, Atenea lo puso en una cesta que entregó tapada a las hijas de Cécrope, indicándoles que no debían abrirla, pero las muchachas desobedecieron y quedaron horrorizadas al ver en ella a un niño rodeado de serpientes o, según otros, un niño cuyo cuerpo terminaba en una cola de serpiente. Sea como fuere, el pequeño salió huyendo y corrió a refugiarse bajo la égida de Atenea, siendo criado por la dio-

sa en el templo de la Acrópolis. Esta diosa, que se hallaba vinculada sin duda al linaje de Cécrope y Erictonio, pasó a ser la divinidad tutelar de la Acrópolis, y la serpiente, emblema de la familia de los Erecteidas -descendientes del rey Erecteo, a quien la tradición hacía nieto de Erictonio, confundiéndole en muchos casos con él–, figuró siempre en las representaciones de la diosa como un atributo suyo característico.
Más tarde, Erictonio sucedió a Cécrope en el trono ateniense, si bien otra leyenda pretendía que había expulsado del mismo al entonces rey Anfictión, hijo de Deucalión. *Véase,* sin embargo, CRÁNAO. Por otra parte, algunas tradiciones hacían a Erictonio hijo de Cécrope o nieto de Cránao, otro héroe ateniense que habría nacido de la Tierra. Todas estas variantes se explican teniendo en cuenta que en el Ática habían convivido desde antiguo diversas tribus que se disputaban el poder, pretendiendo todas ellas ser autóctonas y poseer un antepasado cuya relación con la diosa tutelar Atenea justificara los derechos de sus descendientes al dominio de la región.
Se decía que Erictonio había casado con la ninfa Praxítea, de la que había tenido un hijo, Pandión, que le sucedió en el trono de Atenas. También pasaba por haber instituido en la ciudad el culto de Atenea, creando en honor de la diosa la festividad de las Panateneas, y se decía que, durante su reinado, los atenienses habían empezado a utilizar la moneda como medio de transacción. Otra leyenda le atribuía, además, la invención de la cuadriga y veía su figura inmortalizada en la constelación del Cochero.
2) Héroe troyano hijo de Dárdano y de Batiea y hermano de Ilo. Habría sucedido a su padre en el trono de Troya y, casado con Astíoque, hija de Simunte, fue padre de Tros, uno de los héroes epónimos de los Troyanos. Este Erictonio era famoso por sus rebaños de yeguas, tan hermosas que el viento Bóreas se había enamorado de ellas y las fecundaba, haciendo nacer potrancas rápidas como ningunas y capaces de correr sobre las aguas. Los atenienses relacionaban a este Erictonio con la familia de la que había nacido su héroe Erecteo y pretendían atribuirle, incluso, la fundación de Troya.

Erídano (Ἠριδανός). 1) Dios-río, hijo de Océano y de Tetis, cuya localización varía un tanto, según las tradiciones. En la leyenda de Heracles se supone que desemboca en el Océano y se sitúa en el extremo occidente: en sus orillas encuentra el héroe a las ninfas que le indican el camino hacia el jardín de las Hespérides. Por otro lado, la versión de la leyenda de los Argonautas recogida por Apolonio pretende que la nave *Argo* navegó por el Erídano desde el Adriático hasta el Ródano razón por la cual se identificó el Erídano con el Po. Además en la historia de los Argonautas se sitúan las *islas del Ámbar* en las bocas del Erídano; por su parte, el niño Faetonte cae al Erídano con el carro del Sol, y las lágrimas que derraman por él sus hermanas las Helíades son transformadas en gotas de ámbar. El Erídano aparece en el cielo en forma de constelación: es una larga cadena de estrellas situada en el hemisferio Austral, junto a Orión y a Ceto.

2) En el mito, Erídano es también un dios-río del Ática, afluente del Iliso, a quien se hace padre de Zeuxipe, la esposa de Pandión.

Éride (Ἔρις). Éride es la personificación de la discordia. Hija de Hera, acompaña siempre a su hermano Ares, siendo ella la que provoca las guerras. Por ejemplo, en la boda de Peleo y Tetis Éride fue la que arrojó la *«manzana de la discordia»* que motivó la guerra de Troya.

Según las genealogías de Hesíodo, Éride es hija de la Noche (Nix) y madre de Limo (el Hambre), Lete (el Olvido), Ate (el Error), Momo (la Burla), Álgea (el Dolor), Pono (Fatiga, Esfuerzo, Pena) y Horco (el Juramento), aunque este mismo autor distingue a veces dos Érides, una maléfica y otra beneficiosa que es el espíritu de emulación. Se le suele representar como un genio alado.

Erifile (Ἐριφύλη). Es hija de Tálao, rey de Argos, y hermana de Adrasto. Para asegurar la reconciliación entre Adrasto y el adivino Anfiarao se acordó el matrimonio de éste con Erifile, comprometiéndose los antiguos rivales a someter a la decisión de ésta cualquier desacuerdo que en lo sucesivo surgiese. Y éste no se hizo esperar: Adrasto pretendía que su cuñado se sumase a la causa de Polinices, formando parte de los *Siete.* Aunque Anfiarao rehusó, porque sabía que perecería en la empresa, hubo de acompañarlos, ya que Erifile, sobornada por Polinices con el collar de Harmonía, tomó partido por su hermano.

Anfiarao, antes de partir, encargó a sus hijos que lo vengasen, lo que llevaría a cabo ALCMEÓN dando muerte a su madre, al regresar de una nueva campaña contra Tebas, también inducido por ella, que esta vez había sido sobornada con el velo de Harmonía por Tersandro, hijo de Polinices.

De la unión de Anfiarao con Erifile nacieron, además de Alcmeón, Anfíloco, Demonasa y Eurídice.

Erígone (᾿Ηριγόνη). 1) Hija del héroe ateniense ICARIO que fue amada por Dioniso, de quien engendró, en algunas versiones, a Estáfilo; sin embargo, es más frecuente considerar a este último como hijo de Ariadna y del dios.
2) Hija de Egisto y de Clitemestra. De su unión con Orestes nació Pentilo. Al enterarse de que Orestes, a quien ella denunciara, había sido absuelto por el tribunal del Areópago, se suicidó. Otras versiones de la leyenda afirman que fue convertida por la propia Ártemis en sacerdotisa, evitando así que Orestes le diese muerte como deseaba.
3) Hija de Temis que personificaba la justicia.

Erilo. Legendario rey de Preneste, conocido solamente a través de la *Eneida.* Según la descripción que hace de él el rey Evandro, Erilo tenía tres cuerpos, cada uno con una vida independiente; Evandro lo habría vencido y dado muerte, después de derrotar a su ejército.

Erimanto (᾿Ερύμανθος). 1) Hijo de Apolo que, por haber visto a Afrodita desnuda cuando se bañaba, fue cegado por la diosa. En venganza Apolo, transformándose en jabalí, mató a Adonis, el amante de Afrodita.
2) Hijo de Árcade y padre de Janto. Abuelo, por tanto, de Psófide, la heroína epónima de la ciudad arcadia.

Erinias (᾿Ερινύες). Las Erinias son divinidades nacidas de la tierra regada por la sangre de Úrano cuando éste fue mutilado por Crono. Son divinidades que se ocupan, sobre todo, de vengar los crímenes, especialmente los que atentan contra la familia. Se las representa con figura de mujeres negras y aladas, con serpientes enroscadas en sus cabezas. Su vivienda habitual está en los Infiernos, de donde salen por conjuro del ofendido o por la maldición del propio ofensor.
Sus nombres eran Alecto, Tisífone y Mégera, aunque eran llamadas con distintos apelativos para propiciárselas y evitar que se encolerizaran al recibir un nombre odioso. El nombre más común es Euménides, las «*Bondadosas*», aunque también se las llama Semnai, las «*Venerables*». En Roma se las conoce como las Furias. En ocasiones se les atribuye como compañera a Pena.
Intervienen con sus ayudantes las Harpías en varias leyendas de criminales conocidos. Inspiran la venganza a la madre de Meleagro por haber matado éste a sus tíos; causan desgracias a Agamenón que sacrificó a Ifigenia; alientan a Clitemestra para que mate a su marido; persiguen a Orestes después del asesinato de su madre, etc. Generalmente enloquecen al perseguido, que ha de huir continuamente de ellas. Posterior-

mente se ha considerado a estas divinidades como ejecutoras de los castigos de los Infiernos. Se las representaba llevando en la mano antorchas y látigos que hacían enloquecer a los flagelados. En principio, eran sobre todo protectoras del orden del mundo, castigando todo tipo de exceso, como los causados por los médicos que salvan de la muerte, por los adivinos que cuentan secretos divinos a los hombres, y por los asesinos, ya que el asesinato es una mancha de tipo religioso que pone en peligro la estabilidad del grupo social en cuyo seno se ha cometido.

Eriopis (Ἐριῶπις). 1) Esposa de ANQUISES.
2) Hija de Feres que, casada con el locrio Oileo, fue madre de Áyax.

Erisictión (Ἐρυσίχθων). 1) Hijo del rey tesalio Tríopas que osó cortar una serie de árboles de un bosque consagrado a Deméter, haciendo caso omiso de las advertencias que ésta le hacía bajo el aspecto de una sacerdotisa. Irritada la diosa, le animó a que siguiese con su tarea *«porque iba a necesitar una sala de banquetes»*. Desde entonces un hambre insaciable se apoderó de él. Tratando inútilmente de aplacarla, consumió todos sus bienes, mendigó e incluso vendió como esclava múltiples veces a su hija Mestra, que había recibido de su amante Posidón la facultad de transformarse, con lo que conseguía evadirse fácilmente. Finalmente terminó por devorarse a sí mismo.
2) Ateniense hijo de Cécrope y Aglauro. Su muerte, en plena juventud, se produjo cuando regresaba de Delos portando una estatua antigua de Ilitía. Le sucedió en el trono, por no tener él descendencia, Cránao.

Eritia (Ἐρύθεια). Una de las llamadas HESPÉRIDES.

Eritrio (Ἐρύθριος). Hijo de Atamante y TEMISTO.

Eros (Ἔρως). Eros es el dios del amor. Su origen resulta poco claro, ya que sobre él se han sustentado un enorme número de leyendas y teorías. Lo más antiguo es considerar a Eros después del Caos primitivo, nacido junto con la Tierra y el Tártaro. Gracias a su influencia se unen el Érebo y Nicte (la Noche), por lo que nacen el Éter y el Día. Otras versiones hacen a Eros nacido del huevo original engendrado por la Noche, huevo cuyas mitades formaron la Tierra y el Cielo. Es Eros una de las fuerzas fundamentales del mundo. Asegura la continuidad de las especies y el orden interno del Cosmos.
En Roma se asimila a él el dios Cupido.
Se le atribuyen tardíamente distintas genealogías. Se le hace hijo de Hermes o Ares y Afrodita. Eros tendría en este caso un her-

mano llamado Anteros, *el amor correspondido.* En otras versiones aparece como hijo de Iris y el viento Céfiro, o, incluso, de la musa Polimnia.

Platón representa en el *Banquete* un mito que explica el nacimiento de Eros. Sería un genio intermediario entre los dioses y los hombres, hijo de Poro *(el Recurso)* y Penía *(la Pobreza).* Es una fuerza insatisfecha que siempre consigue aquello que persigue.

Eros es representado en época alejandrina como un niño alado que lleva una antorcha y flechas con las que inflama los corazones. Se le conocen multitud de intervenciones sobre otros dioses o bien sobre hombres. Son frecuentísimas las representaciones pictóricas o escultóricas en las que aparece dedicado a juegos infantiles e inocentes, aunque es un dios poderoso capaz de producir heridas muy difíciles de curar.

Ésaco (Αἴσακος). Príncipe troyano, hijo de Príamo y de Arisbe, la hija de Mérope; o bien de Príamo y Alexírroe, la hija de Gránico. Dotado del don de interpretar los sueños, lo mismo que su abuelo, el adivino Mérope, anunció el significado fatal del que había tenido Hécuba la noche antes de dar a luz a Paris. Según una leyenda referida por Ovidio, Ésaco se enamoró de la ninfa Hesperia, hija del dios-río Cebrén, pero, cuando ésta huía de él, fue mordida por una serpiente y murió. Desesperado, el amante se arrojó al mar desde lo alto de un peñasco, siendo salvado, sin embargo, por Tetis, que lo convirtió en somormujo; desde entonces, Ésaco intenta una y otra vez acabar su vida lanzándose sobre las aguas, pero sus alas lo frenan y sólo consigue zambullirse suavemente para salir de nuevo a la superficie.

Escamandro (Σκάμανδρος). 1) Nombre con el que solía llamar Héctor a su hijo, a quien los Troyanos, generalmente, daban el de ASTIANACTE.

2) Troyano muerto por Menelao.

Escamandro (Σκάμανδρος). 1) También llamado Janto, el «rojizo», Escamandro es un dios-río, hijo de Zeus, que fluye por la llanura de Troya. Zeus lo había hecho brotar para proporcionar agua a Heracles.

En la *Ilíada,* cuando Aquiles realiza una enorme matanza entre los Troyanos, Escamandro, enojado por tanto cadáver y por tanta sangre en su cauce, se desborda intentando ahogar al hijo de Peleo, de lo que desiste al enfrentársele Hefesto.

Se atribuye a Escamandro la paternidad de TEUCRO, primer rey de la Tróade, la de Estrimo, esposa de Laomedonte y la de Calírroe, esposa de Tros.

2) *Véase* OXINIO.

Escamandródice (Σκαμανδροδίκη). Madre, con Posidón, de CICNO.

Escea (Σκαία). Una de las DANAIDES.

Escefro (Σκέφρος). Hijo de Tegéates y de Mera. Sobre su leyenda, *véase* LEIMÓN.

Escila (Σκύλλη). 1) Monstruo, hijo de la diosa infernal Hécate y de Forcis, uno de los hijos de Ponto, o bien de Equidna y de Tifón, o bien de otras parejas de dioses. Se le describe como una mujer, de cuyas ingles nacen seis medios perros, con una cabeza y dos patas cada uno, y que emiten un leve gruñido, como el de un cachorro. Apostada en su cueva del estrecho de Mesina, Escila daba caza a cuantos marineros pasaban por allí y los hacía morir lentamente royendo sus huesos. Una doble tradición explicaba el origen del monstruo. Según unos, Escila había sido una hermosa doncella de la cual se enamoró Glauco, despreciando a Circe; en venganza, la maga le habría dado aquel horrible aspecto. Otras veces se dice que fue el propio Posidón el enamorado de la muchacha y que Anfitrite, celosa, había pedido a Circe que operara la transformación. Finalmente, en una versión intermedia, Escila, amada al mismo tiempo por Glauco y por Posidón, habría atendido a las solicitudes del primero, provocando la venganza de este último. Sin embargo, todas estas leyendas parecen haber sido elaboradas en época relativamente tardía en torno a un monstruo que figuraba, sin duda, en tradiciones muy antiguas, siempre vinculado a las aventuras de los navegantes mediterráneos (*véanse* ODISEO y ARGONAUTAS).

2) Hija de Niso, rey de Mégara. Según la leyenda, Niso no podría ser vencido mientras conservara en su cabeza cierto mechón de cabellos de oro –o de púrpura–, pero Escila se enamoró perdidamente del rey Minos, que sitiaba por entonces la ciudad, y cortó a su padre el mechón, buscando así el ser correspondida por el extranjero. Sin embargo, Minos rechazó a la muchacha, quien, desesperada, se agarró a la nave del rey cretense al verlo partir, hasta que le fallaron las fuerzas y se ahogó. Una tradición latina pretende que Escila fue transformada por los dioses en pez y su padre en halieto; el ave sobrevuela constantemente las aguas marinas y cada vez que distingue al pececillo se lanza sobre él y lo destroza entre sus garras (para otra variante de esta leyenda, *véase* también NISO). Este mito, como el de COMETO y PTERELAO, responde a un tipo que, con ligeras variantes, aparece desarrollado en leyendas de Ta-

fos, Irlanda y Gales, así como en la conocida historia de Sansón y Dalila.

Escirio (Σκύριος). *Véase* EGEO.

Escirón (Σκίρων). Escirón era, según unas versiones, hijo de Caneto y Heníoque; según otras, de Pélope o de Posidón o de Pilas. La leyenda más difundida lo sitúa en Mégara, en el lugar conocido, más tarde, por Rocas Escironias. Por aquí pasaba, al borde del mar, un estrecho sendero que él dominaba. Su diversión consistía en obligar a los caminantes a lavarle los pies y, cuando lo estaban haciendo, los arrojaba de un puntapié al mar, donde una enorme tortuga los devoraba. A Escirón le dio muerte, por fin, Teseo, cuando iba de Trecén a Atenas, pero ni la tierra ni el mar quisieron recibir sus huesos, que acabaron por endurecerse y convertirse en las rocas llamadas Escironias.

Según los de Mégara, Escirón era un héroe protector del país, casado con Cariclo, de quien tuvo a Endéis, posteriormente esposa de Éaco y, por tanto, madre de Peleo y Telamón. De acuerdo con esta leyenda, Teseo había dado muerte a Escirón mucho más tarde y en su honor había instituido los Juegos Ístmicos.

Escites (Σκύθης). Escites es el héroe epónimo del pueblo de los Escitas. Se ha creado en torno a él una leyenda tendente a explicar la habilidad en el manejo del arco que tenía este pueblo. Cuentan que Heracles, buscando las yeguas de su carro, se encontró en Hilea con un ser monstruoso, mitad mujer y mitad serpiente, que se ofreció a devolverle las yeguas si se hacía su amante. Heracles accedió y, al marcharse, ordenó al monstruo que concediese su reino al hijo que lograse ceñir el cinturón y tensar el arco que el héroe le dejó. Tuvo ella tres hijos, Gelono, Agatirso y Escites, de los cuales sólo el último, cuando se hicieron hombres, logró hacer lo que Heracles había pedido.

Según una versión tardía, Escites y sus hermanos no eran hijos de Heracles sino de Zeus. Cuando los hermanos fueron mayores, Zeus dejó caer del cielo un yugo, un arado, un hacha y una copa, todo ello de oro. Cuando Gelono y Agatirso intentaron coger los objetos, se quemaron las manos. Sólo cuando Escites lo intentó, los objetos se apagaron, por lo que sus hermanos le cedieron el reino.

Esculapio. Nombre dado por los latinos a Asclepio, dios griego de la medicina. En el 291 a. J.C. Roma se vio atacada por una terrible peste y, al año siguiente, los Romanos enviaron a Epidauro una embajada, que regresó con una de las serpientes que se criaban en el famoso santuario de Asclepio. Se decía que, al llegar la nave al puerto romano, el animal había saltado fuera de ella y se había dirigido nadando a la isla Tiberina. Dicha isla fue consagrada a Esculapio, construyéndose allí un santuario en el que se practicaban curaciones según la técnica de Epidauro. Las imágenes de Esculapio reproducen exactamente el tipo griego de ASCLEPIO. Por otra parte, los Romanos identificaron a Esculapio con Veyobis, una divinidad antiquísima que recibía culto en la isla Tiberina.

Esfero (Σφαῖρος). Auriga de Pélope, enterrado en la isla que tomó su nombre.

Esfinge (Σφίγξ). Hija de Equidna y Tifón u Ortro, es la Esfinge un monstruo con rostro de mujer, cuerpo de león y alas de ave rapaz. Su leyenda está íntimamente ligada al ciclo tebano y, más concretamente, a la figura de EDIPO.

Esfingio (Σφίγγιος). Hijo de Atamante y TEMISTO.

Ésimo (Αἴσιμος). Hijo de Autólico y padre de Sinón.

Esmirna (Σμύρνα). *Véase* MIRRA.

Esón (Αἴσων). Esón era hijo de Creteo y Tiro, hermano, por tanto, de Mirina, Hipólita, Feres y Amitaón, y hermanastro de Pelias y Neleo. Cuando Creteo, el rey de Yolco, murió, Pelias se hizo con el poder, desterrando a Neleo y aprisionando a Esón, el heredero legítimo. Éste estaba casado con Polimede, la hija de Autólico (otros autores llaman a la esposa de Esón Alcímeda, Anfínome, Polifeme o Polimela) e hijos suyos eran Jasón y Prómaco. Estando Jasón en la expedición de los Argonautas, llegó a Yolco la noticia de que había muerto, decidiéndose entonces Pelias a eliminar a Esón. Pidióle éste que lo dejase morir bebiendo sangre de toro, a lo que Pelias accedió, asesinando, en cambio, con sus manos al pequeño Prómaco. Cuentan que, tras estas muertes, Polimede se suicidó con una daga.

En cambio, en otra versión de la leyenda, Esón no llegó a morir, siendo incluso rejuvenecido por las artes mágicas de Medea.

Esparta (Σπάρτη). Hija del dios-río Eurotas, epónima de la ciudad de este nombre. Casó con el héroe Lacedemón y fue madre de Amiclas y Eurídice, así como, quizá, de Hímero y Asine.

Espartoi (Σπαρτοί). Nombre con que se conoce en la leyenda a los hombres nacidos de los dientes de dragón que habían sido sembrados, a instancias de Atenea, por CADMO.

Espartón (Σπάρτων). Hijo de TISÁMENO.

Espeo (Σπειώ). Una de las NEREIDAS.

Espermo (Σπερμώ). Hija de ANIO.

Esperqueo (Σπερχειός). Dios-río, hijo de Océano y de Tetis. Según una tradición, fue padre de Dríope, héroe epónimo de los Dríopes. Otra leyenda decía que Peleo le había dedicado la cabellera de su hijo Aquiles para que protegiera la vida del héroe durante la guerra de Troya. El río Esperqueo atraviesa la Ftiótide y desemboca en el golfo de Malia, cerca del paso de las Termópilas. Casó con Polidora, la hija de Peleo.

Esquedio (Σχεδίος). Hijo del argonauta Ífito, que fue a Troya, con su hermano Epístrofo, al frente de los Focenses. Murió a manos de Héctor.

Esqueneo (Σχοινεύς). 1) Héroe beocio que, en algunas versiones, aparece como padre de ATALANTA.
2) Hijo de Atamante y TEMISTO.

Estaciones. *Véase* HORAS.

Estáfilo (Στάφυλος). Estáfilo es la personificación del *racimo,* que es lo que su nombre significa en griego. Dicen los mitógrafos que es un hijo de Ariadna *(véase,* sin embargo, ERÍGONE) y Dioniso, el dios de la vid, y hermano de Enopión, Pepareto y Toante. Casado con Crisótemis, fue padre de Reo, Hemítea y Párteno y abuelo de ANIO.
Una versión distinta, pero acorde con el significado de su nombre, hace de Estáfilo un pastor del rey Eneo (nombre también relacionado con el vino) que descubrió que una cabra comía una fruta desconocida y estaba más alegre que las demás. El rey pensó exprimir este extraño fruto y descubrió así el vino.
Está incluido en el catálogo de los ARGONAUTAS.

Estenebea (Σθενέβοια). Esposa de Preto e hija del rey de Licia Yóbates. Reinó en Tirinte con su esposo, a quien dio varias hijas –las Prétides y Mera– y un hijo, Megapentes. Cuando el héroe Belerofontes llegó a Tirinte, Estenebea se enamoró de él, pero fue rechazada y, entonces, se vengó acusando al extranjero ante su marido de haber intentado seducirla. Preto tramó la muerte del huésped, enviándolo a la corte de Yóbates con un mensaje en el que pedía a su suegro que asesinara al portador. Sin embargo, la intriga no tuvo éxito y, al saber que Belerofontes volvía a Tirinte, Estenebea se suicidó.
Estenebea es conocida en Homero con el nombre de Antea.

Esténelas (Σθενέλας). Rey de Argos que fue hijo de Crotopo y hermano de Psámate.

Esténele (Σθενέλη). 1) Una de las DANAIDES.
2) Hija de Acasto, que, en la versión más difundida, aparece como esposa de Menecio y madre de Patroclo.

Esténelo (Σϑένελος). 1) Hijo de Evadne y Capaneo, formó parte, junto con los demás EPÍGONOS, de la expedición que tomó Tebas. Más tarde, por haber pretendido la mano de Helena, mandó contingentes argivos en la guerra de Troya junto con Diomedes y Euríalo, aunque sólo luchaba en carro por haberse herido en un pie antes de la expedición.

Se conocen dos hijos suyos, Cilarabes, que fue rey de todo Argos, y Cometes, que engañó a Diomedes con Egialea.

2) Hijo de Perseo y ANDRÓMEDA, que reinó sobre Micenas, fundada por su padre, y que tuvo de Nicipe (o Menipe), entre otros hijos, a Euristeo, Alcínoe, Ifis y Medusa.

3) Nieto de Minos e hijo de Androgeo, participó junto con su hermano Alceo en la expedición de Heracles en busca del cinturón de la reina de las Amazonas, ya que cuatro de sus tíos habían matado en la isla de Paros a dos de los compañeros de Heracles, llevándose éste a los dos hermanos para reemplazarlos. Heracles le hizo más tarde rey de Tasos.

4) Otro Esténelo, también del ciclo de Heracles, es el hijo de Áctor. Luchó contra las Amazonas y murió en Paflagonia cuando regresaba con Heracles. Por un favor especial, Perséfone le permitió volver a la tierra para ver a los Argonautas cuando pasaban más tarde por allí, haciendo éstos sacrificios en su honor.

5) Recibe también este nombre un hijo de EGIPTO.

Esteno (Σϑεννώ). *Véase* GORGONA.

Estentor (Στέντωρ). Héroe que participó en la guerra de Troya y de cuyo nombre deriva el término *estentóreo.* Homero dice que gritaba como cincuenta hombres, y otras tradiciones refieren cómo desafió a Hermes, heraldo de los dioses, siendo vencido y muerto por él.

Estérope (Στερόπη). 1) Esposa del dios-río Aqueloo y madre, en algunas versiones, de las Sirenas.

2) Estérope o Astérope se llama también una de las PLÉYADES, hija de Atlante y Pléyone, casada con Enómao. Hijos de ambos fueron Leucipo, Disponteo e Hipodamía.

3) Otra Estérope es una hija de Acasto, causante involuntaria del suicidio de Antígona, la esposa de PELEO.

4) Distinta es una hija de CEFEO, rey de Tegea, que recibió de Heracles un bucle del cabello de la Gorgona.

5) Hija de Helio y hermana de Pasífae que, casada con Eurípilo, el hijo de Posidón, fue madre de Leucipo y Licaón.

6) Hija de Pleurón.

Estéropes (Στερόπης). Uno de los tres primeros CICLOPES, hijos de Úrano y Gea.

Éstige (Στύξ). En la *Teogonía* de Hesíodo la ninfa Éstige aparece como hija de Tetis y de Océano, si bien una variante genealógica recogida por Higinio le da como padres a la Noche y a Érebo. Había casado con Palante –uno de los Titanes–, engendrando de él a Zelo, Nice, Cratos y Bía, personificaciones de conceptos típicamente guerreros, a saber, la *emulación,* la *victoria,* el *poder* y la *violencia;* según algunos, sería también la madre de Equidna. No es extraño, por consiguiente, que el mito presente a Éstige como la primera aliada de Zeus en su batalla contra los Gigantes, y que le haga acudir a ella con todos sus hijos. Agradecido por esta colaboración, Zeus vencedor –se nos dice– hizo a Éstige la guardiana absoluta de los juramentos solemnes.

En general, Éstige aparece identificada con uno de los ríos de los Infiernos; es la corriente tenebrosa que amenaza a los violadores de los juramentos. Este carácter de divinidad infernal de Éstige justifica la citada genealogía de Higinio, así como la leyenda en la que sustituye a Deméter como madre de Perséfone. En rigor, Éstige se ocupaba tan sólo de los juramentos de los dioses. Un pasaje de la *Teogonía* recoge con todo detalle esta tradición. La ninfa habita lejos de los dioses en un palacio que coronan rocas elevadas, sustentado por columnas de plata. De tarde en tarde recibe la visita de Iris, la mensajera de Zeus, que viene a buscar *el solemne juramento de los dioses;* ello supone que existe alguna querella entre los inmortales y Zeus ha decidido resolverla sometiendo a juramento a los litigantes. Iris recoge agua del manantial helado de Éstige, un brazo del Océano que corre bajo tierra, y la lleva al Olimpo en una jarra de oro. Aquel de los dioses que utilice este líquido mágico para apoyar un perjurio sufrirá un castigo terrible: durante un año se verá privado de la respiración y tampoco tendrá acceso al néctar ni a la ambrosía, los alimentos divinos; en los nueve años siguientes habrá de vivir lejos de los inmortales, sin participar en sus asambleas ni en sus banquetes. En estas aguas había bañado Tetis a su hijo Aquiles para hacerlo invulnerable.

Finalmente, los antiguos daban el nombre de Éstige o Estigia a cierto manantial de la Arcadia, especie de cascada que brotaba de una roca y desaparecía en seguida bajo tierra. Según la tradición, sus aguas eran venenosas y llegaban a quebrar los objetos de metal o cerámica sumergidos en ellas, siendo inmunes, en cambio, a sus efectos los cascos de caballo. Se creía que esta fuente afluía al río infernal del mismo nombre.

Estigne (Στύγνη). Una de las DANAIDES.
Estilbe (Στίλβη). Hija del dios-río Peneo y la náyade Creúsa, que, con Apolo, engendró a Lapites y Centauro y, según algunos, también a todos los Centauros.
Estínfalo (Στύμφαλος). 1) Estínfalo, hijo del rey arcadio Élato, es el héroe epónimo de la ciudad del mismo nombre situada en la Arcadia junto a la laguna llamada también Estínfalo. Una de sus hijas, Parténope, se unió al héroe Heracles y tuvo de él un hijo, Everes. Cuando Pélope atacó la Arcadia, no pudo vencer a Estínfalo; fingió, entonces, hacer las paces con él y le invitó a un banquete durante el cual le dio muerte, despedazando su cuerpo y dispersando los miembros destrozados.
2) Esposo de Órnite y padre de las llamadas Estinfálides. *Véase* HERACLES, *quinto trabajo.*
Estínfalo, Aves de. *Véase* HERACLES, *quinto trabajo.*
Estoniquia (Στονυχία). *Véase* PLÉYADES.
Estracio (Στρατίος). Uno de los hijos de Néstor.
Estratonice (Στρατονίκη). 1) Esposa del arquero Melaneo, con quien engendró a Éurito.
2) Madre, con Queresilao, de Pemandro.
3) Hija de Pleurón.
Éstriges. Seres femeninos monstruosos, provistos de alas, gran cabeza y con uñas de aves de presa que, según las creencias populares, chupaban la sangre, a modo de vampiros, de los niños recién nacidos, aprovechando el momento en que, por descuido de las nodrizas, quedasen solos en la cuna.
Las ahuyentaba y perseguía la ninfa Carna.
Estrimo (Στρυμώ). Hija del dios-río Escamandro, casada, en algunas versiones, con LAOMEDONTE.
Estrimón (Στρυμών). Dios epónimo del rio tracio de este nombre. Era hijo de Océano y de Tetis y padre de Ródope. Con la musa Euterpe engendró al héroe tracio Reso.
Estrofio (Στρόφιος). 1) Rey de Crisa, en la Fócide, que, con Anaxibia, engendró a Pílades y en cuya corte creció y se educó Orestes.
2) Hijo de Pílades y de Electra. Según algunas versiones, junto con su hermano Medonte habría matado a Aristodemo.
Etálides (Αἰθαλίδης). 1) Es uno de los Argonautas, nacido de la unión de Hermes con Eupolemia, hija de Mirmidón. Al igual que su padre en el plano divino, desempeña él, en el humano, funciones de mensajero. Lo caracteriza una enorme memoria, don concedido por el dios, que conservó incluso en el Hades.

2) Guerrero griego que encontró la muerte ante Troya a manos de Eneas.

Eteocles (’Ετεοκλῆς). 1) Hijo de Edipo, el rey de Tebas que casó, sin saberlo, con su propia madre Yocasta; hermano de Polinices y asimismo de Antígona y de Ismena. Al conocer el crimen cometido por su padre, Eteocles y Polinices lo expulsan de la ciudad, y Edipo los maldice, vaticinándoles que perecerán el uno a manos del otro. Los dos hermanos acuerdan reinar alternativamente por períodos de un año, pero, finalizado el primero de ellos, Eteocles se mantiene en el trono por la fuerza. Polinices se exilia entonces de Tebas y acude a Argos, donde el rey Adrasto lo casa con una de sus hijas y le ayuda a reunir un ejército para atacar su propia ciudad –el llamado ejército de los *Siete,* cuya expedición inspiró a Esquilo su tragedia los *Siete contra Tebas.* Eteocles y Polinices luchan en combate singular y se dan muerte el uno al otro, cumpliéndose así la maldición de Edipo. Inmediatamente, los Argivos levantan el sitio. *(Véanse* también EDIPO y POLINICES.)

Eteocles tuvo un hijo, Laodamante, que era rey de Tebas cuando se produjo el ataque de los Epígonos.

2) Rey de Orcómeno, hijo de Andreo y de Evipe.

Eteoclímene (’Ετεοκλυμένη). Hija de Minias y Clitodora; hermana de Presbón y Periclímene.

Eteoclo (’Ετέοκλος). Hijo del argivo Ifis. Uno de los *Siete* que halló la muerte ante las murallas de Tebas.

Éter (Αἰθήρ). Éter es la personificación del cielo superior. Según la genealogía hesiódica, Éter es hijo de Nix (la *Noche)* y Érebo (la *Tiniebla), y* hermano de Hémera (el *Día).*

Higinio, en sus fábulas, hace de él un hijo de Caos y de Caligo y padre del Cielo, el Mar y la Tierra, a quienes habría tenido con Hémera. Con esta misma, o con la Tierra, sería el padre de gran número de abstracciones, entre otras el Terror, la Astucia, el Pesar, la Mentira, la Venganza, la Ira, la Intemperancia, el Juramento, la Disputa, el Pacto, el Olvido, el Temor, el Orgullo, la Batalla, así como de Océano, los Titanes, las Erinias, el Tártaro, Pan y otras divinidades.

En la mitología romana Cicerón lo hace padre de Júpiter y Caelus.

Eteria (Αἰθερίη). Una de las llamadas HELÍADES.

Etiolas (Αἰθιόλας). Hijo de Menelao y de Helena.

Etlio (’Αέθλιος). Hijo de Zeus y Protogenia (en algunas versiones es considerado hijo de Éolo y Enáreta), que reinó en Élide. Con Cálice, engendró a Endimión.

Etna (Αἴτνη). Así se llamaba una ninfa, en algunas versiones, hija de Úrano y de Gea, de la que recibió el nombre el volcán a cuyo pie se extiende la ciudad de Catania. Etna fue elegida como juez por Deméter y por Hefesto para que decidiese a quién correspondía la posesión de Sicilia, tierra con volcanes, pero también abundante en trigo.

Algunas leyendas aseguraban que bajo el volcán estaban sepultados Encélado y Tifón, gigantes derrotados en su lucha contra las divinidades olímpicas. Es preciso ver aquí un intento de los griegos occidentales tendente a ubicar en su territorio arcaicas y famosas leyendas de su mitología.

Etolo (Αἰτωλός). 1) Héroe epónimo de Etolia, hijo de ENDIMIÓN, rey de Élide y de una náyade. Etolo sucedió en el trono a su hermano Epeo, pero en los juegos fúnebres que se celebraron en honor de Azán hizo volcar involuntariamente el carro de Apis, produciéndole la muerte, y tuvo que exiliarse de su país. Pasó el istmo de Corinto y se dirigió a la región situada al este del río Aqueloo; allí dio muerte a Doro, Laódoco y Polipetes, los hijos de Apolo y Ftía, que lo habían acogido en su reino. Luego sometió a los Curetes y quedó como rey del territorio. Casó con Prónoe y tuvo dos hijos, Pleurón y Calidón.

2) Hijo de Óxilo, rey de Élide, y de Pieria.

Etodaya (’Εθοδαΐα). Una de las NIÓBIDES.

Etra (Αἴθρα). 1) Hija de Piteo, rey de Trecén, y nieta de Pélope. Fue prometida por sus padres a Belerofontes, pero, habiendo partido el héroe antes de que se celebraran las bodas, y dudando Piteo ya de su regreso, emborrachó a Egeo, que era su huésped por aquellos días, e hizo que se uniera a su hija. De esta unión nació Teseo. Por otra parte, según una conocida leyenda, Etra habría recibido, en sueños, aquella misma noche, de Atenea la orden de dirigirse a la isla de Esferia, próxima a Trecén, y derramar allí libaciones sobre la tumba de Esfero, auriga de Pélope, orden que la muchacha habría cumplido, abandonando el lecho de Egeo y encontrándose en Esferia con Posidón, que se habría unido a ella igualmente. La misma leyenda remonta a esta circunstancia la fundación por Etra en aquella isla de un templo a Atenea Apaturia, así como la creación de un ritual en el que toda muchacha trecenia hacía ofrenda de su cinturón a la diosa antes de casarse.

Etra crió a TESEO en Trecén y luego, cuando éste hubo recuperado el trono que le correspondía, fue con él a Atenas. Al partir, a su vez, Teseo hacia los

Infiernos, dejó a su madre en Atenas, confiándole la custodia de Helena, a quien acababa de raptar. Pero los Dioscuros atacaron la ciudad, recuperaron a la raptada y se llevaron también a Etra, que quedó constituida en esclava de aquélla. En esta condición la acompañó hasta Troya y, después de la caída de la ciudad, fue liberada por su nieto ACAMANTE O DEMOFONTE, que la llevó de nuevo a Atenas. Finalmente, Etra se habría suicidado al conocer la muerte de Teseo.
2) Una de las OCEÁNIDES que, en algunas versiones, casó con Atlante y fue madre de las Pléyades, las Híades e Hiante.
Etrón (Αἴϑρων). En algunas versiones, hijo de LAOCOONTE.
Etusa (Αἴϑουσα). Hija de Posidón y de la Pléyade Alcíone.
Eubule (Εὐβούλη). Hija de LEOS.
Eubuleo (Εὐβουλεύς). Eubuleo, *el buen consejero,* es propiamente un título eufemístico de Hades. Fue más tarde humanizado, considerándosele como hermano de Triptólemo e hijo de Disaules y Baubo *(véase* también TRÓQUILO). Fue él quien dio a Deméter noticias sobre el rapto de Perséfone, pues se cuenta que era un porquerizo que un día vio cómo se abría un gran agujero en la tierra y desaparecían sus cerdos. A la vez apareció, con gran estrépito de cascos, un carro tirado por negros caballos y conducido por un hombre, invisible de cara, que abrazaba fuertemente a una muchacha que lloraba. Se le recordaba en las fiestas de Eleusis, en las que, en su honor, eran arrojados cerdos vivos a un precipicio.
Eubulo (Εὔβουλος). Hijo de Carmanor y padre de Carme.
Euclea (Εὔκλεια). Hija de Heracles y de MIRTO.
Éucrate (Εὐκράτη). Una de las NEREIDAS.
Eudia (Εὐδία). Una de las NEREIDAS.
Eudora (Εὐδώρη). 1) Una de las HÍADES.
2) Una de las NEREIDAS.
3) Una de las OCEÁNIDES.
Eudoro (Εὔδωρος). Hijo de Hermes y Polimela que acompañó a Patroclo en la guerra de Troya, siendo muerto allí por Pirecmes. Luego, lo vengó Patroclo.
Eufemo (Εὔφημος). Hijo de Europa, la hija de Ticio, y del dios Posidón, es Eufemo uno de los Argonautas. De su padre había recibido el don de caminar sobre las aguas, y poseía, además, el arte de la adivinación, lo que resultó de gran utilidad para que la nave *Argo* consiguiese atravesar las Simplégades. Lanzó, en efecto, una paloma, siguiendo las instrucciones del adivino Fineo, a través de las rocas para que éstas intentaran aprisionarla; entrechocaron entonces las Simplégades sin conseguir más que arreba-

tarle unas plumas de la cola al ave. Al verlo, ordenó Eufemo remar con energía a sus compañeros para intentar atravesar las rocas que empezaban a separarse. Cuando las Simplégades se abalanzaron sobre ellos, ya era demasiado tarde: sólo pudieron destrozar algunas tablas de la popa.
También resultó de utilidad a los Argonautas cuando, incapaces de encontrar la salida del lago Tritonis, se atrevió a preguntar a Tritón –que se les había aparecido bajo el aspecto de Eurípilo– la salida hacia el mar. Se la indicó el dios y le regaló además un puñado de tierra, lo que haría posible que sus descendientes reinasen posteriormente sobre Libia. Parte de esta tierra se le cayó al mar, lo que motivó que emergiese la isla de Caliste, que habría de ser colonizada por el lacedemonio Teras, recibiendo en lo sucesivo el nombre de Tera. Con Málaque engendró, en la isla de Lemnos, a Leucófanes. Casó con Laónome, hermana de Heracles.

Euforbo (Εὔφορβος). Héroe troyano hijo de Pántoo y de Fróntide. Célebre por su fuerza, fue el primero que hirió a Patroclo, siendo muerto después por Menelao. Al parecer, el filósofo Pitágoras pretendía ser una reencarnación de este personaje.

Euforión (Εὐφορίων). Según algunas versiones, Aquiles, después de su muerte, vivió en la Isla de los Bienaventurados. Allí tuvo con Helena un hijo, Euforión, ser alado de gran belleza, por lo que Zeus se enamoró de él. No le correspondió, sin embargo, Euforión, lo que le valió ser fulminado con un rayo por Zeus cuando intentaba huir del dios. Lo enterraron las Ninfas de la isla de Melos, acción que irritó a Zeus, que las convirtió en ranas.

Eufrósine (Εὐφροσύνη). Una de las CÁRITES.

Eulímene (Εὐλιμένη). Una de las NEREIDAS.

Eumedes (Εὐμήδης). Padre del espía troyano Dolón.

Eumedonte (Εὐμέδων). Hijo de Dioniso y de Ariadna, que participó en la expedición de los ARGONAUTAS.

Eumelo (Εὔμηλος). 1) Hijo de Admeto y de Alcestis, es Eumelo uno de los componentes del ejército sitiador de Troya. Su celebridad es debida a la victoria que obtuvo en la carrera de carros celebrada en los juegos fúnebres en honor de Patroclo, según unos, o de Aquiles, según otros. Su triunfo fue fácil por disponer de los caballos que Apolo había cuidado con ocasión de su servidumbre a las órdenes de Admeto.
2) Un habitante de Cos que por su impiedad fue metamorfoseado en cuervo.
3) Un corintio, padre de Botres, otro hombre transformado en ave.

Euménides. *Véase* ERINIAS.

Eumeo (Εὔμαιος). Hijo de Ctesio, rey de una de las islas Cícladas, que fue raptado cuando era niño por unos piratas fenicios y vendido como esclavo a Laertes, padre de Odiseo. En Ítaca, Eumeo cuidaba de los cerdos de Odiseo y, durante la ausencia del héroe, se mantuvo fiel a su señor; a su cabaña se dirigió Odiseo, por consejo de Atenea, cuando regresó secretamente a Ítaca para recuperar su reino.

Eumolpe (Εὐμόλπη). Una de las NEREIDAS.

Eumolpo (Εὔμολπος). Eumolpo es hijo de Posidón y de Quíone, quien, para ocultar su deshonra, lo arrojó al mar. Posidón lo recogió y lo trasladó a Etiopía, donde lo confió al cuidado de su hermanastra Bentesicime, quien le concedió, al llegar a la mayoría de edad, a una de sus hijas. Eumolpo, sin embargo, trató de forzar a otra de ellas, por lo que tuvo que huir a Tracia donde conspiró contra su protector, el rey Tegirio. Desterrado nuevamente, se refugió Eumolpo en Eleusis, donde instituyó los *misterios* de Deméter y Perséfone. Posteriormente, se reconcilió con Tegirio, quien le cedió el trono de Tracia. Siendo ya rey, estalló la guerra entre Atenas y Eleusis, a la que Eumolpo, solicitado en calidad de aliado por esta ciudad, acudió al frente de un ejército tracio con el deseo de defender a los Eleusinios y, al tiempo, reivindicar el trono de Atenas en nombre de su padre Posidón, pero en la contienda halló la muerte a manos de ERECTEO. En algunas versiones se hace a Eumolpo padre de Cérice. Existen también tradiciones poco difundidas en las que Eumolpo aparece como hijo, discípulo o bien padre de Museo.

Eune (Εὔνη). Hija de Cíniras casada con el héroe Teucro.

Euneo (Εὔνεως). Rey de Lemnos, hijo de HIPSÍPILE y del héroe Jasón y hermano gemelo de TOANTE. Durante la guerra de Troya, mantuvo relaciones con los Griegos, vendiéndoles vino.

Eunice (Εὐνίκη). Una de las NEREIDAS.

Eunomia (Εὐνομία). Nombre de una de las HORAS.

Éunomo (Εὔνομος). Copero del rey Eneo e hijo de Arquíteles, pariente de éste. A su paso por Calidón, HERACLES lo mató involuntariamente al darle un puñetazo.

Eupálamo (Εὐπάλαμος). Hijo de Erecteo que, en algunas versiones, aparece como padre de Dédalo.

Eupínito (Εὐπίνυτος). Uno de los NIÓBIDAS.

Eupolemia (Εὐπολέμεια). Hija de Mirmidón que se unió a Hermes engendrando a Etálides, el mensajero de los Argonautas.

Eupompe (Εὐπόμπη). Una de las NEREIDAS.
Euquenor (Εὐχήνωρ). 1) Hijo del corintio Poliido que marchó a Troya con Agamenón para morir allí alcanzado por una flecha de Paris. Aunque su padre, famoso adivino descendiente de Melampo, le había vaticinado que no regresaría de la guerra, Euquenor, como otros héroes, prefirió morir en Troya cubierto de gloria. Quizá antes había participado en la expedición de los Epígonos.
2) También lleva este nombre uno de los hijos de EGIPTO casado con la danaide Ifimedusa.
Euríades (Εὐρυάδης). Pretendiente de Penélope muerto por Telémaco.
Euríale (Εὐρυάλη). 1) *Véase* GORGONA.
2) Hija de Minos que, por obra de Posidón, fue madre de Orión.
Euríalo (Εὐρύαλος). 1) Uno de los EPÍGONOS e hijo de Mecisteo. Después de la toma de Tebas, participó en la expedición de los ARGONAUTAS y luego en la guerra de Troya, al lado de Diomedes.
2) Uno de los compañeros de Eneas, que murió en el combate contra los Rútulos. Era un joven muy hermoso, amigo inseparable de NISO.
3) Hijo de Odiseo y de Evipe, la hija del rey epirota Tirimante. Enviado a Ítaca por su madre para que se reuniera con Odiseo, Penélope convenció a éste para que le diera muerte, diciéndole que Euríalo había venido a asesinarlo.
4) Uno de los pretendientes de Hipodamía.
Eurianasa (Εὐρυάνασσα). 1) Esposa de MINIAS.
2) Hija de Pactolo y esposa de Tántalo.
Euríbates (Εὐρυβάτης). 1) Heraldo de Odiseo, que formó parte en la embajada que Agamenón envió a Aquiles.
2) Heraldo de Agamenón.
3) Uno de los ARGONAUTAS. También llamado Eribotes.
Euríbato (Εὐρύβατος). Hijo de Eufemo. Sobre su leyenda, *véase* ALCIONEO.
Euribia (Εὐρυβία). Hija de Ponto y de Gea, que, con el titán Crío, fue madre de Astreo, Palante y Perses.
Euribio (Εὐρύβιος). Hijo de Euristeo, muerto en la lucha contra los Heraclidas.
Euriclea (Εὐρύκλεια). 1) Éste es el nombre de la nodriza de ODISEO. Ella lo crió y ella fue la primera en reconocerlo. Personaje, símbolo de fidelidad, descrito por Homero con rasgos de simpatía y ternura.
2) Nombre también de la madre o la esposa de Edipo en una versión del mito. En ella no hay incesto, porque la mujer a la que se une Edipo –Epicaste– sería una segunda esposa de Layo.

Euridamante (Εὐρυδάμας). 1) Hijo de Iro o de Clímeno, que participó en la expedición de los ARGONAUTAS.
2) *Véase* SIMÓN.
3) Uno de los hijos de EGIPTO.
Euridamía (Εὐρυδάμεια). Esposa de Poliido, con el que engendró a Clito y Euquenor.
Eurídice (Εὐρυδίκη). Nombre de varias heroínas.
1) La más conocida es la dríade que se casó con ORFEO. Cuando celebraban la ceremonia nupcial, apareció Aristeo con intención de raptarla. Huyó entonces Eurídice, pero con la mala suerte de que una serpiente venenosa la mordió en un pie, matándola. Desesperado Orfeo, decidió bajar a los Infiernos para convencer a los dioses de que le permitieran llevarse a Eurídice. Lo logró gracias a lo melodioso de sus cantos y al sonido armonioso de su lira, pero le pusieron como condición que no volviese la cabeza para mirar a Eurídice hasta que hubiese llegado a la tierra; impaciente Orfeo, cuando en la subida de los Infiernos Eurídice le seguía, no pudo resistir la tentación y se volvió, desapareciendo entonces ella para siempre. Orfeo regresó a la tierra, no consolándose nunca de su pérdida.
2) Una de las DANAIDES.
3) Esposa de Creonte, el rey de Tebas, que se ahorcó tras la muerte de Hemón.
4) También tiene el mismo nombre la hija de Lacedemón y Esparta, esposa de Acrisio y madre de Dánae.
5) Hija de Erifile y Anfiarao, hermana, por tanto, de Alcmeón.
6) Hija de Clímeno, que, en algunas versiones, es esposa de Néstor.
7) Hija de Adrasto, que casó con Ilo, de quien tuvo a Laomedonte y Temiste.
Eurigania (Εὐρυγάνεια). En las versiones más antiguas de la leyenda de EDIPO, que ignoran el incesto del héroe con su madre Yocasta, es Eurigania, segunda esposa de Layo –y no Yocasta–, la madre de sus cuatro hijos.
Euríloco (Εὐρύλοχος). 1) Uno de los hijos de EGIPTO.
2) Fiel compañero de Odiseo y, según algunos, su cuñado por haberse casado con Ctímene, la hija de Laertes y Anticlea. En la *Odisea* interviene en dos episodios sobre todo, en uno con acierto, en el otro impíamente. Dirigió un grupo de exploración en la isla de Circe y, aunque sus compañeros entraron en el palacio imprudentemente y fueron convertidos en cerdos, él se quedó fuera y pudo poner en guardia a Odiseo. En cambio, en la isla del Sol, donde pacían las vacas del dios, no pudo contener su hambre e incitó a sus compañeros para que degollasen y comiesen unas terneras, por lo que, cuando

fueron descubiertos, se les castigó con la muerte, pereciendo ahogados al hundirse su barco.

Eurímaco (Εὐρύμαχος). 1) Uno de los pretendientes al trono de Ítaca durante la ausencia de Odiseo. Compite con éste en la prueba del arco y es vencido. Finalmente, Odiseo lo mata.
2) Hijo de Antenor y TÉANO.
3) Pretendiente de Hipodamía muerto por ENÓMAO.

Eurímede (Εὐρυμέδη). Esposa de Glauco y madre de BELEROFONTES.

Eurimede (Εὐρυμήδη). Hijo de Eneo y Altea. *Véase* MELEÁGRIDES.

Eurimedonte (Εὐρυμέδων). 1) Uno de los Gigantes, rey de un pueblo situado en los confines de la tierra, a quien, en algunas versiones, se atribuía la paternidad de Prometeo.
2) Con este nombre se conoce también al auriga de Agamenón, quien, al regreso de la guerra de Troya, fue asesinado, juntamente con su señor, por Egisto.
3) Hijo de Minos y de la ninfa Paria. *Véase* NEFALIÓN.

Éurimo (Εὔρυμος). Padre del adivino Télemo.

Eurínome (Εὐρυνόμη). 1) Diosa griega primitiva, hija de Océano y Tetis, que, según una leyenda recogida por Apolonio, reinó en el Olimpo junto con Ofión hasta que ambos fueron expulsados por Crono y Rea. Más tarde, Zeus se enamoró de ella y la hizo madre de las Cárites y del dios-río Asopo. También habría criado a Hefesto. Al parecer, Eurínome tuvo un templo en la Arcadia, donde se guardaba una imagen que la representaba en forma de sirena.
2) Hija de Niso, rey de Mégara, y, en algunas versiones, madre de Belerofontes.
3) Esposa de Licurgo, rey de la Arcadia. Es la madre de Anteo, Époco, Anfidamante y Yaso.
4) Esposa de Tálao y madre de Adrasto.

Eurípilo (Εὐρύπυλος). 1) Hijo de Posidón y de Astipalea; padre de Calcíope. Es un rey de Cos que murió a manos de Heracles cuando intentaba impedir que el héroe desembarcara en la isla. Casó con Clitia.
2) Hijo de Posidón y de Celeno, hija de Atlante. Casó con Estérope, hija de Helio, y tuvo con ella dos hijos, Licaón y Leucipo. Era rey de Cirene, ciudad de Libia, y está relacionado con la leyenda de la ninfa epónima de esta ciudad. (*Véase* también TRITÓN.)
3) Hijo de Télefo y de ASTÍOQUE, hermana de Príamo. Luchó del lado de los Troyanos, siendo muerto por Neoptólemo. Según una tradición, habría dado muerte, entre otros, a Nireo, a Macaón y a Penéleo.
4) Hijo de Evemón. Participó en la guerra de Troya al frente de un

grupo de Tesalios. Fue herido por Paris, pero salvado por Patroclo. Se contaba que, al terminar la guerra, Eurípilo había recibido como botín un cofre y que, al abrirlo, se había vuelto loco. Consultado a este respecto el oráculo, le dijo que en el viaje de regreso presenciaría un sacrificio, después de lo cual quedaría curado. En efecto, al llegar junto a Patras, Eurípilo vio el sacrificio que los habitantes del lugar hacían todos los años a la diosa Ártemis en expiación del sacrilegio cometido por Melanipo y la sacerdotisa Cometo. Cumplióse el oráculo y Eurípilo se estableció en aquella ciudad, donde vivió hasta su muerte.

5) Uno de los hijos del heraclida TÉMENO.

6) Uno de los hijos de Testio y de Eurítemis. Fue muerto por MELEAGRO.

Eurísaces (Εὐρυσάκης). Hijo de Áyax y de Tecmesa, la hija del rey frigio Teleutante. Tras el suicidio de su padre, se encargó de él su tío Teucro, que, después de la caída de Troya, llevó al niño con la madre a Salamina, patria de su padre. No iban, sin embargo, en el mismo barco, por lo que, al separarse en una tormenta, llegó el niño a Salamina después que su tío. Esto ocasionó el furor de Telamón, el abuelo, que desterró de Salamina a TEUCRO, achacándole también el no haber sabido defender a su hermanastro Áyax.

Eurísaces heredó de su abuelo Telamón Salamina, que, más tarde, con Fileo, su hijo, o en otras versiones, su hermano, entregó a los Atenienses

Eurístenes (Εὐρυσθένης). Hermano gemelo de PROCLES.

Euristeo (Εὐρυσθεύς). Euristeo, hijo de Esténelo y de Menipe o Nicipe, y nieto de Perseo, reinó en Micenas y Tirinto gracias a la astucia de Hera. Ésta, en efecto, consiguió de Zeus, que creía beneficiar a Heracles, cuyo alumbramiento era esperado para esa fecha, la promesa de que reinaría sobre Tirinto y Micenas el descendiente de Perseo que naciese en ese día. Entonces Hera convenció a llitía, la diosa que preside los partos, para que retrasase el nacimiento de Heracles y adelantase el de Euristeo, con lo que éste obtuvo el beneficio del juramento hecho por Zeus.

El destino relacionará de nuevo a ambos personajes con ocasión de los *Trabajos* que HERACLES hubo de realizar por encargo de Euristeo durante los doce años que pasó a su servicio. Euristeo en todo este tiempo no quiso aparecer ante Heracles, a quien impedía la entrada en Micenas y daba órdenes por medio de su heraldo, Copreo, temeroso de que el héroe quisiera apoderarse del trono.

A la muerte de Heracles, Euristeo se dedicó a perseguir a los descendientes de aquél, quienes hallaron protección entre los Atenienses. En una batalla empeñada por tal motivo contra éstos, Euristeo encontró la muerte a manos de Yolao o bien de Hilo *(véase* ALCMENA para más detalles sobre la muerte de Euristeo). Hijos de Euristeo, muertos en su lucha contra los Heraclidas, eran Alejandro, Euribio, Ifimedonte, Mentor y Perimedes. Hija suya era Admete.

Éurite (Εὐρύτη). Ninfa que, con Posidón, engendró a Halirrotio.

Eurítemis (Εὐρύθεμις). Esposa de TESTIO.

Euritia (Εὐρυτία). Véase FINEO.

Euritión (Εὐρυτίων). 1) Boyero de Geríones que fue muerto por Heracles *(véase* HERACLES, *décimo trabajo).*

2) Uno de los ARGONAUTAS, hijo de IRO.

3) Hijo de Áctor, muerto por PELEO cuando participaba en la cacería del jabalí de Calidón.

Éurito (Εὔρυτος). Nombre de varios personajes:

1) El más antiguo es uno de los Gigantes, a quien mató Dioniso con su tirso.

2) Hijo de Hermes que tomó parte en la expedición de los Argonautas. Era hermano gemelo de Equión.

3) Éurito es, con su hermano Ctéato, uno de los dos gemelos que reciben el nombre de MOLIÓNIDAS.

4) El más conocido de estos héroes es el rey de Ecalia. Hijo de Estratonice y de Melaneo, famoso arquero, fue muy experto en el arco él también. Llegó a desafiar a Apolo, por quien, en castigo, fue muerto. La versión más frecuente del mito es, sin embargo, la que lo hace perecer a manos de Heracles, de quien había sido instructor en el arco. Éurito había ofrecido la mano de su hija Yole al que lograse vencerlo en el tiro al arco; Heracles lo logró, pero Éurito y sus hijos Clitio, Deyón y Toxeo se negaron por fin a dar la mano de Yole a HERACLES. Al parecer, Éurito y su hijo Ífito participaron en la expedición de los ARGONAUTAS.

Euro (Εὖρος). Personificación del viento del sudoeste. Se le hacía hijo de Eos (la Aurora) y de Tifón, o bien de Astreo. Es hermano de los vientos Bóreas, Céfiro y Noto.

Europa (Εὐρώπη). 1) Hija de Agenor, rey de Tiro, y de Telefasa o Argíope, aunque otras voces pasaba por hija de Fénix. Según la tradición, Europa jugaba con sus compañeras a la orilla del mar cuando vio un toro blanco, cuyos cuernos tenían la forma de un creciente lunar. El animal era el propio Zeus, que, enamorado de la muchacha, había tomado esta apariencia para poder raptarla. Europa, sorprendida por la mansedumbre de aquel toro, empezó a jugar con él y, finalmente, se sentó sobre su lomo. Entonces el animal salió huyendo hacia el mar y se llevó a la muchacha hasta Creta; allí, cerca de la ciudad de Gortina, se unió a ella al pie de un arroyo, en un bosquecillo de sauces –o de plátanos– que conservó perennes sus hojas. Los hermanos de Europa, Cadmo, Fénix, Cílix y Taso, fueron enviados por Agenor en su busca, con la orden terminante de no volver sin ella. Partieron cada uno en una dirección y se fueron estableciendo en diversos lugares –Fénix y Cílix son epónimos de Fenicia y Cilicia; Taso se relaciona con la isla del Egeo que lleva el mismo nombre, y Cadmo es el fundador de Tebas. Cadmo, que persistía en su empeño de encontrar a Europa, fue disuadido de ello por el oráculo de Delfos.

Zeus y Europa tuvieron tres hijos: Minos, Radamantis y Sarpedón. Luego, el dios casó a la muchacha con Asterión, rey de Creta, y le hizo tres regalos: Talos, el curioso autómata de bronce; un perro de caza que no dejaba escapar una sola presa, y una jabalina que daba siempre en el blanco. De esta nueva unión nacieron hijos, y el rey cretense crió como suyos a los que había concebido Europa de Zeus. Así, a la muerte de Asterión, Minos ocupó el trono de Creta.

El mito de la seducción de Europa por Zeus coincide en lo esencial con el de la seducción de Hera por el mismo dios; incluso hay una variante en la tradición del primero, según la cual Zeus, antes de unirse a Europa, se habría transformado en un águila. Ambas uniones se realizaron en Creta y corresponden, sin duda, al ritual prehelénico del matrimonio sagrado. Pero hay, además, otros detalles que contribuyen a identificar entre sí a estas dos compañeras de Zeus: por ejemplo, la tradición dice que, a su muerte, Europa recibió en Creta culto de diosa; Hesiquio, por su parte, asegura que Hera tenía el título de Europia.

Según los mitógrafos, el toro en que Zeus se transformó para raptar a Europa, fue convertido después en la constelación de Tauro. La etimología de la palabra Europa no ha podido ser explicada satisfactoriamente, como tampoco es seguro que exista, según creyeron los antiguos, una relación entre el nombre de este personaje y el nombre del continente, que en un principio se aplicó solamente a la Grecia continental, por oposición al Peloponeso y a las islas, y después a una parte del mundo, por oposición a Asia Menor y Libia.

2) Hija del dios-río Nilo y esposa de Dánao.
3) Una de las OCEÁNIDES.
4) Madre del rey de Sición Telquis.
5) Hija de Ticio, que, uniéndose a Posidón, concibió de él al argonauta Eufemo.

Eurotas (Εὐρώτας). Rey de Laconia y tal vez un antiguo dios-río, ya que dio su nombre al río más importante de la región. Cuenta Pausanias que construyó un gran canal para aprovechar las aguas estancadas de la llanura laconia, dando lugar así a una corriente que fue el Eurotas. Es hijo de Miles y nieto de Lélege, aunque Apolodoro lo hace hijo del propio Lélege. Tuvo dos hijas: Tiasa, epónima de otro río local, y Esparta, quien, habiendo casado con Lacedemón, dio nombre a la ciudad fundada por su marido.

Euroto (Εὐρωτώ). Una de las DANAIDES.

Euterpe (Εὐτέρπη). Una de las MUSAS. Según algunos, habría sido ella quien engendrara con el dios-río Estrimón al héroe tracio Reso, muerto en la guerra de Troya. Autores tardíos relacionan a esta musa con el arte de tocar la flauta.

Eutimo (Εὔθυμος). Eutimo es un héroe de Locris, en el sur de Italia, que liberó a la ciudad de Temesa de tener que ofrecer todos los años a la muchacha más hermosa a un demon que se identificaba con el espíritu de Polites, el compañero de Odiseo muerto por los habitantes de la ciudad por haber violado a una muchacha. Eutimo lo desafió a un combate de boxeo, derrotándolo y obligándole a abandonar la ciudad; el héroe casó luego con la joven que iba a ser ofrecida.

Eutinico (Εὐθύνικος). Pastor que se unió a RÓDOPE.

Evadne (Εὐάδνη). 1) Hija de Posidón y de la ninfa laconia Pítane. Fue criada por un rey de la Arcadia, Épito, y seducida por Apolo, quien le hizo concebir al héroe YAMO.
2) Esposa de Capaneo que se arrojó a la pira donde ardía el cadáver de su marido, muerto en el ataque a Tebas.
3) Hija del dios-río Asopo que fue amada por el dios-río Nilo.
4) Hija de Pelias que casó con Canes, un hijo de Céfalo.
5) Esposa de Argo, rey y epónimo de la ciudad de Argos, con el que tuvo cuatro hijos, entre ellos Epidauro.

Evágora (Εὐαγόρα). Una de las NEREIDAS. Con Sangario, madre de HÉCABE.

Evandro (Εὔανδρος). Evandro es un arcadio, hijo de Hermes y de Carmenta, que tuvo que huir de su ciudad natal, Palantio, quizá por haber dado muerte a su supuesto padre mortal, Équemo. Al frente de un contingente pelasgo

arribó a Italia y fundó la ciudad de Palanteo en el mismo lugar en que Rómulo fundaría más tarde Roma. Hay versiones que presentan a Evandro como esposo de Carmenta. Además algunos le atribuyen la paternidad de Roma. Se le atribuye la fundación del más antiguo santuario del dios FAUNO, así como la introducción de la fiesta de los Lupercales. Él es el difusor de los cultos arcadios de Deméter, de Posidón, de HÉRCULES y de Pan Licio. Él, en fin, aparece como el introductor de la escritura, las artes, etc.
Cuando Eneas llegó a Italia fue bien acogido por el ya anciano Evandro, quien le envió sus tropas como aliadas al mando de su hijo Palante (*véase* también ERILO).
Evantes (Εὐάνθης). Padre de Marón, el sacerdote de Apolo en Ísmaro. Se decía que era hijo de Dioniso y Ariadna.
Evarne (Εὐάρνη). Una de las NEREIDAS.
Evecme (Εὐαίχμη). 1) Esposa de ALCÁTOO.
2) Hija de Hilo, que casó con Policaón, el hijo de Butes.
Evemón (Εὐαίμων). Padre de Eurípilo, el guerrero tesalio.
Eveno (Εὔηνος). 1) Hijo de Ares y Demonice, acostumbraba Eveno a matar a todos los pretendientes de su hija Marpesa. Ésta, sin embargo, fue raptada en una ocasión por Idas, quien pudo, por disponer de unos caballos alados que Posidón le había regalado, eludir la encarnizada persecución de Eveno. Éste, desesperado ante la imposibilidad de alcanzarlo, al llegar al río Licormas dio muerte a sus caballos y se ahogó él mismo. En recuerdo suyo, el río se llamó desde entonces Eveno.
2) Rey de Lirneso y padre de Epístrofe y Mines, guerreros que fueron muertos por Aquiles.
Everes (Εὐήρης). 1) Hijo de Heracles y de Parténope, la hija de Estínfalo.
2) Hijo de PTERELAO, el rey de los Tafios.
3) Padre, con la ninfa Cariclo, del adivino Tiresias.
Evipe (Εὐίππη). 1) Nombre que reciben dos de las DANAIDES. En su noche de bodas mataron a Argio y a Imbro, hijos de Egipto.
2) *Véase* EURÍALO.
3) Nieta de Atamante que, casada con Andreo, engendró a Eteocles.
Evipo (Εὔιππος). Hijo de MEGAREO.
Éyone (Ἠϊόνη). Una de las NEREIDAS.
Eyoneo (Ἠϊονεύς). Padre de Reso, el rey Tracio.

F

Faetonte (Φαέθων). Hijo del dios Helio (el Sol) y de la oceánide Clímene, o, en otras tradiciones, de Eos y Céfalo. Según la versión de la leyenda referida por Ovidio, Clímene casó con el rey etíope Mérope después de haber concebido a Faetonte. El niño fue criado como hijo del rey, pero, tan pronto como hubo crecido, su madre le reveló la verdadera identidad de su padre; entonces el muchacho quiso tener una prueba de esta ascendencia y rogó al dios que le permitiera conducir durante un día el carro solar, pero, cuando ya estaba arriba, los signos del zodíaco lo asustaron y perdió el control de los caballos. Primero, el carro se acercó demasiado al cielo y abrasó una parte de él, formando la vía Láctea; luego, pasó rozando la tierra y desecó por completo la zona ecuatorial, hasta dejar a todos sus habitantes con la piel tostada. Para remediar estos desastres, Zeus fulminó a Faetonte con su rayo, haciendo que cayera al río Erídano. Allí lo recogieron sus hermanas las Helíades y derramaron por él muchas lágrimas que quedaron convertidas en gotas de ámbar.

Faetusa (Φαέθουσα). 1) Una de las llamadas HELÍADES. En ese caso sería hija de Helio y de Clímene. Sin embargo, en algunas versiones aparece como hija de Helio y de la ninfa Neera.

2) Hija de Dánao; con Hermes, madre de Mírtilo. *Véase* DANAIDES.

Falanto (Φάλανθος). 1) Héroe fenicio que luchó contra IFICLO.

2) Fundador mítico de la ciudad de Tarento; *véase*, sin embargo, TARANTE.

Falces (Φάλκης). Hijo de TÉMENO. Después de asesinar a su hermana *(véase* DEIFONTES), reinó en Sición con Lacestades, otro Heraclida.

Falero (Φάληρος). Hijo de Alcón, que participó en la expedición de los ARGONAUTAS.

Fama. Los poetas latinos hacen de Fama, *la voz pública,* una divinidad engendrada por la Tierra. Vive en el centro del mundo en un palacio con innumerables aberturas al que llegan todas las voces de los hombres. El palacio, muy sonoro, devuelve amplificadas todas las voces. La Fama vive allí con los *Falsos Rumores,* la *Credulidad,* el *Error* y otras divinidades, controlando siempre todo el mundo. Es correlato de la Feme griega.

Fames. Hija de la Noche, en la tradición latina, tiene Fames su correlato griego en una de las hijas de la *Discordia.* Virgilio la sitúa, juntamente con *Pobreza,* a las puertas de los infiernos; Ovidio, en Escitia, en un paraje semidesértico, devorando lo poco que queda de vegetación.

Fano (Φᾶνος). Hijo de Dioniso que participó en la expedición de los ARGONAUTAS.

Fanoteo (Φανοτεύς). *Véase* PANOPEO.

Fantes (Φάντης). Uno de los hijos de EGIPTO.

Fartis (Φάρτις). Una de las DANAIDES.

Fasis (Φᾶσις). Dios-río de la Cólquide, en algunas versiones hijo de Helio y de OCÍRROE. Después de dar muerte a su madre, fue perseguido por las Erinias y se suicidó.

Fatum. Personificación romana del destino. El nombre *Fatum,* relacionado con la raíz latina que significa «hablar», indica, en principio, la decisión de un dios, totalmente irrevocable. Después se forjó popularmente en Roma un dios del destino. Se empleaba a veces en plural por influencia, sin duda, de divinidades griegas afines, como las Moiras, o incluso latinas, como las Parcas; lo cierto es que este plural -*Fata*- acabó entendiéndose como un singular femenino, de donde el término *hada,* común a las lenguas románicas.

Fatus. *Véase* FATUM.

Fauna. *Véase* FAUNO.

Fauno. Los mitógrafos presentan a Fauno como un antiguo rey del Lacio, esposo de Fauna. Para algunos es hijo de Pico; para otros, de Júpiter y de Circe. Sería el padre de Acis y también de Latino con Marica, a no ser que Fauna hubiera engendrado a este último uniéndose al héroe griego HÉRCULES, antes de casarse con Fauno, o bien que Latino fuese hijo del mismo Heracles y Palanto, otra esposa de Fauno. Una tradición romana hace a Fauno, con la profetisa Manto, padre también de Aucno. Por otra parte, la relación etimológica existente entre el nombre *Faunas* y el verbo *fauere (favorecer)* permitió identificar a este personaje con el mítico rey Evandro, cuyo nombre (Εὔανδρος, *bienhechor)* podía pasar por una traducción del *Faunus* latino; se decía que Evandro había emigrado a Italia, procedente de la ciudad arcadia de Palantio, instalándose en la colina romana del Palatino. Ahora bien, el rey Fauno y su esposa, tal como aparecen en estas versiones, son figuras helenizadas, creadas a partir de dos divinidades antiquísimas típicamente latinas. Se trata del dios *Faunus,* que preside la fertilidad de la tierra, al mismo tiempo que hace fecundos a los ganados y los protege de los ataques de las alimañas; y se trata de su compañera *Fauna,* que ejerce una tutela semejante sobre las mujeres, quienes la invocan como *Bona Dea.* En honor de ambos, los campesinos del Lacio celebraban desde tiempo remoto, el 5 de diciembre, los *Faunalia,* una fiesta de carácter jubiloso y hasta orgiástico, que era una salutación al año nuevo, portador de nuevos frutos y de un auténtico renacer de la naturaleza. Parece ser que en Roma se identificó muy pronto a Fauno con *Lupercus,* cuyo lugar sagrado era una cueva situada en el monte Palatino y relacionada con la leyenda de Rómulo y Remo; allí la cofradía de los *Lupercales* celebraba todos los años, el día 15 de febrero, un antiguo ritual. Es posible, incluso, según se ha sugerido, que *Lupercus* y *Faunus* sean epítetos de un mismo dios.

Por otro lado, Fauno y Fauna eran divinidades proféticas *(véase* TELUS), que revelaban el porvenir por medio de los rumores del bosque, del vuelo de las aves, o bien a través de los sueños; en este sentido, llevaban los epítetos de *Fatuus* y *Fatua* (relacionados con *fari, hablar).* Fauno era venerado asimismo como genio de los bosques, que asusta por la noche a los hombres con sueños y apariciones terroríficas, y se le llamaba por ello *Incubus.*

El culto de Fauno tuvo su verdadera importancia entre los campesinos, que lo invocaban todos los meses. En Roma, al parecer, el Lupercal fue hasta las guerras púnicas el único santuario en que se oficiaba en su honor, pero en el año 196 a. J.C. Los ediles consagraron un templo al dios en la isla del Tíber y allí se le ofrecía cada año un sacrificio el 13 de febrero, esto es, dos días antes de los *Lupercalia;* eran los *Faunalia* de primavera o segundos *Faunalia,* una celebración de carácter solemne y urbano, muy diferente en su espíritu de la mencionada fiesta de los campesinos. Con el tiempo, el culto de

Fauno fue decayendo, hasta quedar prácticamente sustituido por el de Silvano, un dios que tenía en común con Fauno su carácter de genio de los bosques, y en el que han querido ver algunos una simple hipóstasis del primero. Por otra parte, Fauno fue identificado con el helénico Pan, pasando con ello a ser una divinidad muy secundaria, que a veces aparecía como única, pero generalmente como un conjunto, los Faunos, especie de semidioses del bosque, afines a los Panes, Sátiros, Silenos, etc. Por su parte, la figura de Fauna sufrió una evolución semejante a la de su compañero. En un primer momento, el antiguo epíteto de *Bona Dea* quedó como único nombre de la diosa, y, después, éste fue aplicado a Damia, una divinidad de la Magna Grecia, cuyo culto penetró en Roma a finales del siglo III a. J.C., fusionándose, al parecer, con el de Fauna.

Faustino. Arcadio que, en compañía de Evandro, llegó a Italia, donde hizo de pastor de los rebaños de Numitor. Al igual que su hermano Fáustulo halló la muerte en la guerra que se entabló entre Rómulo y Remo.

Fausto. *Véase* ENTORIA.

Fáustulo. Figura mítica de la tradición relativa a los orígenes de Roma. Según la leyenda, cuando el rey Amulio ordenó que los gemelos Rómulo y Remo fueran arrojados al Tíber, Fáustulo, pastor de sus rebaños, siguió a los criados que debían ejecutar la orden y corrió hasta el lugar en que las aguas del río depositaron en una de sus orillas a los recién nacidos. Cuando llegó allí, otros pastores habían recogido ya a los pequeños, y Fáustulo les rogó que se los entregasen, diciéndoles que su mujer –ACA LARENCIA, cuyo nombre se ha puesto en relación con una diosa de los muertos, Larenta o Laurenda– había dado a luz un hijo muerto y se consolaría de su pena criando a los pequeños. Sin embargo, la forma más conocida de esta leyenda afirma que Fáustulo encontró a los gemelos cuando éstos eran amamantados por una loba y se los llevó a su casa. Finalmente, en una deformación tardía de la misma, Numitor, hermano y enemigo de Amulio habría sustituido a los hijos de Silvia por otros dos gemelos, librándose así de la muerte y confiándoselos a Fáustulo, que resulta ser un arcadio compañero de Evandro. Más tarde, Fáustulo habría revelado la identidad de los dos jóvenes, poniendo de manifiesto el delito de Amulio. Cuando se produjo la disputa entre Rómulo y Remo, Fáustulo encontró la muerte al tratar de separar a los hermanos y fue enterrado en el Foro. Un león de piedra coronaba su tumba.

Fea (Φαιά). Nombre de la cerda muerta por TESEO en Cromión.

Féax (Φαίαξ). Hijo de Posidón y Corcira, héroe epónimo del pueblo de los Feacios que reinaba sobre la isla de Esqueria, tradicionalmente identificada con Corfú. Su hijo Alcínoo fue quien facilitó la boda de Jasón y Medea y quien acogió hospitalariamente a Odiseo en la última etapa de sus viajes.

Febe (Φοίβη). 1) Una de las Titánides, hijas de Úrano y de Gea, es Febe, *la Resplandeciente*, a la que se identificó en época tardía con Selene (la Luna), tal vez por su asociación con su nieta Ártemis. De la unión de Febe con el titán Ceo nacieron Asteria y Leto. Sobre sus relaciones con APOLO, *véase* este nombre.

2) Nombre de una hija de Leucipo que éste había prometido a Idas. Posteriormente la otorgó a uno de los DIOSCUROS o fue raptada por éstos. Con tal motivo se originó una lucha en la que, según una versión de la leyenda, perdió la vida Cástor a manos de Idas, siendo vengado por su hermano Pólux.

3) Una de las HELÍADES.

4) Hija de Tindáreo y de Leda.

Febo (Φοῖβος). Epíteto del dios APOLO, de etimología desconocida por más que se haya querido rastrear en él el significado de *brillante, resplandeciente.* Al igual que algunos otros epítetos de divinidades, Φοῖβος fue utilizado a veces por los antiguos como nombre del Dios.

Febris. Numen maléfico de la fiebre muy temido en Roma. Tenía en esta ciudad tres templos donde se depositaban los remedios o amuletos que habían sido eficaces contra la fiebre. No tenía leyenda propia.

Februo. Dios al que los romanos consagraron el mes de febrero. En su honor se celebraban las fiestas llamadas *Februalia.*

Fédimo (Φαίδιμος). Uno de los NIÓBIDAS.

Fedra (Φαίδρα). Hija de Minos y de Pasífae; hermana de Ariadna. Casó con el héroe Teseo, a quien dio dos hijos: Acamante y Demofonte. Sin embargo, Fedra se enamoró perdidamente de Hipólito, el hijo que había tenido Teseo de Antíope. Después del trágico desenlace que tuvo esta pasión *(véase* HIPÓLITO), Fedra se suicidó. El drama ha inspirado las tragedias de Eurípides *Hipólito* y *Fedra*, y algunas otras modernas que llevan este último nombre.

Fegeo (Φηγεύς). Fegeo es un arcadio, rey de la ciudad de Psófide. Purificó a Alcmeón y lo casó con su hija Arsínoe (o con Alfesibea), pero, como la maldición continuaba, Alcmeón se marchó, casándose luego con Calírroe. Cuando más tarde le pidió el collar y el velo de Harmonía,

Fegeo se enteró de sus intenciones, por lo que ordenó a sus hijos Témeno y Axión (también llamados Agenor y Prónoo) que lo mataran. Fue Fegeo muerto en venganza por Anfótero y Acarnán, los hijos de Alcmeón.

Era hermano de Egialeo y Foroneo, hijos todos de Ínaco. Sin embargo, otras versiones le atribuyen como padre al dios-río Alfeo.

Félix. *Véase* ENTORIA.

Feme (Φήμη). *Véase* FAMA.

Fene (Φήνη). Esposa de PERIFANTE.

Fénix (Φοῖνιξ). Hay dos personajes con este mismo nombre.

1) El más antiguo es uno de los hijos de Agenor y Telefasa, también llamada algunas veces Argíope *(véase,* sin embargo, ÓGIGO). Cuando Zeus raptó a Europa, su padre envió en su busca a Cílix, Taso, Fineo, Cadmo y Fénix, hermanos todos ellos de la muchacha. Fénix, cansado de andar errante sin encontrarla, se estableció cerca de Sidón, en la región que más tarde fue llamada, en su honor, Fenicia. Algunos mitógrafos hacen a Fénix padre de Europa y Fineo, no hermano.

2) También se llama Fénix un compañero de Aquiles, hijo de Amintor, rey de Beocia. Este rey tenía una concubina, de la que estaba celosa su esposa, llamada normalmente Hipodamía. Ésta convenció a su hijo Fénix para que sedujese a la concubina de su padre, cosa que hizo. AMINTOR, indignado, lo expulsó de Beocia, después de haberlo cegado. Según una versión diferente, la concubina, Clitia, intentó seducir a Fénix y, al negarse éste, lo denunció ante Amintor, que lo expulsó. Fénix se refugió en Ftía, la ciudad donde reinaba Peleo. Éste lo acogió y además lo condujo ante el centauro Quirón, que lo sanó. Lo hizo entonces Peleo educador y mentor de Aquiles, al que acompaña a Troya. Fue uno de los integrantes de la embajada enviada por Agamenón para convencer a Aquiles de que volviese a la lucha y consoló al héroe cuando se enteró de la muerte de Patroclo.

A la muerte de Aquiles acompañó a Neoptólemo en su regreso a Grecia, aunque murió antes de llegar, recibiendo honras fúnebres.

Fénix, Ave (Φοῖνιξ). Ave fabulosa relacionada en Egipto con el culto al Sol. Originaria de Etiopía, tiene forma de águila, pero es mucho más hermosa, destacando sobre todo por el colorido de sus alas, doradas y rojas. Es conocida la leyenda que atañe a su muerte y nacimiento. Animal único en su especie, cuando siente que va a morir fabrica un nido con plantas aromáticas, al que prende fuego después de haberse acostado en él. De sus cenizas surge el nuevo Fénix, que transporta los restos de su padre hasta el altar del Sol en Egipto. Se decía que iba acompañado de bandadas de aves que volaban a su alrededor. La vida de cada Fénix se fijaba en quinientos, mil o más años.

Feno (Φηνώ). Hija del ateniense Clitio que casó con LAMEDONTE, rey de Sición.

Fenodamante (Φοινοδάμας). *Véase* EGESTA.

Feo (Φαιώ). Una de las HÍADES.

Fereclo (Φέρεκλος). Nombre del troyano que construyó la nave con la que Paris raptó a Helena.

Feres (Φέρης). 1) Hijo de Creteo y de Tiro. Es hermano de Esón, Amitaón, Hipólita o Cretéis y Mirina. Hermanastro de Pelias y Neleo. Cuando Pelias expulsó de Yolco a los hijos de Creteo, Feres fundó la ciudad de Feras y fue su primer rey. Entre sus hijos habidos de Periclímene se cuenta Admeto, cuya leyenda trató Eurípides en su tragedia *Alcestis*, y también Licurgo, el rey de Nemea que fue padre de Ofeltes, así como Eriopis, la madre de Áyax Oileo.

2) Uno de los hijos de Jasón y Medea. *Véase* MÉRMERO.

Feronia. Divinidad rural asociada a la vegetación y a las fuentes e identificada en ocasiones con Prosérpina o con Juno. En Italia Central estaban situados la mayor parte de sus santuarios. De entre éstos gozaban de especial celebridad el de Capena y el de Terracina, donde los habitantes de la región acostumbraban a ofrecer las primicias de sus cosechas a la diosa. En Terracina se consideraba a Feronia como protectora de los libertos, lo que ha motivado que alguna vez se la identificara con la diosa de la libertad. Con el aumento de la influencia griega fue decayendo el culto de esta diosa.

Ferusa (Φέρουσα). Una de las NEREIDAS.

Fésile (Φαισύλη). Una de las HÍADES.

Fidalía (Φιδάλεια). Esposa de BIZANTE.

Fides. Personificación de la buena fe en que se basan los compromisos públicos y privados (*Iustitia in rebus creditis,* en frase de Cicerón). Aparece con frecuencia en las monedas latinas, donde se la representa de pie, con un velo en la cabeza y en la mano un símbolo que puede ser una espiga, un cesto de frutos, una adormidera, una imagen de la victoria, un globo con el ave fénix encima, o bien una pátera, un timón o una cornucopia. Tenía un templo en Roma, en el Capitolio, que se decía había erigido el rey Numa y que estaba situado junto al de Júpiter, el dios guardián de la fe jurada; en este santuario se conservaba copia de ciertos documentos públicos, que eran grabados en tablillas de bronce. La fiesta de Fides se celebraba el día primero de octubre; los sacerdotes de Júpiter, Marte y Quirino acudían entonces al templo en un carro de dos caballos y ofrecían un sacrificio con la mano derecha (símbolo de compromiso) cubierta por un lienzo blanco (símbolo del carácter secreto de la palabra dada).

Fidipo (Φείδιππος). Hijo de Tésalo que participó en la guerra de Troya.

Fílaco (Φύλακος). 1) Hijo de Deyón y esposo de CLÍMENE, con la que engendró al argonauta Ificlo y a Alcímeda, la madre de Jasón. Sobre sus relaciones con MELAMPO, *véase* este nombre.

2) Troyano abatido por el argonauta Leito durante la guerra de Troya.

Filamón (Φιλάμμων). Apolo y Hermes se unieron en una misma noche a una misma mujer, engendrando respectivamente a Filamón y a Autólico. Quíone, hija de Dedalión; Filónide, hija de Deyón; Leucónoe, hija de Eósforo; y Crisótemis, hija de Carmanor, son los nombres que los distintos mitógrafos dan a la madre de los gemelos. Como la mayoría de los hijos de Apolo, Filamón fue un afamado músico y adivino. Sedujo a la ninfa Argíope, pero luego la arrojó de su lado, y ella tuvo que huir a Tracia, donde dio a luz un hijo, el también músico Támiris. Pasa por ser Filamón el introductor de los *misterios* de Deméter en Lerna, así como el inventor de los coros de doncellas.

Al acudir en ayuda de los habitantes de Delfos contra los Flegieos, halló la muerte Filamón en la batalla. Según algunos habría intervenido en la expedición de los Argonautas.

Filante (Φύλας). 1) Rey de Éfira, en el país de los Tesprotos, que pereció en la lucha que sostuvo contra Heracles y los Calidonios. Con Astíoque, hija de Filante, Heracles, que la había recibido como botín de guerra, tuvo a Tlepólemo.

2) Padre de Polimela. Ésta engendró de Hermes a Eudoro, compañero de Aquiles en la guerra de Troya.

3) Rey de los Dríopes, que atacó el santuario de Delfos. Por este motivo Heracles atacó a Filante, dándole muerte y expulsando a los Dríopes del territorio, que posteriormente entregó a los Malios, quienes habían colaborado con el héroe en la campaña. Heracles tomó a Meda, hija de Filante, como botín de guerra, y con ella engendró a Antíoco.

4) Hijo de Antíoco y nieto, por tanto, de Heracles *(cf. supra)*. Este Filante se unió a Leipéfile, hija de Yolao, con la que engendró a Hípotes y a Tero. Ésta tuvo,

a su vez, de Apolo a Querón, epónimo de Queronea.

Filecio (Φιλοίτιος). Uno de los tres pastores de Odiseo, el que cuidaba sus vacas. Permaneció siempre fiel a su señor, ayudándole a vencer a los pretendientes.

Filemón (Φιλήμων). Esposo de BAUCIS.

Fileo (Φυλεύς). 1) Hijo del rey de Élide, Augías. Cuando éste se negó a pagar a Heracles por la limpieza de sus establos, se puso de parte del héroe y fue desterrado por su padre, refugiándose en Duliquio y casando con Timandra, hija de Tindáreo. Participó en la cacería de Calidón, y su hijo Meges fue a la guerra de Troya al frente de las tropas de su ciudad.

2) Rey tracio padre de Fílide.

Fileo (Φίλαιος). Hijo o hermano de Eurísaces que entregó la isla de Salamina a los Atenienses.

Fílide (Φυλλίς). Hija del rey tracio Fileo. Cuando Acamante y Demofonte, hijos de Teseo, regresaban de Troya con su madre Etra, una tempestad arrastró las naves hasta la costa de Tracia, donde hubieron de pedir hospitalidad al rey Fileo. Acamante y Etra partieron poco después, pero Demofonte casó con Fílide, que se había enamorado de él, y recibió el reino de Fileo. Sin embargo, el ateniense no conseguía adaptarse a la vida en aquellas tierras bárbaras y decidió abandonar a Fílide, pretextando un corto viaje y jurándole que volvería. La muchacha lo acompañó hasta un lugar llamado los Nueve Caminos y le dio un cofre, diciéndole que contenía objetos sagrados de la madre Rea y que no debía abrirlo hasta el momento en que creyera que ya no iba a regresar. Demofonte fue a Chipre y se estableció allí; por su parte, Fílide, cansada de esperar, maldijo a Demofonte y luego se suicidó. Años más tarde, el héroe encontró el cofre ya olvidado y tuvo la curiosidad de abrirlo, pero, apenas lo había hecho, cuando presa de un ataque de locura subió a su caballo y salió a todo galope, motivando que el animal se desbocara; entonces cayó a tierra, con tan mala fortuna que la espada que llevaba colgando atravesó su cuerpo y le produjo la muerte, cumpliéndose así la maldición de Fílide.

Ésta es la versión de la leyenda recogida por Apolodoro. Tzetzes, por su parte, refiere una historia casi idéntica, pero no se la atribuye a DEMOFONTE, sino a su hermano ACAMANTE y precisa que fue un fantasma surgido del cofre lo que enloqueció al ateniense; en Luciano el protagonista de esta leyenda es asimismo Acamante. En cambio, en Servio encontramos de nuevo a Demofonte, pero el mito presenta algunas variantes. Desesperando Fílide del regreso de su esposo, habría acabado por ahorcarse, convirtiéndose seguidamente en un almendro sin hojas; sin embargo, Demofonte volvió y, al abrazar el tronco del árbol, las ramas peladas se cubrieron por completo de follaje. En consecuencia, las hojas cambiaron su antiguo nombre de πέταλα por el de φύλλα (relacionado con Φυλλίς en la etimología popular que ha inspirado esta leyenda). Por último, en la versión de Higinio, mucho más romántica, Fílide muere de amor y en su tumba crecen árboles que lloran la muerte de la joven con la caída de sus hojas.

La historia de los amores de Fílide con uno de los hijos de Teseo proporcionaba un fundamento a las pretensiones de los Atenienses sobre Anfípolis, ya que, según la tradición, éste era el territorio que había constituido la dote de la princesa tracia.

Filio (Φύλιος). Amigo de Heracles que se enamoró de CICNO.

Fílira (Φιλύρα). Fílira es una hija de Océano. Fue amada por Crono, que le dio como hijo al centauro Quirón, según algunos porque Fílira intentó huir de él transformándose en yegua, según otros porque Rea, la esposa de Crono, lo sorprendió cuando estaba haciendo el amor con Fílira, por lo que inmediatamente el dios se transformó en caballo. Quirón nació en una gruta del monte Pelión, en Tesalia, y, ayudado por su madre, fue el preceptor de varios niños famosos, entre otros Aquiles, aunque algunas versiones en contradicción cuentan que Fílira, sintiendo repugnancia por tener que criar a un ser mitad hombre, mitad caballo, pidió a los dioses que le ayudasen, por lo que éstos la transformaron en tilo.

Filoctetes (Φιλοκτήτης). Filoctetes fue uno de los pretendientes de Helena y, por tanto, marchó en la expedición contra Troya. Natural de Magnesia, en Tesalia, acaudilló siete naves. Tuvo, sin embargo, la desgracia de ser mordido en el pie por una serpiente venenosa, bien en la isla de Ténedos, bien en la de Crisa. Por los terribles gritos de dolor que profería o por el insoportable hedor que desprendía la herida, Odiseo aconsejó a los demás griegos que lo abandonaran allí, cosa que hicieron. Había otra tradición distinta que explicaba que la herida no fue producida por una serpiente, sino por una flecha envenenada que le cayó en el pie desde la aljaba. Esto se explicaba como una venganza de Heracles. Cuando estaba en el monte Eta, pidió a Peante que prendiese fuego a la pira, a cambio de lo cual le regaló Heracles su arco y sus flechas. Este Peante tuvo con Demonasa a Filoctetes, que heredó el arco de su padre, aunque también pudo ser él mismo quien recibió directamente el arco de Heracles. El caso es que, a pesar del juramento que había hecho Filoctetes de no revelar el lugar de la muerte de Heracles, un día no pudo resistir la tentación de contestar a las preguntas que le hacían y, sin pronunciar palabra, señaló con el pie el lugar exacto. Como castigo Heracles le infligió la terrible herida. Pasó Filoctetes en Lemnos, isla en la que le habían abandonado, diez años, mientras que se luchaba en torno a Troya. Capturado Héleno, el adivino troyano, éste reveló que la ciudad no sería tomada más que con el arco de Heracles, que ya una vez la había conquistado cuando era rey Laomedonte. Para convencer a Filoctetes marchó a Lemnos Odiseo, acompañado de Neoptólemo, o quizá de Diomedes. Tras grandes esfuerzos, lograron convencerlo, sobre todo ofreciéndole la curación a manos de Macaón, el famoso médico, que le hizo una intervención quirúrgica después de haber sido dormido por Apolo. Filoctetes intervino en la guerra decisivamente, matando a Paris y entrando en el caballo de madera. Después regresó felizmente a su patria. Se cuentan posteriormente varias aventuras suyas en las que fundó diversas ciudades en Italia. Además se le incluía en el catálogo de los ARGONAUTAS. Murió luchando en un combate en el que ayudaba a los Rodios.

Filódice (Φιλοδίκη). Hija del dios-río Ínaco que casó con Leucipo, del que tuvo a las Leucípides y a Arsínoe.

Filolao (Φιλόλαος). Hijo de Minos y de la ninfa Paria. *Véase* NEFALIÓN.

Filomela (Φιλομήλα). La leyenda de Filomela, hija de Pandión, rey de Atenas, es inseparable de la de su hermana Procne. En agradecimiento por la ayuda recibida en su lucha contra Lábdaco, rey de Tebas, Pandión otorgó a su hija Procne como esposa a su aliado Tereo, rey de Tracia. Pero éste, cuando conoció a su cuñada, se enamoró de ella y la sedujo o la violó. Con el fin de que no pudiese contar lo sucedido, le cortó la lengua y la encerró en una casa. Finalmente Filomela consiguió informar a su hermana de lo sucedido bordando en una tela los acontecimientos. En otra versión de la leyenda Procne sería informada por Laetusa (una amiga suya, esposa del rey tracio Linceo), a quien habría sido confiada Filomela. Procne tomó venganza de Tereo matando al hijo que había tenido de él, a Itis, y haciéndoselo servir luego como comida. Al enterarse Tereo, loco de dolor, persiguió a ambas hermanas, quienes imploraron de los dioses su salvación. Éstos, apiadados, transformaron a Filomela en golondrina, a Procne en ruiseñor y a Tereo en abubilla. Esta es la versión ática. Sobre la versión tebana de este mito, *véase* AEDÓN. La identificación entre Filomela y la golondrina se justificaría porque en su canto balbuceante está el reflejo del personaje que intenta, sin lengua, contar su historia. En los autores latinos, sin embargo, Filomela es transformada en ruiseñor, por considerar más acorde el canto de este pájaro con la idea de amor a la música presente en el nombre de la heroína.

Filónide (Φιλωνίς). Hija de Eósforo o de Deyón; madre de FILAMÓN.

Filónoe (Φιλονόη). 1) Hija de Yóbates casada con Belerofontes. 2) Hija de Tindáreo y de Leda.

Filónome (Φιλονόμη). Hija de Trágaso casada con CICNO. *Véase* MOLPO.

Filónome (Φυλονόμη). Hija de Níctimo que tuvo amores con Ares. De la unión nacieron LICASTO y Parrasio.

Fílotes (Φιλότης). *Véase* NIX.

Filoto (Φίλοττος). En una versión tardía, esposo de NÍOBE.

Fineo (Φινεύς). 1) El más conocido de los personajes que en la mitología griega responden a este nombre es el adivino ciego que aparece en la saga de los ARGONAUTAS. Es hijo de Posidón, Agenor o Fénix, según las versiones. Tampoco hay coincidencia en cuanto al nombre de sus esposas en los diferentes autores que tratan su leyenda. Ericto y Cleopatra, la hija de Bóreas y Oritía, son los nombres que suelen darse a la primera esposa. Idea, hija de Dárdano, Idótea, hermana de Cadmo, y Euritía son las que más frecuentemente aparecen como segunda mujer de Fineo. Como hermanos de éste se citan ordinariamente a Atimno, Cílix, Doriclo y Europa; como hijos –citados normalmente por parejas– aparecen Aspondo y Terimbas, o Clitio y Polimedes, o Crambo y Partenio, o Mariandino y Tino, o Pandión y Plexipo, o Paflagón; como hijas, Erasia y Harpiría.

Cuando los Argonautas llegan a Tracia, visitan a Fineo con la intención de recibir información acerca de las aventuras que les esperan. No se niega el adivino a ello, pero exige que lo liberen de las Harpías, que le roban la comida o se la ensucian con sus excrementos cuando pretende comérsela. Los Boréadas Calais y Zetes se encargan de alejarlas para siempre, liberándolo de tal tormento. Para explicar este castigo, así como la ceguera de Fineo, existían varias leyendas. En una se suponía que ambas desgracias le habían sido enviadas por Helio (el Sol), como castigo porque Fineo habría preferido una larga vida a la vista. En otra se partía de que el adivino había hecho un uso inadecuado de su don profético, revelando a los mortales secretos de los dioses, por lo que habría sido castigado por Zeus. En una tercera se contaba que el castigo le había sido impuesto a Fineo porque había cegado a los dos hijos tenidos de su primera mujer, dando crédito a las acusaciones sin fundamento que Idea, su segunda esposa, había formulado contra ellos. Todavía existía otra variante de esta misma leyenda en la que era la propia Idea la que les sacaba los ojos. *Véanse*, también, BORÉADAS y PAREBIO.

2) Uno de los cincuenta hijos de Licaón que fueron fulminados por Zeus.

3) Un pretendiente de Andrómeda, que era tío paterno suyo, se llamaba igualmente Fineo. En la lucha que se entabló entre sus partidarios y Perseo quedó petrificado por la mirada de la Medusa.

Fítalo (Φύταλος). Fítalo es un ateniense que acogió muy hospitalariamente a Deméter cuando ésta llegó a la orilla del Cefiso. En recompensa, la diosa le regaló la primera higuera y le enseñó a cultivarla. Familia en extremo hospitalaria, sus descendientes, los Fitálidas, fueron los que acogieron a Teseo cuando regresó de Corinto, purificándolo en el altar de Zeus Meiliquio de los homicidios que había cometido y en especial del de Sinis, pariente materno suyo. Por eso en Atenas el clan de los Fitálidas gozaba de ciertas prerrogativas en las fiestas de Teseo.

Fitio (Φύτιος). En algunas versiones, como padre de Eneo aparece Fitio, un hijo de Oresteo, nieto por tanto de Deucalión.

Flegetonte (Φλεγέθων). Entre los Griegos, río infernal que, al unirse al Cocito, constituía el Aqueronte. Se conoce a este río también bajo el nombre de Piriflegetonte, lo que alude, en griego, al hecho de que su caudal estaba formado por llamas en lugar de agua.

Flegias (Φλεγύας). Hijo de Ares y Dotis que dio nombre al pueblo tesalio de los Flegieos. Sucedió a Eteocles en el trono de Orcómeno y fue padre de Corónide, la madre de ASCLEPIO. Murió luchando contra los tebanos Lico y Nicteo. En algunas versiones, Flegias es el padre de Ixión.

Fliante (Φλίας). Hijo de Dioniso que participó en la expedición de los ARGONAUTAS.

Flógeo (Φλόγεος). Nombre, según algunos, del caballo de Cástor. *Véase* DIOSCUROS.

Flogio (Φλόγιος). *Véase* AUTÓLICO.

Flora. Una de las divinidades latinas más antiguas, que, según

Varrón, estaba entre las doce a quienes el rey sabino Tito Tacio había mandado erigir un altar en Roma. Flora representaba el eterno renacer de la vegetación en primavera y, en este sentido, presidía la floración, tanto la de los cereales como la de la vid, árboles frutales y plantas de recreo en general. Aparece mencionada en los cantos de los Hermanos Arvales –cofradía de campesinos–, y su culto comportaba una serie de ceremonias destinadas a poner las cosechas bajo la protección divina. En algunas poblaciones sabinas tenía consagrado el mes de abril, y en Roma su fiesta se celebraba en la misma época, ofreciéndosele, al parecer, sacrificios de ovejas en un templo muy antiguo del Quirinal. Allí oficiaba un sacerdote, el *flamen Floralis,* que el rey Numa había creado expresamente para la diosa. Los oráculos Sibilinos, consultados en el siglo III a. J.C. con motivo de una sucesión de cosechas perdidas, modificaron un tanto el culto de Flora. Se le consagró un nuevo templo y su fiesta quedó fijada en el 28 de abril, si bien los juegos celebrados en su honor –los *Floraria*– duraban hasta el 3 de mayo.

A pesar del origen claramente itálico de la diosa, Ovidio ha querido identificarla, partiendo de una falsa etimología, con la ninfa griega Cloris, a la que hace protagonista de un episodio amoroso con el viento Céfiro, que es un calco del conocido mito del rapto de Oritía por Bóreas. En efecto, un día de primavera, Céfiro habría visto a la ninfa, se habría enamorado de ella y la habría raptado, haciéndola después su esposa. Como prueba de su amor, el viento habría hecho a Cloris reina de las flores, concediéndole el poder de hacer germinar toda clase de semillas. Así cuando Juno, disgustada porque Júpiter había engendrado él sólo a Minerva, quiso tener ella por su parte un hijo partenogenético, acudió a Flora –sigue contando Ovidio– para que le diera una flor capaz de fecundarla. El poeta establece así una bella relación entre el culto popular de la diosa latina y un tema mitológico muy expresivo, el del rapto de la ninfa por un viento –en este caso el Céfiro, es decir, el viento que trae las lluvias en primavera, haciendo renacer la vegetación. De la semilla de Flora nace Marte, el dios que preside el primer mes de la estación floral.

Fobo (Φόβος). Hijo de Ares y de Afrodita. Fobo (el *Pánico,* el miedo que hace al guerrero batirse en retirada) es un genio hermano de Deimo (el *Temor,* el miedo que paraliza); los dos son compañeros inseparables de su padre y, a veces, conducen el carro del dios hasta la batalla.

Foco (Φῶκος). 1) Héroe epónimo de la Fócide que unas veces parece ser hijo de Posidón y Prónoe –la hija de Asopo– y otras de Órnito, el descendiente de Sísifo. Él u Órnito se establecieron al pie del monte Parnaso. En una ocasión encontró Foco a Antíope, enloquecida por Dioniso, y la curó, haciéndola posteriormente su esposa.
2) Otro Foco, hijo de Éaco y Psámate, aparece igualmente como epónimo de la Fócide. Éaco, casado ya con Endéis, la hija de Escirón, de la que había tenido a Telamón y a Peleo, se unió a Psámate, hija de Nereo y hermana de Tetis, engendrando a Foco. El nombre de éste alude a que Éaco se había unido a Psámate, a pesar de que ésta había tomado la forma de una foca, haciendo uso de la facultad de metamorfosis que poseen las divinidades marinas.
Al alcanzar la juventud, emigró Foco de Salamina hacia el centro de Grecia, donde conquistó un territorio al que dio el nombre de Fócide. Casó posteriormente con Asteria, Asterodia o Asteropea, hija de Deyón y Diomede (la hija de Juto), con la que tuvo a Criso y Panopeo. Más tarde regresó Foco a Egina, donde fue muerto por sus dos hermanastros, bien porque sintiesen celos de las preferencias que Éaco tenía por Foco, bien porque fuesen instigados por su madre Endéis. Como castigo, Psámate envió a Tesalia, donde había encontrado acogida el desterrado Peleo, un lobo para que le devorase los rebaños. Más tarde, a petición de Tetis, transformó en piedra a la fiera.
3) Foco se llama también el padre de Calírroe, hermosa joven beocia a la que asediaban treinta pretendientes. Tras demorar la elección lo más posible, Foco indicó que se casaría con su hija aquel que venciese a los demás con las armas. Al oír esto, los pretendientes mataron a Foco e intentaron hacer lo mismo con Calírroe. Ésta encontró acogida en casa de unos campesinos, donde se mantuvo oculta. Posteriormente acudió como suplicante al altar de Atenea Itonia, acusando públicamente a los pretendientes del asesinato de su padre. Éstos huyeron hasta Hipotas, donde fueron cercados y lapidados. La noche anterior al apresamiento, cuando los treinta pretendientes escucharon una voz procedente del monte Citarón que decía «estoy aquí», supieron que se trataba de Foco y que su fin estaba ya próximo.
4) Uno de los ARGONAUTAS, hijo de Ceneo, según Higinio.

Folo (Φόλος). Folo es un centauro que acogió espléndidamente a Heracles, que pasó una noche en su cueva de Fóloe cuando iba hacia Erimanto. Le dio de comer y, ante la insistencia del héroe, también le dio el vino guardado en una vasija que pertenecía a los centauros. Éstos, al oler su vino, acudieron indignados, entablándose una lucha entre Heracles y los centauros en la que ellos llevaron la peor parte. Cuando acabó la lucha, Folo, admirado de los terribles efectos que producían las pequeñas flechas de Heracles, que, con sólo rozar a un hombre, lo mataban, retiró de un cadáver una de ellas, con tan mala suerte que le cayó en un pie y se hirió de muerte. Heracles, en su honor, celebró grandiosos funerales.

Folo era hijo de Sileno y de una de las ninfas de los fresnos.

Fons. Dios romano de las fuentes que, en ocasiones, era considerado hijo de Jano y Yuturna. A él estaban dedicadas las fiestas conocidas con el nombre de *Fontinalia.*

Forbante (Φόρβας). 1) Héroe tesalio, hijo de Lapites o bien de Tríopas, hijo de Lapites (en este último caso sería hermano de Periergo, y a su vez tendría, según Pausanias, un hijo llamado también Tríopas). Se citan como su lugar de residencia Tesalia y Rodas, aunque esté también relacionado con leyendas de la Élide y Argos. Ayudó en la Élide al rey Alector, que luchaba contra Pélope, y compartió con él su reino, quizá por haberse casado con Hirmine, hermana de Alector. Tuvo una hija, Astidamía, y dos hijos, Áctor y AUGÍAS, este último uno de los que participó en la expedición de los Argonautas. En alguna versión también se considera hijo suyo al argonauta Tifis.

2) Héroe ateniense que enseñó a Teseo a conducir el carro. Se le cita también como inventor del pugilato.

3) Habitante de Panopeo, en la Fócide, que, en los caminos que llevaban a Delfos, atacaba a los viajeros y los mataba a puñetazos. Le mató un día Apolo, en forma de niño, después de haberle desafiado.

Forcis (Φόρκυς). Divinidad del mar perteneciente a la primera generación divina. Es hijo de Gea y de Ponto y hermano de Nereo, de Taumante, de Euribia y de Ceto, a quien se unió. La descendencia atribuida a esta pareja es de naturaleza monstruosa: las Gorgonas, las Grayas, las HESPÉRIDES, Equidna, Escila...

Formión (Φορμίων). *Véase* DIOSCUROS.

Fórnax. Diosa romana protectora del horno de cocer el pan. En su honor se celebraba la fiesta de los *Fornacalia.*

Foroneo (Φορωνεύς). Hijo, al igual que Egialeo y Fegeo, del dios-río Ínaco y de la oceánide Melia, pasa por ser Foroneo el primer rey de Argos. A él se le atribuye el descubrimiento del fuego y en recuerdo de este suceso se le había consagrado un altar en el que ardía constantemente una llama. Este hecho motivó que se le identificase con Prometeo en múltiples ocasiones. En el tiempo en que los dioses se disputaban la posesión de los diversos países, Foroneo fue elegido para que dirimiese la querella surgida entre Hera y Posidón respecto al Peloponeso. Foroneo prefirió a la diosa, lo que explica que se le atribuya la introducción del culto de la Hera argiva en este territorio. La sequía en el Peloponeso de todos los ríos en verano estaría justificada como la venganza de Posidón contra este país. La leyenda nos presenta a Foroneo unido a Cerdo, de quien tuvo a Pelasgo y, tal vez, a Lirco y a Níobe.

Fors. Personificación de la casualidad o el azar entre los romanos. Menos importante que su compañera Fortuna, acabó por identificarse con ésta, que adoptó el nombre de *Fors Fortuna.*

Fortuna. Fortuna es en Roma la diosa del Destino. Es una antigua divinidad romana asociada pronto con Fors, divinidad masculina, y confundida con él. Su culto, que tuvo gran auge, bien invocada junto con otras diosas como Spes, Fides, etc., bien en sus numerosos templos, el más antiguo de los cuales parece ser el del *Foram Boarium,* fue introducido probablemente por el rey Servio Tulio.

Hay que identificarla con la Tique griega, aunque también se asimiló con otras divinidades como Isis.

Es representada siempre con el cuerno de la abundancia, ciega y con un timón de navío o una esfera, símbolo de la universalidad.

Fósforo (Φώσφορος). *Véase* EÓSFORO.

Frasio (Φράσιος). Adivino chipriota relacionado con la leyenda de BUSIRIS.

Frastor (Φράστωρ). *Véase* LAÓNITO.

Frixo (Φρίξος). Hijo de Atamante, rey de Orcómeno, y de Néfele. Ino, segunda esposa de Atamante, convenció a su marido para que sacrificara en honor de Zeus Lafistio a los dos hijos que había tenido en su anterior matrimonio, pero, en el momento decisivo, el dios –o, según otra versión de la leyenda, la propia Néfele– envió un carnero alado que se llevó por los aires a los dos pequeños. Hele, la niña, cayó al mar, pero Frixo llegó hasta la Cólquide, donde el rey del país, Eetes, recibió al fugitivo y lo casó con su hija Calcíope o Yofosa; los hijos de ambos, Presbón, Argo, Melas, Fróntide y Citisoro, volvieron después a Orcómeno y recuperaron el reino de su padre. En cuanto al milagroso carnero, Frixo lo sacrificó a Zeus, colgando Eetes su vellón, que era de oro, en un bosque consagrado a Ares; se trataba del famoso vellocino que motivó la expedición de los Argonautas.

Fróntide (Φρόντις). Esposa de Pántoo y madre de Euforbo, Hiperenor y Polidamante.

Fróntide (Φρόντις). Hijo de Frixo y Calcíope.

Ftía (Φθία). 1) Amada de Apolo y madre con él de Doro, Laódoco y Polipetes.

2) Una de las NIÓBIDES.

Ftío (Φθῖος). Hijo, en alguna versión, de Posidón y de la ninfa Larisa, hermano, por tanto, de Aqueo y Pelasgo. Sin embargo, su genealogía es muy controvertida.

Furias. Especie de espíritus infernales cuyo primitivo carácter dentro de las creencias romanas es muy difícil de precisar, ya que muy pronto se identificaron por completo con las ERINIAS griegas. *Véase* también FURRINA.

Furrina. Divinidad romana que tenía un templo cerca de Arpino y otro al pie del Janículo, junto al puente *Sublicius.* En su honor se celebraban en julio las fiestas de los *Furrinalia.* Aunque parece ser en principio una divinidad de una fuente, luego se la consideró una de las FURIAS, quizá por el parecido etimológico de su nombre. Su culto decayó pronto.

G

Galantis. Galantis, también llamada Galintias, es una amiga o la criada predilecta de Alcmena. Como ésta estuviese a punto de dar a luz a Heracles e Ilitía se negara a que tuviera lugar el parto, cruzando los brazos y piernas por orden de Hera, Galantis se atrevió a comunicar a la diosa de los partos que Alcmena ya había tenido el niño por intervención de Zeus. Airada, Ilitía se levantó, descruzando las piernas, momento que aprovechó Alcmena para tener realmente a su hijo. Ilitía castigó a Galantis convirtiéndola en la comadreja, animal al que recuerda su nombre, siendo condenada a parir por la boca por haber mentido. En cambio, Heracles erigió un templo en su honor y era honrada por los tebanos.

Gálate (Γάλας). Hijo de Polifemo y Galatea. Sería el héroe epónimo de los Gálatas.

Galatea (Γαλάτεια). 1) Hija de Nereo y de una ninfa marina, encarna Galatea la delicadeza y la dulzura en contraste con la rudeza y brutalidad de su enamorado, el deforme Polifemo. En la versión más difundida de la leyenda Galatea no accede a los requerimientos amorosos del Ciclope por estar enamorada del pastor Acis. Aquél, celoso, sepulta a Acis bajo una enorme roca. Al oír los gritos de éste, Galatea acude en su ayuda y lo transforma en río. Existe otra versión en la que Galatea es menos esquiva y engendra de Polifemo a tres hijos: Celto, Gálata e Ilirio, epónimos de los Celtas, Gálatas e Ilirios, respectivamente.

2) Nombre de la célebre estatua de mujer labrada por Pigmalión. A petición de éste, que se había enamorado de su obra, Afrodita dio vida a la escultura. De la

unión de Galatea y Pigmalión nació Pafo.

Galaxaure (Γαλαξαύρη). Una de las OCEÁNIDES.

Galene (Γαλήνη). Una de las NEREIDAS.

Galintias (Γαλινθιάς). *Véase* GALANTIS.

Ganimedes (Γανυμήδης). Ganimedes era el más bello de los mortales. Príncipe troyano hijo de Tros y Calírroe y hermano menor de Ilo, Asáraco y Cleopatra. A veces, sin embargo, se le hacía hijo de Laomedonte, quien normalmente suele ser considerado sobrino suyo. Mientras cuidaba en Troya los rebaños de su padre, fue raptado por Zeus, que, enamorado de la belleza del joven, le hizo copero en el Olimpo. Ganimedes servía néctar y ambrosía a los dioses, sustituyendo a Hebe, la diosa de la juventud, hija de Hera.
Sobre el rapto de Ganimedes hay varias versiones. Se dice que fue el propio Zeus el raptor, quizá después de haber tomado la forma del águila, su animal favorito al que más tarde convirtió en constelación; o Eos, la aurora, también enamorada de Ganimedes, y en ese caso Zeus habría arrebatado a Ganimedes de manos de Eos; o, incluso, se decía que el raptor había sido Tántalo, o Minos, o simplemente un huracán.
Después del rapto, Zeus, por medio de Hermes, regaló a Tros, en compensación, una copa de oro y unos caballos divinos, que fueron los que más tarde ofreció Laomedonte a Heracles cuando éste se dispuso a salvar a Hesíone. Ganimedes pasó a ser la constelación de Acuario.

Garamante (Γαράμας). Hijo de Apolo y ACACÁLIDE. Unido a la ninfa Tritónide, engendró a Nasamón.

Gavanes (Γαυάνης). *Véase* PERDICAS.

Gea (Γῆ). En la cosmogonía que constituye el principio de la *Teogonía* hesiódica, se dice que primero existió Caos y, a continuación, la Tierra (Γαῖα) de ancho regazo, asiento inconmovible de todas las cosas; ella engendró por sí misma al cielo estrellado (Úrano), las altas montañas y el mar tempestuoso (Ponto). Empalmando el mito cosmogónico con el teogónico, refiere el poeta que Gea se unió a Úrano y dio a luz varios hijos. En primer lugar nacieron los seis Titanes (Océano, Ceo, Crío, Hiperión, Jápeto y Crono), y las seis Titánides (Tía, Rea, Temis, Mnemósine, Febe y Tetis): Océano era el río que rodeaba la Tierra según la concepción antigua; Hiperión fue el padre del Sol o el Sol mismo; Jápeto estaba relacionado con el origen del género humano; Crono se identificaba con el tiempo; Rea era la madre de Zeus; Temis, tal vez una antigua diosa de la tierra, personificaba la ley sagrada que rige el universo. Más tarde, Gea engendró a los Ciclopes, cuyos nombres, Arges, Estéropes y Brontes, corresponden a las palabras griegas que designan el rayo, el relámpago y el trueno, respectivamente. El poema hesiódico hace a la Tierra y a Úrano padres también de los llamados Hecatonquiros, tres monstruos que, según indica su nombre, tenían cien brazos cada uno y simbolizaban, quizá, la fuerza brutal y salvaje que solía atribuirse a las primeras generaciones humanas. Por último, en alguna tradición aparecen como hijos de estos dos dioses Pan, Dione, Etna y las Musas. Pero Úrano odiaba a sus hijos y, tan pronto como veían la luz, los sepultaba de nuevo en el vientre de la madre Gea, hasta que, incitado por ésta, el más pequeño de todos, Crono, castró al padre con una hoz de sílex y arrojó sus órganos genitales al mar; la sangre derramada fecundó de nuevo a la Tierra, haciéndole engendrar a las Erinias (espíritus vengadores de los delitos de sangre), a los Gigantes (imagen mítica de las primeras razas humanas) y a las ninfas Melíades (literalmente, *ninfas de los fresnos,* que, en algunas cosmogonías primitivas donde se cree a los hombres nacidos de los árboles, resultan ser las madres del género humano). El poeta añade que Gea se unió después a Ponto, y que de ambos nacieron Taumante, Forcis, Nereo, Ceto y Euribia, todas ellas divinidades marinas; evidentemente, Hesíodo ha querido ensamblar las dos cosmogonías que figuraban en la tradición, a saber, la que consideraba a la tierra como el origen de todas las cosas y la que veía este origen en el mar.

Después de la castración de Úrano, que simboliza la separación definitiva del Cielo y de la Tierra –idea cosmogónica fundamental–, una nueva pareja divina, la formada por Rea y Crono, sustituye a la primera, coincidiendo casi por completo con ella en los detalles del mito. Al igual que Úrano, Crono va eliminando a sus hijos a medida que nacen, para evitar que un día le arrebaten el poder, pero otra vez la madre se rebela contra el esposo y trama su perdición. Según la leyenda, Gea ayuda a Rea en su venganza, recogiendo al recién nacido Zeus y criándolo en los montes de Creta; más tarde, cuando Zeus es ya adulto y declara la guerra a Crono, Gea le aconseja que saque del Tártaro a los hijos de Úrano, los cuales le proporcionarán el rayo, el trueno y el relámpago, armas indispensables para vencer al dios. Según se ve, en este relato aparecen hábilmente combinadas dos variantes de un mismo mito y ello permite al poeta integrar en una sucesión genealógica divinidades independientes en su origen que, de otro modo, no hubieran podido convivir dentro de una misma mitología.

La Tierra (en griego γαῖα o γῆ, es decir, Gea) fue objeto de culto entre los primitivos pobladores de Grecia. Más que a una divinidad bien definida se adoraba en ella, al parecer, la fuerza reproductora que da vida cada año a los campos; de ahí que fuera considerada como el origen de todas las cosas. Esta idea de fecundidad que caracterizaba a la Tierra a los ojos de sus adoradores ha cristalizado dentro del mito en una serie de uniones con distintos dioses. Ya hemos visto que Hesíodo la hace esposa de Úrano y después de Ponto, pero luego dice el poeta que engendró con Tártaro –personificación de los lugares subterráneos y tenebrosos– a los monstruos Tifón y Equidna; inspiradas por la cosmogonía marina, otras leyendas la unían a Océano, haciéndola madre de Triptólemo, y a Posidón, de quien habría concebido al gigante Anteo y a Caribdis. Por último, se dice también que Gea había concebido de Zeus al rey frigio Manes.

El hecho de que la Tierra fuera la última morada de los muertos, o tal vez el misterio que rodeaba la germinación de la semilla a los ojos del hombre primitivo, puede haber sido la causa de que Gea fuera considerada como depositaria de la sabiduría, conocedora de las cosas ocultas y, en consecuencia, divinidad oracular. Ella había revelado a Crono que uno de sus hijos lo destronaría y en ella buscaban la verdad los hombres de la Grecia antigua, a través de ciertas grietas del suelo, consideradas como lugares proféticos. En este sentido, la figura de Gea va unida a la de la serpiente, animal que pasaba por haber concedido el poder de la videncia a adivinos como Anfiarao, Tiresias y Héleno. La serpiente Pitón, antigua ocupante del oráculo de Delfos, era, según se decía, hija de la Tierra; el niño Triptólemo iba en un carro tirado por dragones; víboras y dragones formaban el cuerpo del monstruo Tifón; Equidna (ἔχιδνα significa en griego *víbora)* era mitad mujer y mitad serpiente; Cécrope y Erictonio, que participaban de la naturaleza del hombre y de la serpiente, habían nacido también de la Tierra.

Con el tiempo, estas distintas facetas de la antigua Gea fueron absorbidas por otras divinidades más modernas: así, en la época clásica Hades es el dios de los muertos; Apolo la divinidad oracular y Deméter la diosa de las cosechas y de la fecundidad de la tierra. Sin embargo, los distintos mitos que asocian entre sí la figura de Gea con las de Deméter, Hades y Apolo, a través de Perséfone, Triptólemo y la serpiente Pitón, son un testimonio indiscutible de la relación tan estrecha que existió en época antigua entre los mitos de fertilidad, el culto a los muertos y las actividades oraculares.

En Roma, Gea fue identificada con Telus.

Gelanor (Γελάνωρ). Rey de Argos que cedió el trono a Dánao cuando éste llegó a la ciudad con las DANAIDES.

Gelo (Γελώ). Muchacha lesbia que murió joven. Los habitantes de la isla creían que su espectro raptaba a los niños *(véase* MORMO).

Gelono (Γελωνός). Hermano de ESCITES.

Genios. El Genio aparece entre los romanos representado bajo la forma de una serpiente, animal relacionado con el mundo subterráneo. Etimológicamente se ha puesto en conexión *Genius* con *gigno* o *geno, gens,* etc., lo que estaría en consonancia con la idea de que es una fuerza que engendra la individualidad y está al servicio de su conservación hasta su aniquilamiento. Se comprende, pues, que haya Genios para las ciudades, los dioses, los hombres...

Bajo su protección está el lecho nupcial y la unión sexual; ellos presiden las bodas y, de alguna manera, están relacionados con la propia procreación.

Se ha identificado, en ocasiones, al Genio con divinidades del tipo de los Penates, Lares, Manes. Los Genios, como espíritus de naturaleza viril, están ligados tan sólo al varón; entre las mujeres desempeña esta función Juno.

Gera. *Véase* NIX.

Gérana (Γεράνα). *Véase* ÉNOE.

Geríones (Γηρυόνης). Gigante que poseía tres cabezas y tres cuerpos hasta la cintura; era hijo de Crisaor y de Calírroe. Geríones vivía en la isla de Eriteya, donde se criaban sus vastos rebaños de bueyes al cuidado del boyero Eurition y bajo la vigilancia del perro Ortro. Por orden de Euristeo, Heracles robó los bueyes de Geríones y, para conseguirlo, tuvo que dar muerte a los tres: a Eurition, a Ortro y al propio Geríones. *Véase* HERACLES, *décimo trabajo.*

Gíes (Γύης). *Véase* GIGES.

Gigante (Γίγας). Hijo del dios Hermes y padre de Ísqueno, el héroe de Olimpia.

Gigantes (Γίγαντες). Hijos de Gea (la Tierra) que fueron engendrados al ser ésta fecundada por las gotas de sangre que cayeron cuando Crono castró a Úrano. En la representación más antigua que se conserva, los Gigantes son hombres armados convencionalmente, pero después (pinturas de vasos, altar de Pérgamo) tienen forma de serpiente de la cintura para abajo y están provistos de alas. Al igual que sus hermanos los Titanes, entraron en guerra con los dioses de las generaciones más jóvenes, los llamados Olímpicos, y ocurre que estas dos luchas –Titanomaquia y Gigantomaquia– se confunden a veces en la tradición. Se contaba que los Gigantes habían nacido para vengar la derrota de los Titanes, encerrados en el Tártaro por Zeus y sus aliados. La lucha había empezado por el desafío de los Gigantes, quienes, tan pronto como surgieron de la tierra en Flegras, lugar de la península tracia de Palene (algunos, sin embargo, sitúan Flegras cerca del Vesubio, en Italia, o bien en la Arcadia, junto al río Alfeo), comenzaron, instigados por Gea, a lanzar contra el cielo gruesas piedras y teas encendidas. Esta guerra, referida en parte por Hesíodo en su *Teogonía*, y con más detalle en autores como Apolodoro, incluyó duros combates individuales entre los dioses más importantes y los Gigantes de mayor fuerza. Gea, la madre, quiso hacerlos inmortales con la ayuda de una planta mágica que les ordenó buscar, pero Zeus, enterado, prohibió a la Aurora, al Sol y a la Luna que enviaran su luz, y, en medio de las tinieblas, consiguió encontrar la planta antes que sus enemigos y ponerla fuera del alcance de éstos. Por otra parte, los dioses supieron por un oráculo que no podrían vencer a los Gigantes sin la ayuda de un mortal, y entonces Atenea incluyó a Heracles en las filas de los Olímpicos.

Se decía de los Gigantes –o más bien de Alcioneo, uno de los más fuertes– que, cuando caían heridos en la lucha, el contacto con la Tierra, su madre, les hacía cobrar nuevas fuerzas, pero que ello ocurría solamente dentro de los límites de su tierra natal; así, Heracles, aconsejado por Atenea y gracias a sus enormes fuerzas, hirió a Alcioneo y, sin dejar que cayese, lo arrastró fuera de Palene, donde murió. Porfirión atacó a Heracles y a Hera, pero Zeus lo fulminó con su rayo, y, así debilitado, Heracles lo remató con una flecha. Efialtes murió a consecuencia de las flechas de Apolo y Heracles, que le atravesaron, respectivamente, los ojos izquierdo y derecho. Por su parte, Dioniso derribó con su tirso a Éurito; Hécate abrasó con sus antorchas a Clitio; Hefesto atravesó a Mimante con dardos incandescentes; Atenea persiguió a Encélado y le arrojó encima la isla de Sicilia, desollando seguidamente a Palante, que había intentado violarla; Posidón persiguió a Polibotes hasta la isla de

Cos y, arrancando un trozo de la misma, lo aplastó; Hermes, protegido por el casco de la invisibilidad que le había cedido Hades, dio muerte a Hipólito; Ártemis acabó con Gratión; y, en fin, los rayos de Zeus y las flechas de Heracles eliminaron uno a uno al resto de los Gigantes.

Giges (Γύγης). Giges, también llamado Gíes, es hijo de Úrano y Gea. Con sus hermanos Briareo y Coto es llamado HECATONQUIRO, gigante de *cien brazos.*

Glauce (Γλαύκη). 1) Hija de Creonte, rey de Corinto; *véase,* sin embargo, CREÚSA.

2) Hija del rey salaminio CICREO.

3) Una de las NEREIDAS.

4) Una de las DANAIDES.

Glaucia (Γλαυκία). *Véase* PLÉYADES.

Glaucipe (Γλαυκίππη). Una de las DANAIDES.

Glauco (Γλαῦκος). 1) Hijo de Antenor y de Téano. Este Glauco es uno de los troyanos que ayudaron a Paris a raptar a Helena, por lo que fue expulsado de casa por Antenor. Durante la guerra de Troya se enfrentó a Diomedes y fue muerto, al parecer, por Agamenón.

2) Hijo de Hipóloco y jefe, juntamente con Sarpedón, de las tropas licias que acudieron en socorro de Príamo. Durante la guerra de Troya se enfrenta a Diomedes, pero, al averiguar que están unidos por lazos de hospitalidad, a través de sus antepasados, deciden intercambiar sus armas, y no combatir jamás el uno contra el otro. Al caer herido Sarpedón, Glauco acude en su ayuda, pero es herido por Teucro. Curado, sin embargo, inmediatamente por Apolo –que ha accedido a sus súplicas– vuelve a la batalla a tiempo de rescatar el cadáver, aunque no sus armas. Posteriormente, luchando al lado de Héctor por la posesión del cadáver de Patroclo, halla la muerte a manos de Áyax Telamonio. Por deseo de Apolo, los vientos transportan el cadáver de Glauco a Licia.

3) Dios marino que anteriormente había sido un pescador beocio. Su inmortalidad la debía al hecho de haber comido una hierba que confería tal cualidad. Unas veces se le hace hijo de Antedón y de Alcíone; otras, de Posidón y una náyade. En ocasiones es considerado como padre de la sibila de Cumas, y entre sus amores –no correspondidos– están Escila y Ariadna. Glauco participa también en la saga de los ARGONAUTAS, y se aparece a Menelao cuando éste regresa de Troya.

4) Hijo de Minos y Pasífae. Glauco, siendo todavía niño, se ahogó en un recipiente lleno de miel. Cuando Minos lo halló, fue informado por los Curetes de que, quien supiese de qué color era una vaca de sus rebaños, que en

el curso de un solo día aparecía blanca, roja o negra, podía devolver la vida a Glauco. Convocó Minos a todos los adivinos y Poliido fue considerado vencedor por haber dicho que la vaca tenía el color de la mora. En consecuencia fue encerrado con el cadáver de Glauco. En medio de su desesperación, observó que una serpiente se acercaba al cadáver, y temeroso de que lo dañase, la mató. Poco después vio que otra serpiente acudía con una hierba y frotaba al animal muerto, devolviéndole así la vida. Inmediatamente Poliido arrebató la hierba a la serpiente y frotó con ella a Glauco, devolviéndole la vida a él también. Según otra tradición, Asclepio fue quien resucitó a Glauco.

5) Hijo de Sísifo y de Mérope que casó con Eurimede o Eurínome. Participó en los juegos fúnebres organizados por Acasto en honor de su padre Pelias, en los que fue derrotado por Yolao en la carrera de carros. Más tarde fue devorado por sus propias yeguas, bien porque éstas hubiesen bebido en una fuente encantada, bien porque Afrodita se vengase de este modo de que Glauco no hubiera permitido a los animales tener ninguna relación con caballos a fin de que corriesen más. Según otra leyenda, Glauco se habría convertido en una deidad de tipo marino, al beber un día de las aguas de una fuente que procuraban la inmortalidad. Son considerados hijos suyos Belerofontes y Pirén.

Glaucónome (Γλαυκονόμη). Una de las NEREIDAS.

Gordias (Γορδιάς). Un oráculo había anunciado a los Frigios que debían nombrar rey al primero que se les presentase montado en un carro tirado por bueyes. Así fue como el labrador Gordias llegó a ser rey de Frigia. En agradecimiento, fundó el soberano la ciudad de Gordio sobre el Sangario y consagró su carro a Zeus. El yugo y el timón estaban unidos por un nudo tan fuerte que existía una leyenda que aseguraba el dominio de Asia a quien fuese capaz de deshacerlo. En el 334 Alejandro deshizo el nudo gordiano cortándolo con su espada.

Según algunos, Midas nació de la unión de Gordias con Cíbele.

Górgaso (Γόργασος). Hijo de Macaón y de Anticlea. Con su hermano Nicómaco sucedió en el trono de Feras a su abuelo materno Diocles.

Gorge (Γόργη). 1) Una de las DANAIDES.

2) Hija de Altea. *Véase* MELEÁGRIDES.

Gorgira (Γόργυρα). Nombre con que se conoce, en algunas versiones, a una mujer que, con Aqueronte, fue madre de Ascáfalo.

Gorgófone (Γοργοφόνη). 1) Hija de Perseo y Andrómeda. Casó con Perieres, hijo de Éolo, y, tras haber quedado viuda, casó de nuevo con el rey espartano Ébalo. Según unos, de la primera unión nacieron Afareo y Leucipo, y de la segunda, Tindáreo, Hipocoonte, Icario y Arene (*véanse*, sin embargo, PERIERES y BATIEA). Se decía que Gorgófone había sido la primera mujer griega que había contraído segundas nupcias, rompiendo la costumbre anterior que lo prohibía.
2) Una de las DANAIDES.

Gorgona (Γοργώ, Γοργόνα). Hesíodo presenta a las Gorgonas como tres hermanas, Esteno, Euríale y Medusa, si bien esta última es la que recibe en general el nombre de Gorgona. Pertenecen a la generación de los monstruos marinos y son hijas de Forcis y de Ceto. Según cuenta Hesíodo, Esteno y Euríale eran inmortales, y Medusa, en cambio, mortal. Cuando PERSEO cortó a ésta la cabeza, de su cuerpo mutilado surgieron Crisaor –el padre del monstruo Geríones– y el caballo Pegaso, ambos engendrados por Posidón. De acuerdo con las descripciones y representaciones plásticas que han llegado hasta nosotros, Gorgona era un monstruo alado de garras afiladas, cuya espantosa cabeza tenía serpientes en lugar de cabellos, una lengua larga, unos dientes puntiagudos y, sobre todo, una mirada penetrante que, según la leyenda, convertía a los hombres en piedra. Esta es la cabeza que aparece siempre en el escudo de Atenea; al parecer, la diosa la había recogido después de haber sido cortada por PERSEO y la había colocado en la égida, porque conservaba sus prodigiosos efectos y constituía un arma poderosa contra el enemigo. Por otra parte, la sangre del monstruo, recogida también por Atenea y entregada después al dios médico Asclepio, tenía el poder de resucitar a los muertos. (Para el enfrentamiento entre Heracles y Medusa, *véase* HERACLES, *décimo trabajo*.)
La versión tardía del mito de Gorgona recogida en las *Metamorfosis* de Ovidio supone que fue una ninfa de gran belleza que, seducida por Posidón, se unió a él en un templo consagrado a Atenea. Encolerizada por ello la diosa, la habría transformado en el monstruo conocido de la tradición antigua. Por su parte, Diodoro de Sicilia presenta a las Gorgonas como un pueblo belicoso que en cierta ocasión luchó con el de las Amazonas, siendo vencido por éste; según Diodoro, las Gorgonas, atacadas después por Perseo, habían perecido definitivamente a manos de Heracles.

Gracias. *Véase* CÁRITES.

Gránico (Γράνικος). Dios-río padre de Alexírroe, la madre de Ésaco.

Gratión (Γρατίων). Uno de los GIGANTES muerto por ÁRTEMIS.

Grayas (Γραῖαι). Las Grayas son la personificación de la vejez. Son tres hermanas, Dino, Enio y Pefredo, resultado de la unión de Forcis con su hermana Ceto. Se dice que al nacer ya tenían el pelo gris, aunque en las representaciones artísticas que de ellas conservamos no se encuentra reflejada ninguna de las deformidades propias de la vejez. No obstante, todas las versiones coinciden en que poseían un solo ojo y un solo diente para las tres.

Son hermanas de las Gorgonas y están encargadas de vigilar, en los confines del mundo, el camino que conduce a aquéllas.

Participan únicamente en el mito de PERSEO.

Grifo (Γρύψ). Los grifos son unos animales fabulosos, con alas y pico de águila, pero cuerpo de león. Vivían en el país de los Hiperbóreos protegiendo de los Arismapos el tesoro de Apolo. Una fábula contaba que Apolo había ido a buscarlos allí y había regresado a Grecia cabalgando sobre un grifo. También se servía de ellos el dios Dioniso para proteger sus cráteras de vino.

Son motivo frecuente en las representaciones plásticas.

Guneo (Γουνεύς). Tesalio pretendiente de Helena que participó en la guerra de Troya. Al regresar a Grecia naufragó con Eurípilo en las costas de Libia.

H

Hades (Ἅιδης). Hades es uno de los hijos de Crono y de Rea. Como sus hermanos Hera, Hestia, Deméter y Posidón, fue devorado por su propio padre, que sabía, por advertencia de Úrano, que uno de sus hijos lo destronaría. Por la intervención de Zeus, fue vomitado por Crono, saliendo aún vivo del vientre de su padre. Participó entonces en la lucha contra los Titanes armado de un casco de piel de perro, regalo de los Ciclopes. Con este casco lograba hacerse invisible, por lo que consiguió desarmar a Crono, mientras Zeus lo derribaba con un rayo. No se conocen, sin embargo, más detalles de su intervención en la lucha. Después de la victoria, Zeus se repartió con sus hermanos el Universo, correspondiéndole a Hades el mundo subterráneo.

Hades es sobre todo el rey de los muertos, dando incluso su nombre al lugar donde residen. Interviene en escasísimas leyendas. La más conocida es el rapto de PERSÉFONE, en una de las muy poco frecuentes salidas del dios del reino de los muertos. Enamorado de la hija de su hermana Deméter y ayudado quizá por Zeus, decidió raptar a la muchacha, que no había accedido a casarse con él. Cuando Zeus cambió de opinión y ordenó a Hades que devolviese a Perséfone, éste se opuso, alegando que la joven había comido una granada mientras estaba en el mundo subterráneo, por lo que no podía regresar. Finalmente se llegó al acuerdo de que Perséfone habitara un tercio del año con Hades, del que no tuvo nunca descendencia.

Interviene en el mito de Heracles cuando éste quiso llevarse al perro CÉRBERO. Hades intentó oponerse, pero fue derribado de una pedrada, o bien herido por las flechas del héroe, por lo que tuvo que ser curado por Peán en el Olimpo.

Otra leyenda contaba su intervención en el mito de la ninfa MENTE, a la que transformó en la planta de la menta. Esta leyenda parece haber sido urdida para explicar el uso de la menta, que se utilizaba junto con el mirto y el romero en los embalsamientos de los muertos. Menos conocida es su intervención en la leyenda de LEUCE. Hades vive siempre en los infiernos. Es un dios despiadado que no permite que sus súbditos vuelvan a la tierra entre los vivos *(véase* PIRÍTOO), pero, aunque a veces supervisa los castigos de criminales famosos como Ticio o Sísifo, no es él el que se ocupa personalmente de torturar a los muertos. Con él viven ayudándole el barquero Caronte, el can Cérbero, además de Éaco, Minos y Radamantis –que juzgan a los muertos– y de las Erinias. Nunca se entera de lo que sucede en la tierra ni en el cielo, salvo cuando escucha los juramentos de los mortales, que golpean la tierra para llamar su atención.

El nombre de Hades, que los antiguos pensaban que significaba *el Invisible,* no era casi nunca utilizado para invocarlo, con objeto de no excitar su cólera, prefiriéndose llamarlo por medio de eufemismos, como PLUTÓN, *el Rico,* ya que los metales preciosos de la tierra son suyos; Clímeno, *el Ilustre;* EUBULEO, *el Buen Consejero,* etc. Se le representa en un carro de oro con el cuerno de la abundancia en la mano.

Hagnias (῾Αγνίας). Padre del argonauta Tifis.

Hagno (῾Αγνώ). Una de las tres ninfas que habrían criado a Zeus, según la versión arcadia del nacimiento del dios, que situaba éste en el monte Liceo.

Halia (῾Αλία). 1) Divinidad rodia, hermana de los Telquines, que, con Posidón, fue madre de Rodo, la ninfa epónima de Rodas. 2) Una de las NEREIDAS.

Haliarto (῾Αλίαρτος). Héroe fundador y epónimo de la ciudad de Haliarto. Era hijo de Tersandro y hermano de Corono, con quien heredó de su tío abuelo Atamante el reino de Orcómeno. Hijo suyo era Copreo.

Halimede (῾Αλιμήδη). Una de las NEREIDAS.

Halio (῞Αλιος). Licio muerto por Odiseo ante Troya.

Halirrotio (῾Αλιρρόθιος). Hijo de Posidón y de la ninfa Éurite. Halirrotio intentó violar a Alcipe, una hija de Ares y de Aglauro, pero el padre de la muchacha acudió en ese momento y le dio muerte. Sobre las consecuencias de la muerte de Halirrotio, *véase* ARES.

Haliterses (Ἁλιθέρσης). Adivino itacense que predijo el regreso de Odiseo a su patria.

Halmo (Ἅλμος). Hijo de Sísifo y hermano de Glauco. Fue el fundador y epónimo de la ciudad de Halmones, cerca de Orcómeno.

Hamadríades (Ἁμαδρυάδες). Las ninfas Hamadríades son los espíritus femeninos que representan el poder divino de los árboles. Nacen y mueren a la vez que los árboles compartiendo con ellos las dichas cuando crecen y están verdes y los infortunios cuando están secos y pierden las hojas. Se las consideraba espíritus bienhechores a los que era oportuno pedir su intervención. En una leyenda tardía se habla de Hamadríade, muchacha que casó con Óxilo, su propio hermano, con el que tuvo a las ninfas de los árboles. *Véanse* también DRÍADES, DRÍOPE y NINFAS.

Harmonía (Ἁρμονία). 1) La leyenda más conocida de Harmonía la hace hija de Ares y Afrodita (según Apolodoro sería hija de Zeus y la pléyade Electra). Casó con Cadmo en la Cadmea, la famosa ciudadela de Tebas, asistiendo a la boda todos los dioses con ricos regalos. Hefesto le regaló un collar que proporcionaba belleza a su portadora; Atenea, un vestido que confería divinidad y una colección de flautas; Hermes, una lira. Los regalos de Hefesto y Atenea, pese a ser muy hermosos, eran fatales para sus poseedores, ya que tenían unas propiedades malignas. Estos regalos serían funestos por ser Harmonía fruto de los amores de Ares y Afrodita. Otra versión diferente contaba que el collar y el velo tejido por las Cárites eran en realidad un regalo de Cadmo. El collar fue entregado más tarde por Polinices a Erifile provocando, en parte, la guerra de los *Siete* contra Tebas. Al final fueron ofrecidos como exvotos en el santuario de Delfos.

Tuvieron Cadmo y Harmonía seis hijos, Ino, Ágave, Autónoe, Sémele, Ilirio y Polidoro. Con ellos abandonaron Cadmo y Harmonía más tarde Tebas, dejando el reino a Penteo, un hijo de Ágave y Equión. Se trasladaron al país de los Enqueleos, a los que guiaron en una batalla contra los Ilirios, llegando Cadmo a ser rey de este último pueblo.

Al final de su vida Cadmo y Harmonía se transformaron en serpientes, pasando a los Campos Elíseos.

2) No hay que confundir a la esposa de Cadmo con la personificación de la «armonía», figura que aparece en el cortejo de Afrodita y las Gracias. Eurípides le atribuye la maternidad de las Musas.

3) Ninfa que con Ares tuvo a las Amazonas.

Harmótoe (Ἁρμοθόη). Esposa de PANDÁREO. *Véase,* también, AEDÓN.

Hárpago (Ἅρπαγος). Uno de los caballos de los Dioscuros, al parecer el de Pólux, que era hijo de la harpía Podarge.

Harpálice (Ἁρπαλύκη). 1) Hija de Harpálico, rey de Tracia. Enseguida de nacer quedó huérfana de madre, y su padre la crió con leche de vaca y de yegua, dándole una educación viril. Llegó a ser tan experta en el manejo de las armas que, en cierta ocasión, pudo salvar de la muerte a Harpálico, acorralado y herido por un grupo de Getas. Más tarde, Harpálico fue despojado del reino y hubo de refugiarse en un bosque acompañado de su hija. Para atender a las necesidades de ambos, Harpálice robaba ganado a los habitantes de los alrededores, hasta que un día éstos le prepararon una trampa y la mataron (*véase* CAMILA).

2) Hija de Clímeno, rey de la Arcadia. Enamorado de Harpálice, Clímeno cometió incesto con ella y le dio un hijo, pero la muchacha mató al niño e hizo que su padre lo comiese. Cuando supo lo que le habían servido, Clímeno mató a Harpálice y, después, se suicidó.

Harpálico (Ἁρπάλυκος). Rey de Tracia, padre de HARPÁLICE.

Harpalión (Ἁρπαλίων). Troyano muerto por Meríones durante la guerra de Troya.

Harpías (Ἅρπυιαι). Las Harpías son hijas de Taumante y de Electra, hija de Océano. Aunque Hesíodo habla solamente de dos, Aelo y Ocípete, es frecuente encontrar en otros autores referencias a Celeno, Nicótoe y Podarge. En un principio, la concepción que de ellas se tenía responde a lo que significa su nombre: «Raptoras». Así, en Homero, en el pasaje en que se habla de las hijas de Pandáreo, se identifican con fuerzas de la naturaleza, vientos tempestuosos que son capaces de arrastrar a cualquier ser humano hasta las mansiones subterráneas. Sus nombres, Aelo *(viento tempestuoso),* Ocípete *(vuela rápido)* y Celeno *(oscura),* hacen clara referencia a lo dicho.

A las Harpías se las representa como aves con cabeza de mujer, dedicadas a raptar niños. Pronto, sin embargo, va a establecerse la relación entre viento, aliento, espíritu y alma. A partir de aquí será fácil identificar a las Harpías con almas de muertos que se dedican a raptar las de los vivos. En época posterior quedará solamente la idea de que son seres devastadores que tienen su morada en las islas Estrófades.

El más conocido de los mitos en los que toman parte las Harpías es el del rey tracio FINEO, a quien arrebatan todo cuanto ponía delante de sí. *Véanse,* también, PANDÁREO y ENEAS.

De la unión de las Harpías con el viento Céfiro, nacieron caballos como los inmortales de Aquiles: Janto y Balio.

Harpina (῞Αρπινα). Hija del dios-río Asopo que, unida a Ares, engendró a Enómao. Es epónima de la ciudad de la Élide de este nombre.

Harpiría (῾Αρπύρεια). Una de las hijas de Fineo.

Hebe (῞Ηβη). Hija de Zeus y Hera, es Hebe la personificación de la juventud entre los griegos. Los romanos la conocen con el nombre de Iuventus. Hebe es la encargada de servir el néctar y la ambrosía que impiden envejecer a los dioses. Encontramos a Hebe desempeñando funciones propias de una diosa de rango inferior; ella engancha los caballos al carro de Hera, ella baña y viste a su hermano Ares, etc.

Cuando Heracles fue recibido entre los inmortales se le asignó por esposa a Hebe. De tal unión nacieron Alexiares y Aniceto.

Hebro (῞Εβρος). Dios-río de Tracia hijo de Hemo.

Hécabe (῾Εκάβη). Hécabe, también llamada Hécuba, es la esposa principal de PRÍAMO, rey de Troya. Su figura, siempre majestuosa, aparece constantemente rodeada de infortunio. En la *Ilíada* es hija de Dimante, rey de Frigia. Por el contrario, los trágicos griegos la suelen presentar como hija de Teleclea y de Ciseo, rey de Tracia. Hay todavía algunas versiones según las cuales el dios-río Sangario la habría engendrado con Evágora o Metope.

Sus hijos –Ántifo, Casandra, Creúsa, Deífobo, Héctor, Héleno, Hipótoo, Laódice, Pamón, Paris, Polidoro, Polites, Políxena y Troilo, según la lista de Apolodoro– perecen casi todos en vida suya, y, en algún caso, ante sus propios ojos, como Héctor, quien persiste en enfrentarse a Aquiles sin atender las súplicas que ella, angustiada, le dirige desde la muralla. La ruina de Troya la causaría Paris, a quien no tuvo el valor de matar al nacer, como le habían aconsejado los augures al interpretar un sueño que ella les había narrado en el que una tea encendida salía de sus entrañas e incendiaba toda la ciudad de Troya. La simple exposición del recién nacido no fue suficiente para que la profecía no se cumpliese.

A la hora del reparto del botín, después del saqueo de Troya, Hécabe es asignada a Odiseo. A punto de partir, las olas arrojan a la playa el cadáver de Polidoro, que había sido confiado por Príamo a Polimestor, rey del Quersoneso, casado con Ilíone, otra hija de Hécabe no citada en Apolodoro. Al enterarse Polimestor de la caída de Troya, llevado por el deseo de apoderarse de los tesoros que el infante había llevado consigo, lo asesinó y arrojó su cadáver al mar. Hécabe, al pasar por Tracia, atrajo a su tienda al asesino, fingiendo no conocer el crimen y pretextando que quería entregarle unos tesoros que había podido ocultar a los griegos. La ambición arrastró de nuevo a Polimestor, que acudió acompañado de sus dos hijos. Éstos son muertos por las mujeres que acompañan a Hécabe ante los ojos del padre, y él mismo es cegado por ella. Al enterarse de lo sucedido, los acompañantes del rey o los de Odiseo lapidaron a Hécabe. Bajo las piedras, en lugar del cuerpo de ésta, apareció una perra, lo que se identificaba con la llamada Κυνὸς σῆμα *(tumba de la perra),* entre Abdera y Dárdano. Otra tradición aseguraba que Hécabe, después de cumplida su venganza, se había arrojado al mar.

Hécale (Ἑκάλη). Nombre de una anciana que acogió hospitalariamente a Teseo cuando éste iba a luchar contra el toro de Maratón. Después de haber vencido en la empresa, fue a visitar el héroe a la anciana. Como la hallara ya muerta, fundó un santuario en honor de Zeus Hecalesio e instituyó un culto y una fiesta en honor de Hécale.

Hecamede (Ἑκαμήδη). Joven de Ténedos que fue hecha esclava cuando Aquiles tomó la ciudad, aunque, más tarde, fue concedida a Néstor. Cuidó a Macaón cuando éste fue herido por una flecha de Paris.

Hécate (Ἑκάτη). Es una antigua diosa ctónica quizá procedente de Caria. En Grecia es en principio confundida con Ártemis, e incluso con Selene. Según Hesíodo es Hécate una hija de Perses y Asteria. Pese a ser una Titánide, Zeus le concedió extraordinarios honores. Cuando es invocada, proporciona beneficios en varios campos, ya que originariamente no está especializada. Concede la facilidad de palabra en juicios y asambleas, la victoria en pruebas deportivas y en la guerra; es, como Ártemis, la diosa nutricia, protectora de los niños.

Sin embargo, Hécate acabó especializándose como diosa de la magia y de los hechizos. Se aparece a los magos en forma de animal, en las noches de luna clara, en las encrucijadas. Es diosa de las almas de los muertos y es invocada como ayuda contra la locura; está presente en el nacimiento y en la muerte de los humanos. Para apaciguarla, se depositaban en las encrucijadas los residuos de sacrificios de purificación y ofrendas de alimentos. Era representada tricéfala o bien con tres cuerpos, con la copa y el cántaro, o con antorchas en la mano, con las que, según algunos, habría matado a Clitio. Se consideraban parientes suyos a casi todos los magos más o menos conocidos.

Hecatonquiros (Ἑκατόγχειρες). Tres gigantes –Coto, Briareo (o Egeón) y Giges (o Gíes)–, cada uno de los cuales tenía cincuenta cabezas y cien brazos, de donde el nombre de Hecatonquiros (en griego, *Cienbrazos*). Son hijos de Úrano y de Gea, y hermanos de los Titanes, de las Titánides y de los Ciclopes. Cuando nacieron los Hecatonquiros, Úrano tuvo miedo de su fuerza y los volvió a sepultar en el vientre de la madre Gea (la Tierra); después, Crono castró a su padre y se hizo con el poder, pero mantuvo a los Cienbrazos y a los Ciclopes en el Tártaro. Por su parte, Zeus los tomó como aliados para luchar contra los Titanes, siguiendo el consejo de Gea, y, una vez que hubo vencido, los colocó de nuevo en el Tártaro para que vigilaran a los Titanes, que se encontraban encadenados allí. Según la tradición, los Hecatonquiros habrían ayudado asimismo a Zeus cuando los Olímpicos se rebelaron contra él.

Héctor (Ἕκτωρ). Hijo del rey de Troya Príamo y de Hécuba, su esposa. Al parecer, Héctor es el hijo mayor y en la *Ilíada* aparece como el auténtico representante de la ciudad. Está casado con Andrómaca, hija de un rey de Misia. El hijo de ambos, a quien sus padres habían dado el nombre del río Escamandrio, fue llamado por los Troyanos Astianacte *(señor de la ciudad)*. Los rasgos que caracterizan al héroe Héctor corresponden de hecho al personaje de la *Ilíada*, donde debe constituir un digno oponente del héroe Aquiles; fuera de los poemas homéricos apenas se le menciona. En las operaciones de la guerra de Troya que han sido minuciosamente descritas por Homero, es decir, las correspondientes a una parte del décimo año de asedio, Héctor desempeña un papel decisivo, sobre todo en el momento en que Aquiles se ha retirado del combate, y los Troyanos rompen con facilidad las filas griegas y están a punto de prender fuego a las naves (*véase* ÁYAX). Cuando acude Patroclo a remediar el desastre, Héctor, ayudado por Apolo, le da muerte y despoja su cadáver. Pero el punto culminante de la actuación de Héctor es su ulterior enfrentamiento con Aquiles, cuando éste sale al campo de batalla dispuesto a vengar la muerte de su amigo Patroclo. En varias ocasiones Héctor había evitado el luchar cuerpo a cuerpo con Aquiles, pero, después de haber perdido a su hermano Polidoro, el héroe troyano se dispone a hacer frente a su enemigo. El cumplimiento de la voluntad de Zeus, que le había permitido un avance triunfal hasta las naves, será ahora la causa inexorable de su muerte. Todavía Apolo quiere protegerlo cubriéndolo con una nube y permitiendo que huya hasta las puertas de la ciudad, mientras Aquiles, engañado, persigue a un fantasma que confunde con Héctor; todos los troyanos han corrido a refugiarse dentro de la muralla, y Príamo y Hécuba llaman una y otra vez a su hijo, que permanece inmóvil junto a las puertas. Héctor vacila; sabe que ha cometido una imprudencia demorando la retirada de los suyos; medita incluso el deponer las armas y parlamentar con los griegos la devolución de Helena, ofreciéndoles la mitad de las riquezas de Troya para que se vayan. Pero todo es inútil: el combate definitivo tiene que tener lugar en ese momento, y Héctor abandona sus pensamientos cobardes y espera a Aquiles. Sin embargo, al verle acercarse, huye otra vez de él. Después de haber dado tres vueltas a la ciudad el uno tras el otro, Zeus pesó las suertes de ambos, y la balanza se inclinó a favor de la muerte de Héctor. Entonces Apolo abandonó a su protegido y, por su parte, Atenea acudió a confortar a Aquiles, ordenándole que se detuviera y prometiéndole que inspiraría a Héctor la idea de aceptar el combate. Así lo hizo en efecto la diosa, no sin antes haber tomado la apariencia de Deífobo, el hermano de Héctor, cuya visión dio confianza al héroe. Después de su primer enfrentamiento, ambos guerreros perdieron sus lanzas, pero, mientras Atenea acudía presurosa a devolver a Aquiles la suya, Héctor gritaba en vano a Deífobo que le diera otra. Al verse engañado, Héctor comprende su destino, saca la espada y se bate con Aquiles, no tardando en caer a manos de éste. Ya moribundo, Héctor ruega a Aquiles que devuelva su cadáver a los Troyanos para que le sean tributadas las honras fúnebres debidas, pero tan movido a crueldad está el ánimo de Aquiles a consecuencia de la muerte de Patroclo que, lejos de ceder a las súplicas de Héctor, le asegura que no habrá rescate capaz de librar su cuerpo de los perros y de las aves de rapiña. Antes de morir, Héctor advierte a su enemigo que la cólera de los dioses se abatirá muy pronto sobre él y le hará caer junto a las puertas de la ciudad. Tras despojar el cadáver de Héctor, Aquiles le perfora los pies e introduce una correa entre los tendones, atándola a la parte trasera de su carro; una vez realizado todo esto ante los ojos mismos de los Troyanos, Aquiles se aleja triunfalmente hacia su tienda, llevándose a rastras el cuerpo exánime. Enloquecido por la muerte de Patroclo, Aquiles continúa ensañándose con el cadáver del que le ha dado muerte, y cada día, de madrugada, engancha de nuevo los sangrientos despojos a su carro y da tres vueltas con ellos alrededor de la tumba del amigo; al fin, la visita de Príamo lo conmueve, y consiente en entregar el cadáver del troyano, accediendo incluso a respetar una tregua de doce días para que se celebren los funerales de Héctor. Según una tradición, consultado Apolo por los Griegos con motivo de una peste que se abatió sobre ellos, el dios había ordenado llevar los huesos de Héctor a una ciudad griega famosa que no hubiera intervenido en la guerra de Troya: Tebas no entró en la coalición porque acababa de ser destruida por los Epígonos y, en consecuencia, los Tebanos enseñaban la tumba del héroe en su ciudad, junto a la fuente de Edipo.

Hécuba. Forma latina del nombre de HÉCABE, la esposa de Príamo.

Hefesto (Ἥφαιστος). Hefesto es hijo de Zeus y de Hera, según Homero, o bien, como cuenta Hesíodo, sólo de Hera, que quería contrarrestar el nacimiento de Atenea, hija de Zeus sin intervención de mujer.

Si se prescinde de una versión que atribuye la cojera de Hefesto a que Zeus lo había arrojado un día desde el cielo, por haber intervenido en una discusión en la que le quitó a él la razón, dándosela a Hera, Hefesto es cojo de nacimiento, además de deforme. Su madre, avergonzada ante su fealdad, lo arrojó desde el cielo. Estuvo cayendo durante un día entero hasta llegar al Océano, donde fue recogido aún con vida por las oceánides Eurínome y Tetis. Éstas lo criaron durante nueve años en una cueva, donde le instalaron una fragua. Él les correspondió con bellos regalos. Queriendo vengarse de su madre, le envió un magnífico trono de oro. Ésta se sentó entusiasmada, pero cuando quiso levantarse, no pudo hacerlo, aprisionada por invisibles cadenas. Pidió entonces auxilio a los dioses, pero ninguno consiguió desatarla. Tuvo que recurrir, por fin, a Hefesto, pero éste se negó a ayudarla. Quiso obligarlo por la fuerza su hermano Ares, pero tampoco obtuvo resultado, hasta que al fin Dioniso logró convencerlo ofreciéndole dulce vino. Hefesto entró en el Olimpo montado en un asno, provocando grandes risas entre los dioses por su aspecto ridículo, aunque

tuvieron que reconocer su habilidad.
Prefirió seguir viviendo en la caverna en vez de en el Olimpo, pero colaboró con los demás dioses, por ejemplo en la lucha contra los Gigantes, en la que, según algunos, mató a Clitio.
A pesar de su fealdad, se le atribuían tres esposas muy hermosas. Casó primero con Cárite, una de las Gracias, después con Aglaye; por último, Zeus le concedió a AFRODITA. Muy enamorado de ella, consentía sus infidelidades, hasta que un día, sabiendo por Helio que Afrodita le engañaba con Ares, simuló que tenía que partir de viaje. Había preparado en su lecho una red de oro invisible, y cuando los dos dioses, confiados, se aprestaban a amarse, los aprisionó, invitando a los demás dioses a presenciar el espectáculo.
Se le atribuían varios hijos, entre ellos ERICTONIO y Bróteas, habidos de Atenea; los Cabiros, de Cabiro; Erecteo, de la Tierra; Egipto, de Leucipe; Cerción; Radamantis. Sin embargo, la mayor parte de éstos tienen una genealogía discutida. Pasaba la vida en las forjas, siendo el autor de innumerables obras, como los rayos de Zeus, el carro y la égida de este mismo dios, el tridente de Posidón, el carro de Helio, las flechas de Ártemis, la coraza de oro de Heracles, la armadura de Aquiles, el collar de Harmonía, el cetro de Agamenón, la corona de oro que Dioniso regaló a Ariadna como presente nupcial, etc. Se contaba que había sido él el que había hendido el cráneo de Zeus en el nacimiento de Atenea y el que había fabricado las cadenas de Prometeo, el cuerpo de Pandora moldeado con barro y el del autómata TALOS. Trabajaba ayudado por los Ciclopes y otras divinidades ctónicas, como los Telquines. Su maestro había sido Cedalión.
Dios del fuego y de los herreros, su culto parece proceder de la volcánica Licia, siendo su centro la isla de Lemnos. En Atenas tenía un culto muy arraigado, celebrándose en su honor varias fiestas. Era identificado por los romanos con su dios Vulcano.

Hegetoria (Ἡγητορία). Ninfa de Rodas que casó con ÓQUIMO.

Hele (Ἕλλη). Hele es hija de Atamante y Néfele, descendiente por tanto de Éolo y sobrina de Sísifo y de Salmoneo. Debido a las asechanzas de Ino, Hele y Frixo, uno de sus hermanos, estuvieron a punto de ser sacrificados, poniendo como pretexto la madrastra la respuesta amañada de un oráculo; pero Zeus (o su madre Néfele) envió un carnero alado con vellocino de oro que salvó a los dos muchachos. Cuando el carnero volaba hacia la Cólquide, Hele, sintiendo vér-

tigo, cayó al mar, en el estrecho llamado desde entonces Helesponto, *mar de Hele.*
En una leyenda se cuenta que Posidón salvó a la niña, dándole luego tres hijos, Álmope, Edono y Peón.

Helén (Ἕλλην). Hijo, según las distintas versiones, de Prometeo y Clímene o de Deucalión y Pirra, es Helén el héroe epónimo de la totalidad de los griegos (Ἕλληνες). Amó a la ninfa Orséis y de ella tuvo tres hijos: Doro, Éolo y Juto, de los que descienden los Dorios, Eolios y Jonios respectivamente.

Helena (Ἑλένη). Hija de LEDA, la esposa de Tindáreo, rey de Esparta; hermana de Clitemestra y de los Dioscuros. Según la tradición más común, Zeus, que amaba a Leda, había tomado forma de cisne y se había unido a ella el mismo día que Tindáreo; a consecuencia de esta doble unión, Leda puso un huevo –o bien dos– del que nacieron sus cuatro hijos, habiendo sido Pólux y Helena engendrados por Zeus, mientras que Cástor y Clitemestra tenían por padre a Tindáreo. Sin embargo, otra leyenda contaba que Némesis había sido perseguida por Zeus y que el dios se había unido a ella igualmente en forma de cisne, después de lo cual Némesis había puesto un huevo y se lo había entregado a Leda; ésta lo colocó en un cesto y le dio calor, hasta que al fin salió de él Helena, que fue criada por Leda como si fuera su propia hija. Existen aún más variantes de la genealogía de Helena, pero en general se la consideraba como hija de Zeus y de Leda y, desde luego, se admitía que había sido criada en Esparta, el reino de su padre adoptivo Tindáreo.
Se contaba que Teseo y su amigo Pirítoo se habían puesto de acuerdo para raptar a Helena cuando todavía era una niña. Los dos héroes se apoderaron de ella mientras se hallaba en el templo espartano de Ártemis Ortia, y se la llevaron a la ciudad arcadia de Tegea, con objeto de despistar a sus posibles perseguidores; allí, Helena fue sorteada y correspondió a Teseo. Pero, en espera de que alcanzara la edad núbil, y sospechando, por otra parte, que los Atenienses no iban a ver con buenos ojos aquel desafío a Esparta, que podía traer consecuencias desagradables, Teseo se llevó secretamente a Helena a la aldea ática de Afidnas, confiándosela a un amigo suyo y haciendo que cuidara de ella su propia madre Etra. Y, como quiera que en el antiguo acuerdo entre Teseo y Pirítoo se había hecho constar que aquel de los dos que obtuviera a Helena ayudaría al otro a casarse con alguna hija de Zeus, los héroes consultaron el oráculo, que les

ordenó bajar a los infiernos en busca de Perséfone para que fuera la esposa de Pirítoo; ahora bien, durante su ausencia, los Dioscuros, hermanos de Helena, hicieron una incursión en el Ática y recuperaron a la raptada, llevándose también a Etra que quedó constituida en esclava personal suya. La versión más común pretende que Helena no había llegado a unirse a Teseo, pero existía también otra según la cual, al llegar a Esparta, había dado a luz en secreto una niña a la que llamaron Ifigenia y que fue criada por Clitemestra como si fuera hija suya.

Cuando Tindáreo decidió casar a Helena, acudieron príncipes de toda Grecia, entre ellos Menelao, Odiseo, Filoctetes, Áyax, Teucro, Patroclo, Menesteo e Idomeneo. Ante esta afluencia de pretendientes, Tindáreo no supo qué hacer, temiendo que su decisión le acarreara peligrosas enemistades; entonces, a cambio de contar con su ayuda para conseguir a Penélope, Odiseo le dio un consejo, que el rey se apresuró a aceptar: la propia Helena elegiría a su marido, pero todos los pretendientes tendrían que hacer antes un juramento de mutua fidelidad sobre los restos de un caballo descuartizado, comprometiéndose a acudir en ayuda del triunfador si alguien raptaba a su esposa. Helena se decidió por Menelao, que ocupó de este modo el trono de Esparta; de la unión de ambos nació una hija, Hermíone, y, según algunos, también varios hijos: Etiolao, Morrafio, Nicóstrato, Plístenes y Tronio.

A raíz del famoso juicio de PARIS, el príncipe troyano, ayudado por Afrodita, se dirigió a la corte de Menelao con el propósito de enamorar y raptar a Helena, que era considerada como la mujer más hermosa del mundo; las distintas versiones de este episodio difieren en lo que respecta al consentimiento de la raptada y a la forma en que tuvieron lugar los hechos, pero el caso es que, cuando Menelao, ausente o no del país, quiso darse cuenta, las naves de Paris se habían alejado con su esposa y con la mayor parte de sus tesoros. Sobre el viaje de los amantes existen dos versiones muy distintas. La primera cuenta que Paris hizo el viaje hasta Troya dando un rodeo por Creta y por las costas de Asia Menor, con objeto de burlar una posible persecución de los Griegos; luego, llegó a su ciudad, donde fue muy bien acogido por los Troyanos, y Helena vivió a su lado como legítima esposa, de modo que, cuando años después Troya cayó en manos de los sitiadores, Menelao pudo llevársela de nuevo a Esparta. Esta es la leyenda que conoce Homero. La otra tradición, seguida por Eurípides en su tragedia *Helena,* pretende que la diosa Hera, disgustada con Paris y con Afrodita por el resultado del juicio, había impedido la unión efectiva de los amantes, sustituyendo en el primer momento a la raptada por una especie de fantasma que ella misma había fabricado; al mismo tiempo, la verdadera Helena era llevada por Hermes a Egipto, donde quedaba bajo la custodia del rey Proteo. Paris no se dio cuenta del cambio ni el propio Menelao cuando, tomada Troya, creyó recuperar a su esposa y emprendió con ella el viaje a Esparta; pero, durante la travesía, los vientos arrastraron su nave hasta Egipto, y allí se encontró con la verdadera Helena, quien, fiel al recuerdo de su primer marido, había rechazado el amor de Teoclímeno, el hijo de Proteo, y se había librado de su persecución refugiándose junto a la tumba de este último. Los esposos se reconocieron y, en ese momento, el fantasma creado por Hera desapareció. Después, con la ayuda de Teónoe, hija de Proteo, que quería respetar la palabra empeñada por su padre muerto, Menelao y Helena consiguieron librarse de Teoclímeno y escaparon de Egipto, llegando por fin a Esparta. Esta leyenda va unida en la tradición a una curiosa anécdota: según cuenta Pausanias, el poeta Estesícoro había perdido la vista como castigo por ciertos versos en los que reprobaba la conducta de Helena; alguien le sugirió entonces que escribiera una especie de palinodia, donde la figura de la espartana quedara limpia de toda mancha; una vez hecho esto, curó de su ceguera.

Siempre al margen de esta última versión, cualquiera que haya sido su origen, el ciclo épico supone la presencia real de Helena en Troya, y la hace protagonista de numerosos episodios que ya no aparecen recogidos en la *Ilíada.* Sobre esta base, algunos mitógrafos atribuyen a Helena cinco esposos, a saber, Teseo, Menelao, Paris, Aquiles y Deífobo. Se decía, en efecto, que Aquiles, deseoso de conocer a la princesa, había conseguido unirse a ella secretamente, con la ayuda de Tetis y de Afrodita (pero *véase* también EUFORIÓN); por otra parte, después de la muerte de Paris, Príamo dio a Helena como esposa a otro de sus hijos, Deífobo, lo cual disgustó profundamente a Héleno, que se creía con más derecho que su hermano, y le movió a facilitar a los sitiadores la toma de Troya. Otras tradiciones hablaban de la ayuda prestada por Helena a sus compatriotas en la etapa final de la guerra. Así, cuando Odiseo y

Diomedes entraron en la ciudad disfrazados, con el propósito de robar el Paladio, Helena les facilitó la tarea y recibió instrucciones acerca de cómo debía actuar cuando se produjera la ofensiva final. Al parecer, sacó del palacio y escondió todas las armas de Deífobo, a la sazón defensor principal de la ciudad; luego, en el momento convenido, subió a lo alto de la muralla y agitó una antorcha, señal esperada por la flota aquea para acercarse de nuevo a Troya e iniciar el asalto de la ciudad, cuyas puertas acababan de ser abiertas por los aqueos camuflados en el caballo de madera.

El *Orestes* de Eurípides ofrece una variante más de la leyenda del regreso de Helena y Menelao a su reino. De camino hacia Esparta, los dos esposos habían pasado por Argos cuando Orestes acababa de dar muerte a Egisto y a Clitemestra. Teniendo que comparecer ante la asamblea argiva a consecuencia de su crimen, y temiendo una sentencia desfavorable, ya que Tindáreo, padre de Clitemestra, insistía en que Orestes debía haber matado solamente a Egisto, los parricidas –Orestes y su hermana Electra– pidieron a Menelao que los defendiera con sus propias armas, como vengadores que habían sido de la muerte de su hermano Agamenón, pero el rey se negó a ello, alegando que sus contingentes eran muy escasos, y se ofreció tan sólo a intervenir en su favor durante el juicio. El pueblo de Argos condenó a muerte a los culpables, y entonces éstos, siempre acompañados por Pílades, se encerraron en el palacio donde se encontraban la esposa y la hija de Menelao. Enloquecido, Orestes empezó por sacrificar a Helena, como causante remota de todos los males; luego apareció en la terraza del palacio dispuesto a degollar a Hermíone ante los ojos de su padre y a prender fuego al edificio. Sin embargo, en este momento interviene Apolo y ordena a todos que aplaquen su furia, diciéndoles que ha salvado a Helena de la muerte por mandato de Zeus y que piensa llevársela a la morada de los Inmortales, para que, como hija del dios supremo, sea una diosa entre los hombres, reciba de ellos el honor de las libaciones y, junto con sus hermanos los Dioscuros, proteja a los navegantes. Helena no ha sido en nada culpable: los dioses la han utilizado como instrumento de una guerra entre Griegos y Troyanos que ellos mismos habían determinado, con el fin de librar a la tierra de la soberbia de los mortales poderosos. Finalmente, Apolo ordena que la conciliación entre Orestes y Menelao quede sellada por el matrimonio del primero con la hija de éste, Hermíone.

Existen otras leyendas sobre la divinización de Helena, contrarias todas ellas a la tradición seguida por la *Odisea,* que presenta a los esposos reinando felices en Esparta después de haber regresado de Troya. Por otro lado, los que no quisieron ver a Helena como un instrumento del destino o de los designios de Zeus y la juzgaron culpable de todos los desastres referidos en el ciclo épico de la guerra de Troya, imaginaron que había tenido que expiar su falta de algún modo, y de ahí una serie de leyendas de escasa difusión, como la narrada por Pausanias, que habla del destierro de la reina después de la muerte de Menelao; Helena había iniciado así un triste peregrinaje que culminaba en Rodas, donde había sido atormentada por las mujeres del lugar y finalmente se había ahorcado.

Héleno (Ἕλενος). Hijo del rey Príamo de Troya y de Hécuba. Era hermano gemelo de Casandra y poseía, como ella, el don de profetizar. Según la leyenda, los Troyanos festejaron durante toda una noche el nacimiento de los dos niños y, mientras tanto, las criaturas permanecieron en el templo de Apolo Timbreo; cuando fueron a buscarlos, encontraron junto a ellos dos serpientes que lamían sus ojos y sus oídos, quitándoles las impurezas que impiden a los hombres llegar hasta las «cosas ocultas». Héleno profetizó a su hermano Paris el desastre que iba a acarrear su viaje a Grecia. Más tarde, cuando la guerra de Troya fue ya un hecho, luchó al lado de su hermano Héctor y, muerto éste, asumió el mando de las operaciones. Pero, al morir Paris, Héleno se disgustó con su padre Príamo, que había decidido que fuera Deífobo y no él quien se casara con Helena y, en consecuencia, se retiró al monte Ida, abandonando la defensa de la ciudad. Era el décimo año de la guerra; los Aqueos, desanimados por la muerte de Aquiles, consultaron al adivino Calcante para que sugiriera la forma de tomar la ciudad, y éste les aconsejó que raptaran a Héleno y lo interrogaran, porque sólo él podía saberlo. Odiseo consiguió que hablara el troyano. Su vaticinio fue el siguiente: Troya caería cuando Neoptólemo, el hijo de Aquiles, hiciera acto de presencia en las filas aqueas; cuando los huesos de Pélope fueran llevados hasta allí; y cuando los Griegos arrebataran a los Troyanos el sagrado Paladio. Se decía también que había aconsejado traer a Filoctetes. En agradecimiento por la ayuda prestada y teniendo en cuenta además que Héleno se había opuesto inicialmente al proyecto de Paris, los Aqueos le perdonaron la vida y se lo asignaron, al parecer, a Neoptólemo en calidad de esclavo, junto con Andrómaca, la viuda de Héctor. Se decía que Héleno, adivinando los funestos regresos que esperaban a los Griegos, había aconsejado a NEOPTÓLEMO que hiciera el viaje por tierra salvándole con ello la vida. Más tarde, cuando murió Neoptólemo, Héleno se casó con su cuñada Andrómaca, reinando en el Epiro. Ésta es la situación en que lo presenta Virgilio cuando hace que reciba amistosamente a ENEAS y a sus compañeros. Cestrino, hijo de Héleno y Andrómaca, sucedió en el trono a su padre.

Heleo (Ἕλειος). Hijo de Perseo y ANDRÓMEDA. Se le consideraba como fundador de la ciudad de Helo, en la Argólide. Cuando Anfitrión atacó la isla de Tafos, Heleo le acompañó, quedando más tarde como rey del territorio junto con Céfalo.

Helia (Ἡλίη). Una de las llamadas HELÍADES.

Helíadas (Ἡλιάδαι, οἱ). Hijos de Helio y de la ninfa Rodo. Según la tradición, los Helíadas eran siete (Óquimo, Cércafo, Macareo, Actis, Ténages, Tríopas y Cándalo) y habían nacido en la isla de Rodas, tierra natal de su madre. Se les conocía como astrónomos. Contábase también que Actis, Cándalo, Macareo y Tríopas asesinaron a Ténages, el hermano menor, por lo que tuvieron que exiliarse de Rodas.

Helíades (Ἡλιάδες, αἱ). Las Helíades son hijas de la oceánide Clímene y de Helio, el Sol. Contaban las leyendas que cuando su hermano Faetonte fue muerto por el rayo de Zeus, lloraron tan desconsoladamente (se decía que sus lágrimas quedaban transformadas en gotas de ámbar) que fueron metamorfoseadas en álamos para aliviar sus dolores, aunque quizá esta metamorfosis fue más bien un castigo por haber sido ellas las que permitieron que su hermano empuñase las riendas del carro del Sol.

Sus nombres, en la versión más difundida, son: Febe, Mérope, Helia, Dioxipe y Eteria, aunque también se citan a Egle, Lampecia y Faetusa.

Helicaón (Ἑλικάων). Hijo del troyano Antenor. Cuando los Griegos tomaron Troya, Helicaón fue herido, pero Odiseo le salvó la vida en nombre de la antigua amistad que le unía con su padre. Estaba casado con Laódice, una de las hijas de Príamo.

Hélice (Ἑλίκη). Hija de Selino, rey de Egíalo, que casó con IÓN.

Helio (Ἥλιος). Según la *Teogonía,* Helio (el Sol) había sido engendrado por Hiperión –uno de los Titanes– y la titánide Tía (o bien Basilea), siendo hermano de Eos (la Aurora) y de Selene (la Luna). Es una de las personificaciones de elementos naturales que la mitología oficial encuadraba en las generaciones preolímpicas, constituidas por lo que se ha dado en llamar *«dioses inactivos»,* es decir, dioses cuyo culto había sido sustituido por el de otras divinidades más recientes. Sin embargo, el culto de Helio, de raíces muy antiguas, debió de conservar en ciertos lugares una relativa importancia, y prueba de ello es la tradición recogida por Píndaro, según el cual, cuando los Olímpicos desplazaron a las divinidades anteriores y Zeus procedió al reparto del mundo entre los dioses jóvenes, Helio, que había quedado excluido, protestó enérgicamente y Zeus se avino a repartir de nuevo; no llegó a hacerlo, pero fue porque el propio Helio decidió quedarse con una isla que iba a surgir del mar. Esta isla era Rodas, donde se estableció el dios y, uniéndose a la ninfa Rodo o Rode, tuvo siete hijos, los llamados Helíadas, astrónomos famosos, que probablemente simbolizaban los días de la semana. Se dice que Zeus le otorgó también la isla de Sicilia, consiguiendo asimismo gracias al arbitraje de BRIAREO la acrópolis de Corinto; hay además otros detalles que atestiguan que el culto de Helio estuvo extendido por todo el Mediterráneo. Así, resulta ser el padre de Calipso, de Circe (que habitaba en la isla Eea, localizada en Italia), de Pasífae (esposa de Minos, rey de Creta) y de los reyes de la Cólquide, Eetes y Perses; los cuatro habían nacido de Perséis, una de las hijas de Océano y de Tetis. Clímene, otra oceánide hermana de Perséis, le había dado a Faetonte y a las Helíades. Con Ocírroe habría engendrado también a Fasis, siendo, según algunos, el padre del rey Augías. Por otra parte, en diversos lugares habían existido rebaños de trescientas cincuenta vacas blancas de cuernos de oro, que estaban consagrados a Helio (se trata probablemente de las antiguas vacas de la Luna). Así, por ejemplo, el de Sicilia, guardado por sus hijas Lampecia y Faetusa –habidas de la ninfa Neera–, que fue saqueado por los compañeros de Odiseo, o el mejor de todos, el que tenía en la isla de Eriteya, cerca de Gades.

En el cuadro mitológico clásico que sirve de inspiración al arte y a la literatura, Helio aparece representado como un auriga que lleva el disco solar en torno a su cabeza y recorre cada día el firmamento de este a oeste, montado en un carro que arrastran cuatro caballos, cuyos nombres, Flegonte *(Ardiente),* Aetón *(Resplandeciente),* Pirois *(Ígneo)* y Éoo *(Amanecer),* son alusivos a los diversos aspectos del astro.

En el siglo V, cuando el culto de Apolo alcanzó su apogeo y la figura del dios délfico fue incorporando facetas que habían sido características de otros dioses, se le empezó a identificar con Helio, sustituyendo así al antiguo dios en su calidad de conductor del carro del sol.

Véanse también CLITIA y NERITIS.

Heloro (Ἕλωρος). Hijo del dios-río Istro que, con su hermano Acteo, luchó contra Aquiles al lado de Télefo.

Hémera (Ἡμέρα). Personificación del Día (ἡμέρα, en griego «día»). Hesíodo la hace hija de Nicte (la Noche) y de Érebo (la Tiniebla), y hermana de Éter. Cuando Nicte aparece en el Horizonte, Hémera se precipita en el Tártaro y regresa de nuevo a la tierra tan pronto como se aleja de ella su compañera.

Hemítea (Ἡμιθέα). 1) Una de las hijas de Crisótemis y de Estáfilo. Sobre su leyenda, *véase* LIRCO.

2) Hija de Cicno y hermana de TENES.

Hemo (Αἶμος). 1) Hijo de Ares habitante de Misia que luchó en Troya con Télefo.

2) Más conocido es un rey tracio, hijo de Bóreas y Oritía, hermano de Zetes y Calais, que casó con Ródope, la hija del río Estrimón. Como Ródope y Hemo se atrevieron a suplantar a Zeus y Hera y hacerse rendir culto, fueron convertidos por el dios en las montañas del mismo nombre. Hijo suyo era el río Hebro.

Hemón (Αἵμων). 1) Hijo, según la tradición más conocida, de Pelasgo, y padre de Tésalo. Él es el héroe epónimo de Hemonia, antiguo nombre con que se conocía a Tesalia.

2) Hijo de Licaón y fundador de Hemonia en la Arcadia.

3) Héroe etolio, hijo de Toante y padre, en algunas versiones, de Óxilo.

4) Héroe tebano, hijo de Polidoro y nieto de Cadmo. Por haber dado muerte durante una cacería a un familiar, tuvo que emigrar a Atenas.

5) El más conocido de los héroes que llevan este nombre es, sin duda, el hijo del tebano Creonte. Según la tradición más difundida, Hemón se suicida al encontrar a su prometida Antígona muerta en la tumba de los Labdácidas, donde había sido encerrada por orden de Creonte. También existe otra tradición sobre Hemón en la que se refería que el héroe había sido devorado por la Esfinge.

Según algunos, Hemón habría engendrado con Antígona a Meón, uno de los caudillos que se enfrentaron a los Siete en Tebas.

Heníoque (Ἡνιόχη). Madre, en algunas versiones, de Escirón.

Heósforo (Ἑωσφόρος). *Véase* EÓSFORO.

Hera (Ἥρα). Una de las principales diosas griegas, que los Romanos identificaron con Juno. Es hija de Rea y del titán Crono, y, por consiguiente, hermana de Hestia, Deméter, Hades, Posidón y Zeus. Devorada por su padre CRONO y liberada después, se convirtió en reina de los Olímpicos cuando Zeus hizo de ella su esposa. Según cuenta Hesíodo, nacieron de esta unión Hebe, Ares, Ilitía y quizá también Éride; Hefesto, en cambio, habría sido engendrado por la diosa sin que mediara unión sexual, por despecho hacia el esposo que había hecho salir de su frente él solo a Atenea. Si bien Hera es reina y señora indiscutible del Olimpo, las frecuentes infidelidades conyugales de su marido la colocan en el desairado papel de la esposa vengativa que persigue incansablemente a sus rivales (*véanse* ALCMENA, EGINA, LETO, SÉMELE, IO), y no sólo a ellas sino también a sus respectivas descendencias (*véanse* HERACLES y DIONISO). El hecho de que comparta con su marido el trono olímpico sometida en última instancia a sus decisiones añade al perfil mitológico de su carácter otros rasgos poco favorecedores: en ocasiones consigue que Zeus no se atreva a llevarle la contraria por temor a sus desagradables reproches; intenta alterar sus designios por medio de una seducción amorosa cuidadosamente preparada, para lo cual le pide prestado a Afrodita su ceñidor; llega incluso a conspirar abiertamente contra el poder de su marido, consiguiendo que los Olímpicos se subleven contra él y lo aten. Un eterno rencor y una venganza cruel eran las consecuencias de su orgullo herido: odió eternamente a los Troyanos porque había sido derrotada por Afrodita en el famoso juicio de PARIS; dejó ciego a Tiresias porque éste había dado la razón a Zeus cuando sostenía que eran las mujeres quienes más disfrutaban los placeres del amor; enloquece a ATAMANTE, castiga a ECO, IINGE y SIDE.

Varias ciudades griegas se disputaban el honor de haber sido la cuna de Hera. Así, los de Samos, que erigieron un famoso santuario en honor de la diosa, decían que había nacido en su isla, a orillas del río Ímbraso, en un juncal. Los Argivos, por su parte, pretendían que los Argonautas habían llevado a Samos desde su ciudad la imagen sagrada de la diosa, pero que ésta había nacido en Argos, siendo criada por Eubea, Prosimna y Acraya, las tres hijas del dios-río Asterión (el Asterión bañaba otro famoso *Heraion* situado a quince estadios de Micenas, en la Argólide, y cuya construcción se atribuía al argivo Eupólemo), tradición que contradice a la que atribuía a las Horas la crianza de Hera. En cuanto a los habitantes de Estínfalo, en la Arcadia, creían que un antepasado suyo –Témeno, hijo de Pelasgo– había criado a Hera, levantando luego en su honor tres santuarios correspondientes a tres epítetos de la diosa: Πάρθενος o Παρθενία *(Virgen)*, Τελεία *(Esposa)* y Χήρα *(Viuda* –es decir, separada del esposo para unirse de nuevo a él en la *hierogamia* ritual que se celebraba cada año). Otras leyendas, en cambio, atribuyen la crianza de Hera a Océano y Tetis, o bien a las Horas.

Se contaba que, para seducir a Hera, Zeus había tomado apariencia de cuclillo y que se había unido a la diosa cuando ésta colocó el pájaro en su regazo para protegerlo de la lluvia. Los Argivos afirmaban que esta unión había tenido lugar en su territorio, entre el Prono y otro monte que conmemoraba con su nombre la epifanía del dios en forma de cuclillo, Pausanias habla de la existencia de dos templos dedicados a los dos dioses en estos montes.

Las bodas de Zeus y Hera se celebraron, según los Cretenses, en su ciudad de Cnoso, en un lugar donde se erigió un santuario, celebrándose todos los años sacrificios sagrados y reproduciéndose ritualmente las bodas divinas. Pero en la *Ilíada* se sitúa este episodio en el monte frigio Ida, y existe otra tradición que lo lleva al jardín de las HESPÉRIDES.

Cuando Hera dio a luz al dios Hefesto, quedó tan disgustada al ver su deformidad que lo arrojó desde el Olimpo para deshacerse de él (para otras tradiciones, sin embargo, *véase* HEFESTO); pero el recién nacido se salvó, al caer al Océano, y supo vengarse más tarde de su madre. En efecto, cuando ya se había convertido en un gran artífice, construyó un magnífico trono de oro, que envió a Hera como presente. Ésta se apresuró a sentarse en él, quedando apresada por unas cadenas que Hefesto había colocado hábilmente para este fin. Mucho tiempo hubo de permanecer la diosa inmovilizada en el asiento, ya que sólo su hijo sabía el modo de liberarla y nadie era capaz de convencerlo para que lo hiciese. Sólo Dioniso acabó por conseguirlo embriagándolo. En otra ocasión, el haber enviado una tempestad contra la nave de Heracles fue causa de que Zeus colgara a Hera en el Olimpo de las muñecas y con dos yunques atados a sus tobillos.

No faltan en la leyenda de Hera episodios relativos a intentos de seducir a la diosa. Así el de la Gigantomaquia por parte de PORFIRIÓN, o bien el de IXIÓN. En ningún caso, sin embargo, fue consumada la seducción, y los intentos tuvieron funestas consecuencias para sus autores.

La derrota de la diosa en el juicio de Paris la puso de parte de los Aqueos, favoreciendo de manera muy especial en todas sus intervenciones bélicas a Aquiles y a Menelao. También ayudó a los ARGONAUTAS.

El culto de Hera aparece localizado principalmente en la Argólide y en lugares de expansión argiva, como son la parte oriental de la vecina región de la Arcadia, donde se encuentra Estínfalo, y la isla de Creta, conquistada desde antiguo por los Micénicos. De allí se habría extendido luego a otras ciudades del Peloponeso, como Esparta (en la *Ilíada* Hera dice que Argos, Micenas y Esparta son sus ciudades más queridas), Olimpia (cuyo *Heraion* pasaba por ser el más antiguo de todos los santuarios), Corinto (que hizo a la diosa patrona de la ciudad) y Sición (donde tenía un templo que se consideraba como fundación de Adrasto, el rey de Argos). La leyenda recoge una disputa entre Hera y Posidón por la ciudad de Argos, que habría sido decidida en favor de la diosa por Asterión, Cefiso e Ínaco. Posteriormente pasó a Beocia, localizándose en las ciudades de Tespis y Platea, próximas al Citerón, que celebraban procesiones en honor de la diosa; a la isla de Samos y a la Magna Grecia, donde era venerada en un santuario del promontorio Lacinio, cerca de Crotona, que se convirtió en el centro religioso de todos los griegos de Italia. Estos detalles y el epíteto de *argiva* que recibe frecuentemente en los poemas homéricos, así como su carácter de protectora de la nave *Argo,* han hecho suponer que mucho antes de convertirse en reina de todos los dioses y la diosa de todos los Helenos, Hera fuera simplemente la divinidad tutelar de la ciudad de Argos, como Atenea lo fue de la de Atenas. Con el tiempo, esta diosa de Argos habría pasado a ser la divinidad nacional de todos los Aqueos; de ahí la importancia de su culto en Micenas. Y de ahí, sobre todo, su papel de defensora incondicional de los Aqueos en la *Ilíada;* del mismo modo podría explicarse la extinción casi total de su culto en Esparta después de la conquista de la ciudad por los Dorios. Es posible, por otra parte, que los Argivos hayan hecho protectora de su ciudad a alguna divinidad prehelénica. Hera representa en muchos aspectos una divinidad femenina de la fecundidad: sus advocaciones de Virgen, Esposa y Viuda suponen un ciclo característico de fecundidad, como también los rituales del matrimonio sagrado en primavera, que se celebraba en Argos, Creta, Platea y Samos, y de la recuperación de la virginidad por medio de un baño. La granada, que era atributo suyo, es asimismo símbolo de la fecundidad, y, en efecto, la diosa era considerada en general como patrona de las mujeres casadas, siendo invocada en este sentido con sobrenombres especiales y llevando en Argos incluso el de *Ilitía,* es decir, protectora de los partos. La supuesta partenogénesis de Hefesto, que, por cierto, algunas leyendas extendían también al nacimiento de Ares, nos remite asimismo a un tipo de sociedad muy primitivo. Las ideas de fecundidad e inmortalidad se unen estrechamente en otros dos mitos relacionados con Hera: según una antigua tradición, las bodas divinas se habrían celebrado en el jardín de las Hespérides (símbolo mítico de la fecundidad), o bien la Tierra habría regalado a la diosa las manzanas de oro de dicho jardín con motivo de su unión con Zeus; la posesión de estas manzanas confería la inmortalidad (*véase* HESPÉRIDES). Por otro lado, el lirio, elemento ornamental característico de los cretenses, fue bautizado por los Helenos con un nombre que le daba el significado de «planta de la inmortalidad», y ese lirio se suponía nacido de la leche que derramó Hera cuando estaba amamantando a Heracles.

Hay todavía otra hipótesis que ha querido ver en Hera una antigua diosa de la luz, basándose en los epítetos de carácter luminoso que lleva en la epopeya («la de níveos brazos», «la de sandalias de oro», «la que se sienta en un trono de oro») y en el hecho de que fuera adorada en Esparta como la Luna, pero no son estos argumentos suficientemente sólidos como para poder descubrir a partir de ellos una divinidad helénica de la luz o de la atmósfera. En todo caso, la explicación de Hera como una antigua diosa-madre prehelénica de tipo local convertida luego por los Argivos en divinidad tutelar de su ciudad parece imponerse sobre cualquier otra.

Además del cuclillo, la granada y el lirio, eran atributos de Hera el pavo real (*véase* ARGO) y el helicriso.

Sobre otras leyendas en que interviene Hera, *véanse* HELENA, HIPNO y NÉFELE.

Heracles (Ἡρακλῆς). Es el más famoso de los héroes helénicos y el protagonista de un ciclo épico que lleva sus hazañas por todo el orbe conocido de los antiguos griegos. Las leyendas atribuidas a este personaje por la tradición eran tantas y, a veces, tan difíciles de relacionar entre sí, que se llegó a pensar en la Antigüedad que el nombre de Heracles había correspondido a varios héroes confundidos más tarde en uno solo. En este sentido, Diodoro de Sicilia habla de un Heracles egipcio, que habría vivido diez mil años antes de la guerra de Troya y realizado hazañas atribuidas luego al hijo de Alcmena, y llama también Heracles a uno de los DÁCTILOS cretenses. Por su parte, Cicerón enumera hasta seis Heracles, y Verrón cuarenta y cuatro. El hecho de que el nombre de Heracles sea un derivado del de la diosa Hera ha hecho pensar que el héroe no fue originariamente un dios, sino un personaje real, tal vez un antiguo señor de Tirinto, que se hizo famoso por su fuerza y por el éxito que coronaba sus empresas.

Sobre la figura de este personaje posteriormente divinizado y elevado por encima del resto de los héroes tradicionales, fueron acumulándose numerosas hazañas, que los antiguos acostumbraban a dividir en tres grandes grupos: los ἆθλοι (tareas realizadas por orden de Euristeo), las πράξεις *(empresas* ejecutadas por cuenta propia) y los πάρεργα (las pequeñas aventuras que le ocurrieron durante los doce años que pasó realizando los trabajos). Por otro lado, deben contarse las leyendas relativas al nacimiento, infancia y juventud del héroe, a su servidumbre en el reino de Ónfale, a su matrimonio con Deyanira y, por último, a su muerte y apoteosis final.

I. *Nacimiento, infancia y juventud de Heracles*

Heracles era hijo de Alcmena, la hija de Electrión, rey de Micenas. Casada ya Alcmena con Anfitrión, hijo de Alceo, el rey de Tirinto, Zeus se enamoró de ella y, tomando la apariencia de su marido, a la sazón ausente, consiguió unirse a ella haciendo que concibiera a Heracles; horas después regresaba el verdadero Anfitrión y se unía a su esposa engendrando a Ificles.

Electrión y Alceo eran hijos de Perseo y, por tanto, de raza argiva. Sin embargo, como Anfitrión tuvo que exiliarse, Heracles nació en Tebas, aunque siempre consideró la Argólide como su verdadera patria y trató repetidamente de volver a ella. A su muerte, sus descendientes, los HERACLIDAS, no se establecieron en Beocia sino en la Argólide.

Cuando Heracles estaba a punto de nacer, Zeus se jactó de haber engendrado un hijo que sería rey de Argos, y entonces Hera, disgustada por la infidelidad de su esposo, se las arregló para que formulara más o menos el juramento siguiente: «El niño que va a nacer hoy en una familia que lleva mi sangre –Alcmena era nieta de Perseo, hijo de Dánae y de Zeus– será señor de todos los que habiten en torno a él.» En seguida, Hera, aconsejada por Ate, envió a Ilitía, la diosa de los partos, para que adelantara el de Menipe o Nicipe, esposa de Esténelo, también descendiente de Perseo, y retrasara el de Alcmena (*véase* GALANTIS). Así Euristeo nació antes que su primo Heracles, quedando este último constituido en vasallo del primero, en virtud del juramento de Zeus. No contenta con esto, Hera quiso matar a Heracles y, en una ocasión, llevó dos enormes serpientes junto a su cuna para que lo estrangulasen; pero el pequeño, que tenía sólo ocho meses, se libró de ellas con facilidad, ahogándolas con sus propias manos. Se contaba, por otra parte, que Zeus había decidido que Heracles fuera inmortal y se convirtiera en un dios después de vivir entre los hombres. Como para ello era necesario que Hera le diera de mamar, el dios Hermes se encargó de llevar sigilosamente al pequeño junto a la diosa, aprovechando un momento en que ésta dormía; otra versión de la leyenda, que ignora la huida de Anfitrión a Tebas y sitúa en la Argólide el nacimiento del héroe, refiere que, por temor a la venganza de Hera, Alcmena había abandonado a su hijito en un lugar próximo a Argos y que, habiendo pasado por allí Hera y Atenea, ésta había pedido a su compañera que diera de mamar al pequeño; una vez que Heracles hubo ingerido la leche de la inmortalidad, Atenea se lo entregó de nuevo a Alcmena para que lo criase.

El niño Heracles recibió la educación propia de los héroes. Éurito, rey de Ecalia y nieto de Apolo, le enseñó a manejar el arco, y Cástor las armas; Autólico, hijo de Hermes, le instruyó en el pugilato, y de su propio padre Anfitrión aprendió a conducir el carro. Se decía que el primer maestro del héroe había sido el músico Lino, del cual recibía frecuentes castigos, debido al poco interés que despertaban en él sus enseñanzas; un día Heracles arrancó la lira de las manos de Lino y se la rompió en la cabeza, produciéndole la muerte. Acusado de homicidio, el joven compareció ante un tribunal, pero consiguió salir absuelto al invocar en su favor una sentencia del cretense Radamantis, que autorizaba a matar en defensa propia. Algunos creían que había sido este último personaje quien había enseñado a Heracles el manejo del arco, si bien una tradición distinta atribuía esta habilidad del héroe a las lecciones de un escita llamado Téutaro, pastor de los rebaños de Anfitrión. Ambas versiones se justifican fácilmente si se tiene en cuenta que los cretenses y los escitas eran arqueros afamados.

Apenas había cumplido los dieciocho años cuando realizó su primera hazaña. Los rebaños de Anfitrión y de Tespio –rey de Tespias, ciudad de Beocia próxima a Tebas– eran atacados frecuentemente por un enorme león que tenía su guarida en el monte Citerón; ningún cazador había podido acabar con la fiera y Heracles lo consiguió. Pero la cacería duró cincuenta días consecutivos, durante los cuales el héroe fue huésped del rey TESPIO, circunstancia que aprovechó éste para unir a cada una de sus cincuenta hijas con Heracles y obtener así una copiosa y aguerrida descendencia –los Tespíadas–, que se extendió por diversos lugares, llegando a colonizar la isla de Cerdeña. Por aquella misma época la ciudad de Tebas se veía obligada a pagar un tributo a la de Orcómeno, a consecuencia de una antigua disputa que acabó con la muerte de Clímeno, rey de esta ciudad, a manos de Perieres, auriga de Meneceo, que era el rey de Tebas durante la juventud de Heracles. Cuando los enviados de Orcómeno se presentaron para cobrar lo acordado, el héroe les cortó las orejas y la nariz, y, colgándoselas del cuello, les dijo que ése era el tributo que debían presentar a su rey Ergino. Éste atacó de inmediato la ciudad de Tebas, pero fue derrotado por Heracles y, en adelante, los de Orcómeno hubieron de pagar a los tebanos un tributo que era el duplo de lo que aquellos les habían venido cobrando hasta entonces. Agradecido por este servicio, Creonte –hijo de Meneceo, a la sazón rey de Tebas– casó a Heracles con su hija mayor Mégara, dando la menor a Ificles, el hermano del héroe.

Como pasaba el tiempo y Heracles seguía viviendo en Tebas, sin obedecer el involuntario designio de Zeus que le obligaba a ponerse al servicio de su primo Euristeo, la diosa Hera provocó en él un terrible ataque de locura, durante el cual el héroe dio muerte a todos los hijos que había tenido con Mégara y a dos de los de Ificles. En el *Heracles* de Eurípides, que se inspira en esta leyenda, la locura del héroe se sitúa en una época más avanzada de su vida, a saber, después de la bajada a los Infiernos correspondiente al undécimo trabajo. La acción desarrollada en el drama eurípideo es como sigue: Un tal Lico, llegado de Eubea, da muerte a Creonte y ocupa el trono de Tebas, todo ello durante la ausencia de Heracles, quien, tan pronto como regresa, venga a su amigo, matando al usurpador; pero, cuando el héroe se acerca al altar de Zeus para darle las gracias por la victoria, se apodera de él la locura, enviada por Hera, y, confundiendo a sus propios hijos con los de Euristeo, da muerte a todos ellos; luego, se dispone a hacer lo mismo con Anfitrión, que se aparece a sus ojos con los rasgos de Esténelo, el padre de Euristeo, pero la diosa Atenea lo impide golpeándolo en el pecho y haciéndole perder el conocimiento. Cuando vuelve en sí y se da cuenta de lo ocurrido, pretende suicidarse, pero la oportuna intervención de Teseo, que calma al héroe y se lo lleva a Atenas, pone fin al drama.

II. *Los doce trabajos* (Ἆθλοι)

La tradición más común refiere que Heracles, después de haber cometido su crimen, acudió al rey Tespio para que lo purificase, pero que esto no bastó para dejar tranquilo su espíritu y, en consecuencia, salió de Tebas y fue a Delfos en busca de consejo sobre cómo debía expiar su delito. Allí se le ordenó ir a Tirinto y servir a Euristeo durante doce años; si realizaba con éxito todos los trabajos que le impusiera su primo, obtendría como premio la inmortalidad. Al mismo tiempo, se le dijo que cambiara el nombre de Alceo, o bien Alcides –esto es, *descendiente de Alceo*–, que había llevado hasta entonces, por el de Heracles –*gloria de Hera*–, que es el que le atribuye siempre la leyenda. Se contaba que, antes de partir hacia Tirinto para ponerse al servicio de Euristeo, Heracles había sido convenientemente equipado por los dioses: Atenea le había regalado una túnica; Hefesto, una magnífica armadura; Hermes, una espada; Posidón, un soberbio tronco de caballos para su carro, y Apolo, el arco y las flechas envenenadas que tan importante papel habrían de desempeñar después de la muerte del héroe (*véase* FILOCTETES). Sin embargo, acostumbraba a cubrirse los hombros con la piel del León de Nemea y solía llevar en la mano una enorme clava –su arma favorita, junto con el arco–, que él mismo se había fabricado con el tronco de un acebuche. No cabe la menor duda de que el canon de los Trabajos de Heracles constituye una tradición bastante tardía. En los poemas homéricos sólo se hace referencia a uno de los ἆθλοι del héroe, el de la doma de Cérbero.

En cuanto a Hesíodo, menciona tan sólo los combates con el León de Nemea, la Hidra de Lerna y el Gigante Geríones.

Según una tradición recogida por Apolodoro, los trabajos impuestos a Heracles por Euristeo habrían sido diez y no doce; el mitógrafo resuelve el problema suponiendo que el segundo y el quinto no se contaron como tales porque Heracles había sido ayudado por Yolao en su lucha con la Hidra de Lerna y había percibido un salario por limpiar los establos de Augías. Lo que sí está claro es que estas doce hazañas, que pasaron a ser las más representativas del héroe, justificaban la difusión de su culto por toda el área de influencia helénica, ya que, mientras los seis primeros trabajos quedaban localizados en la parte septentrional del Peloponeso, los otros seis daban testimonio del paso del héroe por lugares tan alejados como Creta, Tracia, Escitia y diversas partes del extremo occidente.

Primer trabajo:
El León de Nemea

Hijo de los monstruos Ortro y Equidna, el León de Nemea era una fiera temible, que hacía estragos en la región, cuyos habitantes se mostraban incapaces de darle muerte, ya que su piel resultaba invulnerable a las flechas y a toda clase de armas. Heracles intentó matarlo golpeándolo con la clava, pero, después de habérsela roto en la cabeza, sólo consiguió asustarlo y que se retirara a su cubil. Entonces el héroe tapó una de las salidas e, introduciéndose en él por la otra, empezó a luchar con la fiera hasta que logró estrangularla. En seguida, le arrancó la piel, utilizando para ello las propias garras del animal, y se la echó sobre los hombros para que, en adelante, le sirviera de vestido. Se decía que, después de su muerte, el León de Nemea se había convertido en la constelación de *Leo.* De regreso de su hazaña y al pasar por Nemea, Heracles convirtió los juegos fúnebres que se celebraron allí cada año en recuerdo de Ofeltes *(véase* HIPSÍPILE) en los famosos Juegos Nemeos.

Segundo trabajo:
La Hidra de Lerna

El mito atribuye a Equidna la maternidad de este monstruo, mientras que el padre era Tifón, abuelo del León de Nemea. La Hidra de Lerna era una enorme serpiente de numerosas cabezas, que podían reproducirse apenas eran cortadas y que exhalaban un vaho capaz de matar a todo el que se hallara cerca. Según la tradición, este monstruo había sido criado por la propia Hera para que Heracles tuviese que luchar con él. Se dice que el héroe cortó las cabezas de la Hidra con una especie de espada, mientras su sobrino Yolao impedía que se reprodujesen quemando con tizones ardientes las heridas del animal. Se dice también que Hera había enviado un enorme cangrejo para que ayudara a la Hidra a vencer a Heracles, pero que éste lo había aplastado con el pie (el animal se convirtió después en la constelación de *Cáncer*). Una variante de la leyenda atribuía a la Hidra una cabeza inmortal, que Heracles habría sepultado bajo una roca después de cortarla. La sangre del monstruo sirvió para envenenar las famosas flechas de Heracles.

Tercer trabajo:
El Jabalí de Erimanto

Esta vez, Euristeo ordenó a Heracles que le llevase vivo un jabalí de gran tamaño que vivía en los bosques de Erimanto. Heracles persiguió al animal durante horas, llevándolo hasta una zona cubierta de nieve. Cuando hubo conseguido que estuviera fatigado, saltó sobre él y lo inmovilizó atándolo con cadenas. Luego se lo echó al hombro y regresó a la corte de Euristeo. Los antiguos gustaban de representar en sus pinturas el momento de la llegada de Heracles a Micenas y cómo Euristeo recibía a su primo dentro de un enorme caldero, por miedo al animal. Los colmillos del Jabalí de Erimanto eran enseñados en el templo de Apolo en Cumas.

Cuarto trabajo:
La Cierva de Cerinia

Este extraño animal tenía pezuñas de bronce y cuernos de oro. Estaba consagrada a Ártemis, porque, según se decía, era una de las cinco que la diosa había intentado capturar para engancharlas a su carro, y la única que había conseguido escapar, refugiándose en el monte Cerinia. Así pues, Euristeo ordenó a Heracles que se la llevase viva, y, como no podía hacerle ningún daño sin incurrir en sacrilegio, hubo de perseguirla día y noche hasta el mismo país de los Hiperbóreos. Allí, al fin, la cierva tuvo sed y se detuvo a beber en el río Ladón, momento que aprovechó Heracles para inmovilizarle las patas delanteras con una flecha que pasó entre el tendón y el hueso sin derramamiento de sangre. Acto seguido, el héroe emprendió el viaje de regreso a Micenas con el animal sobre sus hombros. Una tradición diferente, seguida por

Eurípides, pretende que este animal asolaba las cosechas, y que Euristeo ordenó a Heracles que le diera muerte, hecho lo cual el héroe depositaba la cornamenta de la cierva en el templo de Ártemis Enoatis.

Quinto trabajo:
Las Aves del Lago Estínfalo

Heracles recibió de Euristeo la orden de expulsar del lago Estínfalo –zona pantanosa situada en la Arcadia– a ciertas aves de pico, garras y plumas de bronce que atacaban con frecuencia a hombres y ganados. Agitando con fuerza unos címbalos de bronce que le había dado Atenea, Heracles consiguió que levantaran el vuelo y dio muerte a muchas de ellas, mientras las restantes huían hacia el mar Negro, donde fueron encontradas de nuevo por los Argonautas. Pausanias atribuye a esta aventura un fondo real y describe a las aves estinfalias como una especie de ibis, pero del tamaño de grullas y con un pico recto capaz de atravesar el metal, añadiendo que se criaban en Arabia, donde se las temía más que a los leones y leopardos, porque atacaban a los caminantes traspasándoles el pecho con sus picos. Pero también encontramos en los antiguos una interpretación evemerista, según la cual estas aves habrían sido las hijas de un tal Estínfalo, muertas por Heracles al haberle negado la hospitalidad que habían ofrecido, en cambio, a los Moliónidas.

Sexto trabajo:
Los Establos de Augías

Augías reinaba en Élide y poseía unos rebaños de vacas muy prolíficas e inmunes a toda clase de enfermedades. Pero no había limpiado jamás los establos y todos sus dominios aparecían cubiertos por una gruesa capa de estiércol, que hacía imposible el cultivo de la tierra, infectando con su hedor las comarcas vecinas. Por orden de Euristeo, Heracles se dispuso a limpiar todo aquello en un solo día, habiendo convenido con Augías en que, si lograba realizar el trabajo, recibiría a cambio la décima parte del ganado. Ayudado por su sobrino Yolao, Heracles derribó dos de las cuatro paredes de cada establo y, desviando de sus cursos los ríos Alfeo y Peneo, consiguió que las aguas se llevaran todo el estiércol. Una vez realizada la tarea, Augías, aconsejado por LÉPREO, se negó a pagar, por lo cual Heracles le declaró más tarde la guerra *(véase infra).*

Séptimo trabajo:
El Toro de Creta

Habiéndose negado una vez el rey cretense Minos a sacrificar a Posidón un hermoso toro que le había prometido, el dios lo castigó volviendo loco al animal y haciendo que Pasífae, esposa de Minos, concibiera de él al Minotauro. El toro recorría continuamente la isla echando fuego por las narices y destruyendo lo que encontraba al paso. Por orden de Euristeo, Heracles luchó con este animal hasta conseguir traérselo vivo a Micenas y, una vez allí, Euristeo quiso consagrarlo a Hera, pero la diosa no lo aceptó. El toro fue puesto en libertad y, después de haber atravesado la Argólide, pasó al Ática por el istmo de Corinto y se quedó en la llanura de Maratón *(véase* TESEO).

Octavo trabajo:
Las Yeguas de Diomedes

Esta vez, Heracles tuvo que ir a Tracia para apoderarse de Podargo *(Veloz)*, Lampón *(Resplandeciente)*, Janto *(Alazana)* y Deino *(Terrible)*, que eran las cuatro yeguas del rey Diomedes, hijo de Ares y de Pirene. Estos animales se alimentaban de carne humana, y Heracles se las arregló para que devoraran a su propio dueño, después de lo cual se volvieron tan mansas que el héroe pudo uncirlas al carro de Diomedes y llevárselas de este modo a Micenas, donde quedaron consagradas a Hera. En una versión probablemente más tardía se contaba que Heracles había ido a Tracia con un pequeño ejército, gracias al cual consiguió vencer a las gentes de Diomedes. Durante la lucha, las yeguas devoraron a un tal Abdero, amigo del héroe, que había recibido el encargo de custodiarlas, y entonces Heracles fundó cerca de allí una ciudad a la que llamó Abdera, donde cada año se celebraban en honor del héroe epónimo unos juegos fúnebres que incluían las competiciones acostumbradas, con excepción de la carrera de carros.

Noveno trabajo:
El Cinturón de Hipólita

Con objeto de regalárselo a su hija Admete, Euristeo pidió a Heracles que le llevara el cinturón de Hipólita, reina de las Amazonas. El héroe reunió algunos voluntarios, entre los cuales figuraba su sobrino Yolao, y se embarcó para Escitia, región próxima al mar Negro. Llegados allí consiguieron capturar a la amazona Hipólita, o bien a Melanipa, obteniendo el codiciado cinturón a cambio de su libertad. En otra forma de la leyenda, sin embargo, Heracles mataba a Hipólita y se llevaba el cinturón como trofeo.

Décimo trabajo:
Los Bueyes de Geríones

El monstruo Geríones, hijo de Crisaor y de Calírroe, tenía tres cabezas y era dueño de inmensas manadas de bueyes que pastaban en la isla de Eriteya, no lejos de los de Hades; el pastor Euritión, ayudado por el perro Ortro, cuidaba de ellos. La isla de Eriteya se ubicaba en el extremo occidente, más allá del río Océano, y allí envió Euristeo a Heracles con el encargo de robar los bueyes. Para atravesar el Océano, el héroe hubo de utilizar como barca la Copa de Oro del Sol, donde el dios se trasladaba cada noche del occidente al oriente; según la leyenda, Heracles se hizo prestar la copa, amenazando al sol con dispararle sus flechas si no accedía a su petición. Al llegar a la isla, el perro Ortro y el pastor Euritión se abalanzaron sobre el héroe, pero éste consiguió abatirlos de un mazazo y se dispuso a cargar los bueyes en la copa. Avisado por el pastor de Hades, Menetes, Geríones dio alcance a Heracles y le obligó a luchar, siendo traspasado por sus flechas. Ya de regreso, el héroe dejó constancia de su hazaña levantando en el estrecho de Gibraltar las llamadas *Columnas de Hércules.* Luego, continuó bordeando las costas mediterráneas, donde hubo de defender varias veces su botín contra los ataques de los ladrones de ganado; al pasar por Liguria, fueron tantos los asaltantes que agotó todas sus flechas y tuvo que dirigir una plegaria a Zeus para que le enviase una lluvia de piedras, gracias a las cuales pudo, al fin, librarse de sus enemigos. (Para las aventuras que le ocurrieron a su paso por Italia, *véase* HÉRCULES.)

Undécimo trabajo:
El Can Cérbero

Cérbero era un perro monstruoso, hijo de Tifón y Equidna, y, por lo tanto, hermano de la hidra de Lerna, del perro Ortro y del león de Nemea. Tenía tres cabezas y una serpiente por cola, y había sido colocado por Hades en la puerta del reino de los muertos. Euristeo ordenó a Heracles que se lo llevara. El héroe se inició entonces en los misterios de Eleusis con la ayuda del tracio Eumolpo y supo que Hades le permitiría llevarse el perro si conseguía dominarlo sin usar las armas; luego, tras haber cumplido con los ritos que eran preceptivos, inició el camino hacia los Infiernos, guiado por Hermes. Las almas de los muertos huyeron aterrorizadas al ver llegar a Heracles, y sólo Medusa y Meleagro le opusieron resistencia. El héroe intentó atravesar con su espada a Medusa, pero Hermes lo detuvo, haciéndole comprender que no era más que un fantasma; en cuanto a Meleagro, refirió a Heracles su triste historia y, conmovido por ella, el héroe le prometió que se casaría con Deyanira, la hermana de Meleagro que había quedado sin protección alguna después de la muerte de éste. Más adelante Heracles se encontró con Teseo y Pirítoo, a quienes Hades había retenido vivos en su reino desde que entraron en él para llevarse a Perséfone. Heracles liberó a Teseo y también a Ascálafo, que permanecía aplastado por una enorme roca; PIRÍTOO, sin embargo, hubo de quedarse en el Hades. Viendo la sed que sufrían las almas de los muertos –o, según otros, queriendo infundirles un poco de vida–, Heracles mató una de las vacas de Hades para que pudieran beber la sangre del animal, pero al intentarlo, Menetes, el pastor, le opuso resistencia, y el héroe hubo de luchar con él y le rompió las costillas. Al fin, Heracles se presentó ante Hades y, según algunos, obtuvo permiso para llevarse el perro (*véase,* sin embargo, HADES). Tras un prolongado forcejeo, el héroe consiguió inmovilizar al animal y lo condujo a presencia de Euristeo. Luego, una vez cumplida la tarea, lo devolvió a su dueño.

Duodécimo trabajo: Las Manzanas de Oro del Jardín de las Hespérides

Euristeo pidió, por último, a su primo que le llevara unas manzanas de oro que la diosa Gea había dado a Hera como presente de bodas, y que ésta había plantado en un jardín de los confines occidentales de la tierra, confiando su custodia a las ninfas llamadas Hespérides y al dragón Ladón, un monstruo de cien cabezas, hijo de Tifón y Equidna, o bien de Forcis y Ceto. El itinerario seguido por el héroe para llegar allí es muy complejo y ello hace difícil la ubicación del jardín, identificado por algunos con el país de los Hiperbóreos, pero imaginado por otros junto al monte Atlas o al otro lado del río Océano. Según refiere la tradición, Heracles se dirigió primero hacia el norte, en busca de ciertas ninfas, hijas de Zeus y Temis, que deberían indicarle el camino a seguir. Tras haber derrotado a Cicno, atravesó la Iliria y las encontró junto al río Erídano. Las ninfas le dijeron que tenía que interrogar al dios Nereo, ya que él era el único que conocía el camino. Heracles agarró fuertemente a Nereo mientras dormía y consiguió retenerlo –a pesar de las múltiples formas que adoptó el dios para liberarse–, obligándole así a revelar el misterioso camino.

Durante el viaje al jardín de las Hespérides, Heracles tuvo algunas aventuras, cuyo orden no está del todo claro, como tampoco si tuvieron lugar a la ida o a la vuelta. Se dice que mató al gigante Anteo en Libia; al rey Busiris y a su hijo en Egipto; a Ematión en Arabia. En algún momento pasó también por el Cáucaso y liberó a Prometeo, matando al águila que devoraba cada día el hígado de éste.

Una vez llegado al jardín, Heracles siguió el consejo de Prometeo y, en vez de intentar coger las manzanas él mismo, ofreció a Atlante sostener la bóveda del cielo si, a cambio, conseguía los codiciados frutos. Atlante accedió de buena gana y tanto le gustó verse libre de su carga, que propuso llevar él las manzanas a Euristeo, si Heracles seguía sosteniendo el mundo. En aquella situación, el héroe comprendió que debía utilizar su astucia y fingió aceptar complacido, rogando, sin embargo, a Atlante que se hiciera cargo de nuevo del peso mientras él buscaba una almohadilla para sus hombros. El infeliz Titán dejó entonces las manzanas en el suelo y volvió a sostener el mundo; rápidamente Heracles recogió los frutos y se marchó de allí. Otra versión de la leyenda cuenta, en cambio, que Heracles mató a la Serpiente y consiguió las manzanas sin la ayuda de Atlante y se dice que el monstruo fue colocado por Hera en el cielo, formando la constelación llamada de la *Serpiente,* mientras que las Hespérides eran convertidas en árboles. Una vez presentadas a Euristeo, las manzanas fueron devueltas a Hera, quien las colocó de nuevo en el famoso jardín.

III. *La servidumbre en el reino de Ónfale*

Después de haber completado los doce trabajos y libre ya de la servidumbre de Euristeo, Heracles no regresó a Tebas. Mégara, su esposa, casó con Yolao, y él se dirigió a Ecalia, donde el rey Éurito había prometido casar a su hija con aquel que pudiera vencerle a él mismo y a sus hijos en una prueba de arco. Heracles ganó, pero Éurito se negó a darle la prometida recompensa, temiendo que se repitiera el ataque de locura y el terrible proceder del héroe en su anterior matrimonio. Heracles se fue de Ecalia prometiendo venganza y, además, se llevó algunas de las yeguas del rey. Éste sospechó en seguida quién podía ser el ladrón, pero Ífito, uno de sus hijos, consideró que era una calumnia el acusar a Heracles de ello y salió en busca del ganado, pretendiendo que el héroe le ayudara a buscarlo. Se encontraron, al parecer, en Feras, y Heracles se llevó a Ífito como huésped a su palacio de Tirinto, pero, una vez allí, le dio muerte arrojándolo desde lo alto de las murallas. Los detalles del crimen varían según las versiones, pero, en cualquier caso, Heracles fue presa de un segundo ataque de locura, a consecuencia del homicidio, y pidió a Neleo, rey de Pilos, que lo purificase. Éste se negó y el héroe se dirigió entonces a Amiclas, donde el rey Deífobo accedió a su demanda. Pero Heracles no curó de su enfermedad y hubo de acudir al oráculo de Delfos en busca de consejo. Allí, la Pitia no quiso darle respuesta, y el héroe, furioso, se apoderó del trípode con ánimo de llevárselo y establecer en alguna otra parte su propio oráculo. Acudió, sin embargo, Apolo para evitar el expolio, y empezó la lucha entre los dos, hasta que un rayo de Zeus logró separarlos. En seguida, Heracles supo que habría de venderse a sí mismo como esclavo por un período de tres años, entregando a los parientes de Ífito el dinero así obtenido. En efecto, el héroe fue vendido por Hermes a Ónfale, reina de Lidia. Se decía que Heracles pasaba los días vestido de mujer, con pulseras y collares, cardando lana o hilando, y todo ello para complacer a su señora, que se había puesto, en cambio, la piel de león y llevaba consigo la clava y el arco. Se hablaba también de varios hijos engendrados por el héroe en sus uniones con Ónfale, como Lamo, el héroe epónimo de la ciudad de Lamia, y también Tirreno. Pero se suponía asimismo que Heracles había realizado en Lidia algunas hazañas propias de su condición, como la muerte de los bandidos SILEO y LITIERSES, la captura de los CERCOPES, el ataque a la ciudad de Itonos, que hostilizaba el reino de Ónfale, o la muerte de una gran serpiente que vivía junto al río Sangario destruyendo cosechas y exterminando a la población. Por una u otras razones, Ónfale quedó tan satisfecha de los servicios prestados por su esclavo que le concedió la libertad, devolviéndolo a su patria completamente curado y lleno de regalos.

IV. *Las Empresas* (Πράξεις)

Según dijimos antes, son éstas las hazañas que Heracles emprendió por cuenta propia, tras haber cumplido con las servidumbres de Euristeo y Ónfale.

1) *La primera Guerra de Troya*

Heracles llegó a Troya cuando la ciudad sufría el castigo de Apolo y Posidón por la conducta del rey Laomedonte, castigo que, según un oráculo, podía ser conjurado entregando a Hesíone, hija de Laomedonte, a la voracidad del monstruo enviado por Posidón. Casualmente, el héroe se presentó en Troya en el momento en que la muchacha aguardaba el sacrificio atada a unas rocas, y se ofreció a matar al monstruo si obtenía a cambio las magníficas yeguas que Laomedonte había recibido de Zeus cuando éste se llevó a su hijo Ganimedes. Accedió el rey al trato, pero, después de hecho el trabajo, se negó a pagar lo estipulado, y Heracles se despidió de él asegurándole que se vengaría. Años más tarde, reunió dieciocho naves de cincuenta remeros cada una y un pequeño ejército de voluntarios, llevando como lugarteniente a Telamón, rey de Salamina. Llegados a la costa troyana, dejaron las naves al cuidado de Oícles y unos cuantos hombres, mientras los demás marchaban contra la ciudad. Los troyanos hicieron entonces una salida, con el propósito de destruir la flota, y consiguieron matar a Oícles, aunque, al fin, fueron rechazados. Entre tanto, tras un breve asedio, Telamón pudo perforar la muralla y entrar en la ciudad, suscitando así la cólera de Heracles, quien consideraba como una ofensa grave el que se le hubiese adelantado. Sin embargo, cuando el héroe se disponía a castigar a Telamón, éste empezó a recoger piedras, diciendo que estaba erigiendo un altar a Heracles vencedor, gracias a lo cual se reconciliaron. Heracles mató a Laomedonte y a todos los hijos de éste en edad de luchar. Se apoderó asimismo de Hesíone, dándosela como esposa a su amigo Telamón y diciéndole que eligiera entre los cautivos su regalo de bodas; la muchacha escogió entonces a su hermanito menor Podarces, que estaba entre ellos, y pagó además su libertad ofreciendo su propio velo a cambio; de aquí, según la tradición, Podarces tomó el nombre de Príamo, *comprado*. (Para la intervención de Heracles en el nacimiento de Ayante, el hijo de Telamón, *véase* TELAMÓN.)

Disgustada por el éxito de Heracles, Hera envió malos vientos contra la flota del héroe cuando regresaba de Troya, desviándola hacia el Asia Menor de tal manera que arribó a la isla de Cos. Allí, los naturales recibieron a pedradas al grupo de Heracles, creyendo que se trataba de piratas, pero ellos consiguieron tomar la ciudad por la noche y la saquearon. El héroe mató al rey Eurípilo y se unió a la hija de éste, Calcíope. De esta unión nació más tarde Tésalo.

2) *La Gigantomaquia*

Dice la tradición que precisamente por entonces se encontraban los dioses enredados en su lucha contra los Gigantes, y que un oráculo les había asegurado la victoria siempre que un mortal fuera su aliado. Así, pues, Atenea condujo a Heracles desde Cos hasta Flegras, escenario de la batalla. El héroe hirió al gigante EFIALTES en el ojo derecho y a ALCIONEO, a quien hizo huir hasta Palene moribundo; remató con sus flechas a Porfirión, que ya había sido alcanzado por el rayo de Zeus. Hecho esto, Heracles se marchó de Flegras.

3) *La Guerra contra Augías*

El rey Augías, cuyos establos había limpiado Heracles por orden de Euristeo, se negó a pagar al héroe el salario convenido, obligándole, además, violentamente a salir de su territorio. Al igual que en el caso de Laomedonte, Heracles esperó el momento oportuno para vengarse. Desde Flegras marchó a la Arcadia y reunió un pequeño ejército para atacar Élide. Esta vez, sin embargo, el héroe fue derrotado por los llamados Moliónidas, generales del ejército contrario, que hirieron gravemente a su hermano Ificles y le obligaron a él mismo a retirarse. Poco tiempo después, cuando iban a celebrarse los Juegos Ístmicos, Heracles se escondió en el camino que conducía a los mismos y mató con sus flechas a los Moliónidas, que iban como embajadores de Elea. Acto seguido, organizó una segunda expedición contra Élide, tomando la ciudad, matando a Augías y colocando en el trono a un hijo de éste, que, al parecer, se había puesto de su parte en la antigua disputa.

4) *La Expedición contra Pilos*

Heracles siguió arreglando cuentas pendientes, y esta vez le tocó a Neleo, rey de Pilos, que se había negado a purificarlo por la muerte de Ífito. Neleo tenía doce hijos, el mayor de los cuales, Periclímeno, había aconsejado a su padre que expulsara a Heracles del país, mientras que Néstor, el

menor, opinaba que debía hacerse lo que quería el héroe; según unas tradiciones, esto le permitió salvarse de la matanza, aunque otras lo atribuyen a que se encontraba fuera del país. El caso es que Heracles atacó la ciudad y hubo de luchar con Periclímeno, quien, como nieto que era de Posidón, tenía el poder de adoptar formas diversas. Así, se acercó a Heracles convertido en abeja o en águila, si bien una oportuna advertencia de Atenea hizo que el héroe matara al animal de un flechazo. La ciudad cayó en seguida en manos de Heracles, que la saqueó, matando a los demás hijos de Neleo, excepto a Néstor.

5) *La Guerra contra Esparta*

Se trataba ahora de atacar a Hipocoonte y sus doce hijos, que reinaban en Esparta. La tradición recoge hasta tres motivos que hubiera tenido Heracles para declarar esta guerra: *a)* la ayuda prestada por Hipocoonte a Neleo en la defensa de Pilos; *b)* el deseo de Heracles de establecer en el trono espartano a Icario y Tindáreo, hermanastros de Hipocoonte y legítimos herederos del reino; *c)* los Hipocoóntidas habían dado muerte a un pariente de Heracles, que había lanzado una piedra contra un perro de ellos. Heracles organizó un ejército de arcadios y llevó como aliados a CEFEO –rey de Tegea– y a sus hijos, quienes perecieron en la dura lucha, así como Ificles, el hermanastro de Heracles. Éste, sin embargo, consiguió vengarlos dando muerte a los Hipocoóntidas, aunque recibió una herida grave en un brazo que le fue curada más tarde por Asclepio. Como consecuencia de esta victoria de Heracles, Tindáreo recuperó el trono de Esparta.

6) *Las Guerras de Tesalia*

Abandonando el Peloponeso y dirigiéndose a Tesalia, Heracles llevó a cabo una serie de alianzas con reyes de la región, no demasiado claras en las distintas tradiciones, que le forzaron a emprender ciertas guerras. Así, por ejemplo, se cuenta que, siendo huésped del rey CEICE de Traquis, ayudó a éste a expulsar de la Dóride a los Dríopes, aunque parece que este hecho favorecía al mismo tiempo a otro rey, EGIMIO, aliado del héroe en la lucha contra los Lapitas; al parecer, Egimio había prometido a Heracles un tercio de su reino si le libraba de este pueblo. Se decía que los Dríopes habían ayudado a los Lapitas en la lucha y que, además, Heracles estaba resentido con ellos por lo siguiente: cuando, poco tiempo antes atravesaba su territorio acompañado de Deyanira y de su hijito Hilo, había pedido algo de comer al rey Tiodamante, que se encontraba en el campo arando, pero éste se lo había negado y, entonces, Heracles había despedazado uno de los bueyes de la yunta y tomado de él cuanto quiso. Tiodamante corrió a buscar ayuda y regresó con un grupo de hombres, entablándose una lucha en la que Heracles resultó vencedor, con la ayuda de Deyanira, y consiguió matar al rey. Así, pues, llegada la ocasión, Heracles atacó gustoso a los Dríopes, dando muerte a su nuevo rey, Laógoras.

Después de haber vencido a los Lapitas y a los Dríopes, Heracles se dirigió contra AMINTOR, rey de la ciudad de Orminio, en el monte Pelión. Se decía que el héroe había solicitado a éste la mano de su hija Astidamía, y que Amintor se la había negado porque Heracles era ya el esposo de Deyanira; otra tradición, sin embargo, aducía como motivo de la venganza de Heracles el hecho de que Amintor le hubiera prohibido atravesar su territorio. Lo cierto es que el héroe tomó la ciudad y se llevó entre el botín a Astidamía, dándole un hijo, Ctesipo.

V. *Los* Πάρεργα

Se incluyen en este grupo infinidad de leyendas sobre hazañas realizadas por Heracles, que los mitógrafos han intercalado cronológicamente con mayor o menor coherencia entre los Ἆθλοι.

1) *Lucha con los Centauros*

Al pasar por Fóloe, cuando iba en busca del Jabalí de Erimanto para cumplir con la tercera de las tareas ordenadas por Euristeo, Heracles se encontró con el centauro Folo, hijo de Sileno y de una ninfa de los fresnos. Folo dio hospitalidad al héroe, obsequiándole, además, con un vino que tenía en especial reserva, pero, enloquecidos los otros centauros con el simple olor de la bebida –o bien, según otros, enojados porque Folo hubiera ofrecido a su propio huésped lo que era común a todos los centauros– atacaron a los dos comensales con piedras, ramas de árboles y antorchas. Heracles consiguió ponerlos en fuga con su arco, pero Folo murió accidentalmente, pues al arrancar una flecha envenenada del cuerpo de uno de los centauros abatidos, se le cayó en un pie y le hizo una pequeña herida que le produjo la muerte. Se decía que el centauro Quirón, amigo de Heracles, había sido herido involuntariamente por el héroe en esta escaramuza. La muerte de alguno de los centauros a manos de Heracles obligó a éste a purificarse, lo que fue llevado a cabo por el tracio Eumolpo.

2) *Expedición de los Argonautas*

La inclusión de Heracles en el ciclo de los Argonautas parece haber sido tardía, en una época en que la importancia alcanzada por el héroe exigía que estuviera presente en cualquier episodio sobresaliente de la leyenda heroica griega. Se decía que, mientras estaba cumpliendo con su servidumbre a Euristeo y quizá después de la captura del Jabalí de Erimanto, Heracles había tenido noticia de la expedición que se proponía conquistar el Vellocino de Oro, apuntándose en seguida en ella. Se decía también que los Argonautas le habían ofrecido el mando de la expedición y que Heracles se lo había cedido a Jasón, o bien que había sido él, en efecto, el capitán. Pero, en general, se admitía la escasa importancia del héroe en este episodio, suponiéndose, a veces, que Heracles había abandonado la empresa a mitad de camino porque la misma nave *Argo*, dotada como estaba de palabra, había manifestado que no quería llevarlo por lo mucho que pesaba. Pero la versión más completa de las relaciones entre Heracles y los Argonautas está en el poema de Apolonio de Rodas. Allí, se posponen estos hechos a la totalidad de los Ἆθλοι e, incluso, a las Πράξεις, pues se dice que el acompañante de Heracles en el viaje a Yolco, el hermoso HILAS, era un hijo de Tiodamante *(véase supra,* IV, 6), rey de los Dríopes, a quien el héroe tomó como escudero y amante después de vencer y matar a su padre. Así, pues, y siempre segun las *Argonáuticas,* la nave tocó en Misia en su viaje de ida, y Heracles se dirigió a un bosque cercano para construir un remo nuevo, mientras ordenaba a Hilas que fuera a buscar agua. Pero las ninfas de la fuente a la que se acercó el muchacho se enamoraron de él y lo apresaron en sus aguas. Desesperado, Heracles se puso a buscar al joven y, entonces, los ARGONAUTAS se hicieron de nuevo a la mar, dejándolo allí *(véase* BORÉADAS).

3) *Muerte de Euritión*

Cuando Heracles fue expulsado de Élide por Augías, pidió hospitalidad a Dexámeno, rey de Óleno, y, estando allí el héroe, el centauro EURITIÓN intentó violar a Mnesímaca, hija del rey. Heracles dio muerte al centauro.

4) *Resurrección de Alcestis*

Según una versión tardía de la leyenda de Alcestis, utilizada por Eurípides en su tragedia del mismo nombre, Heracles llegó al palacio de Admeto cuando iba de camino a Tracia para apoderarse de las Yeguas de Diomedes (octavo trabajo). Alcestis, esposa del rey, acababa de morir, pero Admeto, queriendo festejar a su huésped según la costumbre, le ocultó su dolor. Heracles gozó, en efecto, de la velada, pero acabó por saber la verdad y se sintió avergonzado. Bajó entonces a la cámara en que se hallaba Alcestis y apresó al genio de la muerte cuando intentaba llevarse el alma de la reina, obligándole a dejarla en libertad y consiguiendo así devolver la vida a la esposa de su anfitrión.

5) *La muerte de Caco*

Al pasar cerca del lugar donde habría de fundarse Roma conduciendo a Tirinto los Bueyes de Geríones (décimo trabajo), Heracles mató al famoso ladrón CACO, que le había robado parte del ganado.

6) *Muerte de Érice*

Después de acabar con Caco, Heracles siguió bajando por la península itálica y, al llegar al extremo sur de la misma, uno de los toros se escapó y llegó nadando hasta Sicilia, mezclándose allí con el ganado de Érice. Cuando Heracles se personó en el lugar y exigió su devolución, Érice, confiando en su propia fuerza, desafió al héroe a una lucha cuerpo a cuerpo, apostando su reino contra los codiciados bueyes. Heracles venció y mató a Érice, debido a lo cual ciertos descendientes del héroe quisieron siglos más tarde ocupar aquel territorio.

7) *Muerte de Alcioneo*

Al llegar al istmo de Corinto, Heracles sufrió el ataque de ALCIONEO, un bandido de talla gigantesca, a quien el héroe dio muerte golpeándolo con su clava. Las enormes piedras que Alcioneo había arrancado de la tierra para lanzarlas contra Heracles quedaron junto al istmo como testimonio de esta lucha. *Véase* también PALENE.

8) *Muerte de Cicno*

El combate entre Heracles y el bandido CICNO, hijo de Ares,

que acabó con la muerte del segundo, tuvo lugar, al parecer, cuando el héroe se dirigía en busca de las ninfas que debían revelarle el camino del Jardín de las Hespérides (duodécimo trabajo).

9) *Muerte de Licaón*

También en Macedonia, Heracles hubo de enfrentarse a Licaón, un hermano de Cicno y de Diomedes, hijo también de Ares; el héroe resistió su ataque y le dio muerte. Licaón era rey de los Crestonios, habitantes de una región llamada Europa, en recuerdo de Éurope, abuelo de Pirene.

10) *Liberación de Prometeo*

En algún momento de su viaje al país de las Hespérides Heracles pasó por los montes del Cáucaso y liberó de su tormento al titán Prometeo, rompiendo las cadenas que le mantenían prisionero y dando muerte al águila que le devoraba el hígado cada día.

11) *Muerte de Ematión*

Al pasar por Arabia, procedente del Cáucaso, y en su camino hacia el monte Atlas, Heracles mató a Ematión, rey del lugar, hijo de Eos, que le había atacado.

12) *Muerte de Busiris*

Según la tradición griega, Busiris fue un rey de Egipto, de quien se cuenta que tenía que sacrificar a Zeus un extranjero cada año para que su país se viera libre del hambre. A su paso por Egipto, Heracles fue elegido como víctima y fingió aceptarlo de buen grado, dejándose colocar en el altar, pero en el momento en que Busiris se disponía a clavarle el cuchillo, el héroe rompió sus ligaduras y le dio muerte, a él y a su hijo.

13) *Muerte de Anteo*

De Egipto pasó Heracles a Libia, donde le salió al encuentro Anteo, uno de los Gigantes hijos de Gea, que tenía por costumbre desafiar a todos los viajeros que cruzaban sus dominios, dándoles muerte durante la lucha, o bien después. Heracles derribó en seguida al gigante, pero, como quiera que tan pronto como el cuerpo de éste llegaba a tocar el suelo su madre le infundía nuevas fuerzas, la lucha empezaba de nuevo. Dándose cuenta de esto, Heracles levantó por los aires a su enemigo y consiguió ahogarlo.

VI. *Heracles y Deyanira*

Varios episodios de la leyenda de Heracles, entre los cuales se cuenta la muerte del héroe, aparecen estrechamente vinculados a su unión con Deyanira, la hija del rey Eneo de Calidón y hermana de Meleagro. El matrimonio de Heracles con Deyanira era situado por los mitógrafos en un momento de la vida del héroe en que éste había realizado ya los doce trabajos, la expedición a Troya y todas las campañas del Peloponeso.

1) *Lucha con Aqueloo*

Según la tradición, Heracles prometió a Meleagro, cuando se lo encontró en los Infiernos, que se casaría con su hermana, pero, al llegar a Calidón, el héroe hubo de luchar con el dios-río Aqueloo, que le disputaba a la muchacha. Se dice que Heracles arrancó a Aqueloo uno de sus cuernos, ofreciendo después este trofeo a ciertas ninfas que lo llenaron de frutos y formaron con él la famosa *cornucopia* (*véase*, sin embargo, AMALTEA).

2) *Ataque a Éfira*

Después de haber casado con Deyanira, Heracles se quedó a vivir en Calidón y dirigió una expedición de Calidonios contra los Tesprotos de Éfira. El héroe tomó la ciudad, dio muerte a su rey Filante y se llevó a la hija de éste, Astíoque o Meda, como concubina. De esta unión nació Tlepólemo.

3) *Muerte de Éunomo*

Durante un banquete celebrado en Calidón, Heracles se enfadó con el copero del rey Eneo, que era pariente de éste y tenía por nombre Éunomo. El héroe le dio un golpe con el puño y el muchacho cayó muerto. Eneo perdonó a su yerno lo que a todas luces había sido un homicidio involuntario, pero Heracles quiso obedecer la ley que obligaba al homicida a abandonar la ciudad donde hubiera cometido su crimen y marchó hacia Traquis acompañado de su esposa.

4) *Lucha con Neso*

Al llegar junto al río Eveno, encontraron al centauro Neso, que se dedicaba a pasar a los caminantes a la otra orilla a cambio de una pequeña cantidad de dinero. Mientras llevaba a Deyanira sobre sus hombros, Neso intentó violarla, pero Heracles, alertado por los gritos de la muchacha, disparó su arco e hirió al centauro. Antes de morir, éste aconsejó a Deyanira que empapara en la sangre que manaba de sus heridas una túnica de Heracles por si algún día le era infiel, indicándole que de este modo podría recuperar el amor del héroe.

5) *Toma de Ecalia*

Llegado a Traquis y después de haber realizado tres acciones guerreras en Tesalia, Heracles dejó a Deyanira en la ciudad y marchó contra Ecalia, cuyo rey ÉURITO se había negado a entregarle a su hija Yole años atrás. Reunió un ejército de locrios, malios y arcadios, tomó la ciudad y consiguió, al fin, apoderarse de Yole, llevándosela como concubina.

6) *Muerte y Apoteosis de Heracles*

Agradecido por su nueva victoria, Heracles quiso erigir un altar en honor de su padre Zeus en el cabo Ceneo, y envió a su heraldo LICAS a Traquis para que le trajera una túnica apropiada para la ceremonia de consagración. Deyanira vio llegar con el mensajero a la nueva compañera de su marido y, temiendo ser repudiada por él, impregnó la túnica con el supuesto filtro amoroso que le diera Neso. Pero la sangre del centauro estaba mezclada con el veneno de la Hidra de Lerna que le había inoculado la flecha de Heracles y, tan pronto como éste se puso el ropaje, sintió que su piel se abrasaba, arrancando pedazos de su propia carne al intentar quitársela. Presa de horribles dolores, el héroe regresó a Traquis, donde le salió al encuentro su esposa Deyanira, la cual, al darse cuenta de lo que había hecho, se suicidó, ahorcándose o atravesándose con una espada.

Luego, Heracles subió al monte Eta, acompañado por su hijo Hilo, y ordenó a éste que construyera una gran pira. Como ninguno de los criados quería encender la hoguera, consintió en hacerlo Peante –o bien FILOCTETES– recibiendo como recompensa el arco y las flechas de Heracles. Mientras el fuego destruía el cuerpo mortal del héroe, una gran nube envolvió la pira y pudo escucharse un formidable trueno. Luego, al disiparse la nube, no quedaba ya rastro de Heracles: el héroe había accedido, al fin, a la inmortalidad. Se decía que, al subir al Olimpo, Hera se había reconciliado con él y lo había adoptado como su propio hijo por medio de una ceremonia especial. Después Heracles había casado con la diosa Hebe (con la que tuvo a Alexiares y a Aniceto) para vivir eternamente entre los inmortales.

A los hijos de Heracles que hemos mencionado hay que añadir algunos otros que le atribuye también la tradición: con Asopis habría tenido a Mentor; con Auge a TÉLEFO; con Deyanira a Hilo, Macaria, Odites y Gleno; con Melina a Laomedonte; con Mélite a otro Hilo; con Mirto a Euclea; con Parténope a Everes; con Prótide a Prómaco; con Bolbe a Olinto; con Tinge a Sófax; con una hija de Evandro a Palante. Se menciona también a Licio y Palemón.

Entre los bandidos muertos por el héroe cabe citar, además, a Polígono, Telégono y Término. *Véanse* también ESCITES, SARPEDÓN y TEBE.

Heraclidas (Ἡρακλειδαί). Se da el nombre de Heraclidas a los descendientes de Heracles. Después de la apoteosis de éste, algunos de sus hijos marcharon con Alcmena a Tirinto, otros se refugiaron en Tebas, otros en Traquis, la corte del rey Ceice. Euristeo, temiendo que lo destronaran, envió un mensaje a Ceice pidiéndole que expulsase de Grecia a todos los Heraclidas. Ceice, temeroso de Euristeo, alegó ante los Heraclidas que no podía protegerlos, por lo que los expulsó de su reino. Los Heraclidas visitaron diversas ciudades griegas pidiendo hospitalidad, hasta que fueron acogidos en Atenas, donde reinaba Teseo. Éste los estableció en una ciudad cercana, negándose a entregarlos a Euristeo, quien declaró la guerra marchando contra Atenas, defendida por Teseo –o bien ya por su hijo Demofonte– además de por Yolao e Hilo, hijos de Heracles. Después de una dura batalla en la que tuvo que sacrificarse en Maratón Macaria, la única hija de Heracles, ya que un oráculo decretó que los Atenienses serían derrotados a menos que muriese uno de los hijos del héroe, los atenienses vencieron, dando muerte a Alejandro, Ifimedonte, Mentor, Perimedes y Euribio, los hijos de Euristeo. Éste mismo murió a manos de Hilo, que lo persiguió cuando huía en su carro. En las Rocas Escironias lo mató cortándole la cabeza, a la que Alcmena sacó los ojos con una aguja.

Después de la muerte de Euristeo, los Heraclidas invadieron el Peloponeso, apoderándose de todas sus ciudades. Sin embargo, una peste asoló al ejército al año siguiente. Cuando consultaron un oráculo, éste les comunicó que los Heraclidas habían vuelto antes de tiempo, por lo que HILO, que los dirigía por haberse casado, por encargo de su padre, con Yolé, la concubina de Heracles, se replegó hasta Maratón. Tomando esta vez precauciones, consultó a un oráculo antes de emprender otra expedición. El oráculo contestó que esperase a la tercera cosecha, por lo que Hilo entendió que eran tres años, transcuridos los cuales volvió al ataque. En el istmo se entabló la batalla, que duró hasta que Hilo desafió a un enemigo a un duelo que decidiese el sangriento combate. Se le enfrentó el rey de Tegea, Équemo, que derrotó a Hilo, al que enterraron en Mégara. Los Heraclidas, después de tributarle honores, se volvieron a retirar por segunda vez a Atenas. La conquista definitiva tuvo lugar en la tercera generación, después de otra derrota de Aristómaco que intentó atacar por el istmo. Consultado por tercera vez el oráculo de Delfos, éste les explicó que la tercera cosecha quería decir la tercera generación, aconsejándoles además que atacasen por el estrecho y no por el istmo. Mandaron la expedición los hijos de Aristómaco, biznietos de Hilo, llamados Témeno, Cresfontes y Aristodemo. Construyeron una flota en la Lócride, en Naupacto, pero cuando estaban a punto de partir, se produjeron dos desgracias. Primero murió ARISTODEMO, fulminado por un rayo. Además, un día se presentó un poeta de Acarnania llamado Carno; creyendo los Heraclidas que era un mago enviado contra ellos por Tisámeno, el hijo de Orestes, que entonces reinaba en el Peloponeso, lo mató Hípotes, uno de ellos. Los asoló entonces una tempestad, que destruyó las naves, y una plaga de hambre. Consultó una vez más Témeno al oráculo, decretando éste que desterrara al asesino durante diez años y pusiera como guía a alguien con tres ojos. Pronto pensaron en un habitante de Rodas, Tríopas, cuyo nombre significaba «tres ojos», pero, cuando estaban a punto de nombrarlo guía, se presentó allí ÓXILO, etolio desterrado de la Élide, que montaba un mulo tuerto. Óxilo se avino a guiarles si a cambio se le concedía la Élide. Con facilidad consiguieron por fin la victoria, tras dar muerte a Tisámeno. En el reparto del Peloponeso entre los Heraclidas sólo entraron en el sorteo Argos, Mesenia y Laconia, no Arcadia, que respetaron por haberse casado Cresfontes con una hija de Cípselo, ni la Élide, ofrecida a Óxilo. Sobre la no inclusión de Arcadia se contaba otra leyenda más complicada. El oráculo les ordenó que no tocasen la región en la que compartiesen una comida. Cresfontes comió un día con unos embajadores arcadios y, cuando estaba a punto de disputar con ellos, recordó lo dicho por el oráculo, por lo que decidieron dejar intacta Arcadia. En el reparto, sobre el cual *véase* CRESFONTES, tocó Argos a Témeno, Mesenia a Cresfontes y Lacedemonia a los descendientes de Aristodemo.

Hércina (Ἑρκύνα). Ninfa venerada en Lebadea (Beocia) como compañera del dios-héroe local Trofonio. De la cueva oracular de este último brotaba un manantial cuyas aguas servían para purificar a los consultantes. La leyenda le atribuía el siguiente origen: un ganso sagrado de la ninfa se escapó una vez mientras ella jugaba con Perséfone; ésta corrió tras él, pero no pudo darle alcance porque el ave desapareció bajo una gruesa piedra. Sin embargo, al levantar Perséfone aquella piedra, brotó allí mismo una fuente a la que llamaron Hércina, quedando, además, al descubierto la entrada de la cueva oracular.

Hércules. La figura del héroe griego Heracles fue conocida muy pronto entre los latinos, llevando entre ellos el nombre de Hércules, forma latinizada del original griego y acuñada, tal vez, por los Etruscos. Se suponía que el héroe había pasado por Italia cuando volvía de Tirinto con los bueyes de Geríones y que había vivido allí ciertas aventuras que, con el tiempo, fueron complicándose y multiplicándose en la tradición. Así, se cuenta que fue recibido por Evandro, un arcadio establecido en el Lacio, que, por consejo de su madre, la ninfa Carmenta, agasajó a Hércules y erigió en su honor el *Ara Maxima*, un altar situado entre el Palatino y el Aventino, que era atendido por dos familias sacerdotales –los *Potitii y* los *Pinarii* (aunque *véase* también BONA DEA). Sin embargo, si el nombre de Evandro es, como se ha sugerido, una helenización del de Fauno, esta leyenda no sería más que una versión moderna de la que refiere cómo Hércules pidió hospitalidad al rey latino Fauno, quien, después de concedérsela, quiso matarle, pues acostumbraba a sacrificar ritualmente a todos los extranjeros que llegaban a su territorio. En esta leyenda Hércules daba muerte a Fauno. Otro episodio famoso relativo a Hércules es el de su encuentro con CACO, aunque su enorme semejanza con algunas fábulas griegas, como la del robo del ganado de Apolo por parte de Hermes, invita a pensar que se trata de una elaboración tardía.

En Roma, Hércules tuvo un importante culto privado, que pasó a ser público en el año 312 a. J.C. y cuya fiesta principal, celebrada el día 12 de agosto, incluía una libación nocturna. (*Véanse* también CROTÓN, DIO FIDIO, LACINIO, LATINO, MÍSCELO.)

Hermafrodito (Ἑρμαφρόδιτος). Hermafrodito es una divinidad bisexual, tal vez de origen oriental, quizá originada a partir de ciertos ritos del matrimonio en los que ambos sexos intercambiaban sus vestidos. Se contaba en Caria una leyenda sobre Hermafrodito, que sería un hijo de Hermes y Afrodita dotado de gran belleza. Se enamoró de él Salmácide, la ninfa de una fuente, pero Hermafrodito la rechazó. Aprovechando Salmácide que el joven se bañaba en sus aguas un día, le abrazó fuertemente, pidiendo a la vez a los dioses que les concedieran no poder separar nunca sus cuerpos. Así lo hicieron los dioses uniéndolos en un ser de doble naturaleza.

Son frecuentes las representaciones plásticas de Hermafrodito, a veces acompañando a Dioniso.

Hermes (Ἑρμῆς). El nombre de Hermes parece estar relacionado con ἕρμα *(montón de piedras)*. En efecto, con el término Ἑρμαῖ se designaban los mojones que jalonaban los caminos y que indicaban los límites de las tierras. De estos montones de piedras surgía un pilar que estaba coronado por un busto itifálico, símbolo de fecundidad y prosperidad. Al dios se le aplicaba el término Προπύλαιος *(que está delante de la puerta)*, porque estos Ἑρμαῖ tenían a su cargo la protección de los dinteles de las puertas. De ahí que gozasen de gran estima popular y de ahí que su mutilación en Atenas –con la que parecía estar relacionado Alcibíades– produjese una gran conmoción. Otros epítetos del dios tales como Ἐπιμήλιος, Μηλοσσόος, Νόμιος, Οἰοπόλος –que aluden a su carácter de bienhechor, de protector de los pastos, de los rebaños, y más concretamente de los de ovejas– invitan a pensar que él es el dios por excelencia de la sociedad pastoral micénica, lo que encuentra un apoyo en el hecho de que su nombre esté presente en una tablilla de Pilos.

Maya, la más joven, según la versión más conocida de su leyenda, de las hijas de Atlante y de Pléyone, se unió a Zeus engendrando a Hermes, a quien alumbró en una cueva del monte Cilene, en la Arcadia.

La juventud, la frescura, la precocidad, la astucia, la inteligencia, la elocuencia y el pintoresquismo son las principales características de este dios rústico y popular a quien los humanos consideran un verdadero amigo divino.

Hermes es el creador de la lira, que construyó utilizando como caja de resonancia el caparazón de una tortuga, y el inventor de la flauta o siringa, que cambió a

Apolo por el cayado de oro. A Hermes se le atribuye también la invención de la música, del alfabeto, de la astronomía, de la gimnasia, de los pesos y medidas. En consecuencia a él se le venera como dios de la palestra y del estadio; como dios de los viajeros, a lo que hacen referencia sus epítetos Ὅδιος, Ἁγήτωρ y Ἡγεμόνιος; como dios de la elocuencia, de los comerciantes y de los ladrones.

Este dios, que, casi recién nacido, roba los bueyes a Apolo –a la sazón pastor de Admeto–, tiene una participación nada desdeñable tanto en el acontecer divino como en el humano. Hermes es quien devuelve a Zeus los tendones que Tifón le había arrebatado, posibilitando de este modo la victoria del padre de los dioses sobre el monstruo; en la Gigantomaquia él da muerte a Hipólito; él es el encargado de sacar a Ares de la vasija de bronce en la que lo habían encerrado los Alóadas; él mata a Argo, el vigilante de Io, de donde algunos creen que le proviene el epíteto Ἀργεϊφόντες; él es por excelencia el heraldo de los dioses, y, en calidad de tal, asiste a la guerra de Troya, tomando partido por los griegos, aunque no participa jamás en la lucha. Como recadero divino actúa siempre según los deseos de Zeus y, así, comunica el ultimátum de éste a Prometeo; devuelve a Perséfone, que había sido raptada por Hades, a Deméter; conduce a las tres diosas –Afrodita, Atenea y Hera– ante Paris para que éste decida cuál de ellas es la más hermosa; transporta a la verdadera Helena desde el barco de Paris a Egipto, sustituyéndola por un fantasma de la misma apariencia física; conduce a Príamo ante Aquiles para que suplique la devolución del cadáver de su hijo Héctor; da a conocer a Odiseo la planta mágica que le protegerá contra los hechizos de Circe, y comunica a Calipso la orden de Zeus para que deje partir al héroe; él es el encargado de conducir a la pradera de asfódelos las almas de los muertos, y así procede con los pretendientes de Penélope, y con Alcestis, por lo que recibe el epíteto de Ψυχοπομπός. Participa Hermes en la creación de Pandora, y él es quien regala a Néfele el cordero de vellón de oro que había de salvar a Frixo y a Hele; él ofrece su espada a Heracles, y a Perseo sus sandalias aladas y su casco; dona la lira a Anfión, y, con su varita de oro, duerme o despierta a los mortales, por lo que se le denomina ἡγήτωρ ὀνείρων. Él es quien, en dos ocasiones, salva a Dioniso de la cólera de Hera; conduce a Heracles por los caminos infernales para que pueda realizar la captura de Cérbero, y

lo vende como esclavo a Ónfale para que el héroe pueda purificarse de la muerte de Ífito.
Este dios bienhechor e inventor recibe de su hermano Apolo el cayado de oro que él habrá de convertir en el Caduceo, y lecciones de arte adivinatorio a cambio de la lira y de la siringa.
Con frecuencia vemos a Hermes representado con el caduceo, el pétaso (sombrero de viajero) o el casco alado y las sandalias aladas, además de una capa.
Tuvo gran éxito en sus relaciones amorosas. Así, con Aglauro tuvo a Cérice, antepasado de los Cérices de Eleusis, lo que hace referencia a su calidad de heraldo; con Herse, en Atenas engendró a Céfalo; con Eupolemia tuvo a Etálides, que fue mensajero de los Argonautas; con Isa engendró a Prilis; con Carmenta, a Evandro; con Ctonofile, a Pólibo; con Antianira, a los Argonautas Equión y Éurito; con Rene, a Samón; con Afrodita, a Hermafrodito, y, según una versión de la leyenda, a Eros y a Príapo; con Daíra, a Eleusis; con Faetusa o con Clímene, a Mírtilo; con Dríope, según algunos, al dios Pan, y con Alcidamía, a Buno. Son considerados también como hijos suyos Abdero, Dafnis y Autólico, el abuelo de Odiseo. Para otras leyendas en las que interviene Hermes, *véanse* ESTENTOR, ORIÓN y PALESTRA.

Las fiestas y cultos públicos en honor de Hermes son mucho menos numerosos que los privados y rústicos donde era venerado frecuentemente en unión de las Ninfas. Aunque el dios fue especialmente venerado en la Arcadia, en la Argólide, Beocia y Etolia se celebraba en el mes ῾Ερμαῖος una fiesta en honor de los muertos y de Hermes Ctonio. En Tanagra, Hermes tenía consagrados dos templos en su honor; en Atenas, al igual que en Esparta, se veneraba a un Hermes ᾿Αγοραῖος. Finalmente, es preciso indicar que se ha querido relacionar a Hermes con unas fiestas de carácter saturnal que se celebraban en la Argólide y en Creta, durante las cuales se intercambiaban los papeles los amos y los esclavos.

Hermíone (῾Ερμιόνη). Hija de Menelao y de Helena. Durante la guerra de Troya, Menelao concertó la boda de la muchacha con Neoptólemo, hijo de Aquiles, aunque, según la versión de esta leyenda seguida por los trágicos, Hermíone estaba prometida ya a Orestes. Lo cierto es que casó con Neoptólemo, pero no consiguió tener descendencia, acusando a Andrómaca –la concubina que su esposo se había traído de Troya y que ya le había dado un hijo, Moloso– de obstaculizar su maternidad a base de maleficios. Para averiguar la verdad, Neoptólemo marchó a Delfos y allí se encontró con Orestes (o Maquereo), que le dio muerte. Orestes casó luego con Hermíone, y de esta unión nació un hijo, Tisámeno, que fue rey de Esparta.

Hermo (῞Ερμος). Uno de los hijos de EGIPTO.

Hero (῾Ηρώ). La historia de Hero y de su amante Leandro, referida por Ovidio, sirvió para inspirar el poema de Museo titulado *Hero y Leandro.* Leandro vivía en Abidos -ciudad situada en el lado asiático del estrecho de los Dardanelos- y cada noche atravesaba nadando el Helesponto para ver a su amada Hero, sacerdotisa de Afrodita en la ciudad de Sestos, situada en la costa europea del mismo estrecho, frente a Abidos. El joven se guiaba por una antorcha que Hero mantenía encendida en lo alto de la torre de su casa; sin embargo, una noche la tempestad apagó la antorcha y Leandro murió ahogado. A la mañana siguiente, Hero pudo ver su cadáver, que las aguas habían arrastrado hasta el pie mismo de la torre, y, desesperada, se arrojó sobre él perdiendo la vida.

Herófila (῾Ηροφίλη). *Véase* SIBILA.

Herse (῞Ερση). La leyenda de Herse, hija de Cécrope y Aglauro, está íntimamente ligada a la de sus hermanas Aglauro y Pándroso. Atenea había confiado a las tres hermanas una caja en la que estaba el recién nacido Erictonio. Les encargó que no la abrieran, pero ellas, no pudiendo dominar su curiosidad, desobedecieron a la diosa. Atenea, en castigo, las enloqueció e hizo que se arrojasen desde lo alto de la Acrópolis. Había una variante de la leyenda en la que la única culpable era Aglauro. En este caso Herse fue amada por Hermes y de tal unión nació Céfalo.

Hesíone (῾Ησιόνη). 1) Hija del rey de Troya Laomedonte y hermana de Titono y Podarces, más tarde llamado Príamo, único superviviente de su familia cuando Heracles tomó Troya y a quien Hesíone rescató de entre los cautivos cuando el héroe le dio la oportunidad de elegir entre ellos.

Cuando Heracles volvía de uno de sus viajes, encontró en Troya a Hesíone atada a una roca, porque el oráculo de Zeus Amón habla anunciado que sólo se apaciguaría la cólera de Posidón si se sacrificaba a una de las hijas del rey al monstruo marino que el dios había enviado. El motivo de la cólera de Posidón era que Laomedonte se había negado a pagarle su salario por haber construido con Apolo la muralla de Troya. Tras gran resistencia, Laomedonte se resignó a sacrificar a Hesíone. Cuando llegó Heracles, se ofreció a matar al monstruo a cambio de las famosas yeguas de Laomedonte, regalo de Zeus. Laomedonte aceptó, pero, cuando Heracles logró matar al monstruo, volvió a negarse a cumplir su palabra. Años más tarde, Heracles organizó una expedición contra Troya, tomando la ciudad. El primero que franqueó la muralla fue Telamón y, como recompensa, Heracles le concedió a Hesíone, que pasó a ser su tercera mujer, con la que tuvo a Teucro. Según una versión, Hesíone huyó más tarde de Salamina encinta de Telamón, refugiándose en Mileto, donde tuvo un segundo hijo de nombre Trambelo. *Véanse,* sin embargo, este nombre y TEANIRA.

2) Otra Hesíone es, en algunas versiones, esposa del marino Nauplio y madre de Palamedes. *Véase,* sin embargo, NAUPLIO.

3) Menos conocida es una hija de Océano que se cita como una de las muchas esposas atribuidas a Prometeo.

Hesperetusa (Ἑσπερέθουσα). Una de las llamadas HESPÉRIDES.

Hesperia (Ἑσπερία). *Véase* ÉSACO.

Hespéride (Ἑσπερίς). Madre, con Atlante, de las HESPÉRIDES.

Hespérides (Ἑσπερίδες). Ninfas de voz melodiosa que, según las distintas tradiciones, resultan ser hijas de la Noche, de Zeus y Temis, de Forcis y Ceto –los padres del dragón Ladón, que guardaba el árbol de las manzanas de oro– o bien de Atlante. Su nombre significa, sin embargo, *hijas de Héspero,* la personificación de la estrella de la tarde, que pasaba por hijo o hermano de Atlante. Por otro lado, los nombres de las ninfas, Hesperetusa, Egle y Eritia constituyen alusiones a la puesta de sol, y el país de las Hespérides solía localizarse, en efecto, en el extremo occidente, al borde del río Océano y muy cerca del monte Atlas; por eso, tal vez, las presenta Hesíodo como hijas de la Noche.

Según la leyenda, estas ninfas, cuyo número oscila entre tres y siete, custodiaban un maravilloso jardín, llamado el Jardín de las Hespérides *(véase* HERACLES, *duodécimo trabajo),* lleno de fuentes de ambrosía, que estaba consagrado a Hera porque la diosa había plantado allí las manzanas de oro que recibió de la Tierra como presente nupcial.

Héspero (Ἕσπερος). Personificación de la estrella de la tarde. La leyenda lo hace hijo de Eos (la Aurora) y cuenta cómo un día se subió a los hombros de Atlante (en algunas versiones su padre), o a la cima del monte Atlas, para contemplar mejor las estrellas y cómo resbaló y cayó al mar, transformándose después en el astro que lleva su nombre. Los autores helenísticos confundieron a Héspero con la estrella matutina, a quien los Griegos llamaban EÓSFORO y los Latinos LUCIFER.

Hestia (Ἑστία). Hestia, como la Vesta latina, es en principio una pura abstracción del Hogar, careciendo de mitos propios. Se hizo más tarde de ella una diosa Olímpica, personificación del fuego del Hogar, hija de Crono y Rea y hermana mayor de Zeus, Hera y Posidón. Zeus le concedió la virginidad eterna, por lo que rechazó a Posidón y Apolo, que la pretendían; además era objeto de culto en todas las casas de los hombres y templos de los dioses. No interviene en ninguna leyenda, permaneciendo siempre inmóvil en el Olimpo honrada por los dioses (*véase,* sin embargo, DIONISO).

Se sabe muy poco de sus cultos privados, pero parece ser que siempre se le dedicaban las primicias de los sacrificios o incluso un sacrificio preliminar en su honor.

Hiacíntides (Ὑακινθίδες). Según la versión más difundida de la leyenda, reciben este nombre las hijas del lacedemonio Hiacinto. Se considera habitualmente que eran tres: Antéis, Egléis y Litea, aunque en ocasiones se les añade una cuarta, Ortea. Para librar a su patria, Atenas, del hambre y de la peste que la asolaban durante la guerra que Minos tenía entablada contra ella, se ofrecieron voluntarias para ser inmoladas, siguiendo las instrucciones de un antiguo oráculo.

Según otra tradición, se llama Hiacíntides a las hijas de Erecteo, Pandora y Protogenia, o Ctonia, o Procris, quienes fueron sacrificadas en una colina llamada Hiacinto para librar a Atenas de los ataques de Eumolpo al frente del ejército eleusino. En ocasiones, se da este nombre por extensión a las demás hermanas: Creúsa, Oritía y Mérope.

Hiacinto (Ὑάκινθος). 1) Hijo de Amiclas, rey de Esparta, y de Diomede o bien, según otra tradición, de Píero y de la musa Clío. Fue amado por el mítico poeta Támiris –de quien se decía que había sido el primer pederasta–, y también por el propio Apolo. Un día en que Hiacinto y Apolo se entretenían con el disco, éste, lanzado por el dios, rebotó fatalmente en el suelo e hirió al muchacho, produciéndole la muerte. Apolo, incapaz de devolverle la vida, quiso, al menos, que su recuerdo permaneciera imborrable: de la sangre del joven nació una flor nueva, roja como la púrpura y con la forma del lirio, cuyos pétalos llevan grabado un «AI, AI», el lamento del dios por la muerte de su amado (evidentemente no se trata de nuestro jacinto, introducido mucho más tarde en Europa por los turcos, sino de una variedad especial del lirio). El poeta Ovidio, transmisor de esta leyenda, supone que la misma flor surgió por segunda vez de la sangre del héroe Áyax, añadiendo que esa especie de signos impresos en ella corresponden también a las iniciales de su nombre (en griego Αἴας). Otras versiones del mismo mito presentan al viento Céfiro desviando el disco de Apolo y haciendo que alcance a Hiacinto para vengarse así de un amor no correspondido hacia el muchacho. En general, la tradición relaciona la historia de Hiacinto con la gran fiesta laconia de los *Hiacintia,* que se celebraba todos los años en el mes de mayo en honor de Hiacinto y de Apolo Amicleo. Es posible, por otra parte, que esta fábula, semejante a las de Adonis y Narciso, constituya un recuerdo del antiguo ritual de la aspersión, en el cual la tierra era fertilizada con la sangre de un joven –o de un niño– sacrificado con este propósito.

2) Héroe lacedemonio que se estableció en Atenas. Aparece como padre de las Hiacíntides en una de las tradiciones que refieren la historia de estas muchachas.

Híades (Ὑάδες). Las Híades *(hacedoras de lluvia* parece que significa su nombre) son unas estrellas que aparecen en primavera, de las que se contaba que habían sido unas ninfas transformadas por Zeus en constelación por los grandes servicios que realizaron cuidando a Dioniso. En Nisa, en efecto, atendieron al niño, entregándoselo posteriormente a Ino. Se decía que eran hijas de Atlante y Pléyone o la oceánide Etra, y sus nombres varían según los autores, siendo los más frecuentemente dados los de Fésile, Corónide, Eudora, Ambrosía, Feo, Polixo y Dione. En una versión tardía se hacía de las Híades unas muchachas, hermanas de Hiante, que, desoladas por la muerte de éste, murieron de pena, siendo transformadas en constelación. En Roma recibían el nombre de Súculas.

Híamo (Ὕαμος). Hijo de Licoreo que fundó, después del diluvio de Deucalión, la ciudad de Hía. Es padre de Celeno, la madre de Delfo.

Hiante (Ὕας). Hijo de Atlante y Pléyone y hermano, por tanto, de las Híades y de las Pléyades. En el curso de una cacería, en Libia, fue muerto por una serpiente, por un jabalí o por un león. Su muerte causó tal pesar en sus hermanas, que algunas de ellas, las Híades, murieron de tristeza, siendo convertidas posteriormente en estrellas por Zeus *(véase* también PLÉYADES).

Hibris (Ὕβρις). Hibris es la personificación de la Desmesura, de la Insolencia, de la Transgresión de las normas generalmente admitidas. En el pensamiento griego aparece con frecuencia una cadena con los siguientes eslabones: Hartazgo (κόρος) - Insolencia (ὕβρις) - Castigo (ἄτη). El primer estado engendra necesariamente el segundo, y éste lleva consigo indefectiblemente el tercero.

Hicetaón (Ἱκετάων). Uno de los hijos de LAOMEDONTE.

Hidra de Lerna (Ὕδρα Λερναία). Monstruo hijo de Tifón y de Equidna, que tenía cuerpo de perro y nueve cabezas de serpiente, una de las cuales era inmortal. Se decía que el Anigro, un pequeño río de la Élide, tenía sus aguas envenenadas desde que se bañó en ellas el centauro Quirón, tras haber sido herido por una de las flechas que el héroe Heracles había emponzoñado con la sangre de la Hidra cuando le dio muerte *(véase* HERACLES, *segundo trabajo).* El veneno de la Hidra de Lerna causó también la muerte de Heracles *(véase* HERACLES, VI, 6).

Híera (Ἱέρα). Heroína misia que con Télefo fue madre de Tarcón y Tirreno. Cuando combatía junto a su esposo contra los griegos, fue muerta por Nireo.

Hieromneme (Ἱερομνήμη). Hija del dios-río Simunte que, casada con Asáraco, tuvo a Capis.

Higía (Ὑγίεια). Diosa griega personificación de la Salud. La palabra se encuentra en principio como un título de Atenea, aunque pronto pasa a ser el nombre de una hija de Asclepio asociada a su culto. Es muy numerosa su iconografía, siendo frecuentemente representada de pie y con una serpiente como atributo. Con ella fue identificada en Roma Salus.

Hilaíra (Ἱλάειρα). Nombre de una de las hijas de Leucipo. Ella y su hermana Febe son conocidas por el nombre de LEUCÍPIDES.

Hilas (Ὕλαι). Hilas es hijo de Tiodamante, rey de los Dríopes. En la lucha que los Argonautas habían entablado contra este pueblo, Heracles mató al monarca y raptó a Hilas, del que se había enamorado. A la altura de Misia desembarcaron los Argonautas. Heracles se adentró en el bosque para cortar un árbol con que fabricarse un remo más apropiado a sus fuerzas. Hilas, entonces, fue a buscar agua a un estanque y las ninfas, prendadas de su hermosura, tiraron de él y lo sumergieron en las aguas para conferirle la inmortalidad. Heracles y el lapita Polifemo se dedicaron a buscarlo todo el día y toda la noche, pero, al no encontrarlo, pensando que le habían raptado los Misios, Heracles tomó rehenes que devolvió cuando éstos le prometieron que buscarían a Hilas todos los años. Apolodoro alude a la conservación de esta costumbre en la isla de Quíos. Parece esto prueba de que Hilas era originariamente un dios de la vegetación que desaparece en una época del año para volver a surgir con la primavera.

Hilebia (Εἰλεβίη). Hija del rey Egíalo que casó con Lirco.

Hileo (Ὑλαῖος). Hileo y Reco son los nombres de dos centauros arcadios que trataron de raptar a Atalanta, siendo muertos por ésta.

Hilo (Ὕλλος). 1) Hilo es el mayor de los hijos de Heracles y Deyanira. Su nombre le fue dado por Heracles en recuerdo de un gigante hijo de la tierra, epónimo de un afluente del río Hermo.

Al morir Heracles fue adoptado Hilo por Egimio, quien le concedió una parte de su reino; de ahí los componentes de una de las tres tribus dorias recibieron el nombre de Hileos. Hilo se casó, por consejo de su padre, con Yole, con la que tuvo a Cleodeo, y, al frente de los Heraclidas, buscó protección en Atenas contra el odio de Euristeo.

La batalla que enfrenta a los Heraclidas con Euristeo termina con la muerte de éste a manos, según algunas fuentes, del propio Hilo. Éste, entonces, se fue a Delfos a consultar el oráculo de Apolo, tratando de averiguar cuál sería el momento oportuno para reclamar la herencia de su padre. El oráculo respondió que «debían esperar el tercer fruto». Interpretando esto como la tercera cosecha, en vez de tercera generación, atacó el Peloponeso tres años después. Cuando estaban a punto de entablar batalla, Hilo propuso resolver el problema con un combate singular entre él y el más valiente de los contrarios. Los Peloponesios eligieron como rival a Équemo, quien derrotó y mató a Hilo.

2) Hijo también de Heracles y de Mélite, la hija del dios-río Egeo. Este Hilo tuvo a su cargo la fundación de una colonia feacia en Iliria.

Himeneo (Ὑμέναιος). Dios que preside el cortejo nupcial. Se le representa con una antorcha, una flauta y una corona de flores. En la ceremonia religiosa del casamiento se le ofrecía vino, leche y una torta, que luego se repartía entre los esposos. Parece ser Himeneo la personificación del canto que se efectuaba en el ritual de las bodas. Posteriormente se elaboraron varios mitos que intentaban explicar su origen. Se hacía de él un bello joven, hijo de una musa (o de Apolo, o de Dioniso) que había muerto el día de su boda (habría sido en ese caso resucitado por Asclepio), o bien cuando cantaba en la de Dioniso y Ariadna, por cuyo motivo se perpetuaba su recuerdo en las bodas; o también un joven ateniense que logró liberar a unas muchachas de Atenas que habían sido raptadas por unos piratas, habiendo sido raptado él también por haber sido confundido, debido a su belleza, con una mujer.

Hímero (Ἵμερος). 1) Personificación del deseo amoroso. Aparece solamente en la *Teogonía* de Hesíodo y es una divinidad menor, semejante a Eros, que con éste y con Poto forma parte del séquito de Afrodita.

2) Uno de los hijos de Lacedemón y de Esparta, reyes ambos de la capital laconia. Hímero cometió incesto con su hermana Ásine, pero luego, arrepentido, se arrojó al río Eurotas, que, según la tradición, se había llamado Hímero en recuerdo de este personaje.

Himno (Ὕμνος). 1) *Véase* ENTORIA.

2) Pastor frigio enamorado de la ninfa NICEA.

Hipálcimo (Ἱππάλκιμος). Descendiente de Beoto que, unido a Astérope, engendró al argonauta Penéleo. Según Higinio, él mismo habría participado también en la expedición de los ARGONAUTAS.

Hipalcmo (Ἵππαλκμος). *Véase* HIPÁLCIMO.

Hípaso (Ἵππασος). 1) Hijo de ADMETO.

2) Hijo de CEICE.

3) Padre del argonauta Áctor.

Hípate (Ὑπάτη). *Véase* MUSAS.

Hipe (Ἵππη). 1) Hija del Centauro Quirón. Con Éolo, el hijo de Helén, fue madre de Melanipa.

2) Esposa de Élato y madre del argonauta Polifemo.

Hiperasio (Ὑπεράσιος). Padre de los argonautas Anfión y Asterio.

Hiperbio (Ὑπέρβιος). Uno de los hijos de EGIPTO casado con la danaide Celeno.

Hiperenor (Ὑπερήνωρ). 1) Uno de los llamados Espartoi (*véase* CADMO).

2) Hijo de Pántoo muerto en Troya por Menelao.

3) Hijo de Posidón y de la pléyade Alcíone.

Híperes (Ὑπέρης). Hijo de Posidón y de la pléyade Alcíone. Se le atribuye, con su hermano Antas, la fundación de la ciudad de Trecén.

Hiperión (Ὑπερίων). Hijo de Úrano y de Gea, es Hiperión uno de los Titanes, que casó con su hermana Tía (*véase* también BASILEA). Hijos suyos son Helio (el Sol), Selene (la Luna) y Eos (la Aurora). En la *Odisea* se encuentra a veces este nombre como epíteto de Helio.

Hiperipa (Ὑπερίππη). Esposa de ENDIMIÓN.

Hiperipte (Ὑπερίπτη). Una de las DANAIDES.

Hipermestra (Ὑπερμήστρα). 1) De las Danaides, fue Hipermestra la única que, cediendo a los imperativos de la vida y del amor, no mató a su marido LINCEO. Por haber desobedecido las órdenes de su padre fue llevada ante un tribunal, donde resultó absuelta. De la unión de Hipermestra y Linceo nació Abante.

2) Hipermestra era también el nombre de la madre de Anfiarao.

3) Hija de Testio y Eurítemis, y hermana, por tanto, de Altea y Leda.

Hipno (Ὕπνος). Personificación del sueño (ὕπνος, en griego *sueño*); es hijo de Nix (la Noche) y hermano gemelo de Tánato (la Muerte). Según cuenta Homero en un pasaje de la *Ilíada* un tanto festivo, la diosa Hera fue en busca de Hipno a la isla de Lemnos para pedirle que infundiera a Zeus un sueño profundo, prometiéndole a cambio un trono de oro y un magnífico taburete hecho por Hefesto para que, subido en él, pudiera participar en los festines de los dioses. El pequeño genio respondió, sin embargo, que ya no se atrevía a engañar a Zeus, porque otra vez que lo había hecho había tenido que refugiarse precipitadamente en el regazo de la Noche para escapar a la cólera del dios cuando éste se despertó; no obstante, Hera pudo convencerlo jurándole que le daría por esposa a Pasítea, una de las Cárites.

Ovidio sitúa la morada de Hipno (en latín *Somnum)* en el mítico país de los Cimerios, describiéndola como una gruta a la que nunca llegan los rayos del sol y donde todo duerme una especie de sueño mágico; dentro de ella habita el dios y, a su alrededor, reposan multitud de geniecillos que sólo interrumpen su descanso para ir a visitar a los mortales en medio de la noche. De allí mana Lete, la Fuente del Olvido, cuyas aguas recorren los infiernos, lugar donde, por su parte, imagina Virgilio la mansión de Hipno.

El arte antiguo representaba a Hipno como un adolescente con dos alas en las sienes como las de las aves nocturnas, símbolo del vuelo silencioso que escapa a la percepción del durmiente.

Hipo (Ἱππώ). Una de las OCEÁNIDES.

Hipocentauros (Ἱπποκένταυροι). *Véase* CENTAUROS.

Hipocoonte (Ἱπποκόων). Hijo de Gorgófone y Ébalo o bien de éste y la náyade BATIEA (*véase* ICARIO). Sobre sus doce hijos, los llamados Hipocoóntidas, y la muerte de éstos a manos de Heracles, *véase* este nombre.

Hipocoristes (Ἱπποκορυστής). Uno de los hijos de EGIPTO.

Hipocrene (Ἱπποκρήνη). *Véase* PEGASO.

Hipodamante (Ἱπποδάμας). Padre de PERIMELE.

Hipodamía (Ἱπποδάμεια). 1) Es muy conocida la leyenda de Hipodamía, la hija de Enómao, el rey de Pisa. Éste, enamorado de su hija, o bien porque había sabido por un oráculo que su yerno lo mataría, se negaba a casar a la hermosa joven, habiéndosele ocurrido retar a los pretendientes de ésta a una carrera de carros; el pretendiente partía primero con Hipodamía, y luego salía Enómao, que tenía que alcanzarlo; si el pretendiente ganaba, se casaría con Hipodamía; en caso contrario, Enómao lo mataría. Gracias a sus rápidos caballos, Enómao había dado muerte ya a doce pretendientes y tenía colgadas, en la puerta de su casa, las cabezas. No se asustó, sin embargo, Pélope y, enamorado de Hipodamía, retó a Enómao. Había tomado, no obstante, la precaución de sobornar a Mírtilo, el auriga de Enómao, para que cambiase las clavijas de las ruedas del carro del rey y las pusiera de cera. Mírtilo había aceptado por estar él también enamorado de Hipodamía o, según una versión menos altruista, por haberle ofrecido Pélope pasar una noche con Hipodamía. El caso es que así lo hizo Mírtilo y Enómao se mató en plena carrera.

De este MÍRTILO se contaba que había intentado un día violar a Hipodamía, por lo que fue muerto por Pélope. Se contaba también, sin embargo, que, en realidad, había sido Hipodamía la que había intentado seducir a Mírtilo y que, ante la negativa de éste, lo había acusado ante Pélope, que lo mató. Antes de morir profirió Mírtilo unas maldiciones, origen de las desgracias de la descendencia de Pélope.

Hipodamía fue instigadora de la muerte de su hijastro Crisipo, ya que convenció a sus hijos Atreo y Tiestes, o a Alcátoo en otra versión, para que lo matasen. Otras veces la asesina es la propia Hipodamía, con la espada de Layo, al negarse sus hijos al asesinato, o bien el propio Layo, por lo que sufrió la maldición de Pélope, aunque estas versiones que hacen intervenir a Layo suelen contar que éste, enamorado de Crisipo, lo raptó, por lo que el joven, avergonzado, se suicidó. Hipodamía fue desterrada por esta muerte. Estaba enterrada en Olimpia y, en su honor, arrepentido Pélope, instituyó los juegos de Olimpia.

Tuvo con Pélope varios hijos, de los que los más conocidos son Plístenes, Alcátoo, Piteo, Trecén, Atreo y Tiestes. Hijas suyas son Lisídice, Nicipe y Astidamía.

2) Se llama, a veces, también Hipodamía la esposa de AMINTOR y madre de Fénix.

3) Hija de Butes o de Adrasto. Esposa del héroe Pirítoo y quien provocó la lucha entre los Centauros y los Lapitas.

4) Hija de ANQUISES.
5) Nombre, al parecer, de Briseida, la hija de Brises.
6) Dos de las DANAIDES, que en la noche de bodas mataron a Diocoristes y a Istro, hijos de Egipto.
Hipódamo (Ἱππόδαμος). Troyano muerto por Odiseo.
Hipódice (Ἱπποδίκη). Una de las DANAIDES.
Hipólita (Ἱππολύτη). 1) Hija de Ares y de Otrere, es Hipólita una reina de las Amazonas. Uno de los trabajos de Heracles fue conseguir el cinturón que Ares había regalado a la reina de este legendario pueblo. Algunas versiones aseguran que el cinturón fue el precio pagado por la libertad de Hipólita que había caído prisionera, si no es que, como dicen otros, fue muerta por Heracles. Una versión de su leyenda asegura que Hipólita dirigió una expedición de las Amazonas contra el Ática para castigar a Teseo por haber ayudado a Heracles. Según una fuente muy secundaria, de la unión de Hipólita con Teseo habría nacido Hipólito (*véase* sin embargo MELANIPA).
2) Hija de Creteo, llamada también Cretéis y Astidamía, que casó con Acasto.
Hipólito (Ἱππόλυτος). 1) Hijo del héroe Teseo y de Antíope, o Melanipa, o bien de Hipólita, una de las Amazonas. Cuando Teseo casó con Fedra y tuvo de ella dos hijos, envió a Hipólito a la ciudad de Trecén, donde fue adoptado por el rey Piteo, que lo hizo su heredero. Hipólito tenía el carácter de su madre: gustaba de la caza y sentía veneración por la diosa Ártemis, a la que ofrecía siempre sus mejores presas, llegando a consagrarle un templo en Trecén. Pero el desprecio que sentía por Afrodita acabó suscitando la cólera de ésta, quien hizo que Fedra concibiera una terrible pasión por el hijastro. Aconsejada por su nodriza, envió una carta al muchacho en la que le confesaba su amor y le pedía que se reuniera con ella; Hipólito acudió, en efecto, pero para reprochar a Fedra su conducta y, al verse despreciada, la reina se ahorcó, después de escribir una carta a su esposo en la que acusaba a Hipólito de haber querido seducirla. Teseo maldijo entonces al muchacho y suplicó a Posidón que le provocara la muerte. Así, cuando Hipólito se dirigía a Trecén montado en su carro, al pasar junto al mar un monstruo surgido de las aguas asustó a los caballos que, desbocados, se salieron del camino. Las riendas quedaron presas en un olivo silvestre y, al desequilibrarse el carro, Hipólito salió despedido, estrellándose contra unas piedras. En la versión de la leyenda que

aparece en la tragedia de Eurípides, la propia Ártemis revela la verdad a Teseo, quien acude enloquecido al lugar del accidente y tiene aún tiempo de reconciliarse con su hijo moribundo. La diosa cazadora promete a Hipólito que se vengará de Afrodita provocando la muerte de Adonis, al mismo tiempo que le anuncia las honras fúnebres que recibirá en su ciudad, y la noticia que tendrán de su virtud y del crimen de Fedra las generaciones futuras. Es un hecho que, a su muerte, Hipólito recibió en Trecén culto de héroe; allí tenía un templo y una estatua, ante la cual se realizaban sacrificios todos los años, y cada muchacha, antes de casarse, iba a ofrecerle un bucle de su cabellera. La tradición popular trecenia pretendía que Hipólito no había muerto, sino que los dioses lo habían convertido en la constelación del *Cochero*.

Por otra parte, existe una tradición latina recogida por Ovidio, según la cual Asclepio devolvió la vida a Hipólito a instancias de Ártemis. Enseguida, la diosa se lo habría llevado a su santuario de Aricia, en Italia, cambiando su nombre de Hipólito *(el de los caballos desbocados)* por el de Virbio –nombre que corresponde, tal vez, a una divinidad latina menor, vinculada a dicho templo de Aricia, del que era titular Diana– para que no recordara su vida anterior; con el mismo fin había prohibido que hubiera caballos por los alrededores.

2) Rey de Sición que fue el padre de Lacestades.

3) Uno de los Gigantes que fue muerto por Hermes.

4) Uno de los hijos de EGIPTO.

Hipóloco (Ἱππόλοχος). 1) Hijo de Belerofontes y hermano de Isandro y Laodamía.

2) Padre del troyano Glauco.

Hipomedonte (Ἱππομέδων). 1) Uno de los siete caudillos del ejército argivo que atacó la ciudad de Tebas durante el reinado de Eteocles. Era hijo de Aristómaco, un hermano de Adrasto, y vivía en la ciudad de Lerna, o bien en la propia Micenas. Murió a manos del tebano Ísmaro después de haber dado muerte a Sibaris.

2) Padre del troyano Menetes muerto por Teucro.

Hipomedusa (Ἱππομέδουσα). Una de las DANAIDES.

Hipómenes (Ἱππομένης). *Véase* MELANIÓN.

Hipónoe (Ἱππονόη). Una de las NEREIDAS.

Hipónoo (Ἱππόνοος). Padre de Capaneo y Peribea, la segunda mujer de Eneo.

Hípotes (Ἱππότης). 1) Uno de los HERACLIDAS, hijo de Yolao y de Leipéfile. Fue padre de Aletes.

2) Padre de Éolo.

Hipótoe (Ἱπποθόη). 1) Hija de PELIAS.

2) Hija de Méstor y Lisídice que fue raptada por Posidón y llevada a las islas Equínades, donde ambos engendraron a TAFIO, el padre de Pterelao.
3) Una de las NEREIDAS.
Hipótoo (Ἱππόθοος). 1) Uno de los hijos de EGIPTO.
2) Pretendiente de Hipodamía muerto por ENÓMAO.
3) Hijo de Príamo.
Hipotoonte (Ἱπποθόων). Hijo de ÁLOPE.
Hipseo (Ὑψεύς). Rey de los Lapitas. Hijo de Peneo y Creúsa, engendró con Clidanope (o Trica) a Cirene y Temisto.
Hipsípile (Ὑψιπύλη). Hija del rey de Lemnos Toante y de Mirina, descendiente de Éolo. Se contaba que Afrodita, disgustada con las mujeres lemnias, les había producido un olor fétido que acabó por apartar de ellas definitivamente a sus esposos; se habían vengado, entonces, dando muerte una noche a todos los hombres de la isla. Sin embargo, Hipsípile escondió a su padre en el templo de Dioniso y a la mañana siguiente lo hizo salir en el carro del dios, después de haberle colocado los ornamentos de éste, y lo condujo hasta la orilla del mar, como si quisiera purificar la imagen de todos los crímenes que había presenciado la noche anterior. De este modo pudo salvarse Toante sin que, de momento, las Lemnias sospecharan nada. Hipsípile fue elegida reina de la isla y, cuando algún tiempo después pasaron por allí los Argonautas y obtuvieron la hospitalidad de las Lemnias a cambio de unirse a ellas, Hipsípile tuvo con Jasón dos gemelos, Euneo y Toante, que, según la versión de Eurípides en su tragedia *Hipsípile,* acompañaron a su padre cuando éste se hizo de nuevo a la mar.
Pero al fin se supo en Lemnos que el padre de Hipsípile estaba vivo y entonces, furiosas, las mujeres de la isla quisieron matar a su reina; no obstante, la muchacha pudo huir en una barca, siendo apresada por unos piratas que se la vendieron como esclava a Licurgo, rey de Nemea. Allí, Hipsípile quedó encargada del pequeño heredero Ofeltes, que, según el oráculo, no debía ser depositado jamás en el suelo antes de que supiese andar. Ocurrió, sin embargo, que, mientras Hipsípile tenía en brazos al niño, pasó por allí el ejército de los *Siete* en dirección a Tebas, y uno de sus jefes rogó a la muchacha que les mostrara una fuente donde calmar su sed. Hipsípile dejó entonces al pequeño sobre la hierba y, cuando regresó, una enorme serpiente lo había estrangulado. Al conocer la muerte de su hijo, Licurgo quiso matar a la descuidada nodriza, pero, casualmente, aparecieron por allí los hijos

de ésta, que iban en busca de su madre para llevársela de nuevo a Lemnos. El adivino Anfiarao, uno de los adalides de la expedición argiva, fue el que facilitó el reconocimiento, intercediendo además cerca de Licurgo para que dejara marchar a Hipsípile. Se decía también que Anfiarao había interpretado el accidente de Ofeltes como un presagio de la derrota que esperaba a la expedición y que, por ello, había ordenado que se celebraran unos magníficos juegos fúnebres -los primeros Juegos Nemeos- en honor del pequeño, a quien se llamó desde entonces Arquémoro *(principio del destino)*. Por eso -afirman los mitógrafos- los jueces de estos juegos llevan túnicas negras.

Según la tradición, Euneo regresó a Lemnos y allí lo encontraron los hombres de Agamenón cuando, de camino hacia Troya, hicieron escala en la isla. Lo primero que hizo fue purificar su reino de la matanza que habían llevado a cabo las mujeres, ordenando que el fuego de todos los hogares permaneciera apagado durante nueve días y que todo este tiempo se dedicara a hacer ofrendas a los muertos; después, un barco que había sido enviado a Delos trajo fuego nuevo del altar de Apolo.

Hirieo (Ὑριεύς). Hijo de Posidón y de la pléyade Alcíone, Hirieo es el héroe beocio fundador de la ciudad de Hiria. Algunas versiones nos lo presentan, ya viejo, casado con la ninfa Clonia, de la que no había podido tener descendencia. En este momento es visitado por Hermes, Posidón y Zeus, quienes, en agradecimiento a la hospitalidad que les había dispensado, le dijeron que formulara un deseo. Hirieo pidió un hijo. Los dioses orinaron en la piel de un buey que había sido sacrificado y le encargaron que la mantuviera bajo tierra durante diez meses lunares. Al cabo de este tiempo nació un niño al que llamó Urión u Orión, en recuerdo de la acción de los dioses (οὐρεῖν). Otras versiones aseguran que Hirieo tenía, sin embargo, otros dos hijos: Lico y Nicteo. Sobre sus relaciones con Agamedes, *véase* este nombre.

Hirmine (Ὑρμίνη). Hija de Neleo y madre de ÁCTOR y Augías.

Hirneto (Ὑρνηθώ). Hija de Témeno casada con el heraclida DEIFONTES. Murió asesinada a manos de uno de sus hermanos. Era protagonista de una tragedia perdida de Eurípides.

Hírtaco (Ὕρτακος). Padre de Hírtaco y Asio, los compañeros de Eneas.

Homonoia (Ὁμόνοια). Personificación de la CONCORDIA que tenía un altar en Olimpia. Algunas fuentes remontan su culto hasta los Argonautas, que habrían elevado un templo en su honor.

Honos. Entre los romanos el honor estaba íntimamente ligado a la virtud. Honos fue divinizado y convertido en un ideal para el soldado. En las representaciones plásticas aparece provisto de una lanza, una rama de olivo y el cuerno de la abundancia.

Hoples (Ὅπλης). Padre de Meta, la primera esposa de Egeo.

Horas (Ὧραι). Tres hijas de Zeus y de Temis que personificaban tres estaciones del año. Más tarde, sin embargo, pasaron a simbolizar las horas del día. Los atenienses las llamaban Talo *(Tallo, Retoño),* Auxo (de una raíz que significa *crecer)* y Carpo *(Fruto),* hecho que pone de manifiesto la primitiva relación de estas diosas con el ciclo de fertilidad de la tierra. No obstante, los nombres más comúnmente atribuidos a las Horas eran Irene *(Paz),* Eunomía *(Orden)* y Dice *(Justicia),* quizá por su carácter de hijas de Temis, la antigua diosa oracular de la tierra, que, con el tiempo, pasó a ser una personificación de la «ley establecida por los dioses».

En el cuadro mitológico las Horas desempeñan diversas funciones secundarias, siempre en relación con divinidades de la fertilidad o fecundidad. Así, pasaban por haber criado a Hera; habían recibido a la diosa Afrodita cuando, nacida del mar, fue conducida por el Céfiro hasta la isla de Chipre; aparecen en el séquito de Dioniso; son compañeras de Perséfone; acompañan al dios Pan; enganchan y desenganchan los caballos del carro del Sol; custodian, finalmente, las puertas del cielo, acumulando o disipando delante de ellas las nubes que habrán de producir la lluvia.

El arte representaba a las Horas como tres hermosas doncellas con largas túnicas recogidas en una mano, ejecutando a veces una especie de danza, lo cual hace que se confundan con las Cárites. Es famosa, por otro lado, la imagen de Irene con el niño Pluto (πλοῦτος, en griego *riqueza)* en brazos, debida al escultor Cefisodoto.

Horco (Ὅρκος). Personificación del Juramento. Era considerado como hijo de Éride.